高等职业技术院校汽车类专业教材

汽车制造工艺学

主　编　李小峰
主　审　姜银华

中国劳动社会保障出版社

简介

本书主要内容包括汽车制造工艺概述、工件的定位和装夹方法、汽车零件制造工艺基础、尺寸链的分析与计算、汽车零件的机械加工质量分析、机械加工工艺规程的制定、汽车典型零件的制造工艺等。

本书由季小峰任主编，严军任副主编，蔡爱萍、倪飞、于正太、侯荣、刘书琴、管梅、开果兰、滕桂红、李峰、吴琼参加编写，姜银华任主审。

图书在版编目（CIP）数据

汽车制造工艺学 / 人力资源社会保障部教材办公室组织编写；季小峰主编 . -- 北京：中国劳动社会保障出版社，2020

高等职业技术院校汽车类专业教材

ISBN 978-7-5167-4413-0

Ⅰ.①汽… Ⅱ.①人… ②季… Ⅲ.①汽车－生产工艺－高等职业教育－教材 Ⅳ.①U466

中国版本图书馆 CIP 数据核字（2020）第 038746 号

中国劳动社会保障出版社出版发行

（北京市惠新东街 1 号　邮政编码：100029）

*

北京市白帆印务有限公司印刷装订　　新华书店经销

787 毫米 ×1092 毫米　16 开本　18.75 印张　335 千字

2020 年 4 月第 1 版　　2024 年 7 月第 4 次印刷

定价：42.00 元

营销中心电话：400-606-6496

出版社网址：http://www.class.com.cn

http://jg.class.com.cn

前言

为了更好地适应全国高等职业技术院校汽车类专业的教学要求，全面提升教学质量，人力资源社会保障部教材办公室组织有关学校的骨干教师和行业、企业专家，在充分调研企业生产和学校教学情况、广泛听取教师对现有教材反馈意见的基础上，吸收和借鉴各地高等职业技术院校教学改革的成功经验，对现有全国高等职业技术院校汽车类专业教材进行了修订（新编）。

本次教材修订（新编）工作的重点主要体现在以下几个方面：

第一，合理更新教材内容。

根据企业岗位和教学实践的需求变化，确定学生应具备的能力与知识结构，调整部分教材内容，使知识技能点的深度、难度、广度与实际需求相匹配；根据相关专业领域的最新发展，淘汰陈旧过时的内容，补充新知识、新技术、新设备、新材料等方面的内容；根据最新的国家技术标准编写教材内容，保证教材的科学性和规范性。

第二，加强实践技能的培养。

根据就业岗位对技能型人才所需能力的要求，进一步加强实践性教学内容，采用了理论知识与技能训练一体化的编写模式，以体现“做中学”“学中做”的教学理念。

第三，衔接职业技能鉴定要求。

教材编写以相关国家职业标准为依据，涵盖国家职业标准（高级）的知识和技能要求，并在配套习题册中增加了相关职业技能考试的练习题。

第四，精心设计教材形式。

在教材的呈现形式上，尽可能使用图片、实物照片和表格等将知识点生动地展示出来，力求让学生更直观地理解和掌握所学内容。

第五，提供全方位的教学服务。

本套教材配有习题册、教学参考书、电子课件和习题册答案，电子课件等教学资源可通过技工教育网（http://jg.class.com.cn）下载。

本次教材的修订（新编）工作得到了辽宁、吉林、江苏、山东、河南、广东等省人力资源社会保障厅及有关学校的大力支持，在此我们表示诚挚的谢意。

人力资源社会保障部教材办公室

2019 年 6 月

目 录
Contents

模块一 汽车制造工艺概述

汽车工业是国家的支柱产业，在推动社会进步和国民经济发展中起着重要作用。其生产特点是产量大、品种多、质量要求高、涉及行业广。因此，现代汽车制造企业一般采取专业化分工与协作的方式组织规模化、多品种生产，以提高劳动生产率，保证产品质量，降低生产成本，满足用户需求。

本模块简要介绍汽车生产过程的主要内容、汽车生产中工艺过程的基本概念、汽车专业化生产的组织形式。然后，分别讲解汽车零件机械加工方法及经济精度和汽车机械制造工艺文件。

课题一　汽车生产过程和制造工艺过程

学习目标

- 了解汽车生产过程特点和制造工艺过程特点。
- 掌握机械加工工艺过程及其组成。
- 掌握安装、工位、工步和进给工序的特点。
- 了解汽车产品的生产性质、生产纲领和生产类型。

汽车主要由零件、部件、分总成和总成等装配而成。汽车制造归属于大量生产类型，是一个社会化的生产模式，由汽车制造主体企业和配套企业合作完成。各专业化企业（车间）按产品协议和工艺路线组织、协调生产，必须满足“质量、效率、成本、安全”的原则，最终保证按时、按质、按量供货。

一、汽车生产过程

汽车及其零部件的生产模式如图 1-1-1 所示，包括各种毛坯的制造、零件的机械加工、毛坯与零件的热处理和表面处理、部件（总成）装配和产品总装配。此外，还包括毛坯、半成品及零部件的采购、运输与储存、质量检验、性能测试等。整个汽车的生产过程形成了一个庞大的信息流与物资流，其核心是按照既定的工艺信息科学地组织生产与协作。

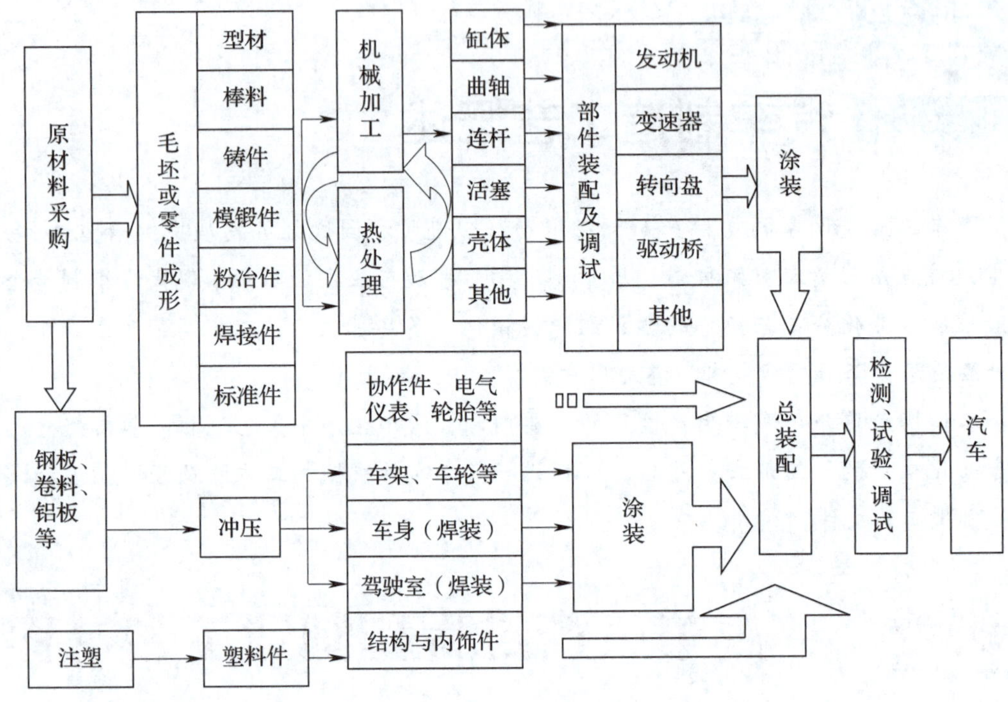

图 1–1–1 汽车及其零部件的生产模式

汽车的生产过程主要由基本生产过程、辅助生产过程、服务与技术准备生产过程组成，它们是有机联系的环节，互相影响、互相作用、缺一不可。

1．基本生产过程

基本生产过程是指毛坯（铸件、锻件、冲压件等）的制造、零件的机械加工、毛坯和零件的热处理、总成（或部件）及整车装配的过程，是汽车生产的中心环节。图 1–1–2 所示为轿车总装配流水线。

2．辅助生产过程

辅助生产过程是指在生产过程中，为保证基本生产过程能正常进行所需要的动力（压缩空气、蒸汽、天然气等）、配电、机床设备及工艺装备的生产准备等过程。

3．服务与技术准备生产过程

服务与技术准备生产过程是指为保证生产过程正常进行和产品质量所必需的材料、毛坯、半成品及零部件的采购、运输、保管、质量检验、性能测试、产品销售及售后服务、信息服务、产品设计等过程。

图 1-1-2　轿车总装配流水线

二、汽车制造工艺过程

在汽车的生产过程中，直接改变生产对象的形状、尺寸、相对位置和材料性能等，使之成为半成品或成品（汽车）的全过程称为汽车制造工艺过程。汽车制造工艺过程包括零件毛坯的成形，机械零件的加工和热处理，零部件、总成（总成是由若干个零件按规定技术要求组装的装配单元）和整车的装配等工艺过程。

1. 毛坯成形工艺过程

毛坯成形工艺过程是将原材料通过铸造、锻造或冲压等方法制成一定形状和尺寸的铸件、锻件或冲压件毛坯的工艺过程，也包括塑料成形工艺、粉末冶金成形工艺，统称为毛坯形状获得工艺。图 1-1-3 所示为生产过程中典型铸造毛坯和锻造毛坯形态。

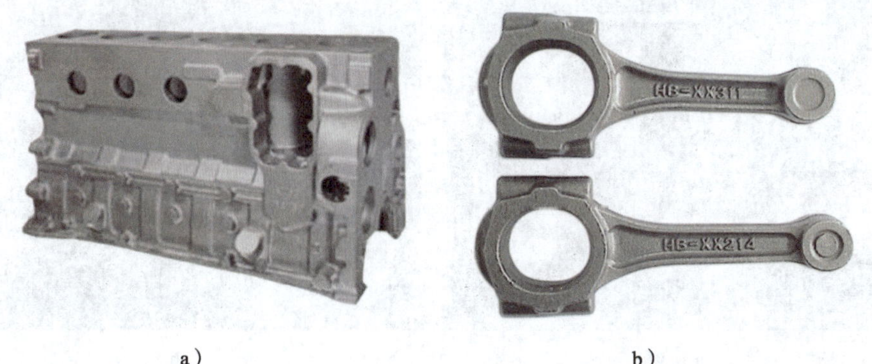

a）　　b）

图 1-1-3　铸造毛坯和锻造毛坯

a）铸造缸体毛坯　b）锻造连杆毛坯

铸造属于金属液态成形，是将熔化后温度、成分合格的合金液浇注到与零件内外形状相适应的型腔中，待其冷却凝固（结晶）后得到零件毛坯的生产方法。汽车曲轴、气缸体、气缸盖、变速器壳体和铝合金车轮、铝活塞等都是铸件。

锻造属于金属塑性成形，是指合金材料受力产生不可恢复的塑性变形而形成所需形状、尺寸与性能的零件毛坯的加工方法。汽车模锻件是通过锻模锻造得到的，即利用锻模对加热坯料施压而使之在模膛内依靠塑性变形而成形。齿轮、发动机连杆、十字轴和载重车前梁等受力件都是模锻件。

冲压也属于金属塑性成形，它是把一定厚度的薄板材在室温条件下受力分离，并通过弯曲、拉深、翻边、成形等变形工序而得到各式壳体零件。汽车车身覆盖件和骨架零件大多由金属板料冲压成形。

金属焊接在汽车制造中应用很广，属于金属构件的连接成形技术。汽车车身主要通过焊接进行装配。

粉末冶金成形也属于毛坯或制品成形，其生产过程包括配料混粉、模压成形和高温烧结三大主要生产环节，属于粉末烧结成形技术。

塑料为高分子材料，塑料的成形与应用是实现汽车轻量化的重要途径。

在现代汽车制造中，通过精密铸造、精密锻造、精密冲裁、冷镦、冷挤、轧制等都可以直接成形零件制品，实现少（或无）切屑加工。同样也可以通过粉末冶金与注塑等方法直接得到零件制品而无须加工。

2. 机械加工工艺过程

机械加工工艺过程是指在金属切削机床设备上利用切削刀具或其他工具，在机械力的作用下将毛坯或型材、棒料通过切削加工制成零件的工艺过程。图 1–1–4 所示为通过车削和铣削方式加工零件。

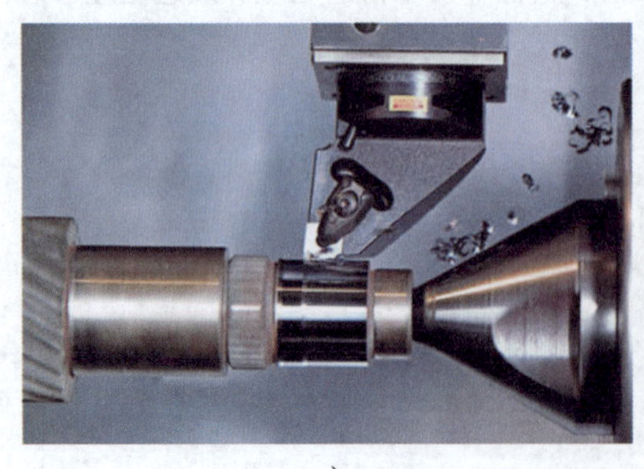

a）

b）

图 1–1–4 零件机械加工

a）车削加工 b）铣削加工

零件机械加工工艺过程是进一步改变毛坯形状和尺寸的过程，也称为提高零件尺寸精度和表面质量的机械加工工艺过程。机械加工对象主要集中于汽车零件的型面加工。型面加工包括平面、旋转面、孔、齿轮齿面轮廓、球面、沟槽等各种表面的加工。

汽车零件制造中常用的机械加工方法有车削、铣削、钻削、刨削、镗削、磨削、拉削、铰削、抛光、研磨等，齿轮轮齿加工中的滚齿、插齿、剃齿和拉齿，以及无屑加工中的辊压、轧制和拉拔等。

3. 热处理工艺过程

热处理工艺过程是指用热处理方法（如退火、正火、淬火、回火、调质、表面热处理等），提高产品质量、延长零件使用寿命的工艺过程。它不改变零件形状，只改善毛坯或零件的使用性能和工艺性能，挖掘材料的性能潜力。例如，汽车零件制造中的铸件、锻件等毛坯的退火、正火处理，曲轴、齿轮等零件的调质（钢件的淬火＋高温回火）和耐磨面的表面热处理等。图 1–1–5 所示为轴类零件表面高频感应淬火的现场情景。

图 1–1–5　轴类零件表面高频感应淬火

4. 总成及整车产品装配工艺过程

总成及整车产品装配工艺过程是指将半成品或成品通过焊接、铆接和螺旋紧固等方式连接成合件、组件、部件、分总成或装配成总成直至整车的工艺过程。装配只是改变零件、部件或总成间的相对位置，不改变其尺寸、形状与性能。例如，车架、发动机、变速器、车身等总成的装配和整车的总装配。

在生产中，若生产对象不同，则其制造、加工和装配工艺过程也不相同。

三、机械加工工艺过程及其组成

1. 机械加工工艺过程的基本概念

在生产过程中按一定顺序逐渐改变生产对象的形状、尺寸、相对位置和性质等，使其成为（预期）成品或半成品的方法和具体过程，称为工艺过程。在汽车产品的制造生产中，其工艺过程包括毛坯（铸件、锻件等）的生产工艺过程、热处理工艺过程、机械零件的机械加工工艺过程，以及总成或部件及整车产品的调试、装配、检验工艺过程等。

机械加工工艺过程和装配工艺过程，都是由若干道按一定顺序排列的工序组成的。下面以机械加工工艺过程为例说明工艺过程的组成。

2. 机械加工工艺过程的组成

为了便于组织生产，合理使用设备和人力，以确保产品质量和提高生产效率，每一种工艺过程可划分为一系列工序。工序又可分为若干个安装、工位、工步和走刀。

（1）工序及其划分

工序是指一个（或一组）工人，在一个工作地（机床设备），对同一个（或同时对几个）工件所连续完成的那一部分工艺过程，期间可能要经过几次安装。区分工序的主要依据是工作场地（或设备）是否变动和完成的那部分工艺内容是否连续。

图 1-1-6 所示为对汽车变速器输入轴毛坯大、小头两端面进行铣削加工工序的对比。图 1-1-6a 所示为在一台专用端面铣床上用两把铣刀同时铣削大、小头两端面，这是在一道工序中一次加工完成的。图 1-1-6b 所示为在两台普通卧式铣床上分别铣削大、小头两端面，这是在两道工序中分别加工完成的。图 1-1-6c 所示为在一台普通卧式铣床上，工件装夹在机床夹具上先铣削大头端面（如Ⅰ），再将工件掉头装夹在同一机床夹具上铣削小头端面（如Ⅱ），是在同一台机床上先后连续加工完成的，属于一道工序。

工序是组成工艺过程的基本单元，不仅能够反映加工的阶段性，而且也是制定时间定额、人员配备、作业安排和质量检验等的基本单元。

（2）工序集中和工序分散

在车床上加工一批轴，既可以对每一根轴连续进行粗加工和精加工，也可以先对整批轴进行粗加工，然后再依次对它们进行精加工。在第一种情形下，由于加工场地不变且工作连续，所以加工只包括一个工序，属于工序集中；而在第二种情形下，虽然加工是在同一台机床上进行的，由于加工过程的连续性中断，变成粗、精加工两个工序，相对于第一种情形属于工序分散。

1）工序集中

工序集中就是将工件加工内容集中在少数几道工序内完成，每道工序的加工内容较多。工序集中的特点如下：

①减少工件的安装次数。在一次安装中完成零件多个表面的加工，保证产品的相互位置精度。

②减少工序数目，缩短工艺路线，简化生产计划生产组织工作。

③所用机床数量少，节省车间面积。

④操作工人较少，但对工人操作技术要求较高。

⑤专用机床和工艺设备成本高，后期维修和调整费时、费事，生产准备工作量大。

⑥适用于单件生产。

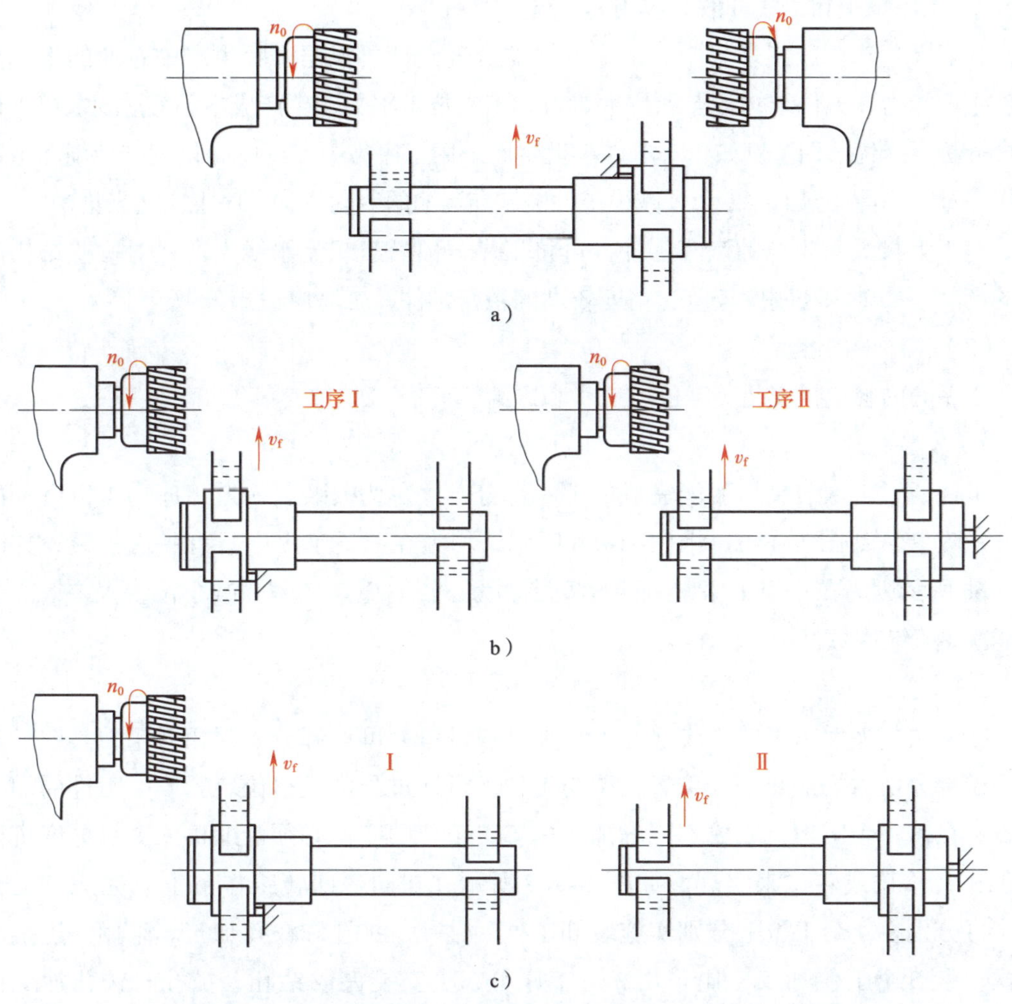

图 1-1-6　汽车变速器输入轴毛坯大、小头两端面铣削工序对比

a）在一台铣床上同时铣削大、小头两端面　b）在两台铣床上分别铣削大、小头两端面

c）在一台铣床上掉头先后连续铣削大、小头两端面

2）工序分散

工序分散就是将工件加工内容分散在较多的工序中进行，每道工序的加工内容较少。最少时，每道工序只包含一个简单工步。工序分散的特点如下：

①每台机床只完成一个工步，易于组织流水作业。

②机床设备及工艺装备简单，生产准备工作量少，便于平衡工序时间。

③设备数量多，占用场地大，生产计划和生产组织工作较复杂。

④操作工人较多，但对工人操作技术要求较低。

⑤采用结构简单的高效机床和工装，易于调整。

⑥适用于批量生产，尤其是汽车零件的流水线批量生产。

3）工序集中和工序分散的应用

在实际生产中，工序集中、工序分散的合理设计要根据实际生产中企业的生产类型、生产能力、工件结构特点和技术要求、工人技术水平、生产成本和品质要求等进行综合分析，择优选用。例如，对单件小批生产采用工序集中，可以简化生产计划和组织工作；对大（重）型工件，为了减少工件装卸和运输的劳动量，工序也应适当集中。

对于大批大量生产的汽车零件，可将工序分散后组织流水线生产；对一些结构简单的产品，如轴承和刚度较差、精度较高的精密零件，工序应适当分散。

（3）工序的内容

工序的内容包括安装、工位、工步和进给。

1）安装

工件通过一次装夹后所能完成的那一部分工序称为安装。一道工序中可以有一次或几次安装。如图 1–1–6a、图 1–1–6b 所示，均为在一道工序中只有一次安装；如图 1–1–6c 所示则为在一道工序中有两次安装。为了提高生产效率并减小位置误差，应尽可能减少安装次数。

2）工位

在一次装夹后，工件（或部件）与夹具或设备的可动部分一起相对于刀具或设备的固定部分所占据的每一个位置，称为工位。可通过分度或移位装置改变工件的加工位置，在每一个工位上完成不同的加工内容。工位的变换必须借助机床夹具分度机构和工作台移位或转位来实现。如图 1–1–7 所示，在同一回转工作台上只完成一道工序，可分别在 4 个工位上分别实施装卸工件、钻孔、扩孔和铰孔加工。采用一道工序一次安装 3 个工位加工，比采用 3 道工序分 3 次安装完成钻孔、扩孔、铰孔加工更省时、效率更高、位置误差更小，特别是在采用毛坯表面装夹的情况下效果更加明显。

如图 1–1–8 所示，借助卧式铣床的回转工作台夹具可实现一道工序、一次安装、两个工位和连续加工。该方案比掉头加工（一道工序、两次安装）更省时、效率更高、位置误差更小。

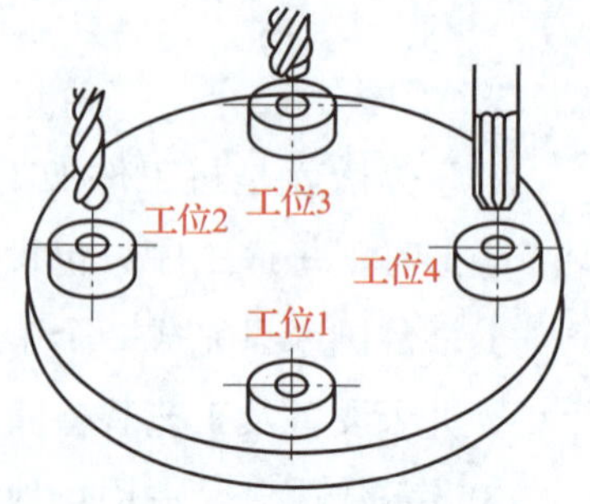

图 1–1–7　工件在回转工作台上加工示意图

工位 1—装卸工件　工位 2—钻孔　工位 3—扩孔　工位 4—铰孔

3）工步

在加工表面、切削刀具和切削用量不变的情况下，所连续完成的那一部分加工过程，称为工步。如图 1–1–9 所示，使用一把车刀，采用同一切削用量顺序车削变速器输入轴外圆表面，在 5 个工步中完成轴的 5 段不同直径的切削加工。

在汽车零件的机械加工中，为了提高生产率，常采用多个刀具同时加工几个表面，也算一个工步，称为复合工步。图 1-1-10 所示为在转塔车床上用多把调整好的刀具，采用一个复合工步来完成钻孔及多个外圆和端面的车削加工。

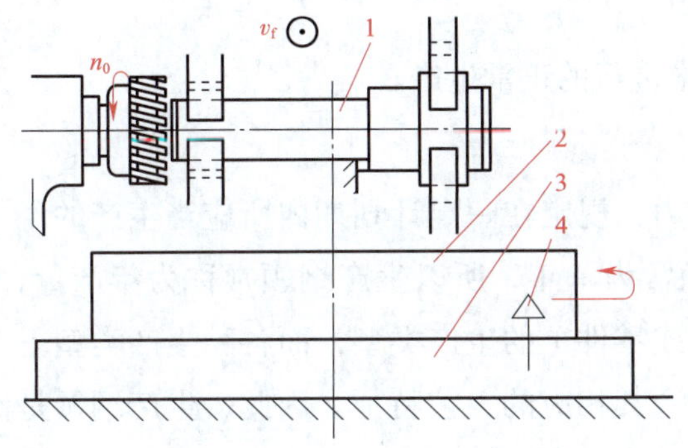

图 1-1-8　借助卧式铣床的回转工作台加工示意图

1—工件　2—回转工作台　3—夹具底座　4—分度机构

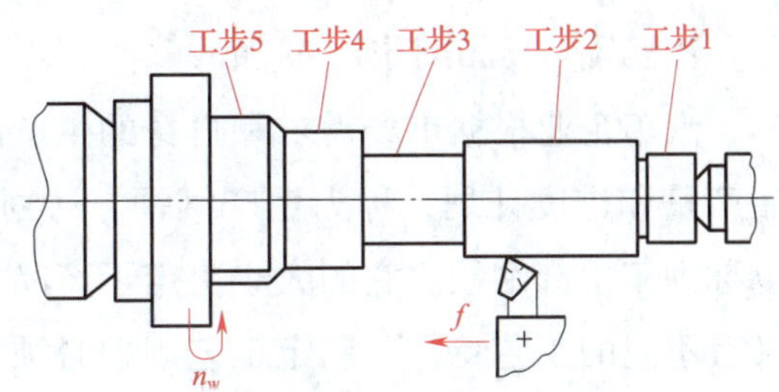

图 1-1-9　车削变速器输入轴阶梯外圆

4）进给

切削刀具在加工表面切削一次所完成的工步内容，称为进给（又称走刀）。根据被切除的金属厚度不同，一个工步可以包括一次或数次进给，如图 1-1-11 所示。

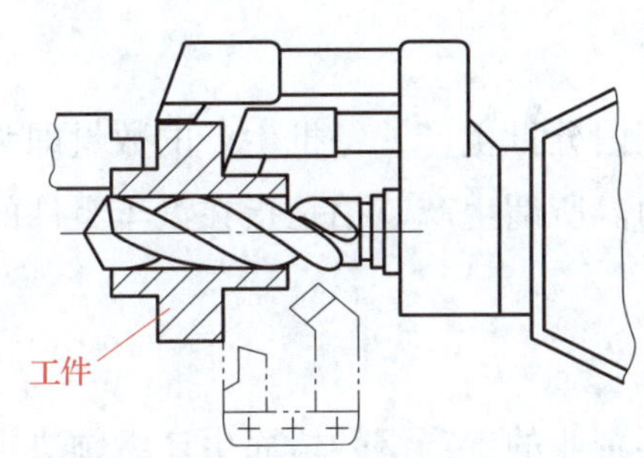

图 1-1-10　用转塔车床加工工件

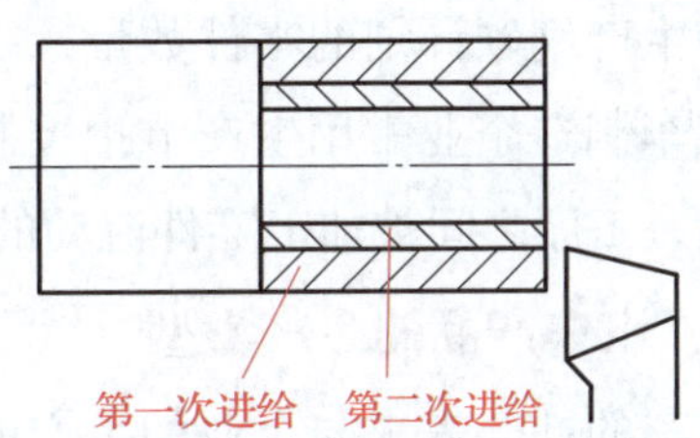

图 1-1-11　进给示意图

四、汽车产品的生产性质、生产纲领和生产类型

1．汽车产品的生产性质

（1）产品试制

产品试制是生产出少量零部件、总成或样车，为验证新设计的汽车产品的性能和可靠性而进行的生产。汽车新产品的试制要反复进行，少则 2 ~ 3 轮，多则 3 ~ 5 轮。

（2）试生产

试生产是按生产准备布置，模拟大批量的生产方式进行生产，用以验证生产准备中产品设计、工艺设计、机床设备及工艺装备等的完善程度，同时进行工艺文件的修订和生产人员的培训。试生产安排在大批量生产前，要进行数次，以使生产线达到设计能力，产品质量得到保证。

（3）正式生产

正式生产是指按生产设计、工艺文件要求进行的正常生产。

2. 汽车产品的生产纲领

汽车企业根据市场需求和自身的生产能力，规定在一定计划期内所应当生产的产品产量和进度计划，称为生产纲领。计划期常为一年，所以生产纲领常称为年产量，也称为年生产纲领。它的大小决定了产品（或零件）的生产类型，而各种生产类型下又有不同的工艺特征，制定工艺规程必须符合其相应的工艺特征。因此，生产纲领是制定和修改工艺规程的重要依据。

汽车零件的生产纲领，可按下式计算：

$$N=Q_{n}n(1+a\%+b\%) \tag{1-1}$$

式中，N——零件的生产纲领（件/年）；

Q_{n}——产品的年产量（台/年）；

n——每台产品中该零件的数量（件/台）；

$a\%$——该零件的备品率（备品百分率）；

$b\%$——该零件的废品率（废品百分率）。

将生产纲领计划的零件数量，在一定的时间内分批生产，每批生产的数量即为批量。汽车制造企业常用生产节拍控制其生产能力。所谓生产节拍是指在汽车零件的生产线上，工序之间被加工零件流动的时间间隔。

3. 汽车产品的生产类型

汽车的社会需求与企业的生产能力，决定了企业的生产纲领，而生产纲领决定了产品的生产类型，生产类型是企业生产专业化程度的体现。根据企业的生产性质和生产纲领的不同，生产类型分为单件生产、成批生产和大量生产。

（1）单件生产

一次生产一辆或几辆汽车，不重复或很少重复制造的一种生产方式称为单件生产。这种生产类型，常出现在汽车产品的试制阶段。由于其生产过程往往只进行一次或很少重复，因此在生产组织上很灵活，加工设备为通用设备，专用夹具使用很少，而更多的是采用通用夹具或组合夹具。

（2）成批生产

企业工作场地的生产呈周期性重复，常年分批、轮换着制造若干种不同的汽车零件，称为成批生产。成批生产可按其批量大小又分为小批生产、中批生产、大批生产三种类型。其中，小批生产和大批生产的工艺特点分别与单件生产和大量生产的工艺特点类似；中批生产的工艺特点介于小批生产与大批生产之间。成批生产的基本特点是：分批生产相同的汽车零件，生产呈周期性重复。

（3）大量生产

汽车产品或零件的生产纲领很大，企业工作场地常年按一定的时间定额，重复地进行某一零件的某一工序的生产，称为大量生产。大量生产的基本特点是：产量大、品种单一，工作场地长期重复地进行某个汽车零件的某一道工序的加工。例如，一般轿车的正常制造生产都属于大量生产。大批、大量生产中应尽可能采用高效率的设备和工艺方法，以提高生产率。

表 1–1–1 中列举了汽车制造厂生产类型与生产特征及年产量之间的关系。

表 1–1–1　　汽车制造厂机械加工车间生产类型的划分　　辆

生产类型		年产量		
		小轿车及 1.5 t 以下轻型载货汽车	载货汽车	
			2 ~ 6 t	8 ~ 15 t
单件生产		＜ 10	＜ 10	＜ 10
成批生产	小批	10 ~ 2 000	10 ~ 1 000	10 ~ 500
	中批	2 000 ~ 10 000	1 000 ~ 10 000	500 ~ 5 000
	大批	10 000 ~ 50 000	10 000 ~ 30 000	5 000 ~ 10 000
大量生产		＞ 50 000	＞ 30 000	＞ 10 000

不同生产类型的汽车制造厂的工艺特征见表 1–1–2。

表 1–1–2　　不同生产类型的汽车制造厂的工艺特征

生产类型 / 特征	大批、大量生产	中批生产	单件、小批生产
产品	生产单一产品或系列化产品，数量很大。每台设备常年生产某一种零件的某一工序。产品改型后，原来的生产设备很难改装	生产单一产品或几种产品，数量较多。每台设备完成多种零件的相同工序。产品改型对生产有影响	生产多种产品，数量很少。产品改型对生产影响不大

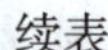续表

特征＼生产类型	大批、大量生产	中批生产	单件、小批生产
生产组织	采用流水线或自动生产线，按部件（总成）组织生产	成批轮番生产。部分零件按流水线生产，部分按同类零件组织生产	零件生产无流水线。按零件类别划分车间或工段
生产设备	广泛采用高生产率的专用机床、组合机床、半自动或自动机床和自动生产线	采用万能机床，部分采用高效率的专用机床和组合机床、数控机床等	广泛采用万能机床，部分采用数控机床、自动换刀数控机床等
工艺装备	广泛采用专用复合刀具、成形刀具、专用高效率量具或自动化量具、高效率专用夹具	部分采用标准刀具、万能量具、夹具，部分采用高效率的专用刀具、量具、夹具和组合夹具	广泛采用标准刀具、万能量具、万能夹具、组合夹具
机床调整方法	工件在已调整好的机床上加工	工件大部分在已调整好的机床上加工，部分采用试切法加工	基本采用试切法加工
对毛坯的要求	高精度、余量小的各种毛坯，大量采用精铸件、压铸件、金属模铸件、模锻件、粉末冶金件、冲压件、挤压件等	主要采用金属模铸件、模锻件或胎模锻件，部分采用精密铸、锻件等	采用木模手工造型铸件、自由锻件等，毛坯精度低，余量大
工艺文件	有详细的工艺文件，重点工序有工序调整卡	有工艺过程卡，重点工序有工序调整卡	工艺文件简单，只有工艺过程卡

为了大批量高效率地制造汽车，汽车制造厂都是按照产品（部件）专业化、工艺专业化原则组织协作化生产。例如，东风悦达起亚汽车有限公司设有专门生产发动机的发动机车间，生产车身的冲压车间和焊装车间，车身涂装的涂装车间，整车总装的总装车间等，这些车间（分厂）只是汽车生产过程中的一部分。汽车制造厂并不生产装配整车所需的全部零部件，在汽车上还有大量的协作件，如线束、座椅、内饰、玻璃、轮胎、电器及车灯等，由其他的专业配套企业供应。

课题二 汽车零件机械加工方法及经济精度

◆ 了解加工精度与成本的关系。

◆ 了解加工精度与加工方法的关系及选择。

人们在长期的生产实践中，创造出许多机械加工方法。这些方法可以使零件的各表面获得需要的尺寸精度、形状精度、位置精度和表面质量。

一、零件机械加工尺寸精度的获得方法

零件机械加工尺寸精度的获得方法有试切法、调整法、定尺寸刀具法、主动测量法、自动测量控制法等。

1．试切法

在机床上通过对工件试切—测量—调整—再试切，经多次反复进行使被加工尺寸达到要求为止的加工方法称为试切法，如箱体零件上孔系的试镗加工。

试切法的特点：不需要复杂的装置，也可以达到很高的精度；工件的尺寸误差取决于工人的技术水平和计量器具的精度，质量不稳定；生产率低，适用于单件和小批生产。

2．调整法

在加工一批工件之前，先调整好刀具与工件在机床上的相对位置，并在该批工件的加工过程中保持位置不变，以保证工件被加工尺寸的方法称为调整法。例如，采用铣床夹具时，刀具的位置由对刀块确定。调整法的实质是利用机床上的定程装置、对刀装置或预先调整好的刀架，使刀具相对于机床或夹具达到一定的位置精度，然后加工一批工件。

图 1-2-1 所示为用调整法获得镗孔尺寸示意图。图 1-2-1a 所示为用镗刀调整器调整镗刀径向伸长尺寸，图中百分表的测量头对准刀尖。图 1-2-1b 所示为镗活塞销孔时，活塞夹紧后正处于往返进给状态。在加工一批活塞销孔之前，必须保持刀具与工件间的正确位置不变，即需要将镗刀径向伸长尺寸调整到位就可保证被加工活塞销孔尺寸精度要求。

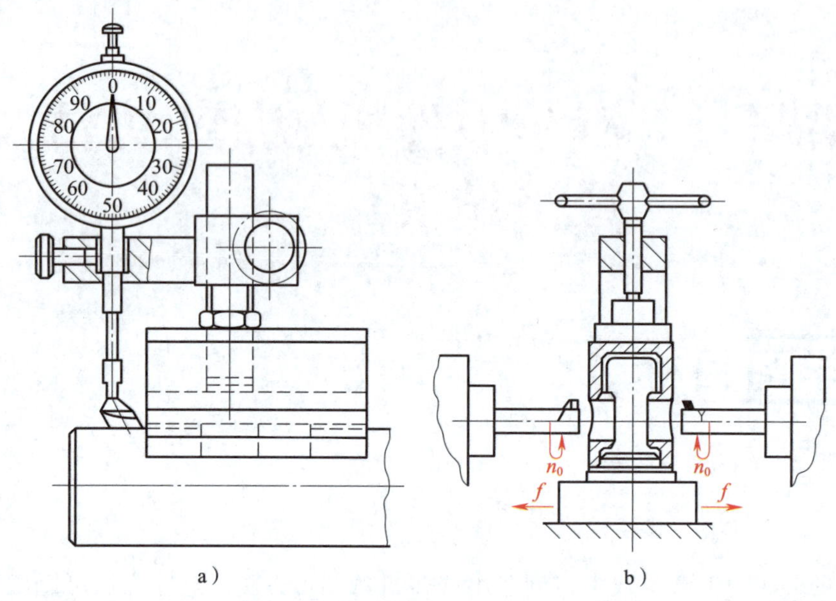

图 1-2-1 用调整法获得镗孔尺寸示意图

a）用镗刀调整器调整镗刀径向伸长尺寸 b）镗活塞销孔

调整法的特点是：与试切法相比加工精度的稳定性好，生产率较高，加工尺寸稳定；对机床操作工的技术水平要求不高，但对机床调整工的技术水平要求高；适用于大批生产；广泛用于半自动机床或自动生产线加工。

3. 定尺寸刀具法

用刀具的相应尺寸来保证被加工部位尺寸的方法称为定尺寸刀具法。它是利用标准尺寸的刀具加工，加工面的尺寸由刀具的尺寸决定。如用钻头、铰刀、拉刀加工孔；用丝锥攻螺纹孔；用三面刃铣刀直接保证工件槽宽的尺寸；用齿轮铣刀加工齿轮的轮齿等。

图 1-2-2 所示为圆孔拉削简图，圆孔拉削用的是定尺寸圆孔拉刀。

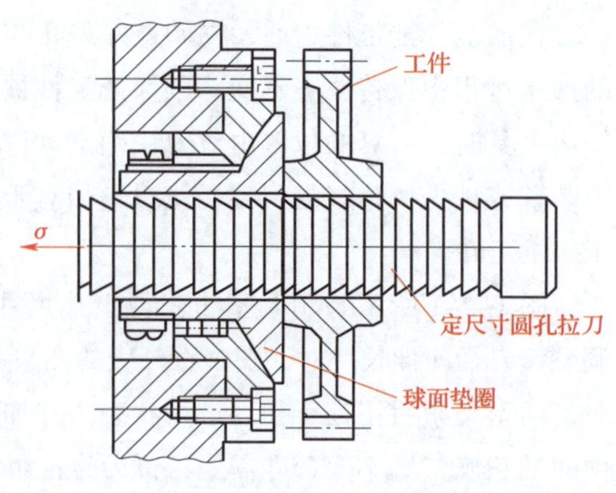

图 1-2-2 圆孔拉削简图

定尺寸刀具法的特点是：操作方便，生产率较高；加工精度比较稳定，加工精度取决于刀具的尺寸精度，几乎与工人的技术水平无关；在各种类型的生产中广泛应用。

4. 主动测量法

在加工过程中，边加工边测量加工尺寸，并将所测结果与设计要求的尺寸比较后，使机床继续工作或使机床停止工作，这就是主动测量法。

图 1–2–3 所示为在汽车传动轴类外圆磨削加工中常采用的挂表式主动测量控制装置。其工作原理是：挂表是一只百分表，先按标准样件尺寸调整对零；针对外圆磨削，将装置的三个触点（两个固定触点、一个活动触点）与被磨外圆表面相接触，其中活动触点 1 通过弹性量杆端面与百分表触头接触；随着被磨外圆表面尺寸逐渐减小，百分表指针向一个方向不断摆动。当指针对零时，表示外圆磨削达到标准样件尺寸后退出砂轮，完成外圆的磨削工序。

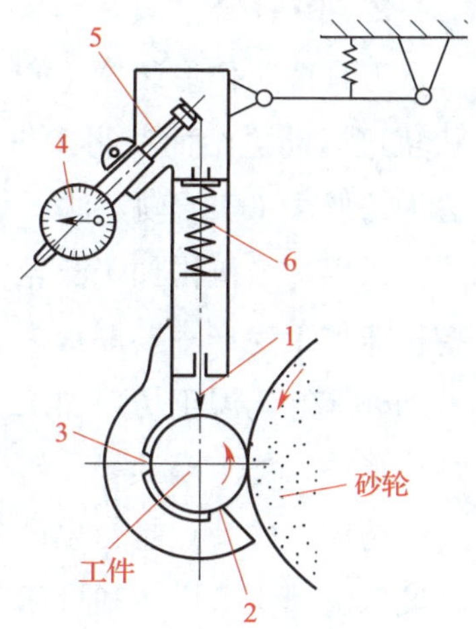

图 1–2–3　挂表式主动测量控制装置

1—活动触点　2、3—固定触点
4—百分表　5—量杆　6—弹簧

目前，在一些精密机床中已利用检测装置测量和控制被加工表面的尺寸，并能用数字显示。主动测量法将测量装置加入工艺系统（即机床、刀具、夹具和工件组成的统一体）中，成为其第五个因素。

主动测量法的特点是：质量稳定、生产效率高，是机械加工的发展方向。

5. 自动测量控制法

自动测量控制法是一种对被加工零件表面尺寸的自动控制方法，其创新思路是将测量装置、进给装置和控制系统组成一个自动加工控制系统，并依靠该系统自动完成加工过程。这是机械制造的发展方向和计算机辅助制造（CAM）的基础。例如，在数控机床上加工零件时，就是通过程序的各种指令控制加工顺序和加工精度。

自动测量控制法的特点是：生产效率高、加工尺寸误差小、尺寸稳定性高、加工柔性好，适用于多品种、大批量生产的汽车制造业。

二、零件机械加工形状精度的获得方法

零件机械加工形状精度的获得方法有刀尖轨迹法、仿形法、成形刀具法和展成法四种。

1. 刀尖轨迹法

依靠刀尖的运动轨迹获得工件形状精度的方法称为刀尖轨迹法。刀尖运动轨迹取决于刀具和工件相对位置的切削成形运动，因而所获得的形状精度取决于成形运动的精度。

在机械加工中，普通的车削、铣削、刨削和磨削等均属于刀尖轨迹法。

2．仿形法

刀具按照仿形装置（样板或靠模）表面形状轨迹运动进给而获得工件形状的加工方法，称为仿形法（实属轨迹法）。

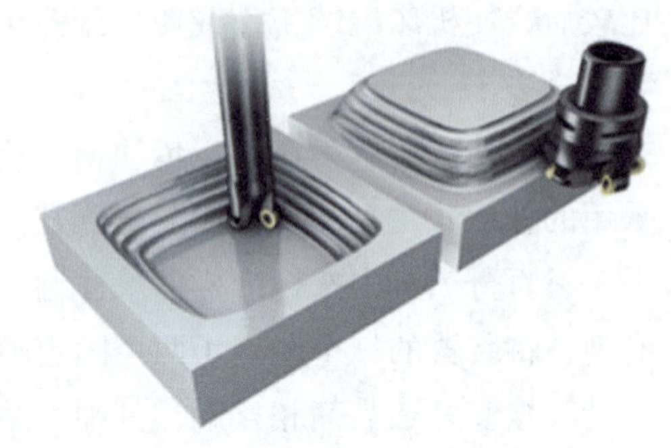
图 1-2-4　用仿形铣刀加工模具

采用仿形机构加工凸轮轴上的凸轮比用数控机床加工生产率要高很多。仿形车削和仿形铣削模具等均属于仿形加工。图 1-2-4 所示为用仿形铣刀加工模具。

仿形法的特点是：生产率较高，工件形状精度取决于仿形机构和机床主轴的精度，应用于大批量、形状较复杂的零件加工。

3．成形刀具法

利用成形刀具加工获得工件表面的方法称为成形刀具法。成形刀具法所获得的形状精度，取决于成形刀具的形状精度及其成形运动精度。成形刀具法的应用包括车削外螺纹，拉键槽、花键孔等，图 1-2-5 所示为用成形铣刀加工齿轮轮齿。

a）

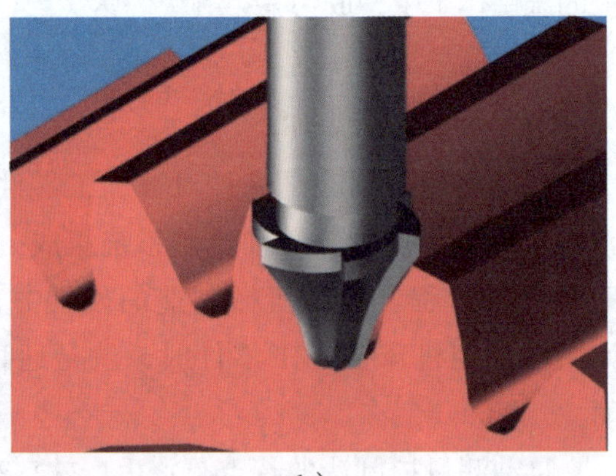
b）

图 1-2-5　用成形铣刀加工齿轮轮齿

a）用盘形铣刀切制齿轮　b）用指状铣刀切制齿轮

4．展成法

在刀具与工件做相对运动时，刀刃包络出被加工表面形状的方法称为展成法，展成法又称范成法、包络法、滚切法。该方法所获得的精度，取决于切削刃的形状和展成运动的精度。图 1-2-6 所示为用展成法滚齿、插齿、磨齿和滚花键。

三、零件表面相互位置精度的获得方法

零件表面相互位置精度取决于零件的装夹（定位和夹紧）方式及其精度。零件的装夹方式有：找正装夹、划线装夹和夹具装夹。

a）

b）

c）

d）

图 1-2-6　用展成法加工工件

a）滚齿　b）插齿　c）磨齿　d）滚花键

零件加工表面相互位置精度与诸多因素有关，如机床夹具精度、定位和夹紧方式及夹具本身精度等。采用夹具装夹加工所得到的位置精度相对较高，适用于汽车零件的大批量生产。

在加工过程中，同时获得零件的尺寸、形状和位置三方面的精度有一定的相依关系。一般来说，形状精度高于尺寸精度，位置精度大多高于相应的尺寸精度。也就是说，尺寸精度得到保证时，形状精度和位置精度一般都能够得到保证。

四、汽车零件的加工经济精度和表面粗糙度

加工经济精度是机械加工中经常使用的一个概念。经济效益是企业生存的根本，一个零件从设计到加工都要注意其经济性。所谓的加工经济精度是指在正常的加工条件下（采用符合质量标准的设备和工艺装备，使用标准技术等级的工人，不延长加工时间）的一种加工方法所能保证的加工精度和表面粗糙度。

加工精度等级的高低是根据使用要求决定的，零件的成本是与加工精度密切相关的。7 级（IT7）精度应该是比较高的精度，再往上的 6 级（IT6）、5 级（IT5）、4 级（IT4）就是更高的精度。每增加一个精度等级，加工的难度会呈几何级数增长，对加工机床和工量具的要求就会更高，也要求工人有更高的加工技术水平。例如，7 级精度用一般的机床和工具就可以达到，但 6 级就要用磨床，5 级就要用数控机床和精磨，甚至手工研磨，4 级就更难。每增加一个精度等级，可能会多用几个工序、多用几台精度更高的机床、增加技术工人，必然导致零件成本大幅增加。追求经济精度就是要在满足使用要求的条件下以最低的精度、最低的成本，达到追求利益最大化的目的。因此，在设计安排工艺过程时要重点考虑经济精度。

1．加工精度与加工成本的关系

任何一种加工方法的加工精度与加工成本之间的关系如图 1-2-7 所示。图中，δ 为加工误差，表示加工精度；C 表示加工成本。由图中曲线可知，两者关

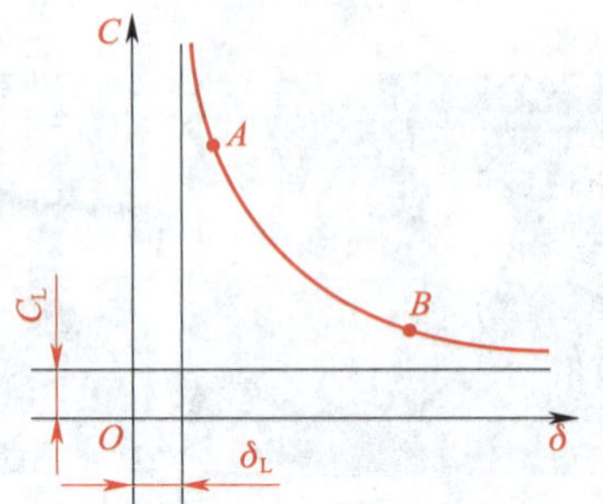

图 1-2-7　加工精度与加工成本的关系

系的总趋势是加工成本 C 随着加工误差 δ 的下降而上升，但在不同的误差范围内成本上升的比率不同。

（1）在 A 点左侧曲线，加工误差减少一点，加工成本会上升很多。加工误差减少到一定程度，投入的成本再多，加工误差的下降也微乎其微，这说明某种加工方法加工精度的提高是有极限的（如图中的 δ_L）。

（2）在 B 点右侧，即使加工误差放大许多，成本下降却很少，这说明对于一种加工方法，成本的下降也是有极限的，即有最低成本（如图中的 C_L）。

（3）只有在曲线的 AB 段，加工成本随着加工误差的减少而上升的比率相对稳定。

可见，只有当加工误差等于曲线 AB 段对应的误差值时，采用相应的加工方法加工才是经济的，该误差值所对应的精度即为该加工方法的经济精度。因此，加工经济精度是指一个精度范围，而不是一个值。

2．选择加工方法时应考虑的主要因素

选择加工方法时，应首先根据零件的加工要求，查表、参考有关资料或根据经验来确定哪些加工方法能达到所要求的加工精度。同时还必须考虑下列因素：

（1）工件材料的性质

如有色金属和不锈钢不宜采用磨削，因为有色金属易使砂轮堵塞或黏附，因此应改用高速精车或金刚镗削等切削加工方法。

（2）工件的形状和尺寸

如形状较复杂、尺寸又较大的零件，其上的孔不宜采用拉削或磨削；直径大于 60 mm 的孔不宜采用钻、扩、铰等加工方法。

（3）选择加工方法应与生产类型相适应

一般来说，大批大量生产应选用高生产率和质量稳定的加工方法；单件小批生产则应尽量选择通用设备，避免采用非标准的专用刀具进行加工。

（4）结合生产的具体条件

加工方法要结合现有生产条件，充分利用现有设备和工艺手段。

3．加工经济精度与加工方法的选择

各种加工方法（车、铣、刨、钻、镗、铰等）所能达到的加工精度和表面粗糙度都有一定的范围。常见的各种加工方法所能达到的经济精度见表 1-2-1。

表 1–2–1　　　　常见的各种加工方法所能达到的经济精度

加工方法		公差精度等级（IT）		加工方法		公差精度等级（IT）	
		经济精度等级	可达精度等级			经济精度等级	可达精度等级
车	粗	7 ~ 8	2	铰	精	4	1
	精	6 ~ 7					
	细	3 ~ 4			细	2 ~ 3	
铣	粗	6 ~ 8	2	镗	粗	6 ~ 7	1
	精	5			精	3 ~ 5	
	细	3 ~ 4			细	2	
刨	粗	6 ~ 8	3	磨	粗	4	1
	精	5			精	3	
	细	4			细	2	
钻	无钻模	7	4	拉削	粗	*5 ~ 7	2
	有钻模	6			精	3 ~ 4	
	扩钻	5 ~ 6			细	2 ~ 3	
冷压	冲裁	8	3 ~ 4	攻螺纹	车削	2 ~ 3	2
	踏弯	10	5 ~ 6		丝锥		
	拉深	9 ~ 10	5 ~ 6		板牙	3	
	挤压	5	2		碾压	2	1
粉末冶金		5 ~ 7	3	塑料压制		8 ~ 9	6 ~ 7

注：带 * 号表示一般冷拔型钢的公差等级。

4. 加工经济精度与表面粗糙度的关系

加工经济精度与表面粗糙度对应一定的公差等级和表面粗糙度等级范围。一般情况下，被加工表面尺寸公差值小，对应的表面粗糙度值也一定小；但表面粗糙度值小时，尺寸公差值却不一定小。例如，机床手柄表面、一些要求抗腐蚀或提高疲劳强度的零件表面，规定的表面粗糙度值较小，但尺寸公差值却可稍大一些。各种加工方法能达到的表面粗糙度见表 1–2–2。

表 1-2-2　　各种加工方法能达到的表面粗糙度

<table>
<tr><th>表面粗糙度 / μm</th><th>表面特征</th><th>主要加工方法</th><th>应用举例</th></tr>
<tr><td>100</td><td>明显可见刀痕</td><td>粗车、粗铣、粗刨、钻</td><td rowspan="2">为表面粗糙度值最高的加工面，一般很少应用</td></tr>
<tr><td>50</td><td>可见刀痕</td><td>用粗纹锉刀和粗砂轮加工</td></tr>
<tr><td>25</td><td>微见刀痕</td><td>粗车、刨、立铣、平铣、钻</td><td>不接触表面、不重要的接触面，如螺丝孔、倒角、机座底面等</td></tr>
<tr><td>12.5</td><td>可见加工痕迹</td><td rowspan="3">精车、精铣、精刨、铰、镗、粗磨等</td><td>没有相对运动的零件接触面，如箱、盖、套筒等</td></tr>
<tr><td>6.3</td><td>微见加工痕迹</td><td rowspan="2">要求紧贴的表面、键和键槽的工作表面，以及相对运动速度不高的接触面，如支架孔、衬套、带轮轴孔的工作面等</td></tr>
<tr><td>3.2</td><td>看不见加工痕迹</td></tr>
<tr><td>1.6</td><td>可辨加工痕迹方向</td><td rowspan="3">精车、精铰、精拉、精镗、精磨等</td><td rowspan="3">要求配合很好的接触面，如与滚动轴承配合的表面、锥销孔等；相对运动速度较高的接触面，如滑动轴承的配合表面、齿轮轮齿的工作表面等</td></tr>
<tr><td>0.8</td><td>微辨加工痕迹方向</td></tr>
<tr><td>0.4</td><td>不可辨加工痕迹方向</td></tr>
<tr><td>0.2</td><td>暗光泽面</td><td rowspan="5">研磨、抛光、超级精细研磨等</td><td rowspan="5">精密量具的表面，极重要零件的摩擦面，如气缸的内表面、精密车床主轴颈、坐标镗床主轴颈等</td></tr>
<tr><td>0.1</td><td>亮光泽面</td></tr>
<tr><td>0.05</td><td>镜状光泽面</td></tr>
<tr><td>0.025</td><td>雾状光泽面</td></tr>
<tr><td>0.012</td><td>镜面</td></tr>
</table>

注：各种绝缘零件机加工表面的表面粗糙度值规定为 3.2 ~ 25 μm。

课题三　汽车机械制造工艺文件

- 了解工艺规程的内容和文件形式。
- 了解管理用工艺文件的内容。

工艺文件是将工艺工作以一定格式文件的形式确定下来的全部资料的总称。按工艺文件的作用分为工艺规程和管理用工艺文件两类。工艺规程是管理用工艺文件的基础和依据；管理用工艺文件是工艺规程得以实施的保证。表 1–3–1 所示为主要的机械加工工艺文件。

表 1–3–1　主要的机械加工工艺文件

名称	分类	包含内容
工艺文件	工艺规程	工艺过程卡
		工艺卡
		工序卡
		机床调整卡
		检验工序卡
		工艺附图
		工艺手则
	管理用工艺文件	工艺分工路线图
		各类工具一览表（清单）与草案、更改通知书
		专用工装设计任务书
		专用设备设计任务书
		工艺更改通知书
		工艺技术问题联系单
		毛坯图
		工厂设计说明书
		工艺设备平面布置图

各汽车制造企业由于具体情况不同，在实际生产中，每个零件的生产工艺过程不是唯一的。企业应该根据零件的生产类型，在优质、高产、低成本的原则基础上，选择符合企业本身生产能力的工艺过程。对工艺文件的格式，也可根据企业的需要自行制定。

一、工艺规程

把比较合理的工艺过程确定下来后，按一定的格式（通常是表格或图表）和要求写成文件形式，要求企业有关人员必须严格执行的指令性文件，称为工艺规程。

机械加工工艺规程是规定零件制造生产工艺过程和操作方法的工艺文件，是总结生产实践经验，结合先进制造生产工艺技术和具体生产条件，在合理的工艺理论和必要的生产工艺试验的基础上，制定并指导生产组织、生产管理、工艺管理和生产操作等的技术文件。

1. 机械加工工艺规程的内容

（1）拟定机加工工艺路线（零件在生产过程中一次通过的全部加工内容称为工艺路线），即确定机械加工各道工序的加工方法和顺序。

（2）确定各道工序的具体内容，即规定各道工序具体的操作内容和完成方法。

2. 机械加工工艺规程文件形式

机械加工工艺规程是以卡片文件形式出现的文件。常用的工艺规程主要包括工艺过程卡、工序卡、调整卡、检验工序卡等。

（1）工艺过程卡

机械加工工艺过程卡以工序为单位，简要地列出整个零件加工所经过的工艺路线（包括毛坯制造、机械加工和热处理等），见表 1–3–2。

机械加工工艺过程卡是制定其他工艺文件的基础，也是生产准备、编排作业计划和组织生产的依据。在这种卡片中，除了标明零件的特征外，只列出工序的序号、工序内容、设备、工装、切削规范和单件工时定额。由于各工序的说明不够具体，故一般不直接指导工人操作，而更多地作为日常生产中各项管理和统计工作的依据。在单件小批生产中，由于通常不编制其他较详细的工艺文件，这种卡片可直接用于指导生产。

（2）工序卡

机械加工工序卡是根据机械加工工艺过程卡为一道工序制定的，它能更详细地说明整个零件各个工序的要求，是用来具体指导工人操作的工艺文件。机械加工工序卡示例见表 1–3–3。

表 1–3–2　　机械加工工艺过程卡示例

机械加工工艺过程卡			产品型（代）号	XXX.40Cr	零（部）件图号	495A–04001	共　页	第　页
			产品名称		零（部）件名称	连杆体		
工序号	工序名称	车间	设备	工艺装备				备注
			编号	编号	编号	编号	编号	
			名称	名称	名称	名称	名称	
00	锻造							锻
10	锻造喷砂清理							锻
20	检验							检
30	锻造尺寸分档							配
40	检验							检
50	粗铣平面			圆盘铣 X3016				铣
60	钻小头孔		2	Z635				钻
			小件	立钻				

续表

<table>
<tr><td colspan="3" rowspan="2">机械加工工艺过程卡</td><td>产品型（代）号</td><td>XXX.40Cr</td><td>零（部）件图号</td><td>495A–04001</td><td rowspan="2">共　页</td><td rowspan="2">第　页</td></tr>
<tr><td>产品名称</td><td></td><td>零（部）件名称</td><td>连杆体</td></tr>
<tr><td rowspan="3">工序号</td><td rowspan="3">工序名称</td><td>车间</td><td>设备</td><td colspan="4">工艺装备</td><td rowspan="3">备注</td></tr>
<tr><td></td><td>编号</td><td>编号</td><td>编号</td><td>编号</td><td>编号</td></tr>
<tr><td></td><td>名称</td><td>名称</td><td>名称</td><td>名称</td><td>名称</td></tr>
<tr><td rowspan="2">70</td><td rowspan="2">粗镗小头孔</td><td></td><td>3</td><td rowspan="2">镗床</td><td></td><td></td><td></td><td rowspan="2">车</td></tr>
<tr><td></td><td>小件</td><td></td><td></td><td></td></tr>
<tr><td rowspan="2">80</td><td rowspan="2">刨角</td><td></td><td>4</td><td rowspan="2">钻床</td><td></td><td></td><td></td><td rowspan="2">钳</td></tr>
<tr><td></td><td>小件</td><td></td><td></td><td></td></tr>
<tr><td rowspan="2">90</td><td rowspan="2">铣定位面</td><td></td><td>5</td><td rowspan="2">铣床</td><td></td><td></td><td></td><td rowspan="2">铣</td></tr>
<tr><td></td><td>小件</td><td></td><td></td><td></td></tr>
<tr><td rowspan="2">100</td><td rowspan="2">粗铣分离面</td><td></td><td>6</td><td rowspan="2">圆盘铣 X3016</td><td></td><td></td><td></td><td rowspan="2">铣</td></tr>
<tr><td></td><td>小件</td><td></td><td></td><td></td></tr>
<tr><td rowspan="2">110</td><td rowspan="2">粗镗大头孔</td><td></td><td>7</td><td rowspan="2">专用机床</td><td></td><td></td><td></td><td rowspan="2">车</td></tr>
<tr><td></td><td>小件</td><td></td><td></td><td></td></tr>
<tr><td rowspan="2">120</td><td rowspan="2">修毛刺</td><td></td><td></td><td rowspan="2"></td><td></td><td></td><td></td><td rowspan="2">钳</td></tr>
<tr><td></td><td>小件</td><td></td><td></td><td></td></tr>
<tr><td rowspan="2">130</td><td rowspan="2">铣螺孔底平面</td><td></td><td>8</td><td rowspan="2"></td><td></td><td rowspan="2">X5024
立铣</td><td></td><td rowspan="2">铣</td></tr>
<tr><td></td><td>小件</td><td></td><td></td></tr>
</table>

续表

机械加工工艺过程卡			产品型（代）号	XXX.40Cr	零（部）件图号	495A-04001	共　页	第　页
			产品名称		零（部）件名称	连杆体		
工序号	工序名称	车间	设备	工艺装备				备注
			编号	编号	编号	编号	编号	
			名称	名称	名称	名称	名称	
140	调质 24 ~ 32HRC							热
			小件					
150	酸洗去氧化皮							
160	磁力探伤及处理							
						修磨机		
170	修磨毛刺							
						M7475		
180	粗磨平面							
						圆盘磨		
190	退磁							钳
			小件					
200	磨分离面		11			M7130		磨
			小件			平面磨床		

续表

机械加工工艺过程卡			产品型（代）号	XXX.40Cr	零（部）件图号	495A-04001	共　页	第　页
			产品名称		零（部）件名称	连杆体		
工序号	工序名称	车间	设备	工艺装备				备注
			编号	编号	编号	编号	编号	
			名称	名称	名称	名称	名称	
210	检验							检
220	修大头孔口处毛刺							钳
			小件					
230	钻两螺孔		12			Z635		钳
			小件			立钻		
240	粗镗定位孔		13					车
			小件		专机			
250	半精镗定位孔		14					车
			小件		专机			
260	精镗定位孔		15					车
			小件		专机			
270	2×ϕ15孔口倒角		16					钳
			小件					

续表

机械加工工艺过程卡			产品型（代）号	XXX.40Cr	零（部）件图号	495A-04001	共　页	第　页
			产品名称		零（部）件名称	连杆体		
工序号	工序名称	车间	设备	工艺装备				备注
			编号	编号	编号	编号	编号	
			名称	名称	名称	名称	名称	
280	扩两螺孔		17					钳
			小件		专机			
290	攻螺纹 2-M12×125		18					钳
			小件		专机			
300	测量螺纹垂直度		19					钳
			小件					
310	检验							检

表 1-3-3　　　　机械加工工序卡示例

<table>
<tr><td>机械加工工序卡</td><td colspan="2">产品型（代）号</td><td>495A</td><td>产品名称</td><td></td><td>零（部）件图号</td><td>495A-04001</td><td>零（部）件名称</td><td colspan="2">连杆体</td><td colspan="2">共 3 页
第 1 页</td></tr>
<tr><td>车间</td><td></td><td>工序号</td><td>50</td><td>工序名称</td><td>粗铣平面</td><td>切削液</td><td></td><td>材料牌号</td><td>40Cr</td><td>硬度</td><td></td><td>同时加工件数</td><td></td></tr>
<tr><td>上工序</td><td>检验</td><td rowspan="2">设备</td><td>型号</td><td>X3016</td><td rowspan="2">夹具</td><td>编号</td><td colspan="2">PC495A-04001/1</td><td rowspan="2">工位器具</td><td>编号</td><td colspan="3"></td></tr>
<tr><td>下工序</td><td>钻小头孔</td><td>名称</td><td>圆盘铣刀</td><td>名称</td><td colspan="2">连杆体两平面夹具</td><td>名称</td><td colspan="3"></td></tr>
<tr><td rowspan="3">工序号</td><td rowspan="3">工步内容</td><td colspan="3">工艺装备</td><td rowspan="3">主轴转速 /m·min^{-1}</td><td rowspan="3">切削速度 /m·min^{-1}</td><td rowspan="3">进给量 /mm</td><td rowspan="3">切削深度 /m</td><td rowspan="3">进给次数</td><td rowspan="3" colspan="4">备注</td></tr>
<tr><td>编号</td><td>编号</td><td>编号</td></tr>
<tr><td>名称</td><td>名称</td><td>名称</td></tr>
<tr><td rowspan="2">1</td><td rowspan="2"></td><td></td><td></td><td></td><td></td><td></td><td></td><td></td><td></td><td colspan="4"></td></tr>
<tr><td></td><td></td><td></td><td></td><td></td><td></td><td></td><td></td><td colspan="4"></td></tr>
<tr><td rowspan="2">2</td><td rowspan="2"></td><td></td><td></td><td></td><td></td><td></td><td></td><td></td><td></td><td colspan="4"></td></tr>
<tr><td></td><td></td><td></td><td></td><td></td><td></td><td></td><td></td><td colspan="4"></td></tr>
<tr><td rowspan="2">3</td><td rowspan="2"></td><td></td><td></td><td></td><td></td><td></td><td></td><td></td><td></td><td colspan="4"></td></tr>
<tr><td></td><td></td><td></td><td></td><td></td><td></td><td></td><td></td><td colspan="4"></td></tr>
<tr><td rowspan="2">4</td><td rowspan="2"></td><td></td><td></td><td></td><td></td><td></td><td></td><td></td><td></td><td colspan="4"></td></tr>
<tr><td></td><td></td><td></td><td></td><td></td><td></td><td></td><td></td><td colspan="4"></td></tr>
<tr><td rowspan="2">5</td><td rowspan="2"></td><td></td><td></td><td></td><td></td><td></td><td></td><td></td><td></td><td colspan="4"></td></tr>
<tr><td></td><td></td><td></td><td></td><td></td><td></td><td></td><td></td><td colspan="4"></td></tr>
</table>

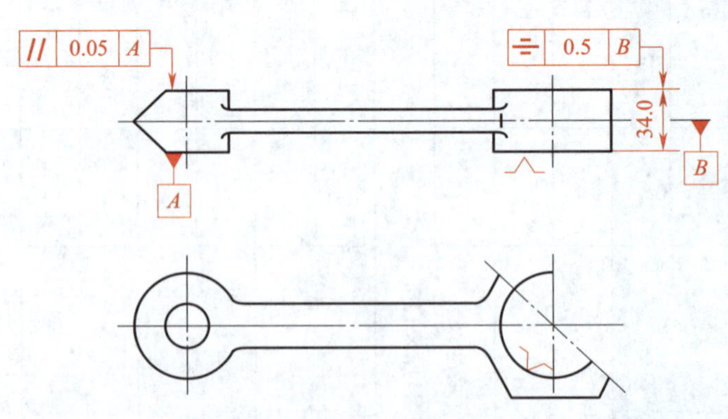

<table>
<tr><td></td><td></td><td></td><td></td><td></td><td>编制（日期）</td><td>校对</td><td>标准化</td><td>会签</td><td>审核（日期）</td></tr>
<tr><td>标记</td><td>总数</td><td>更改文件号</td><td>签字</td><td>日期</td><td></td><td></td><td></td><td></td><td></td></tr>
</table>

续表

机械加工工序卡	产品型（代）号	495A	产品名称		零（部）件图号	495A-04001	零（部）件名称	连杆体	共 3 页 第 2 页
车间		工序号	100	工序名称	粗铣分离面	切削液		材料牌号	40Cr
硬度		同时加工件数							

上工序	铣定位面	设备	型号	X3016	夹具	编号	PC495A-04001/2	工位器具	编号	
下工序	粗镗大头孔		名称	圆盘铣刀		名称	圆盘铣夹具		名称	

工序号	工步内容	工艺装备 编号/名称	工艺装备 编号/名称	工艺装备 编号/名称	主轴转速 /m·min^{-1}	切削速度 /m·min^{-1}	进给量 /mm	切削深度 /m	进给次数	备注
1			495A04001/9 定位面测量架							
2			J495A04001/2 分离面校对规							
3			0 ~ 5 百分表							
4										
5										

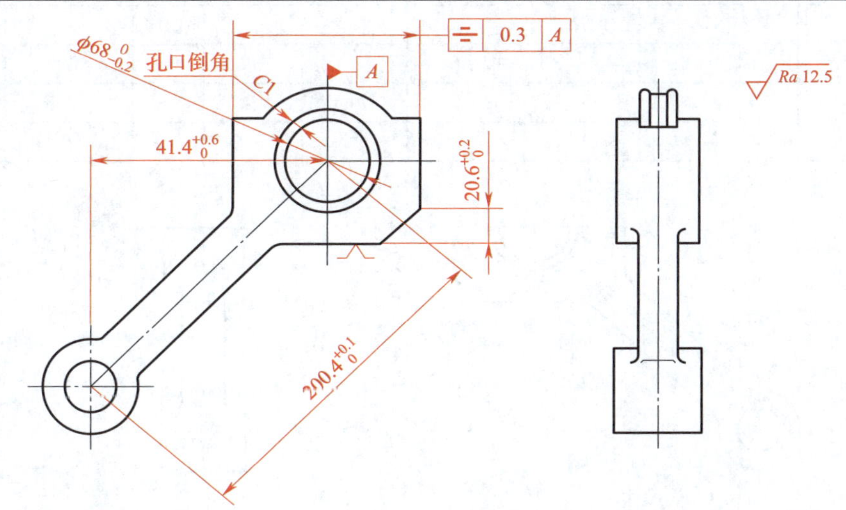

					编制（日期）	校对	标准化	会签	审核（日期）
标记	总数	更改文件号	签字	日期					

续表

机械加工工序卡	产品型（代）号	495A	产品名称		零（部）件图号	495A-04001	零（部）件名称	连杆体	共3页 第3页

车间		工序号	110	工序名称	粗镗大头孔	切削液		材料牌号	40Cr	硬度		同时加工件数	

上工序	粗铣分离面	设备	型号		夹具	编号		工位器具	编号	
下工序	修毛刺		名称	专用机床		名称			名称	

工序号	工步内容	工艺装备 编号 名称	工艺装备 编号 名称	工艺装备 编号 名称	主轴转速 /m·min^{-1}	切削速度 /m·min^{-1}	进给量 /mm	切削深度 /m	进给次数	备注
1		RJ495A-04001	借LJ495A 0420013							
		0400215 粗镗刀	大头孔 对刀表座							
2		RJ495A-04001	0～5百分表							
		04002/4	0～200 游标卡尺							
3			LJ495A-04001/4							
		倒角刀 $\phi68$	塞尺							
4										
5										

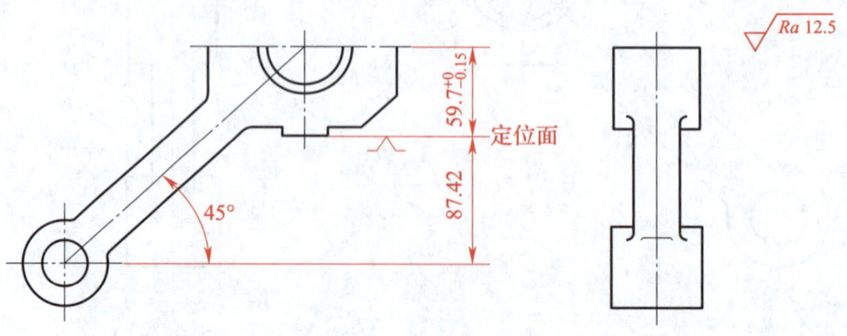

					编制（日期）	校对	标准化	会签	审核（日期）
标记	总数	更改文件号	签字	日期					

机械加工工序卡一般用于大批大量生产的零件。它更详细地说明整个零件在各个工序的要求。按工序分工步，说明该工序每一工步的内容、使用设备、工装、切削工艺参数、时间定额、操作要求等详细内容，是指导生产最详细的文件。在这种卡片上要画该工序的简图，对加工表面、夹紧、定位、支承、进给方向等进行详细说明，有时还要把加工刀具示意图画在图中。工序卡一般除正页外，还可添加附页。填写工序卡时，按工步填写工序尺寸、公差和表面粗糙度、几何公差等技术要求，同时对工序图还有以下要求：

1）应画出加工件的主要轮廓线，用加粗的线标明加工表面。在不影响标注定位和夹紧符号的前提下，可以只画局部图。

2）用符号标注定位基准及其所限制的自由度数目和夹紧位置及力源，其符号应尽可能采用《机械加工定位、夹紧符号》（JB/T 5061—2006）规定的符号，定位、夹紧符号应尽量标注在轮廓线上。

3）标注该工序应保证的工序尺寸及公差、表面粗糙度、几何公差等技术要求。

4）标明装夹零件的数目、加工时工件的排列方式等。

（3）调整卡

调整卡主要用于多工位、多刀加工的工序。它突出标明多刀位置、行程长度及各工位切削参数（刀具参数和切削用量），便于调整，其格式一般因机床而异。

（4）检验工序卡

检验工序卡是指导检验人员对复杂、精度高的零件进行检验的工艺文件。其主要内容如下：

1）检验项目、精度及技术要求。

2）检验用夹具和量具名称、规格和编号。

3）检验简图，标明检验时的定位、标定、测量方法及操作程序。

4）检验对象的抽样规则，如百分比或抽检间隔件数等。

二、管理用工艺文件

1. 工装设计任务书

工装设计任务书是工艺人员向工装设计人员提出的工艺文件。其格式因各种工装的要求不同和各企业管理组织形式的不同而有较大的差别。但一般都包括标明加工、定位、夹紧位置和技术要求的简图，生产设备的型号、规格等参数。如果对工装结构、动力源有特殊要求也应加以说明。

2. 工具一览表（清单）与草案

工具一览表（清单）与草案有刀具、刀辅具、量具一览表（清单）与草案等。列入草案的工具用于生产准备中一次性订货。列入工具一览表（清单）的工具用于正式生产，工具供应部门按定额进行储备，并保证供应。

3. 工厂设计文件

工厂设计文件有工艺设备平面布置图，是厂房设计和地面施工的依据；还有工厂设计说明书，包括设备明细表、面积、功能、投资、人员五大指标及其说明。工厂设计又分扩大初步设计、施工设计两个阶段，在这两个阶段的工厂设计中，工艺设计是逐步深化的。

工艺文件的详略程度，主要取决于生产专业化的程度和零件工艺的复杂程度。专业化程度越高，工艺文件越详细。单件小批生产因为节拍时间短，不希望产生人为的差错，其工艺文件常常是一次性有效，为了充分发挥工人的技艺，其工艺文件规定得较简单。

为了提高生产现场工艺文件的快速可读性，要求它的内容简明扼要，文字清晰整齐，术语、符号、计量单位应符合有关标准。

思考与练习

1. 简述汽车生产过程及其所包含的内容。
2. 简述机械加工工艺过程及其组成内容。
3. 如何区分安装、工位、工步和走刀？
4. 什么是产品的生产纲领？
5. 简述零件机械加工尺寸精度的获得方法。
6. 简述零件机械加工形状精度的获得方法。
7. 说明机械加工工艺规程的主要内容。
8. 机械加工工艺规程文件有哪几种形式？

工件的定位和装夹方法

机械零件从毛坯到成品，要经过多次机械加工。在机床上加工时，为了使本次加工出来的表面达到图样上的尺寸和位置公差要求，在加工之前，必须使工件在机床上或在夹具中占有正确位置。当工件的位置确定以后，还要用一定的机构将工件牢牢地固定住。

在成批大量生产中，工件的装夹是通过机床夹具来实现的。工件的装夹是否正确、迅速、方便和可靠，将直接影响工件的加工质量、生产率、制造成本、操作工人劳动强度和操作安全。因此，应根据具体的生产条件和工件的加工要求，正确而合理地选择工件的装夹方法，设计出合理、实用的机床夹具，这是研究机械加工工艺的重要任务。

本模块围绕工件的定位和装夹问题，先从基准的概念出发，再讲解工件装夹与机床夹具、工件定位原理及其应用、工件定位方式及定位元件及其应用、工件的夹紧装置等方面的重要知识，最后对车、铣、钻三类典型机床夹具分别做重点介绍。

课题一　定位基准的概念

- 掌握设计基准和工艺基准的定义。
- 熟悉工艺基准的分类。

工件是由若干空间点、线、面所构成的几何实体，其形状、位置与尺寸决定于所有点、线、面间的相互位置关系，包括尺寸大小、平行度、同轴度等。这里必须提出一个几何性的问题：基准。

基准是指用来确定工件几何要素间的几何关系所依据的那些点、线、面（参考系）。根据应用场合和作用，基准可划分为设计基准和工艺基准两大类。

一、设计基准

在设计图样上所采用的基准称为设计基准，它是标注设计尺寸的起点。设计基准可能是抽象的几何元素，如图 2-1-1a 中的轴线、图 2-1-1b 中的球心 O；也可能是工件上的具体几何元素，如图 2-1-1a 中的平面 A、C。

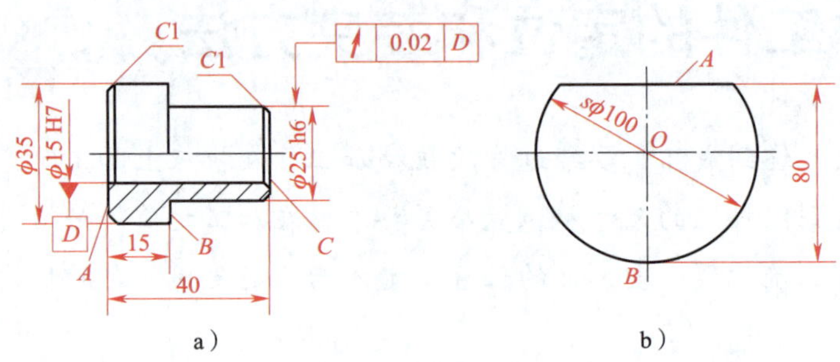

图 2-1-1　工件的设计基准

a）以轴线及平面 A、C 为元素的设计基准　b）以球心 O 为元素的设计基准

二、工艺基准及其分类

在机械加工工艺过程中所采用的基准称为工艺基准。加工工艺包括装夹、工序、测量、装配等基本过程，对应的工艺基准又细分为定位基准、工序基准、测量基准和装配基准四种。

1. 定位基准——加工时用作工件定位的基准

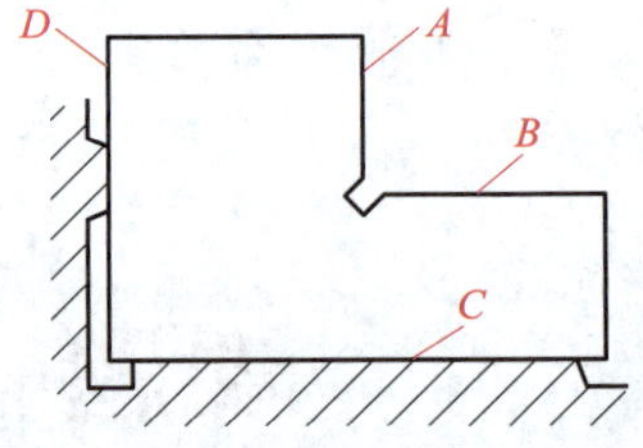

图 2-1-2　工件加工中的定位基准

定位基准由实际存在的端面或内外圆柱面（体现假想的内、外圆柱轴线）作为定位基面，如图 2-1-2 中的 C 面和 D 面。定位基准（基面）又有粗基准和精基准之分。机械加工的首道工序是粗加工，只能用毛坯上未经加工的表面作定位基准，这种定位基准称为粗基准，粗基准通常只能使用一次。在随后的工序中，采用加工过的、精度较高的表面作定位基准，此时称为精基准。

2. 工序基准——加工工序图上的基准

工序基准用以确定本工序加工表面加工后必须保证的尺寸、形状与位置，如图 2-1-3 中阶梯的左右端面，均可以作为钻孔工序的工序基准。

工序基准应尽可能与设计基准重合。为使定位或试切测量方便，工序基准可与定位基准或测量基准重合，这种原则称为基准重合原则。

3. 测量基准——测量被加工表面尺寸和位置的基准

图 2-1-4a 所示为以圆柱面母线作为测量基准。图 2-1-4b 所示为在 V 形块上测量轴颈 2 的径向跳动，轴颈 1 和轴颈 2 的共同轴线 3 是测量基准，本质上是以存在的外圆柱面 1 作为外圆柱面 2 的测量基准面。

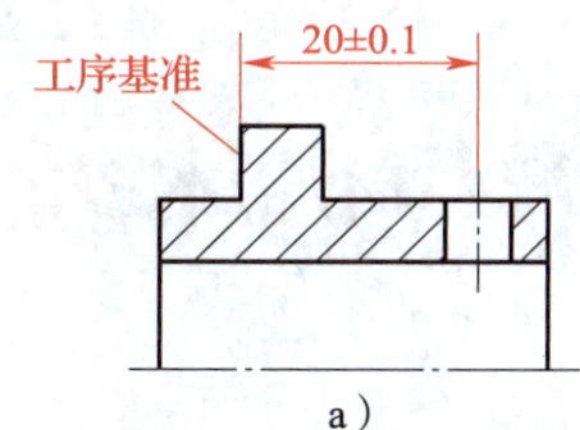

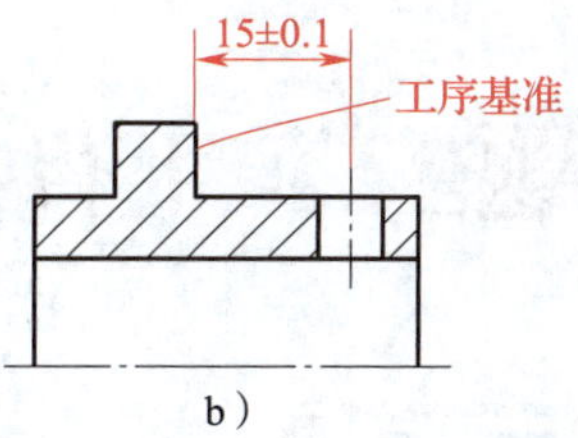

图 2-1-3　工件加工中的工序基准

a）以阶梯左端面作为工序基准　b）以阶梯右端面作为工序基准

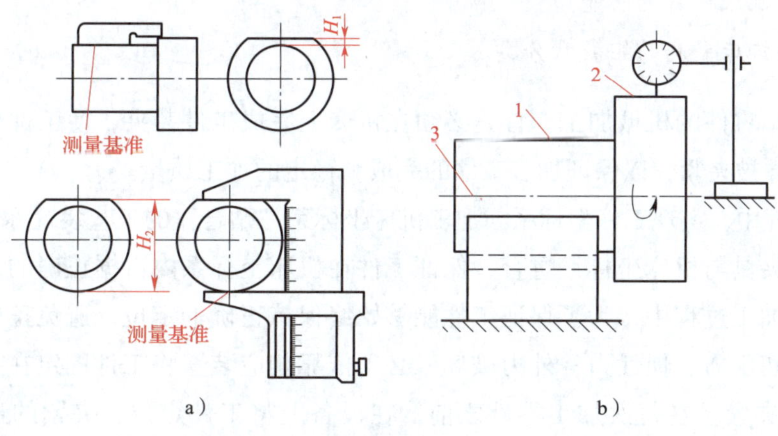

图 2-1-4　测量基准与测量基准面实例

a）以圆柱面母线作为测量基准　b）以轴线作为测量基准

1—轴颈 1　2—轴颈 2　3—轴线

4. 装配基准——装配时用以确定零件或部件在产品中相对位置的基准

图 2-1-5a 所示为以 *A* 端面和外圆柱面为装配基准面；图 2-1-5b 所示的倒挡齿轮 2 以壳体 1 右端内端面和齿轮的内孔表面为装配基准面。

有关工艺基准的选择原则和实例将在模块六课题二中介绍。

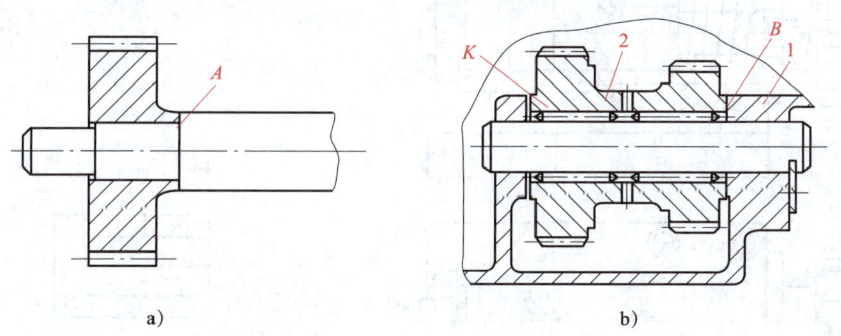

图 2-1-5　装配基准和装配基准面实例

a）以 *A* 端面和轴颈外圆柱面作为装配基准　b）以壳体 1 右端内端面、齿轮的内孔表面作为装配基准

1—壳体　2—倒挡齿轮

课题二　工件装夹与机床夹具

学习目标

- 掌握机床夹具的功能。
- 熟悉机床夹具的组成和分类。

实现汽车零件的机械加工，首先必须在机床上完成工件装夹，使工件相对刀具保持精确定位并被夹紧，以保证加工工序的完成和稳定的加工质量。

加工过程中，实现工件坐标系与加工机床坐标系“贴合”的工艺装置称为夹具。每次工件通过夹具与机床坐标系重合，保证工件在机床坐标系内占据正确的位置称为定位。在整个加工过程中，为了保证工件能够始终保持正确的定位，避免正确定位的状态被重力、切削力、惯性力等外力破坏，必须依靠相应装置将工件固定在夹具上，这一操作称为夹紧。在每次加工零件之前，在设备上将工件定位、夹紧的过程称为装夹。

机床夹具是在机床上完成工件装夹的重要工艺装置。如图 2–2–1 所示的钻轴套孔夹具，工件在心轴、定位套筒右端面上定位，拧紧心轴上的螺母，夹紧工件，然后钻头穿过钻套进行钻孔加工。

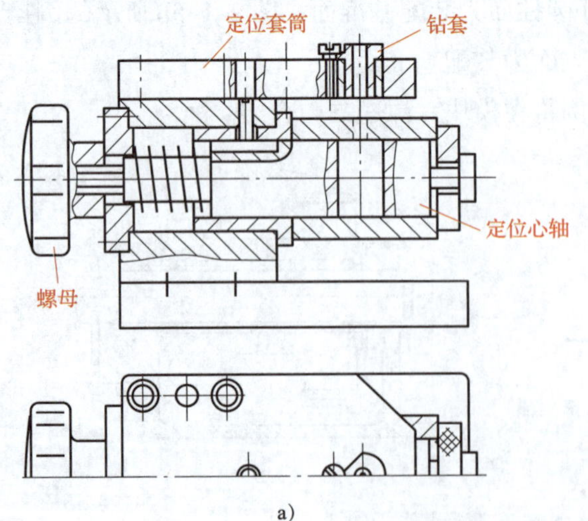

a)

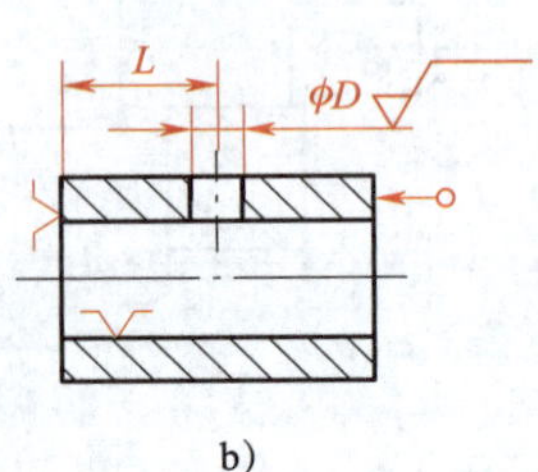

b)

图 2–2–1　钻轴套孔夹具

a）夹具　b）轴套

一、机床夹具的功能

1. 保证加工质量

工件装夹的首要任务是保证加工精度，保证被加工工件的加工面与定位面之间以及被加工表面之间的位置精度。用夹具装夹工件进行加工时，夹具能够保证工件相对于刀具及机床的位置精度不受工人技术水平的影响，从而使整批工件（夹具一次调整生产的所有工件）的加工精度基本一致。

2. 提高劳动生产率

使用夹具完成工件装夹，可以减少划线、找正、调整等辅助时间，且易于实现多件、多工位加工，并能提高工件刚度而允许使用较大切削用量。同时可采用机械、液压或气动等自动化的夹紧装置，能够实现多件、多工位快速装夹，这对汽车产业大批大量的生产模式至关重要。

3. 扩大机床使用范围

针对机床及工件加工工艺设计的专用夹具，能够使复杂的加工得以简化，能大大提高产品加工效率并扩展机床的适用范围。例如，在车床上通过配置镗模，可完成镗孔加工；在车床或铣床上使用靠模，可以进行仿形加工。

4. 降低工人的劳动强度，保证安全

采用多件、多工位装夹可大大减少夹紧次数，提高加工效率。采用自动化的上下料装置，能够降低工人的劳动强度。同时，还可以在夹具中设置双联开关、光电开关等防护机构，提高装夹的可靠性，减少误操作，保证工人安全。

二、机床夹具的组成

机床夹具的组成是围绕夹具功能的实现而设定的。图 2-2-2 所示为轴端铣槽夹具。机床夹具通常包括以下主要机构。

1. 定位元件

用来确定工件在机床夹具中正确位置的元件称为定位元件。定位元件上的定位面直接与工件基准面接触，用来确定工件在机床夹具中的正确位置。机床夹具的定位面是指定位元件上的一个平面、外圆柱面、内孔或组合表面，而基准面则是指工件形体上的表面，绝不能把机床夹具的定位面与工件的基准面混为一谈。

夹具常见定位元件有：支承钉、支承板、V 形块和圆柱销等。支承钉、支承板用于平面定位；V 形块、圆柱销、心轴采用圆弧面定位。定位元件通常采用较好的材料制造，从而保证夹具具有良好的耐磨性和使用寿命。

2. 夹紧装置

夹紧装置是将工件压紧夹牢，确保其在加工过程中不会因为受外力作用而破坏工件定位的装置。它由夹紧元件、夹紧机构和动力装置组成，如图 2-2-2 中的压板 7 和手柄 3。

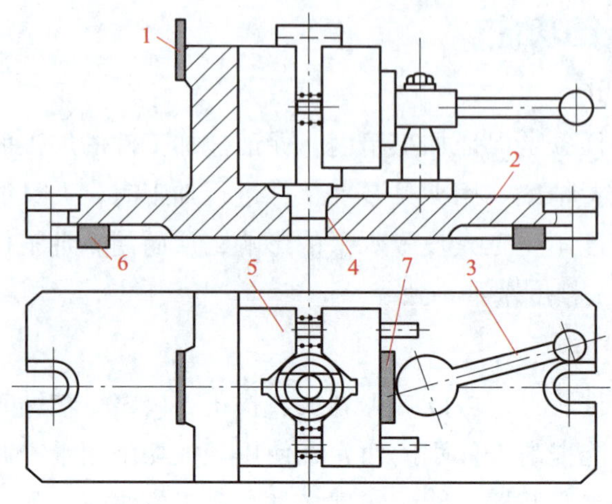

图 2-2-2　轴端铣槽夹具

1—对刀块　2—夹具体　3—手柄　4—支承套　5—V 形块　6—定向键　7—压板

3．对刀装置

对刀装置是确定或引导刀具与工件被加工面之间位置的元件，如图 2-2-2 中的对刀块 1。

4．连接元件

连接元件是能够确保夹具在机床上有正确位置的元件，如图 2-2-2 中的定向键 6。

5．夹具体

夹具体是将夹具所有零部件连接成为一个整体的基础构件，如图 2-2-2 中的夹具体 2。

6．其他装置

其他装置是指根据工件的某些特殊加工要求而设置的装置，如分度装置、靠模装置和上下料装置等。

三、机床夹具的分类

机床夹具种类繁多，按使用的机床不同可分为车床夹具、铣床夹具、钻床夹具、镗床夹具、磨床夹具和齿轮机床夹具等；按夹紧动力源不同可分为手动夹具、气动夹具、液压夹具、电动夹具和磁力夹具等；按工艺过程可分为机床夹具、检验夹具、装配夹具、焊接夹具等；按使用范围可分为通用夹具、专用夹具、组合夹具、随行夹具四种基本类型。

1．通用夹具

机床通用夹具的结构和尺寸已标准化、系列化，具有一定通用性，在市场上可以直接购买到，如车床上的三爪自定心卡盘、四爪单动卡盘，铣床上的机用平口钳、万能分度头、回转工作台，平面磨床上的电磁吸盘等。图 2-2-3 所示为常见的通用夹具。通用夹具的特点是成本低，适应性强，但生产效率低，广泛应用于单件、小批生产中。

a)　　b)　　c)　　d)

图 2-2-3　常见的通用夹具

a）三爪自定心卡盘　b）机用平口钳　c）万能分度头　d）回转工作台

2．专用夹具

机床专用夹具是指针对某一工件的某一工序的加工要求而专门设计制造的机床夹具。专用夹具的特点是结构紧凑，操作迅速、方便、省力，能够保证较高的加工精度和生产效率。但专用夹具的设计和制造周期较长，使用成本高。当产品变更时，专用夹具将无法再使用，因此只适用于产品固定且批量较大的生产。对于汽车产品这种大批大量制造模式而言，专用夹具的成本基本可以忽略不计，能够充分发挥其高效、高精度的优势。

3．组合夹具

组合夹具是由一套完全标准化的元件根据零件的加工要求拼装而成的夹具。图 2-2-4 所示为焊接平台的组合夹具。组合夹具可避免专用夹具无法通用的缺点，通过一系列标准化的夹具组件组合后，既能满足通用的目的，又能发挥专用夹具高精度、高效的特点，同时在一定程度上降低夹具的制造成本。组合夹具的特点是灵活多变、通用性强、设计制造周期短、元件可以重复使用，适合于多品种的中小批量和新产品试制生产。

图 2-2-4　焊接平台的组合夹具

4．随行夹具

随行夹具是指在自动加工线上，为了避免多次装夹所使用的夹具，其可与装载工件一同移动到相关工位。图 2-2-5 所示为变速箱壳体镗孔、钻孔、攻螺纹的随行夹具。

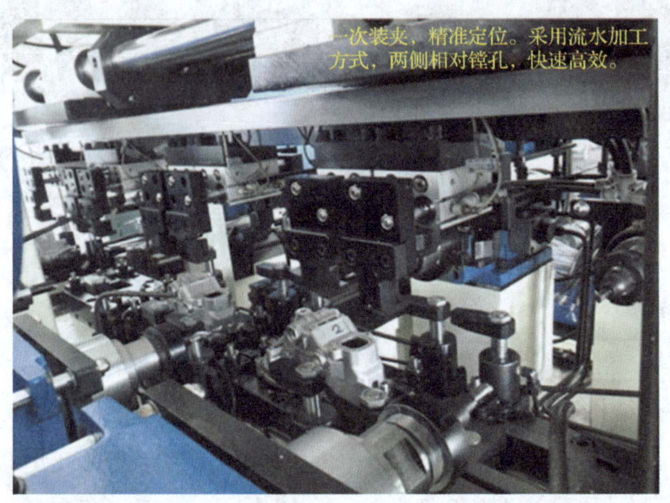

图 2-2-5　变速箱壳体镗孔、钻孔、攻螺纹的随行夹具

课题三　工件定位原理及其应用

◆ 掌握工件的六点定位原理。

◆ 熟悉加工工件时应限制的自由度和工件定位的类型。

在机械加工过程中，通常将确定工件在机床或机床夹具中占有正确位置的过程称为定位。工件在夹具中正确的定位是保证加工精度的重要环节之一。

一、工件的六点定位原理

1．工件的自由度

任何工件（自由刚体）在空间直角坐标系中均有 6 个活动的可能性，即沿轴 x、y、z 方向的移动自由度（$\vec{x}$、$\vec{y}$、$\vec{z}$）和绕轴 x、y、z 的转动自由度（$\overset{\frown}{x}$、$\overset{\frown}{y}$、$\overset{\frown}{z}$）。理论上统一将工件某个方向活动的可能性称为一个自由度，因此工件在空间中就具有 6 个自由度，即 $\vec{x}$、$\vec{y}$、$\vec{z}$ 和 $\overset{\frown}{x}$、$\overset{\frown}{y}$、$\overset{\frown}{z}$，如图 2-3-1 所示。

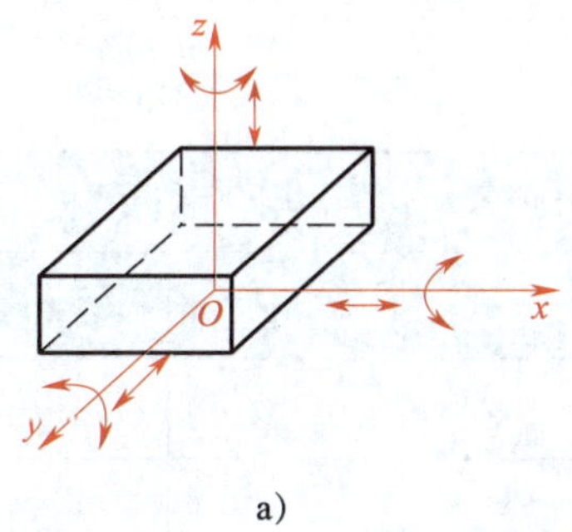

a）

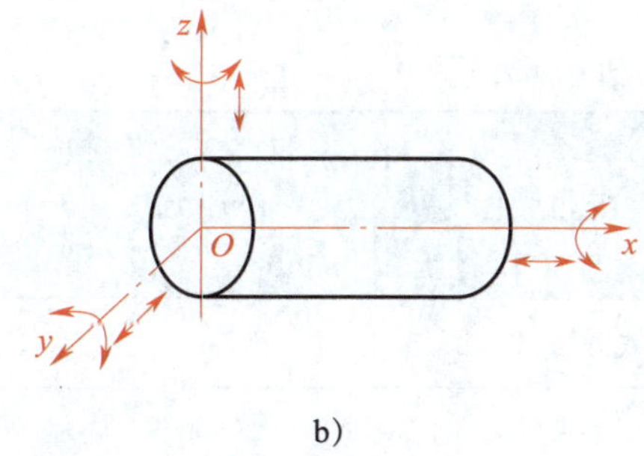

b）

图 2-3-1　工件在机床坐标系中的自由度
a）矩形体工件　b）圆柱体工件

2．六点定位原理（六点定位规则）

工件定位的本质，就是用若干定位元件限制工件自由度。定位元件与工件的接触定位方式有点接触、线接触和面接触三种形式。因此，无论定位元件的结构如何，都可以抽象成若干个支承点。点接触相当于一个支承点，可限制 1 个自由度；线接触相当于 2 个支承点，可限制 2 个自由度；面接触相当于 3 个共面不共线的支承点，可限制 3 个自由度。

若使工件在机床坐标系中确定正确的位置，需要合理布置 6 个支承点限制工件的 6 个自由度，这种定位规则称为六点定位原理。

如图 2-3-2a 所示，支承点 1、2、3 构成一个面接触定位，能够限制工件在 z 轴方向上的平移，以及工件绕 x 轴和 y 轴的回转；支承点 4、5 构成线接触定位，能够限制工件在 x 轴方向上的平移及工件绕 z 轴的回转；支承点 6 限制工件在 y 轴方向上的平移。

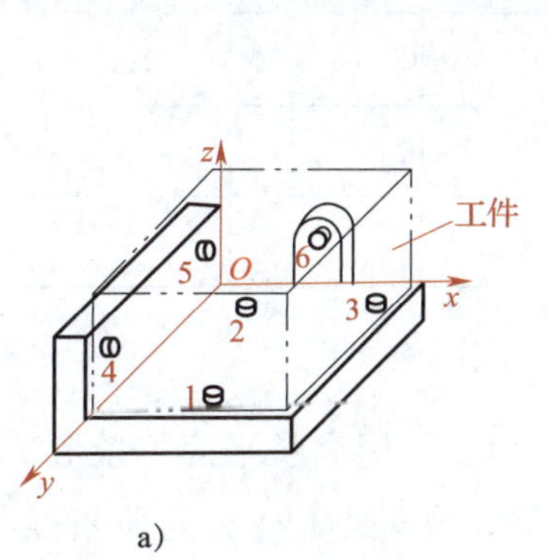

a）

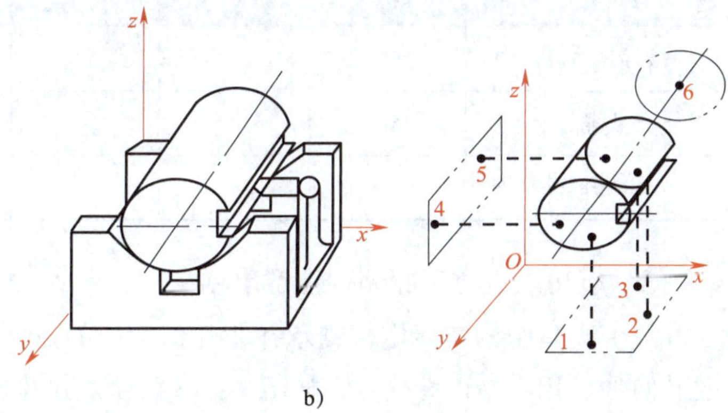

b）

图 2-3-2　工件的六点定位分析
a）矩形工件　b）圆柱体工件
1 ~ 6—支承点

以上分析过程通常可以按表 2–3–1 的方式整理。

表 2–3–1　　六点定位分析

定位元件	限制的自由度					
	$\vec{x}$	$\vec{y}$	$\vec{z}$	$\widehat{x}$	$\widehat{y}$	$\widehat{z}$
支承点 1、2、3			√	√	√	
支承点 4、5	√					√
支承点 6		√				
合计	1	1	1	1	1	1

通过分析可以看出一个支承点只能限制 1 个自由度；2 个支承点构成一条定位线，能够限制 2 个自由度；3 个支承点可以构成一个支承面，能够限制 3 个自由度。通过合理布置，限制工件的 6 个自由度一共需要 6 个支承点。

在实际的夹具中，所谓支承点只是一个抽象的概念。定位元件可以抽象成若干个支承点。例如，在图 2–3–2b 中，V 形槽的两个面可以抽象成 4 个支承点。按照前述分析方法：3 个点构成了一个定位面，能够限制工件在 z 轴上的平移和绕 x 轴、z 轴的回转；第 4 个支承点能够限制在 x 轴方向上的平移，该零件一共被限制了 4 个自由度（见表 2–3–2），即工件可以绕 y 轴做回转运动和沿 y 轴轴向平移。

表 2–3–2　　加工工件所应限制的自由度

定位元件	限制的自由度					
	$\vec{x}$	$\vec{y}$	$\vec{z}$	$\widehat{x}$	$\widehat{y}$	$\widehat{z}$
支承点 1、2、3			√	√		√
支承点 4	√					
合计	1		1	1		1

3．应用六点定位原理的注意事项

（1）夹具中的实际定位支承并非几何学中的点、线、面，可用窄长平面（条形）替代直线，用小平面替代点，如图 2–3–3 所示。定位时，要求支承点与工件定位基准面始终保持接触，这样才能限制自由度，起到定位约束的作用。

（2）一个定位支承点仅限制一个自由度，一个工件仅有 6 个自由度，故所设置的定位支承点数目原则上不应超过 6 个。

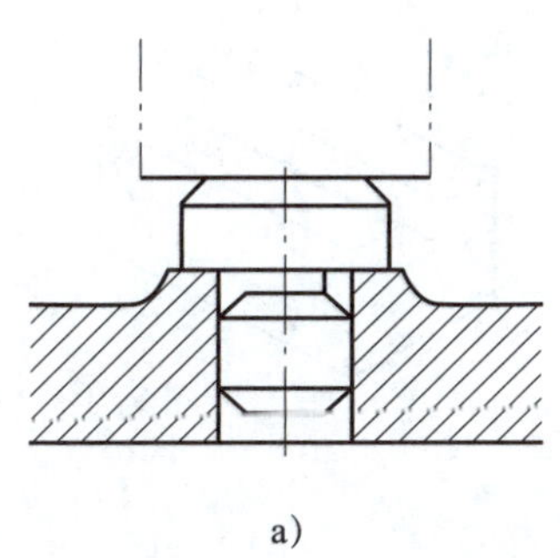

a)

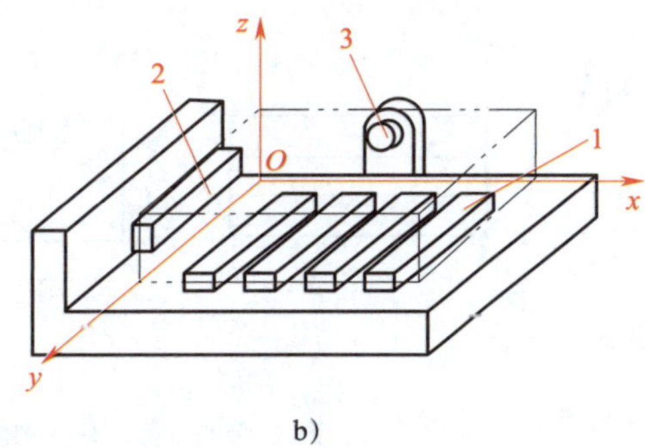

b)

图 2-3-3　夹具中的实际定位支承

a）用小平面替代支承点　b）用窄长平面（条形）替代直线

1 ~ 3—小平面

（3）分析定位支承点的定位作用时，不考虑力的影响。工件的某一自由度被限制，并非指工件在受到使其脱离定位支承点的外力时不能运动；欲使其在外力作用下不能运动，是夹紧的任务。反之，工件在外力作用下不能运动，即被夹紧，也并非是说工件的所有自由度都被限制了。

定位和夹紧是两个概念，绝不能混淆。定位是解决工件在夹紧前的位置是否正确的问题；夹紧是解决工件在加工过程中，受到外力作用时，是否能稳固地保持在定位位置的问题。换言之，定位是解决工件位置定不定的问题，夹紧是解决工件在加工过程中动不动的问题。

（4）工件定位时，对影响加工精度要求的自由度必须限制；对不影响加工精度要求的自由度可以限制也可以不限制，视具体情况而定。

二、加工工件时应限制的自由度

在加工工件时，并不是所有的自由度都会影响工件的加工质量。因此，定位只需限制对加工精度有影响的自由度，并非 6 个自由度都必须被限制。如图 2-3-4a 所示，要在长方体工件上铣削加工通槽。分析加工图样，通槽有两个位置精度和一个形状精度要求。槽宽尺寸 20 ± 0.05 mm 通过铣刀形状保证，不必分析工件自由度的影响。槽底面与定位基准 A 的位置精度，及槽侧壁与定位基准 B 的位置精度需要依靠夹具定位实现。在图 2-3-4b 所示的机床坐标系中，在基准面 A 上布置 3 个定位支承，能够限制沿 z 轴平移及绕 x 轴、y 轴的回转自由度，能够保证槽底面的形状和位置精度。在基准面 B 上布置 2 个定位支承，能够限制沿 x 轴平移和绕 z 轴的回转自由度，能够保证槽侧壁的形状和位置精度。总结一下需要限制的自由度为 5 个，分别是：$\widehat{x}$、$\widehat{y}$、$\widehat{z}$ 及 $\vec{x}$、$\vec{z}$。而工件沿 y 轴的平移 $\vec{y}$ 无须限制，因为槽的长度与长方体毛坯长度相同，毛坯加工完成后已经达到要求。

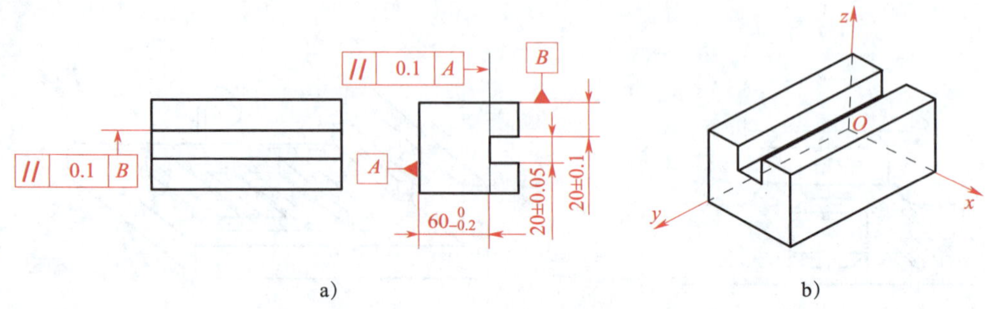

图 2-3-4　在工件上铣通槽应限制的自由度

a）加工要求　b）工件定位坐标系

分析结果表明，加工工件时并非所有的自由度都要限制。工件的自由度可以被分为两大类：为保证加工要求而必须限制的自由度称为第一类自由度；对加工精度要求无关紧要的自由度称为第二类自由度。第二类自由度是否需限制，应根据工件承受切削力、夹紧力和刀具在工件加工表面运行工作行程范围来考虑。

为保证加工要求，常见加工工件所应限制的自由度见表 2-3-3，此表用于分析工件第一类自由度时参考。

表 2-3-3　　常见加工工件所应限制的自由度（共 12 种形式）

序号	加工要求	第一类自由度	序号	加工要求	第一类自由度
1	球体加工半平面	$\vec{z}$	4	板、垫类工件钻孔	$\vec{x}\ \vec{y}$ $\widehat{x}\ \widehat{y}$
2	柱体加工平面	$\vec{z}$ $\widehat{y}$	5	柱体加工不通平面	$\vec{y}\ \vec{z}$ $\widehat{x}\ \widehat{z}$
3	长方体加工平面	$\vec{z}$ $\widehat{x}\ \widehat{y}$	6	柱体铣通键槽	$\vec{x}\ \vec{z}$ $\widehat{x}\ \widehat{z}$

续表

序号	加工要求	第一类自由度	序号	加工要求	第一类自由度
7	长方体加工通键槽	$\vec{x}\ \vec{z}$ $\overset{\curvearrowright}{x}\ \overset{\curvearrowright}{y}\ \overset{\curvearrowright}{z}$	10	长方体加工通孔	$\vec{x}\ \vec{y}$ $\overset{\curvearrowright}{x}\ \overset{\curvearrowright}{y}\ \overset{\curvearrowright}{z}$
8	圆板上加工盲孔	$\vec{x}\ \vec{y}\ \vec{z}$ $\overset{\curvearrowright}{x}\ \overset{\curvearrowright}{y}$	11	条形板加工通孔	$\vec{x}\ \vec{y}$ $\overset{\curvearrowright}{x}\ \overset{\curvearrowright}{y}\ \overset{\curvearrowright}{z}$
9	柱体加工轴向通孔	$\vec{x}\ \vec{z}$ $\overset{\curvearrowright}{x}\ \overset{\curvearrowright}{y}\ \overset{\curvearrowright}{z}$	12	长方体加工盲孔	$\vec{x}\ \vec{y}\ \vec{z}$ $\overset{\curvearrowright}{x}\ \overset{\curvearrowright}{y}\ \overset{\curvearrowright}{z}$

三、工件定位的类型

1．完全定位

完全定位，即不重复地限制了工件 6 个自由度的定位。当工件在 x、y、z 三个坐标方向均有尺寸要求或位置精度要求时，一般采用完全定位，如在长方体上铣不通槽。

2．不完全定位

根据工件加工要求，不需要限制工件全部自由度的定位方式称为不完全定位。图 2-3-5 所示为不完全定位实例。

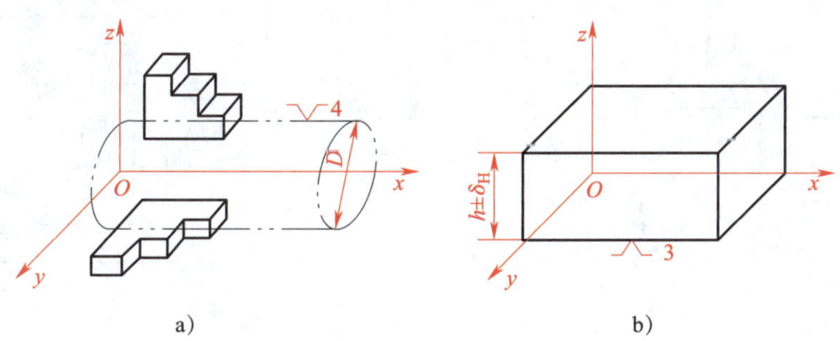

图 2-3-5　不完全定位实例

a）在车床上加工通孔　b）磨削平板的上平面

3. 欠定位

第一类自由度未被完全限制的工件定位即为欠定位。由于欠定位无法保证加工要求，故在零件机械加工中绝不允许有欠定位的现象发生。

如图 2–3–4 所示在长方体上铣通槽，如$\widehat{z}$未被限制，就不能保证槽底与工件下底面的距离尺寸要求；如果$\widehat{x}$或$\widehat{y}$未被限制，同样不能保证槽底面与工件底面的平行度要求。

4. 过定位

过定位也称重复定位或超定位，属于多个定位元件重复限制同一个自由度的定位现象。如图 2–3–6 所示，工件上平面对 *A* 面有垂直度公差要求，若用夹具两个大平面 *A*、*B* 定位，则 *A* 面限制了工件$\widehat{x}$、$\widehat{y}$、$\widehat{z}$三个自由度，*B* 面限制了工件$\widehat{x}$、$\widehat{y}$、$\widehat{z}$三个自由度，其中自由度$\widehat{y}$被 *A*、*B* 面同时重复限制，显然这是一种过定位。

过定位容易出现定位干扰，产生加工误差。在通常情况下，应该尽可能消除或减少过定位现象。要消除或减少过定位现象，建议采取以下措施或方法：

方案一：改变定位元件结构。如缩小定位元件工作面的接触长度或减小定位元件的配合尺寸，增大配合间隙等，如图 2–3–7a 所示。

方案二：提高工件定位基准及定位元件工作表面间的位置精度，如把定位面的面接触改为线接触等。

方案三：采用菱形销（削边销），即常在采用“一面两孔”组合定位时，将两定位销中的一个改制成菱形销（削边销）。菱形销的长轴与两孔中心连线垂直，如图 2–3–7b 所示。这样既可以保证机床夹具定位的准确性，又不致于使工件出现过定位的现象。

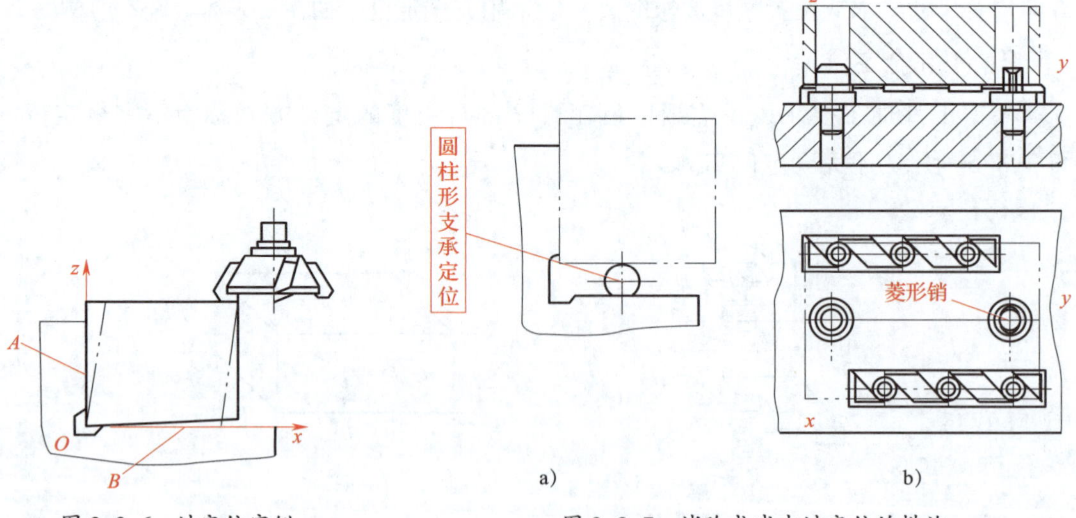

图 2–3–6　过定位实例

图 2–3–7　消除或减少过定位的措施

a）改变定位元件结构　b）将圆柱销之一改制成菱形销

过定位是否允许存在，要视具体情况而定。如果工件定位基准面经机械加工后，其形状、尺寸、位置精度较高，则可允许过定位存在且具有必要性。

课题四　工件定位方式及定位元件

- 熟悉平面定位、孔定位、外圆柱面定位的定位元件的种类及定位方法。
- 熟悉工件常见的组合表面定位方法。

机床夹具中常用的定位方式有平面、外圆、内孔、V形块定位等，而这些定位方式则由定位元件来实现。定位元件的结构不仅要保证工件定位要求，也要适应定位元件自身的制造和装配等。

一般来说，对于夹具定位元件的设计，需要满足下列要求：

（1）定位元件的精度要与工件加工精度相匹配。

（2）定位元件要有足够的刚度。

（3）定位元件应具有良好的耐磨性。

选用定位元件时，应按工件定位基面和定位元件的结构特点进行选择。

一、用于平面定位的定位元件

平面定位是夹具中最常见的定位方式，由支承钉和支承板实现。支承元件通常有固定式、可调式和浮动式三种类型。

1．固定式支承

固定式支承一般用于已加工平面的定位，有支承钉和支承板两种形式。在使用过程中，它们都是固定不动的。在定位过程中，支承钉一般只限制工件的1个自由度，而支承板相当于2个支承钉，限制工件的2个自由度。

支承钉有平头式、球头式、锯齿头式和套筒式四种形式，如图2-4-1所示。

平头式支承钉用于精基准，并要求在安装后支承钉的顶部磨削一次，其精度较高；球头式支承钉用于粗基准；锯齿头式支承钉由于易积存铁屑而影响定位，故通常用于侧面定位；套筒式便于支承钉磨损后更换，同时保护了底板零件不被磨损，多用于大量生产。为了保证其自身定位牢靠，支承钉与底板连接根部采用退刀槽结构。

支承板有无槽式和有槽式两种结构形式，如图2-4-2所示，用螺钉与下底板固定。

无槽式支承板内埋头螺钉处容易积存铁屑，故常用于侧面定位或顶面定位。有槽式支承板结构主要用于避免积存铁屑，同时可以减小支承面积，且定位表面的精度较高。

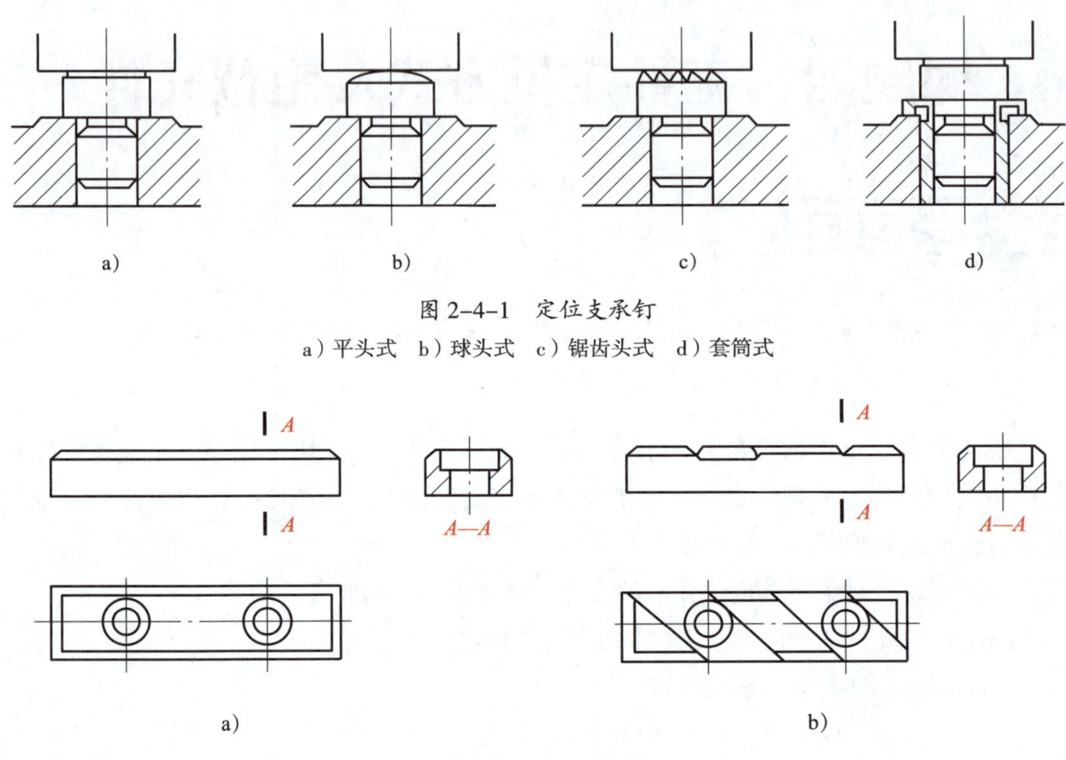

图 2-4-1 定位支承钉

a）平头式 b）球头式 c）锯齿头式 d）套筒式

图 2-4-2 定位支承板

a）无槽式 b）有槽式

固定式支承钉与夹具底座一般采用 H7/m6 配合。套筒式支承钉与套筒采用 H7/js6 配合。当同时使用两个以上支承钉或支承板时，为了保证其工作面保持在同一个平面上，装配后应对其顶面增加一次平面磨削。

支承钉与支承板的结构、尺寸均已标准化，设计时可查阅相关国家标准手册。

2. 可调式支承

可调式支承多用于未加工平面的定位，以调节和补偿毛坯尺寸误差。一般每加工一批毛坯需要调整一次。图 2-4-3 所示为 4 种可调式定位支承，均为螺钉与螺母的结构组成，支承高度调整后，用螺母锁紧。平头式支承适用于表面质量较好的毛坯；球头式、可调球头式支承能自动适应工件定位基准面位置变化，但结构复杂；水平式支承适用于侧面支承。

3. 浮动式支承（自位支承）

在工件定位过程中，能自动适应工件定位基准面位置的支承称为浮动式支承，或称自位支承。定位基准面压下其中一点，其余点便上升，直至各点均与工件接触。接触点数的增加，提高了工件装夹的刚度和稳定性，但其作用相当于一个固定支承，只限制了工件的一个自由度，适用于工件以毛坯面定位或定位刚度较差的场合，如图 2–4–4 所示。

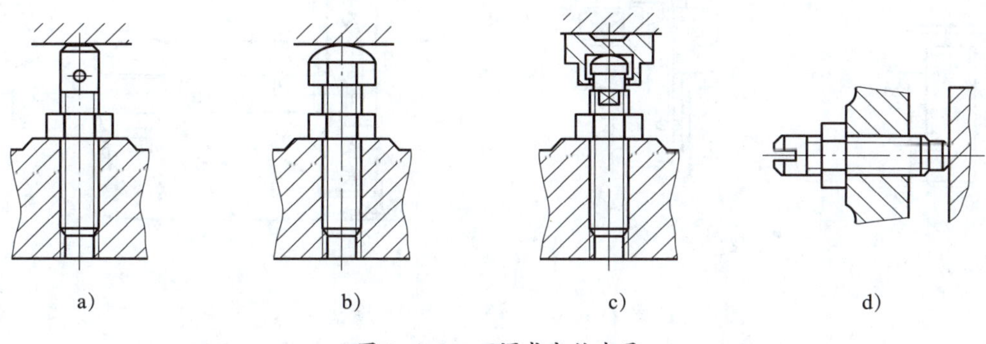

图 2–4–3　可调式定位支承

a）平头式　b）球头式　c）可调球头式　d）水平式

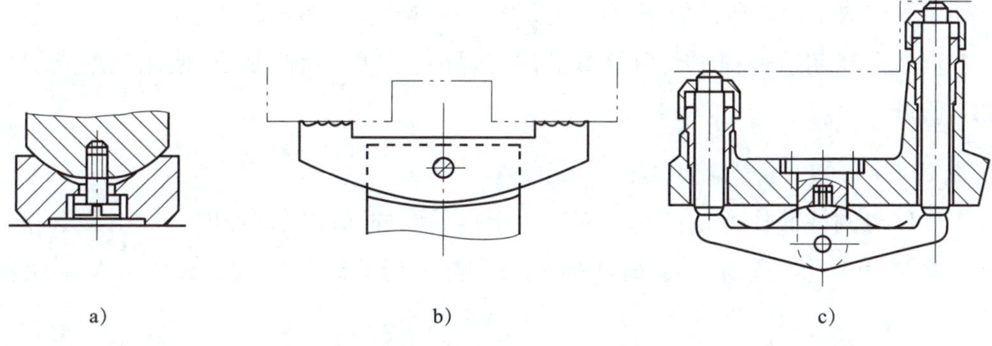

图 2–4–4　浮动式定位支承

a）毛坯表面　b）断续平面　c）阶梯表面

4. 辅助支承

为了提高工件的刚度和定位稳定性，常采用辅助支承。辅助支承是在工件定位后参与支承的元件，因而不起定位作用。如图 2–4–5 所示，工件被加工面距定位基准和夹紧点比较远，且加工部位处于悬臂状态，刚度差，在加工时工件容易引起振动和变形。因此，必须在加工面附近设置辅助支承。

图 2–4–6 所示为三种辅助支承。图 2–4–6a 所示支承形式的结构最简单，依靠旋转支承的摩擦力推动工件。图 2–4–6b 所示支承形式具有较高的支承稳定性。图 2–4–6a、图 2–4–6b 两类辅助支承均用于小批生产。图 2–4–6c 所示支承为推力式辅助支承，能够提高操作效率，适用于大批大量生产。

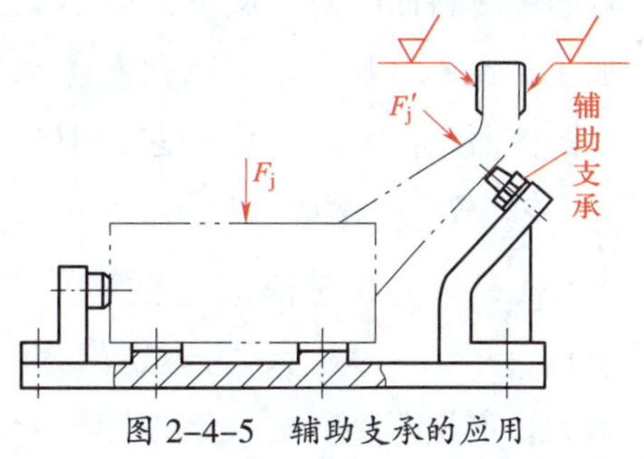

图 2–4–5　辅助支承的应用

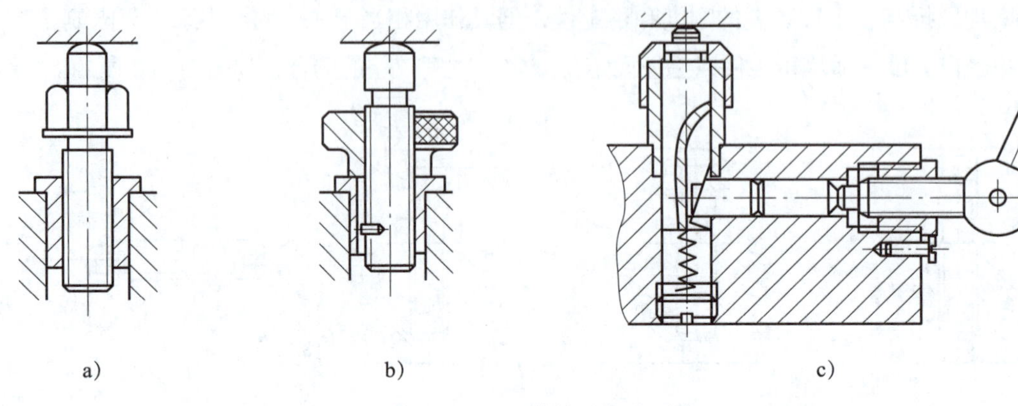

图 2-4-6　三种辅助支承形式

a）结构简单的辅助支承　b）较高稳定性的辅助支承　c）推力式辅助支承

需要指出的是辅助支承不能起定位作用，只增加工件的刚度。辅助支承受力较小，要求便于快捷或手动调节；使用频繁，易磨损；螺母宜采用套筒式结构。

在汽车车身制造过程中，薄壁覆盖件在焊接、装配过程中大量使用辅助支承来保证加工质量。

二、用于外圆柱面定位的定位元件

工件以外圆柱面作为定位基准面时，根据外圆柱面的完整程度、加工要求和安装方式，多采用 V 形块、定位套筒、半圆套及圆锥套的定位方式，其中以 V 形块应用最广。

1. V 形块

V 形块的结构形式如图 2-4-7 所示。V 形块两斜面的夹角 α 一般取 60°、90° 或 120°，其中 90° 应用最多。90° V 形块的结构已经标准化。V 形块的材料一般用 20 钢，渗碳层深度要达到 0.8 ~ 1.2 mm，淬火硬度为 60 ~ 64HRC。

V 形块有长短之分，长 V 形块限制 4 个自由度，短 V 形块限制 2 个自由度。V 形块的应用如图 2-4-8 所示。

V 形块定位的最大优点是对中性好，它可使一批工件的定位基准轴线始终对中在 V 形块两斜面的对称面上，而不受定位基准直径误差的影响。无论定位基准是否经过加工，也不管是完整的圆柱面还是局部的圆弧面，都可采用 V 形块定位。因此，在以外圆柱面定位时，V 形块是应用最广的定位元件。

2. 定位套筒

工件以定位套筒定位的方法一般适用于精基准定位。定位套筒的结构如图 2-4-9 所示。图 2-4-9a 所示为短定位套筒定位，套筒孔限制工件 2 个自由度；图 2-4-9b 所示为长定位套筒定位，套筒孔限制工件 4 个自由度。

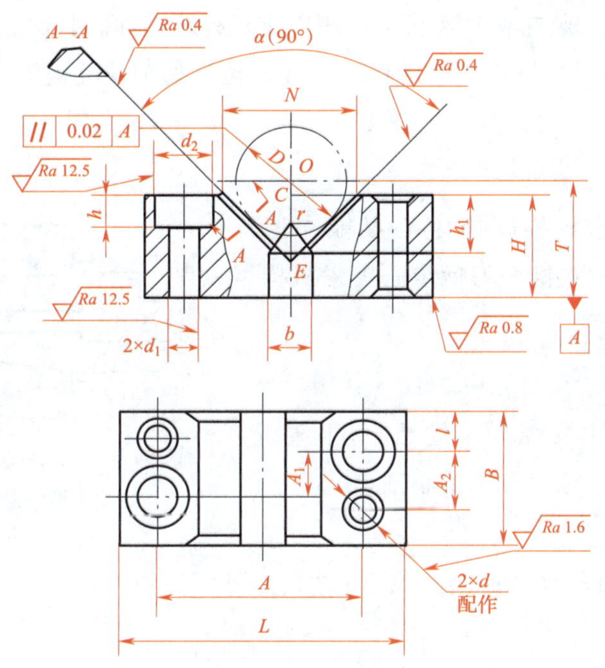

图 2-4-7　V 形块的结构

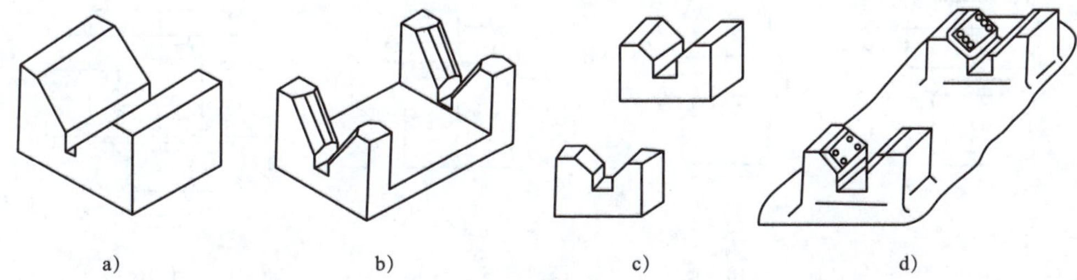

a)　b)　c)　d)

图 2-4-8　V 形块的应用

a）精基准定位时用 V 形块　b）粗基准、阶梯轴定位时用 V 形块

c）精基准面相距较远定位时用 V 形块　d）直径与长度较大工件定位时用 V 形块

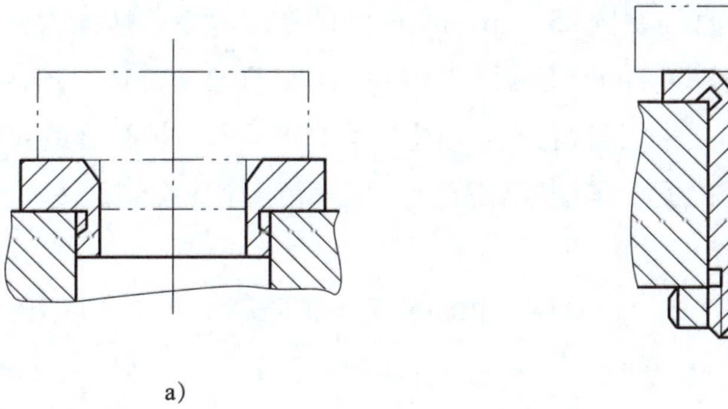

a)　b)

图 2-4-9　定位套筒

a）短定位套筒定位　b）长定位套筒定位

定位套筒一般安装在夹具底板上，用以支承外圆表面。其优点在于定位套筒被磨损后可以进行更换。如果直接在底板上打孔定位，如定位孔被磨损后必须更换底板，使成本明显增加。

3．外圆定心夹紧机构

外圆定心夹紧机构既能定心又能夹紧。图 2–4–10 所示为拉式锥面刀柄定心夹紧机构，锥孔限制 5 个自由度。

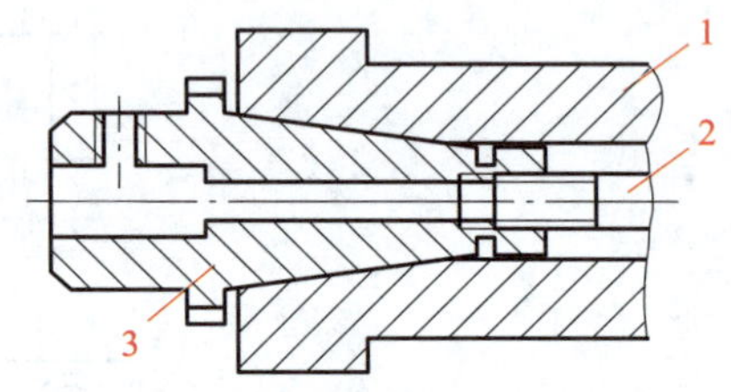

图 2–4–10　拉式锥面刀柄定心夹紧机构

1—主轴　2—拉杆　3—刀柄

三、用于圆孔定位的定位元件

工件以圆孔定位的常用定位元件有圆柱定位销、圆锥销、圆柱心轴和圆锥心轴等。

1．圆柱定位销

几种常用的圆柱定位销如图 2–4–11 所示。

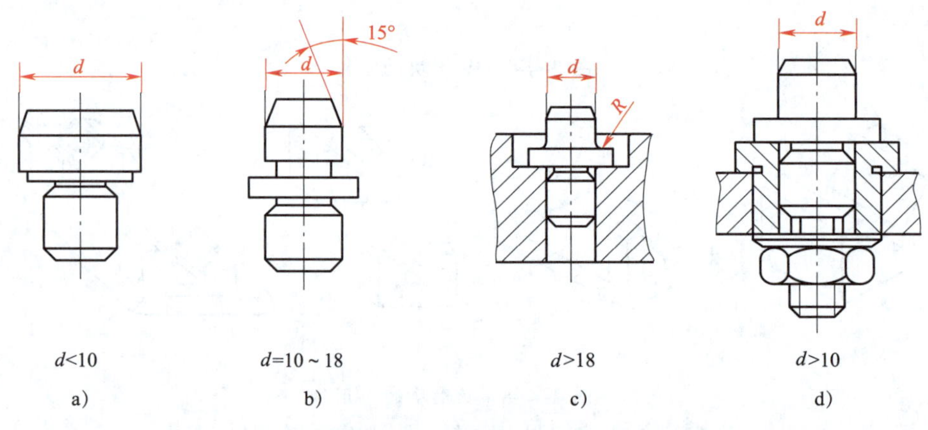

图 2–4–11　常用的圆柱定位销

a)、b)、c）常用圆柱定位销　d）可换式圆柱定位销

圆柱定位销工作部分直径 d 按 g5、g6、f6 或 f7 的精度等级制造。为便于工件顺利装入，圆柱定位销的头部设置有 15° 倒角。图 2–4–11a、图 2–4–11b、图 2–4–11c 所示圆柱定位销与夹具体的连接采用过盈配合。图 2–4–11d 所示为带衬套的可换式圆柱定位销，圆柱定位销与衬套的配合采用间隙配合，位置精度较固定式圆柱定位销低，一般用于大批大量生产。

短圆柱定位销限制工件 2 个自由度，长圆柱定位销限制工件 4 个自由度。

2．圆锥销

在加工套筒、空心轴等工件时，经常用到圆锥销，如图 2–4–12 所示。图 2–4–12a 所示圆锥销用于粗基准，图 2–4–12b 所示圆锥销用于精基准。圆锥销限制工件的 3 个自由度。工件在单个圆锥销上定位容易倾斜，所以圆锥销一般与其他定位元件组合使用。如图 2-4-13 所示，工件以底面作为主要定位基面，采用活动圆锥销，只限制 $\widehat{x}$ 和 $\widehat{y}$ 两个转动自由度，即使工件的孔径变化较大，也能保证准确定位。

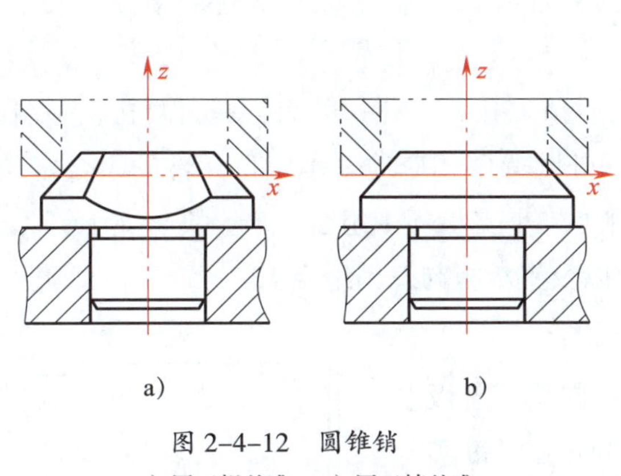

图 2-4-12　圆锥销

a）用于粗基准　b）用于精基准

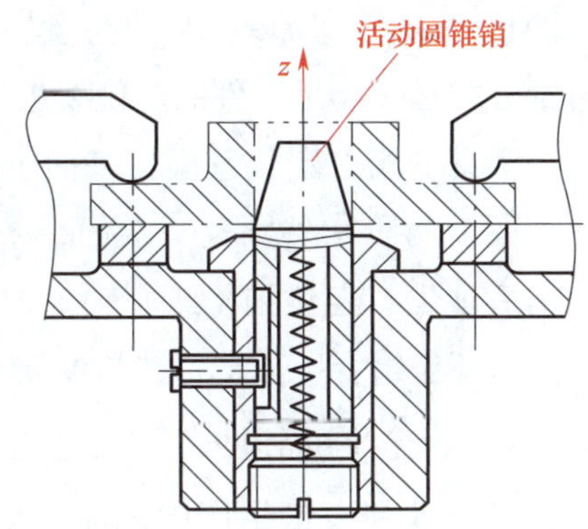

图 2-4-13　圆锥销组合定位

3．定位心轴

定位心轴主要用于套筒类和空心盘类工件的车、铣、磨及齿轮加工，常见的有圆柱心轴和圆锥心轴等结构形式。

图 2-4-14 所示为间隙配合圆柱心轴，其定位精度不高，但装卸工件方便。

图 2-4-15 所示为过盈配合圆柱心轴，常用于对定心精度要求高的场合。当工件孔的长径比 $L/D > 1$ 时，工作部分可允许略带锥度。

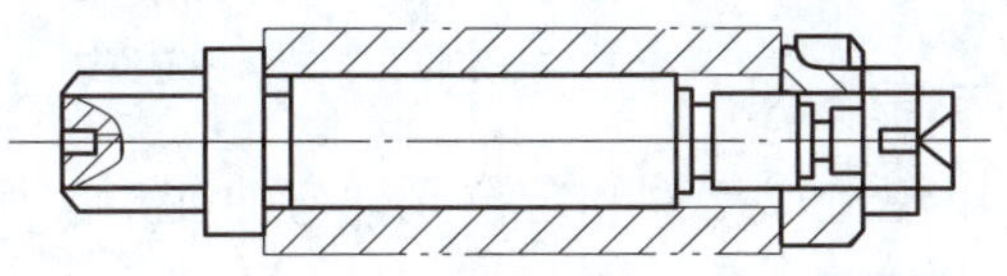

图 2-4-14　间隙配合圆柱心轴

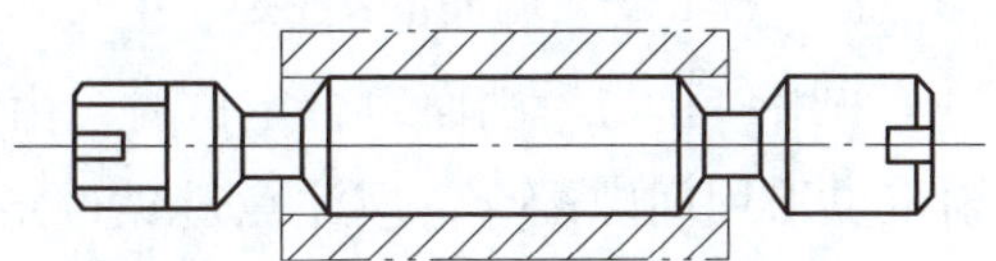

图 2-4-15　过盈配合圆柱心轴

综上所述，短圆柱心轴限制工件 2 个自由度，长圆柱心轴限制工件 4 个自由度。

如图 2-4-16 所示为某工件在圆锥心轴上定位的情形。定位时，圆锥孔和圆锥心轴的锥度相同，因此定心精度与角向定位精度均较高，而轴向定位精度取决于工件孔和心轴的尺寸精度。圆锥心轴可单独限制除绕工件轴线转动的自由度之外的其他 5 个自由度。

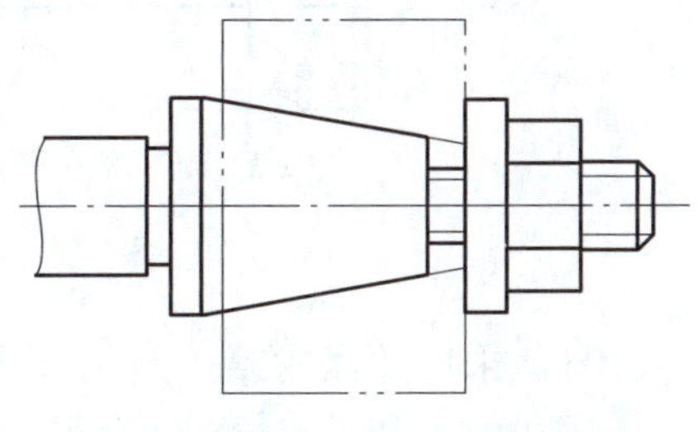

图 2-4-16　在圆锥心轴上定位

四、工件常见的组合表面定位

在实际生产中，工件多以两个或两个以上表面组合起来作为定位基准使用的，称为组合表面定位。当以多个表面作为定位基准进行组合定位时，夹具中也有相应的定位元件组合来实现工件的定位。由于工件定位基准之间、夹具定位元件之间都存在一定的位置误差，所以，必须注意工件的过定位问题。为此，定位元件的结构、尺寸和布置方式必须满足工件的定位要求。

常见的组合定位基准（基面）有：前后顶尖孔、一孔一端面、一面两孔、一端面一外圆、两阶梯外圆及一端面、一长孔一外圆等。相应地采用定位元件的组合定位，如前后顶尖、定位销（或心轴）与支承钉（或小支承环）组合、V 形块与支承钉（或小支承环）组合、长定位销与 V 形块组合以及支承板与双销组合等。

1. 一个平面和两个与其垂直的孔的组合

在成批和大量生产中，加工箱体、气缸盖、盖板等零件时，常以一个平面和两个定位孔作为定位基准实现组合定位，该组合定位方式简称为一面两销定位，如图 2-4-17 所示。这时，工件上的两个定位孔可以是工件结构上原有的，也可以是专为工艺上定位需要而特地加工出来的，称为工艺孔。因该定位方案具有所需夹具结构简单、定位精度高、夹具敞开性好、易于实现定位过程自动化及定位基准统一等优点，所以在实际生产中应用广泛。

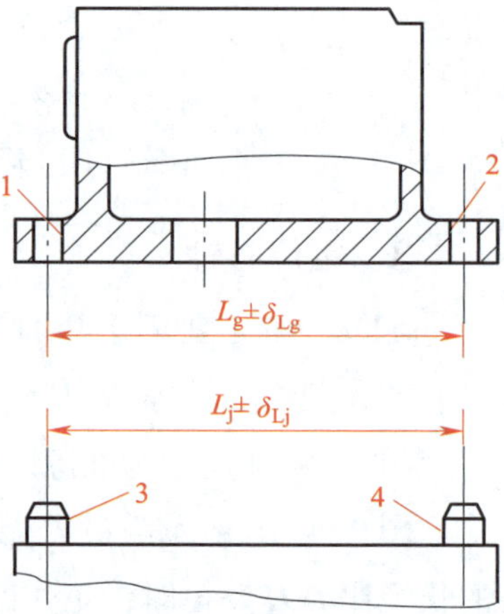

$L_g \pm \delta_{Lg}$

$L_j \pm \delta_{Lj}$

图 2-4-17　一面两销定位

1、2—定位孔　3、4—定位销

2. 一孔与一端面的组合

采用一孔与一端面组合定位时，由于孔与销或心轴定位采用间隙配合，应注意避免过定位，以免造成工件和定位元件弯曲变形，如图 2-4-18 所示。

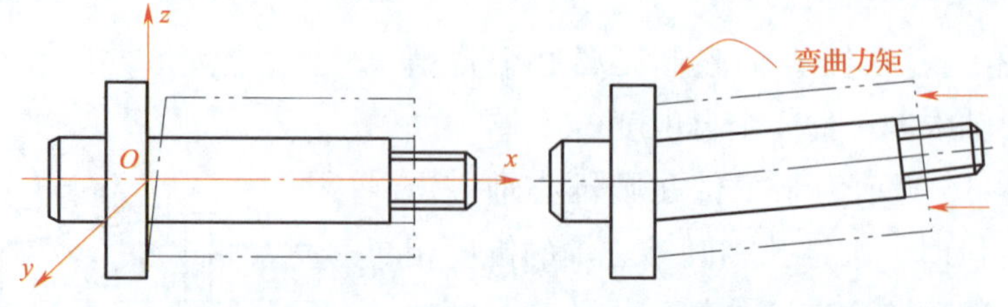

图 2-4-18　孔与平面的组合定位

（1）采用端面为第一定位基准，如图 2-4-19 所示，限制工件的 $\vec{x}$、$\overset{\frown}{y}$、$\overset{\frown}{z}$ 三个自由度，孔中心线为第二定位基准，限制工件的 $\vec{y}$、$\vec{z}$ 两个自由度，定位元件是平面支承和短圆柱销，实现五点定位。

（2）以孔中心线作为第一定位基准，如图 2-4-20 所示，限制工件的 $\vec{x}$、$\vec{y}$、$\widehat{x}$、$\widehat{y}$ 四个自由度，平面为第二定位基准，限制工件的 $\vec{z}$ 一个自由度，定位元件为小平面支承（小支承板或浮动支承）和长圆柱销或心轴，实现五点定位。

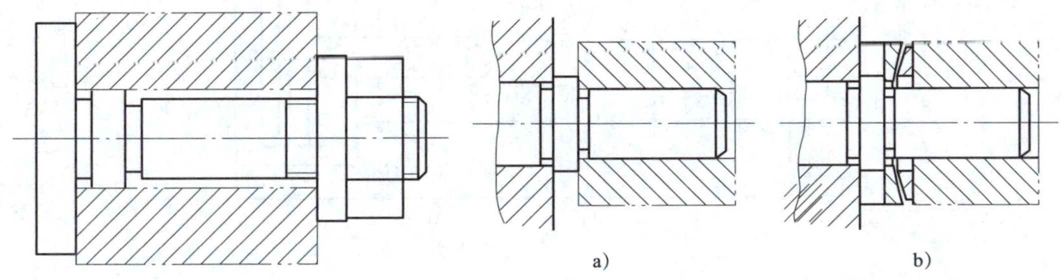

图 2-4-19　采用端面为第一定位基准

图 2-4-20　以孔中心线为第一定位基准
a）固定支承　b）浮动支承

此外，生产中有时还会采用 V 形导轨、燕尾导轨等成形表面组合作为定位基准，此时应注意避免由于过定位而带来的定位误差。

课题五　工件的夹紧装置

- 熟悉夹紧装置的组成和对夹紧装置的基本要求。
- 熟悉典型的夹紧装置的结构特点和应用。

工件在夹具上仅完成定位还不能保证机械加工的正常进行，因为工件在加工过程中会受到切削力、重力、惯性力或离心力的作用而发生位移或振动，破坏工件的定位。因此，在工件定位后必须采用相应的装置对其夹紧并要求牢靠。这种使工件压紧夹牢的装置称为夹紧装置。

一、夹紧装置的组成

夹紧装置一般由力源装置、传力机构和夹紧元件三部分组成。

1．力源装置

力源装置是产生夹紧力的装置。常用的力源装置有气压、液压、手动、磁力和电动等驱动方式。图 2-5-1 所示为一副典型的气动夹具，其力源装置是气缸。气压驱动的优点是不存在漏油现象，故环境清洁、机构简单、应用较广泛，但其夹紧力较小。液压驱动装置由于易漏油、装置庞大等原因一般不宜采用。手动夹紧多用于简单场合。

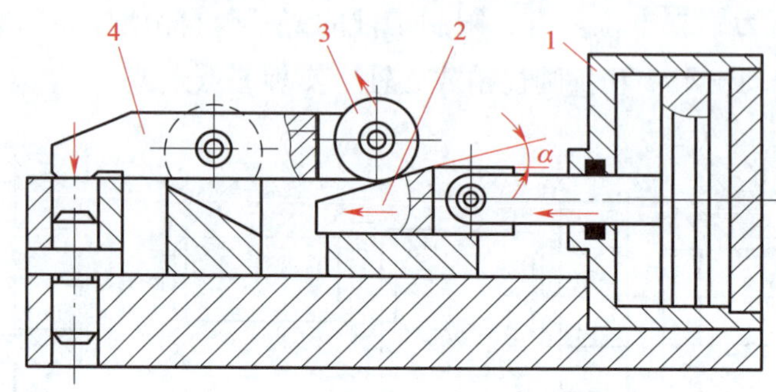

图 2-5-1　气动夹具

1—气缸　2—楔块　3—滚轮　4—杠杆

2．传力机构

传力机构位于力源装置和夹紧元件之间，是将原动力以一定的大小和方向传递给夹紧元件的机构。例如，图 2-5-1 中的滚轮 3 和楔块 2 为传力机构，它们可以改变力的大小和方向。为了提高夹紧的安全性，传力机构通常具有自锁性能。

3．夹紧元件

夹紧元件与工件直接接触而完成夹紧工作，如图 2-5-1 中的杠杆 4。

二、对夹紧装置的基本要求

夹紧装置是夹具的重要组成部分。合理设计夹紧装置有利于保证工件的加工质量、提高生产率和降低工人的劳动强度。因此，对夹紧装置应提出以下基本要求：

（1）夹紧过程中，不能破坏工件定位位置。

（2）夹紧力的大小适当并稳定，以保证工件在加工过程中不产生移动或振动，且不产生过大变形和表面损伤。

（3）夹紧动作准确迅速，操作方便，工作效率高。

（4）省力、安全，减轻劳动强度，改善劳动条件。

（5）结构简单，便于制造与维修。

夹紧力是把工件夹紧的必要因素，夹紧力的确定包括其作用点、大小和方向的确定，即夹紧力三要素。确定夹紧力三要素时，还需综合考虑工件的结构特点、加工要求、定位元件的结构及布置、切削力的大小和方向等因素。

1．夹紧力作用点的确定

在夹具设计中，合理选择夹紧力的作用点应遵循下列原则：

（1）夹紧力的作用点应正对定位元件或作用在定位元件所形成的支承面内。

如图 2–5–2a 所示，夹紧力 F_c 的作用点位于定位元件支承面之外，将产生转动力矩，使工件发生倾斜或变形，从而破坏工件的定位；如图 2–5–2b 所示，夹紧力 F_c 的作用点位于定位元件上方的位置是正确的。

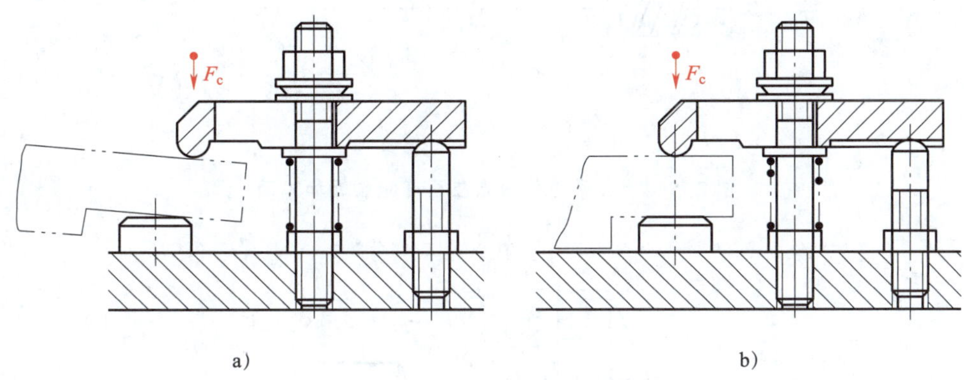

图 2–5–2　夹紧力作用点的选择

a）夹紧力位于支承面之外　b）夹紧力作用点位于定位元件上方

（2）夹紧力的作用点应位于工件刚度较强的部位，使夹紧稳固可靠。

如图 2–5–3 所示，夹紧力的作用点由图 2–5–3a 所示的刚度较差的中间部位改为图 2–5–3b 所示的刚度较强的两侧点，其变形大为改善，且夹紧更为可靠。

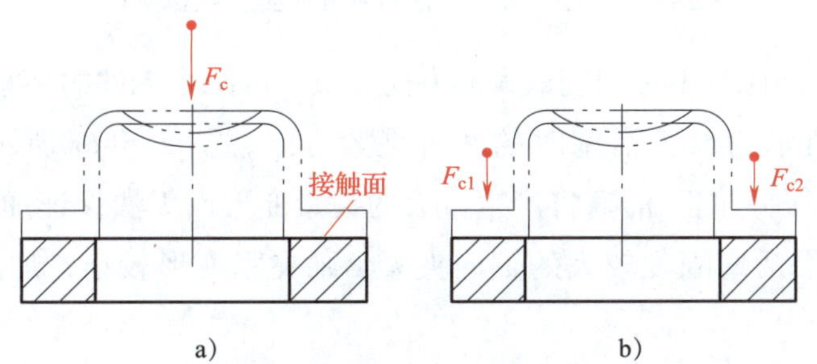

图 2–5–3　夹紧力作用于工件刚度强的部位

a）作用点位于中间部位　b）作用点位于两侧

（3）夹紧力的作用点应尽量靠近加工表面，以减小切削力对夹紧点的力矩，防止或减少工件加工时的振动。

如图 2–5–4 所示，因切削力矩 $FR' < FR$，同样的夹紧力作用于 O_1 点时更加牢固可靠。

2．夹紧力方向的确定

（1）夹紧力的方向应垂直于主要定位基面，以保证加工精度。

如图 2–5–5 所示，在工件上镗孔要求保证内孔轴线与 A 平面垂直，应选择 A 平面为主要定位基准，这样不仅符合基准重合原则，而且定位稳定，工件夹紧和加工中的变形也小。

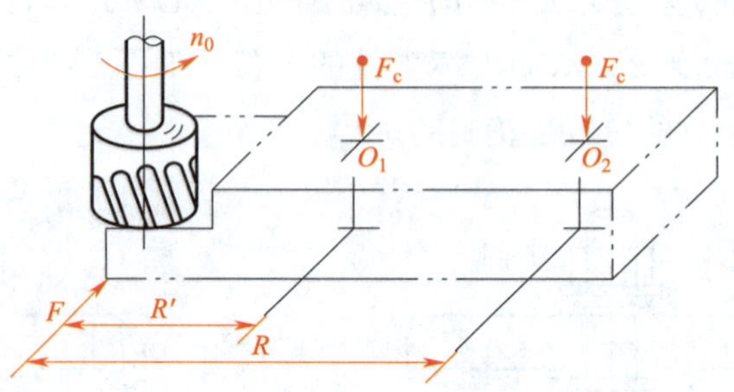

图 2-5-4 夹紧力作用点应尽可能靠近加工面

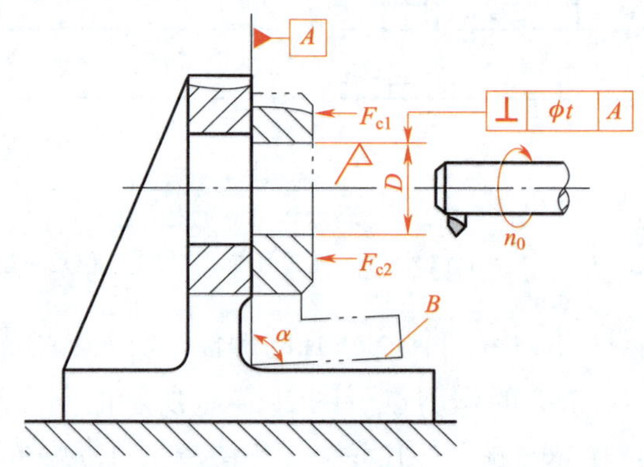

图 2-5-5 夹紧力作用方向垂直于主要定位基面

（2）夹紧力方向应与工件刚度最大的方向一致，以减小工件的夹紧变形。

如图 2-5-6 所示为加工活塞时的两种夹紧方式，图 2-5-6a 所示为夹紧力 F_c 作用在刚度较差的径向方向，活塞将产生过大的夹紧变形而无法保证加工精度；若采用图 2-5-6b 中所示沿活塞刚度较大的轴向夹紧，则夹紧变形较小，加工精度容易得到保证。

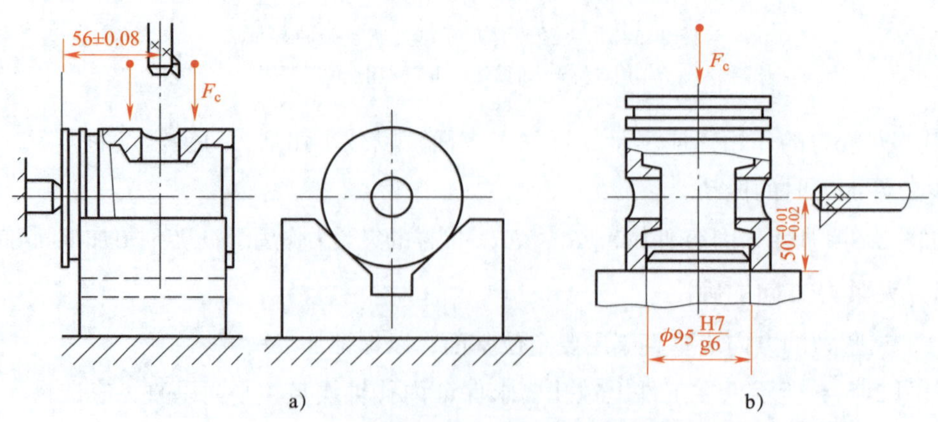

图 2-5-6 夹紧力方向与工件刚度的关系

a）沿径向夹紧 b）沿轴向夹紧

（3）夹紧力方向应尽量与切削力、重力等力的方向一致，以减小夹紧力。

如图 2–5–7 所示，钻孔时，图 2–5–7a 中的轴向进给力、夹紧力和工件重力的方向一致，需要的夹紧力较小；而图 2–5–7b 中的夹紧力与轴向进给力、工件重力的方向相反，需要的夹紧力较大。加工时所需的夹紧力小，可以简化夹紧装置的结构，便于操作。

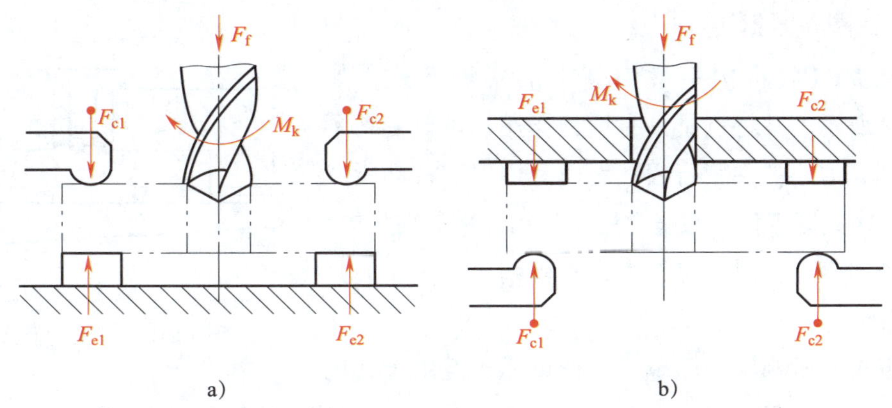

图 2–5–7　夹紧力与切削力方向之间的关系
a）夹紧力与切削力方向一致　b）夹紧力与切削力方向相反

3. 夹紧力大小的估算

实践证明，夹紧力大小应适当。夹紧力过小工件夹不紧，切削加工中工件的定位遭到破坏，而且容易引发安全事故；夹紧力过大可能会增大工件夹紧变形，还会无谓地增大夹紧装置的结构尺寸，造成成本增加。

确定夹紧力大小的方法有两种：分析计算法和经验类比法。

分析计算法是根据静力平衡原理列出静力平衡方程式求得夹紧力。在确定夹紧力时，将机床夹具和工件看成一个整体，将作用在工件上的切削力、夹紧力、重力和惯性力等列出静力平衡方程式，求出理论夹紧力。为使夹紧可靠，应再乘以一安全系数 k。考虑到切削力的变化、切削条件的变化、夹紧装置产生的夹紧力的稳定性等因素的影响，一般在粗加工时取 k=2.5 ~ 3，精加工时可取 k=1.5 ~ 2。

实际生产中一般很少通过计算法求得夹紧力，而是采用经验类比法估算夹紧力的大小。加工中由于刀具的磨钝、工件材料性质和加工余量不均匀等因素的影响和变化，导致切削力很难精确计算，通常只是提供一个参考。因此，生产中常常采用类比法来估算夹紧力的大小。夹紧装置被正式使用时，可以通过应用试验并根据实际加工情况给予修正和调整。

夹紧力三要素的确定是一个综合技术性问题，需要全面考虑工件的结构特点、工艺方法、定位元件的结构和布置等多种因素。

三、典型的夹紧装置

在各类夹紧装置中，不论采用何种动力源形式，一切外加的作用力都要转换成夹紧力，并通过夹紧机构来实现工件的夹紧。典型的夹紧机构有斜楔夹紧机构、螺旋夹紧机构、偏心夹紧机构、铰链夹紧机构、定心夹紧机构和联动夹紧机构等。下面简要介绍几种典型的夹紧机构的结构、特点和应用。

1. 斜楔夹紧机构

斜楔是夹紧机构中最为基本的一种形式，如图 2-5-8 所示。其特点是具有增力作用，可改变夹紧力方向和获取小的夹紧行程；斜楔利用斜面移动所产生的分力来夹紧工件。斜楔常用于气动和手动夹具中。为了保证斜楔工作时的可靠性，斜楔结构要求在夹紧后能够自锁。

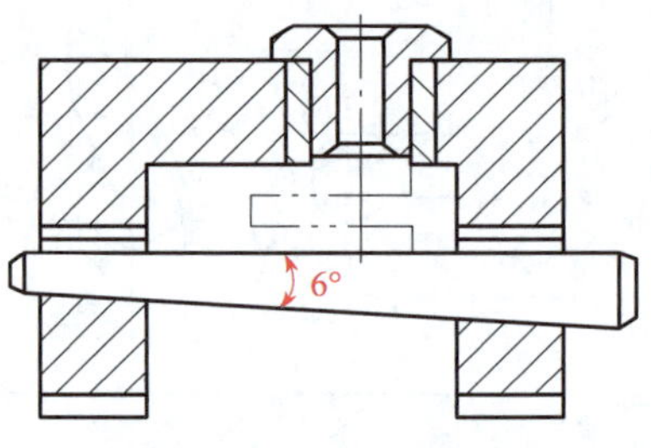

图 2-5-8 斜楔夹紧机构

斜楔夹紧机构结构简单，工作可靠，但由于其机械效率较低，夹紧行程小且操作不方便，因而很少直接应用于手动夹紧，一般多用于机动夹紧和工件质量较高的场合。

2. 螺旋夹紧机构

螺旋夹紧机构可以看作绕在圆柱表面上的斜面，将它展开就相当于一个斜楔。图 2-5-9 所示为最简单的单螺旋夹紧机构，图 2-5-10 所示为螺旋—压板组合夹紧机构。

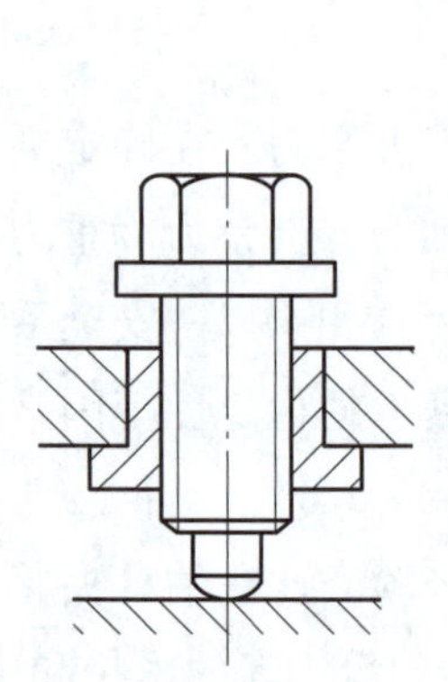
图 2-5-9 单螺旋夹紧机构

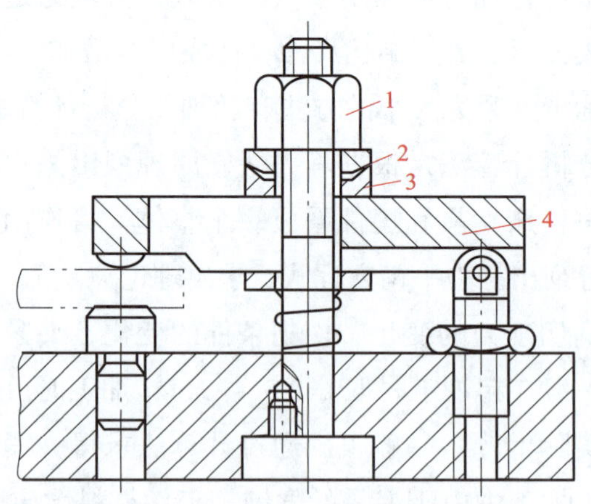

图 2-5-10 螺旋—压板组合夹紧机构

1—螺母 2—球面垫圈 3—锥面垫圈 4—压板

螺旋夹紧机构结构简单，易于制造，扩力比宽。由于螺旋升角小（一般为 2° ~ 4°），螺旋夹紧机构的自锁性能好，夹紧力和夹紧行程都较大。但其夹紧动作缓慢、效率低，在手动夹具上应用较多，不宜用于自动化夹紧装置上。

3. 偏心夹紧机构

偏心夹紧机构也是斜楔夹紧机构的变形，通过偏心轮直接夹紧工件或与其他元件组合来夹紧工件，如图 2-5-11 所示。常用的偏心元件通常是偏心圆或偏心凸轮。偏心圆夹紧机构结构简单、夹紧迅速，但夹紧行程偏小、自锁性能差、增力倍数小，适用于尺寸变动不大及切削振动较小的场合。偏心凸轮制造难度较大，但对夹紧力和夹紧行程的控制精度较高，适用于精度要求较高的专用夹具。

4. 铰链夹紧机构

图 2-5-12 所示为铰链夹紧机构。铰链夹紧机构的优点是动作迅速，增力比大，易于改变力的作用方向；缺点是自锁性能差。其一般用于气动与液动夹紧装置中。

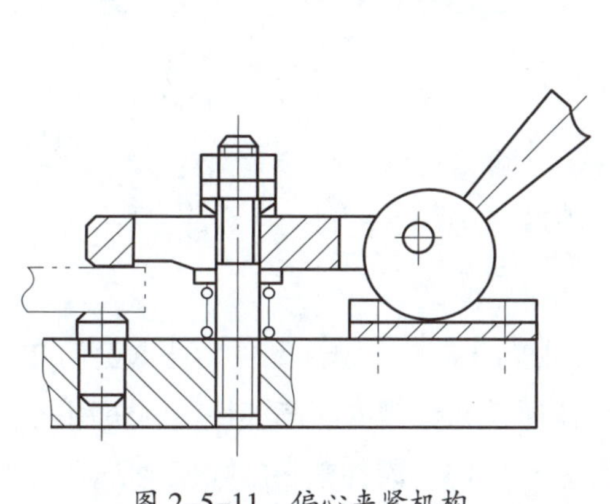

图 2-5-11　偏心夹紧机构

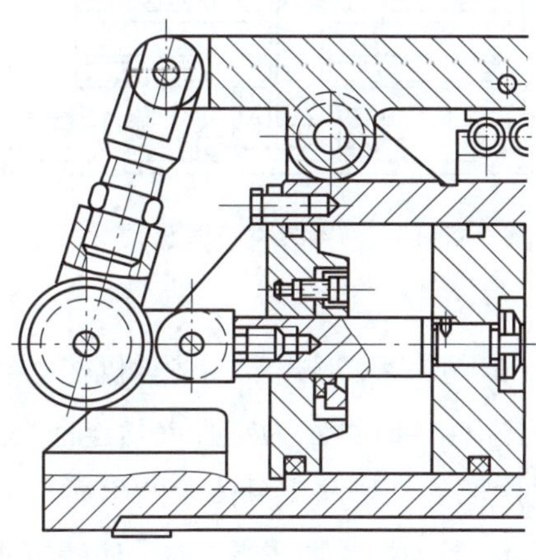

图 2-5-12　铰链夹紧机构

5. 定心夹紧机构

定心夹紧机构能够在实现定心作用的同时，起到夹紧工件的作用。定心夹紧机构中与工件定位基面相接触的元件，既是定位元件，又是夹紧元件。工件在夹紧过程中，利用定位夹紧元件的等速移动或均匀弹性变形来消除定位副制造不准确或定位尺寸偏差对定心或对中的影响，使这些误差或偏差能够均匀而对称地分配在工件的定位基准面上。定心夹紧机构按工作原理可分为机械式和弹性变形式两类。

（1）机械式定心夹紧机构

机械式定心夹紧机构是利用斜楔、螺旋、偏心、齿轮和齿条等刚性传动件，使定位夹紧元件作等速位移来实现定心夹紧的。一般常见的三爪自定心卡盘、齿轮式偏心机构等都是机械式定心夹紧机构。

图 2-5-13 所示为一种螺旋定心夹紧机构。螺杆两端的螺纹旋向相反，螺距相同。当其旋转时，通过左右螺旋带动两 V 形左右钳口对向移向中心，从而对工件同时起着定位和夹紧作用。这类定心夹紧机构的特点是制造方便，夹紧力和夹紧行程较大。但

由于其制造误差和组成元件间的间隙较大，故定心精度不高，常用于粗加工和半精加工。

图 2-5-14 所示为一种定心式车床夹具，它以均匀弹性变形原理进行工作。当定心精度要求较高时，一般都利用这类定心夹紧机构，其结构主要包括弹簧夹头、弹性薄膜卡盘、液塑定心夹紧机构和碟形弹簧定心夹紧机构等。

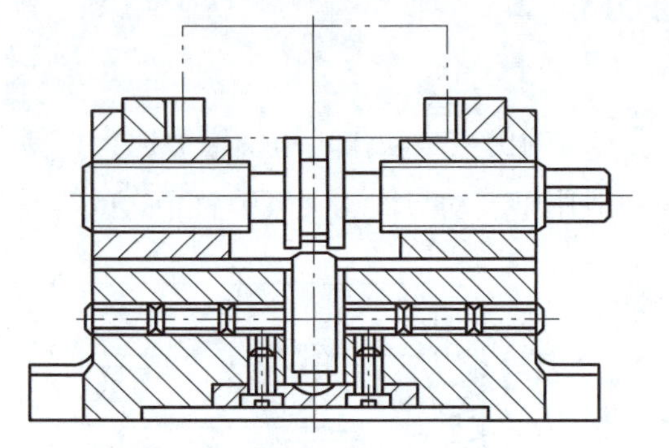

图 2-5-13 螺旋定心夹紧机构

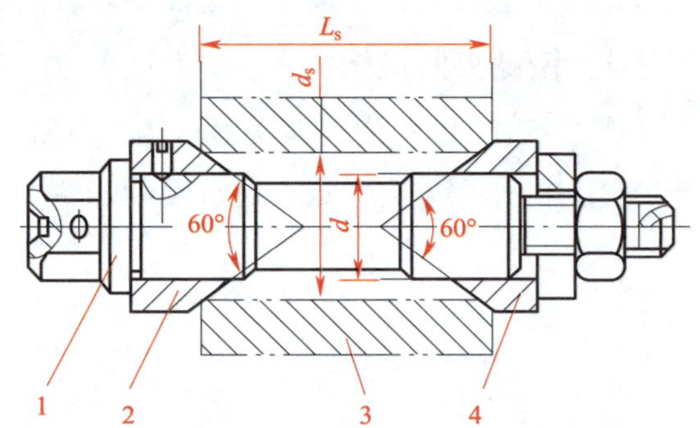

图 2-5-14 定心式车床夹具

1—心轴 2—顶尖套 3—工件 4—活顶尖套

（2）弹性变形式定心夹紧机构

图 2-5-15 所示为定心夹紧连杆大头孔的液性塑料夹具。弹性元件为薄壁套筒 2，其内孔中部的环槽与夹具体 1 的主通道相连通。在通道和环槽内灌满液性塑料（用网纹线表示）。手动拧紧加压螺钉 3，使螺钉头部的柱塞对腔内的液性塑料施加压力，迫使薄壁套筒 2 产生均匀的径向弹性变形，将工件内孔胀紧而定心夹紧。这个夹具在大批大量生产时，利用气缸操纵柱塞移动来实现对腔内的液性塑料施加压力而将工件定心夹紧。

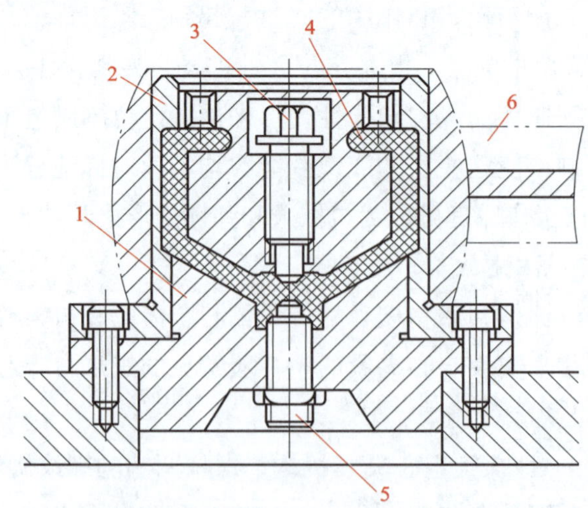

图 2-5-15 液性塑料定心夹紧机构

1—夹具体 2—薄壁套筒 3—加压螺钉 4—液性塑料 5—螺钉 6—限位螺钉

液性塑料在常温下是一种半透明的冻胶状物质，具有一定的弹性和流动性，物理性能稳定，因此能将所承受的压力均匀地传递到套筒的薄壁上，产生均匀的径向弹性变形。由于受到薄壁套筒变形量的限制，胀开尺寸范围较小，因此定位内孔应经精加工。该机构定心夹紧可靠，定心精度高，一般可保证定心精度为 0.01 ~ 0.02 mm，适用于精加工工序。

6. 联动夹紧机构

在工件的装夹过程中，有时需要夹具同时有几个点对工件进行夹紧，有时则需要同时夹紧几个工件，而有些夹具除了夹紧动作外，还需要松开或锁紧辅助支承等，这时为了提高生产率，减少工件装夹时间，可以采用各种联动机构。

（1）单件联动夹紧机构

单件联动夹紧机构的夹紧力作用点有两点、三点或四点，夹紧力的方向可以相同、相反、相互垂直或交叉。图 2–5–16a 所示的两个夹紧力 F_Z 与 F_X 相互垂直，拧紧手柄可在右侧面和顶面同时夹紧工件。图 2–5–16b 所示两个夹紧力 F_Z 方向相同，拧紧右边的螺母，通过螺杆带动平衡杠杆，能使两块压板均匀地同时夹紧工件。

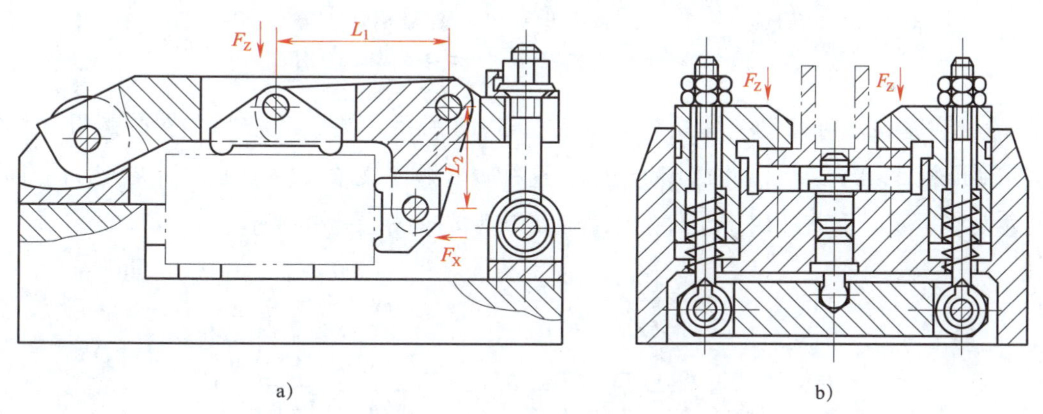

图 2–5–16　单件联动夹紧机构

a）F_Z 与 F_X 相互垂直　b）两个 F_Z 方向相同

（2）多件联动夹紧机构

1）平行式多件联动夹紧机构。如图 2–5–17a 所示，通过左边螺母的紧固或松开，使联动机构压板将工件平行夹紧或松开。如图 2–5–17b 所示，采用带有 3 个浮动环节的压板结构，当右边压板左端下压时，浮动压板使 4 个工件同时等力地被压紧。在图 2–5–17c 中，当中间手柄扳动螺母时，松开或压紧压板，可通过两端的浮动压板将 4 个工件同时松开或压紧。图 2–5–17d 所示为液性塑料平行多件联动夹紧机构，它由左端螺塞的调整对液性塑料施压或减压，再通过压块夹紧或松开工件。

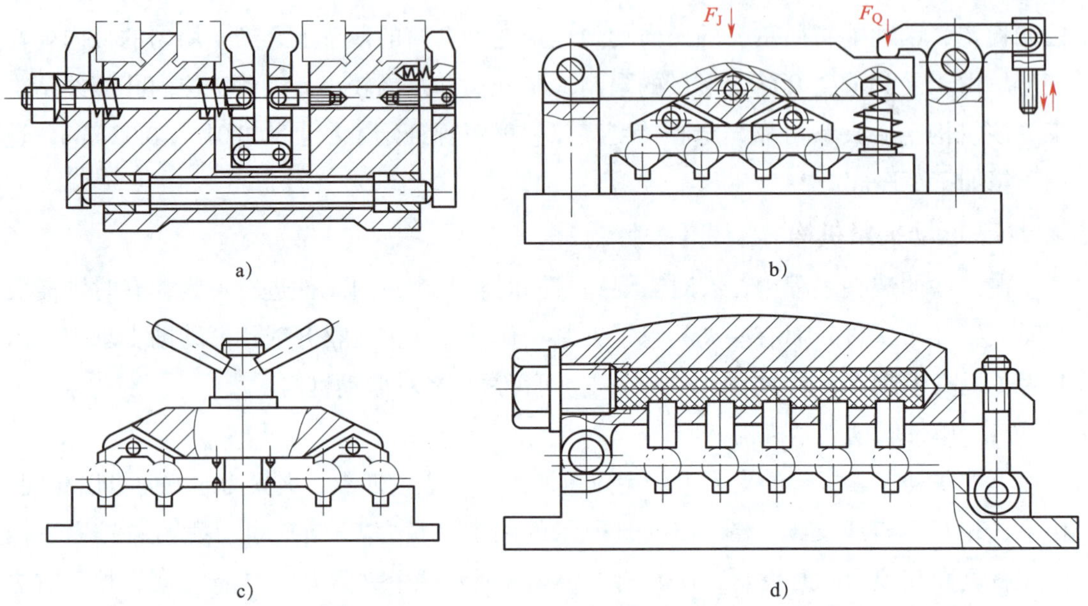

图 2-5-17　平行式多件联动夹紧机构

a）联动机构压板将工件平行夹紧或松开　b）、c）浮动压板同时等力松开或压紧工件

d）液性塑料施压或减压通过压块夹紧或松开工件

2）顺序式多件联动夹紧机构。如图 2-5-18 所示，夹紧时拧紧左端的螺母 4，推动钩形压板 5，将多个工件 1 顺序夹紧。这种多件顺序夹紧，由于工件沿夹紧方向存在尺寸误差累积，因此适用于工件加工表面与夹紧方向相平行的场合。

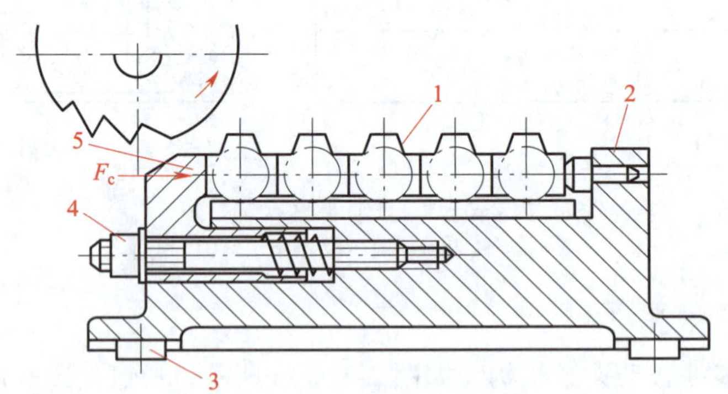

图 2-5-18　顺序式多件联动夹紧机构

1—工件　2—夹具体　3—定向键　4—螺母　5—钩形压板

课题六　典型机床夹具

- 熟悉典型机床夹具的结构类型。
- 了解典型机床夹具的技术要点

机床夹具是指在机械加工过程中，用来固定加工对象，确保工件处于适宜位置，以进行加工和检测，并保证其加工要求的机床附加装置。其作用是完成工件的装夹工作。

机床夹具按其特性有不同的分类方法，按夹具的通用特性分为通用机床夹具与专用机床夹具，专用机床夹具包括机床专用夹具、成组夹具、组合夹具、可调整夹具和自动线夹具等。按夹具夹紧动力来源分为手动夹具和机动夹具。

汽车属于大批量生产，为了提高生产效率、保证质量，在零件加工中，除使用普通机床夹具外，广泛采用专用机床夹具。专用机床夹具种类很多，按夹具适用的机床可分为车床、铣床、钻床、镗床、磨床、齿轮机床、数控机床夹具等。

一、典型车床夹具

车床夹具主要用来加工工件内、外回转表面及端面，其多数安装在主轴上，少数安装在床鞍或床身上。本课题主要介绍前一类车床夹具。

安装在车床主轴上的通用夹具有三爪自定心卡盘、四爪单动卡盘、花盘、前后顶尖以及拨盘与鸡心夹头的组合车床夹具。这些夹具已经标准化，并可作为机床附件独立配置。

1．典型车床夹具的结构类型

专用车床夹具按工件定位方式不同分为定心式、角铁式和花盘式等。

（1）定心式车床夹具

在定心式车床夹具上，工件常以孔或外圆定位，夹具则采用定心夹紧机构。

心轴类车床夹具适用于以工件内孔定位，用以加工套类、盘类等回转体零件，可以保证工件被加工外圆表面与内孔定位基准间的同轴度。按与机床主轴连接方式的不同，心轴类车床夹具可分为顶尖式心轴夹具和锥柄式心轴夹具两种，且应用较广。前者用于加工长筒形工件，后者仅能加工短的套筒或盘状工件。心轴的定位表面根据工件定位基准的精度和工序加工要求，可以设计成圆柱面、圆锥面、可胀圆柱面以及花键等特形面。其中，较为常用的类型有圆柱心轴和弹性心轴等。

图 2–6–1 所示为手动弹簧心轴，工件以精加工过的内孔在弹性套筒 5 和心轴端面上定位。旋紧螺母 4，通过锥体 1 和锥套 3 使弹性套筒 5 产生向外的均匀弹性变形，将工件胀紧，以实现对工件的定心夹紧。手动弹簧心轴的弹性变形量较小，要求工件定位孔的精度高于 IT8，定心精度一般可达 0.02 ~ 0.05 mm。

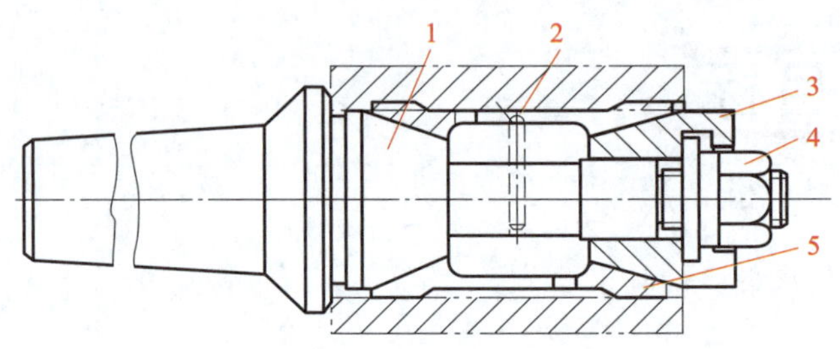

图 2–6–1　手动弹簧心轴

1—锥体　2—防转销　3—锥套　4—螺母　5—弹性套筒

（2）角铁式车床夹具

在车床上加工曲轴、壳体、支座、杠杆、接头等零件的回转端面时，由于零件形状较复杂，难以在通用卡盘上装夹，因而需设计专用夹具。

图 2–6–2 所示为曲轴角铁式车床夹具，其夹具体呈角铁状，采用带摆动 V 形块的回转式螺旋压板机构夹紧，用平衡块 2 来保持夹具平衡。

（3）花盘式车床夹具

花盘式车床夹具的夹具体称为花盘，上面开有若干个 T 形槽，以安装定位元件、夹紧元件和分度元件等辅助元件，如图 2–6–3 所示。用花盘可加工形状复杂工件的外圆和内孔。这类夹具不对称，要注意平衡。

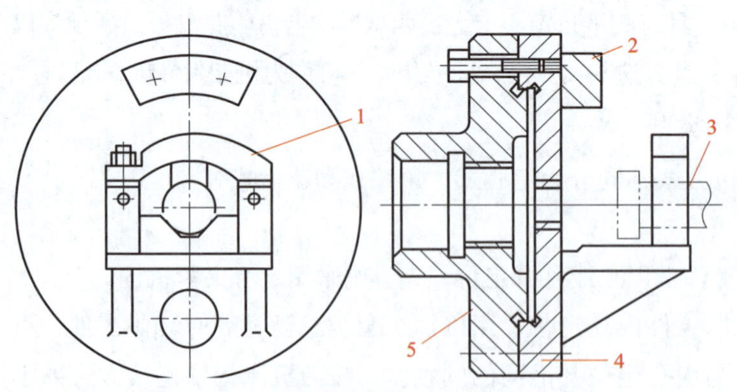

图 2–6–2　曲轴角铁式车床夹具

1—压板　2—平衡块　3—曲轴　4—夹具体　5—过渡盘

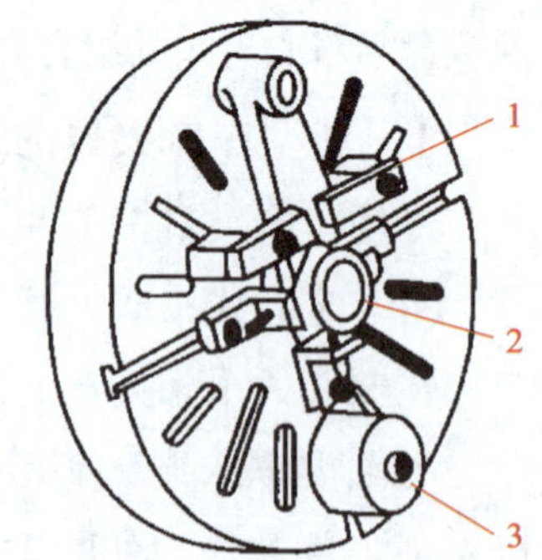

图 2–6–3　花盘式车床夹具

1—压板　2—工件　3—平衡块

2. 车床夹具的技术要点

由于加工中车床夹具随车床主轴一起回转，要求车床夹具与主轴两者轴线有较高的同轴度。通常车床夹具与主轴的连接方式有以下几种：夹具通过主轴锥孔与主轴连接，以及夹具通过过渡盘与机床主轴连接等，如图 2-6-4 所示。

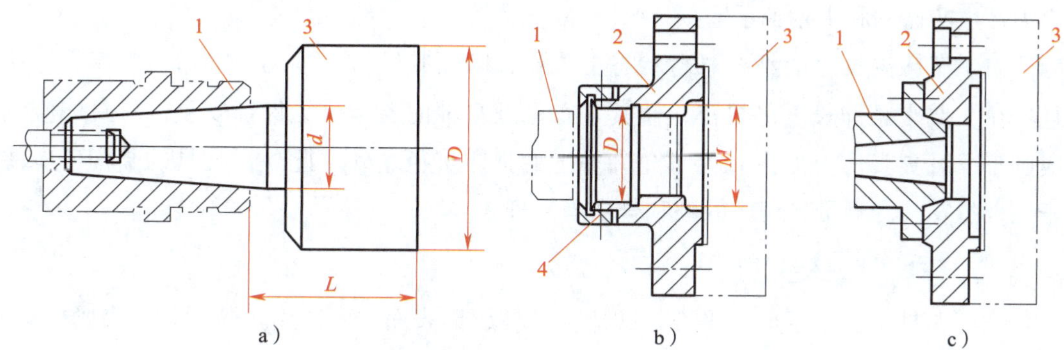

图 2-6-4　车床夹具与机床主轴的连接

a）夹具安装在车床主轴锥孔中　b）、c）夹具与机床主轴外圆连接

1—车床主轴　2—过渡盘　3—专用夹具　4—压块

（1）夹具安装在车床主轴锥孔中

如图 2-6-4a 所示，夹具安装在车床主轴锥孔中。这种连接方式的定心精度较高，适用于径向尺寸 D 小于 140 mm 或 $D \leqslant (2 \sim 3)d$ 的小型夹具。

（2）夹具与机床主轴外圆连接

图 2-6-4b 和图 2-6-4c 所示为夹具与车床主轴外圆的连接方式，其特点是通过使用过渡盘来实现夹具与机床主轴外圆的连接。这种连接方式适用于径向尺寸较大的夹具。过渡盘的使用，使同一夹具可以用于不同型号和规格的车床上，增加了夹具的通用性。常用车床主轴前端夹具的结构尺寸可参阅相关夹具手册。

在图 2-6-4b 中，过渡盘 2 以内孔与主轴 1 前端按 H7/h6 或 H7/js6 配合定心，用螺纹紧固，使过渡盘端面与主轴前端的台阶面接触。为防止停车和倒车时因惯性作用而松脱，用两块压块 4 将过渡盘压在主轴凸缘端面上。这种安装方式的安装精度将受到其相互配合精度的影响。

在图 2-6-4c 中，过渡盘 2 以锥孔和端面在车床主轴 1 前端的短圆锥面和端面上定位。安装时，先将过渡盘推入主轴，使其端面与主轴端面之间有 0.05 ~ 0.1 mm 的间隙，用螺钉均匀拧紧后，会产生一定的弹性变形，使端面与锥面全部接触。这种安装方式定心准确，刚度好，但加工精度要求高。

（3）其他连接方式

如果车床没有配备过渡盘，可将过渡盘与夹具体合成一个零件设计；也可采用通用花盘来连接夹具与主轴，但必须在夹具外圆上加工一段找正圆，用以保证夹具相对主轴的径向位置重合。

（4）车床夹具的平衡及结构要求

对角铁式、花盘式等结构不对称的车床夹具，设计时应采用平衡装置以减小由离心力产生的振动和主轴轴承磨损。

由于车床夹具一般都在悬臂状态下工作，因而其结构必须力求简单、紧凑、轻便且安全，要求悬伸长度尽量小，使其重心靠近主轴前支承。为保证安全，夹具体应制成圆形，且夹具体上的各元件不允许伸出夹具体直径之外。此外，夹具的结构还应便于工件的安装、测量和切屑的顺利排出与清理。

二、典型铣床夹具

铣床夹具主要用于加工平面、凹槽及各种成形表面，一般由定位元件、夹紧机构、对刀装置、定位键和夹具体等组成。

由于铣削加工切削用量及切削力较大，且为多刃断续切削，加工时易产生振动。因此，在设计铣床夹具时应注意：夹紧力要足够大且能自锁；夹具安装准确可靠，即安装及加工时要求正确使用定向键与对刀装置；夹具体具有足够的刚度和稳定性，做到结构科学合理。

1．典型铣床夹具的结构类型

（1）直线进给式铣床夹具

图 2-6-5 所示为铣一种菱形连杆上直角凹槽的直线进给式夹具。夹具直接安装在按直线进给方式运动的铣床工作台上。工件以一面两孔在定位支承板、圆柱销和菱形销上定位。拧紧厚螺母 5，通过螺栓 6 带动杠杆 9，使两副压板同时夹紧两个工件。夹具上一次可同时安装 4 根连杆，生产率高。

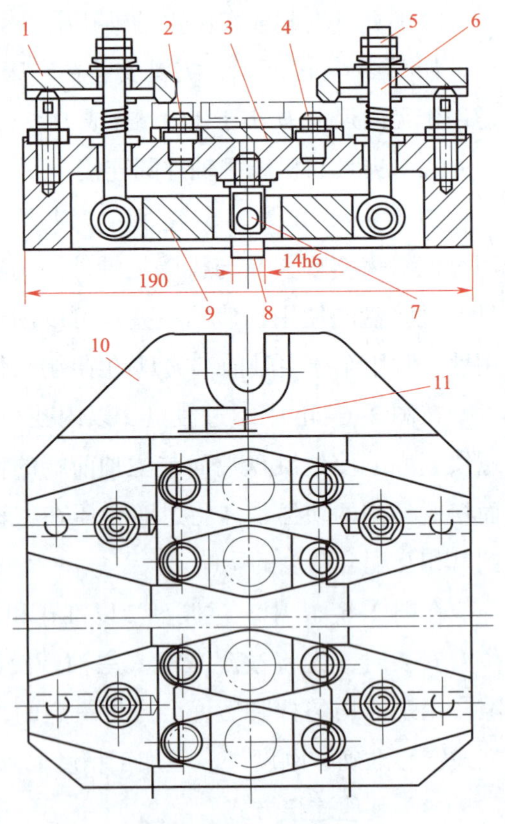

图 2-6-5　铣床铣槽夹具

1—压板　2—圆柱定位销　3—支承板　4—菱形销　5—螺母　6—螺栓　7—铰链　8—定位键　9—杠杆　10—夹具体　11—对刀块

（2）圆周连续进给式铣床夹具

圆周连续进给式铣床夹具多数安装在有回转工作台的铣床上，加工过程中随回转盘旋转作连续的圆周进给运动，这样可以在不停车的情况下装卸工件，使加工效率高，适用于大批量生产。

图 2-6-6 所示为铣拨叉用的圆周连续进给式铣床夹具，回转工作台上一共备

有12个工位。工件以内孔、端面及侧面通过空心定位销2和侧挡销4定位，并由液压缸6驱动拉杆1通过开口垫圈3将工件夹紧。工作台由电动机连接蜗轮蜗杆机构带动回转，从而将工件依次送入切削区 *A*、*B*。当工件被加工好后离开切削区，在装卸区域（非切削区）*C*、*D* 内，可将已加工的工件卸下，再装上待加工的工件，使辅助时间与铣削时间相重合，能够有效提高机床利用率。

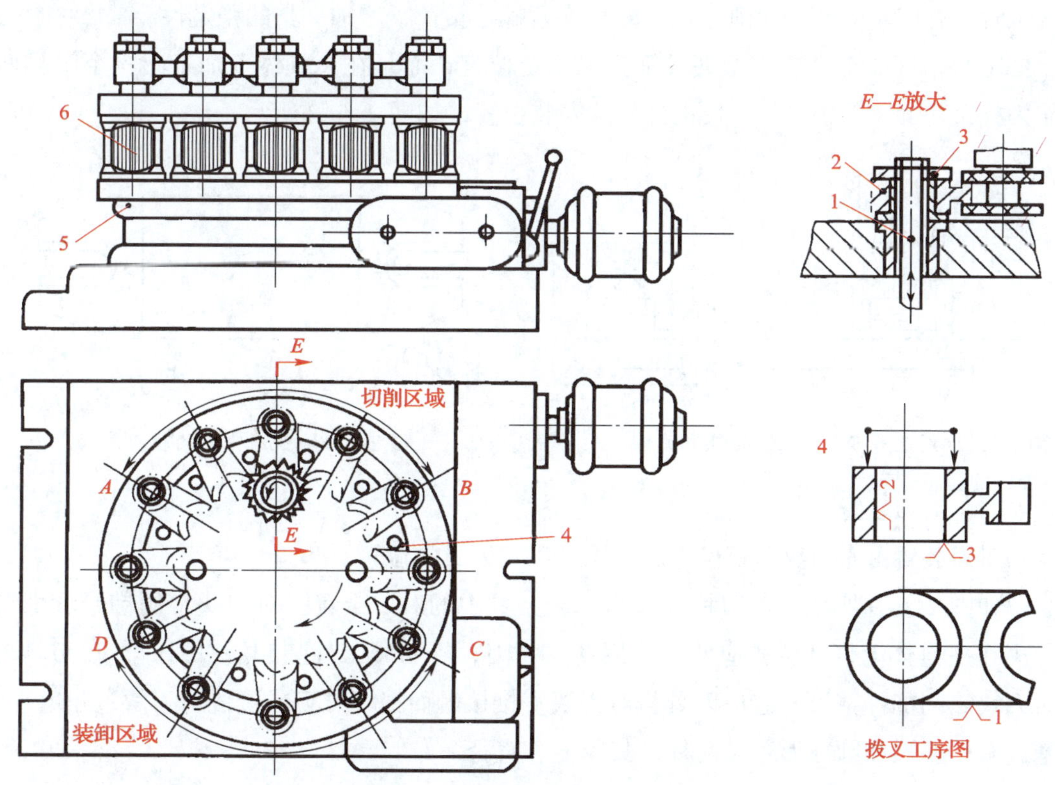

图 2-6-6　圆周连续进给式铣床夹具

1—拉杆　2—空心定位销　3—开口垫圈　4—侧挡销　5—转台　6—液压缸

2．铣床夹具的技术要点

（1）定位稳定，夹紧可靠

铣削加工是多刀多刃断续切削，切削用量和切削力较大，且切削力的方向不断改变，容易产生振动。因此，定位装置的设计和布置应尽量使定位支承面积大一些；夹紧力应作用在工件刚度较大的部位上；当从侧面压紧工件时，压板在侧面的着力点必须低于工件侧面的支承点；夹紧力要求靠近加工面；夹紧装置要有足够的夹紧力，自锁性好，一般不宜采用偏心夹紧，在粗铣时应当特别注意。

（2）提高生产率

铣削加工有空行程，加工辅助时间长，因此要求尽可能安排多件、多工位加工，尽量采用快速夹紧、联动夹紧和液压气动夹紧等高效夹紧装置。

（3）定位键

定位键也称定向键。定位键通常安装在夹具底面的纵向槽中。一般用两个，安装在一条直线上。两键之间的距离越远，导向精度越高，可以直接用螺钉紧固在夹具体上，如图 2–6–7 所示。定位键通过与铣床工作台的 T 形槽配合确定夹具在机床上的正确位置，并能承受部分切削扭矩，减小夹紧螺栓负荷，增加夹具的稳定性。

定向精度要求高或重型夹具不宜采用定位键，而是在夹具体上加工出一个窄长面作为找正基面（图中 A）来校正夹具的安装位置，如图 2–6–8 所示。

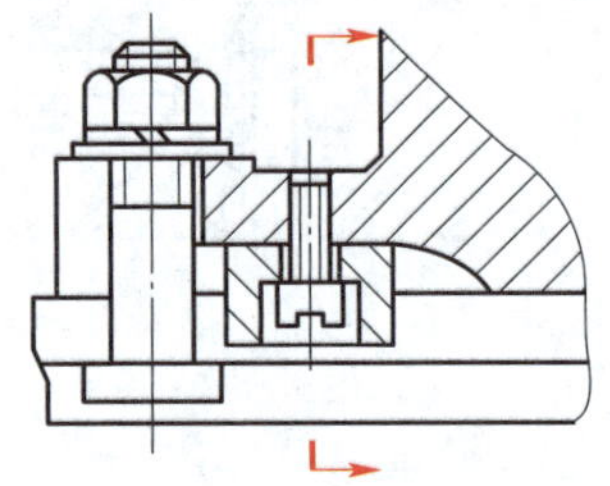
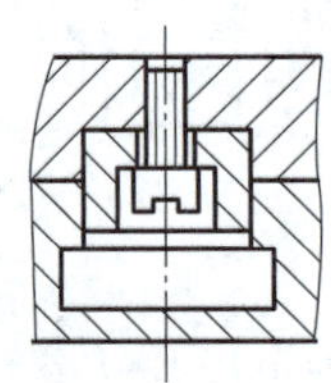

图 2–6–7　定位键的装配关系

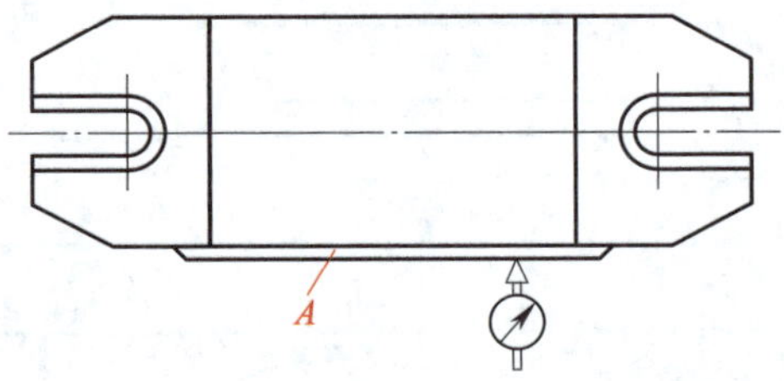

图 2–6–8　铣床夹具的找正基面

（4）对刀装置

对刀装置由对刀块和塞尺组成，用来确定刀具的位置。

如图 2–6–9 所示，对刀块 3 即为铣床夹具中的对刀装置。对刀块常用销钉和螺钉紧固在夹具体上，其位置应便于使用塞尺对刀，不妨碍工件装卸。对刀时，在刀具与对刀块之间加一塞尺，避免刀具与对刀块直接接触而损坏刀刃或造成对刀块过早磨损。塞尺有平塞尺和圆柱形塞尺两种，其厚度和直径为 3 ~ 5 mm，制造公差为 h6。

图 2–6–10a 所示为圆形对刀块，用于铣单一平面时对刀；图 2–6–10b 所示为直角对刀块，用于铣槽或台阶面时对刀；图 2–6–10c 和图 2–6–10d 所示为用于铣成形面的特殊对刀块。

（5）夹具体

为提高铣床夹具在机床上安装的稳固性，减小断续切削时引起的振动，夹具体不仅要有足够的刚度和强度，其高度和宽度比也应恰当，其高宽比一般保持 $H/B \leqslant 2 \sim 2.25$。这样可以降低夹具重心，使工件加工表面尽量靠近工作台面。

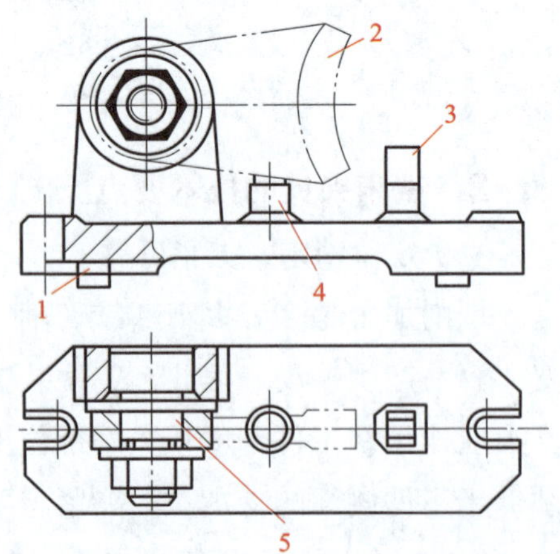

图 2–6–9　铣床夹具对刀装置

1—定位键　2—拨叉　3—对刀块

4—定位支承　5—定位元件

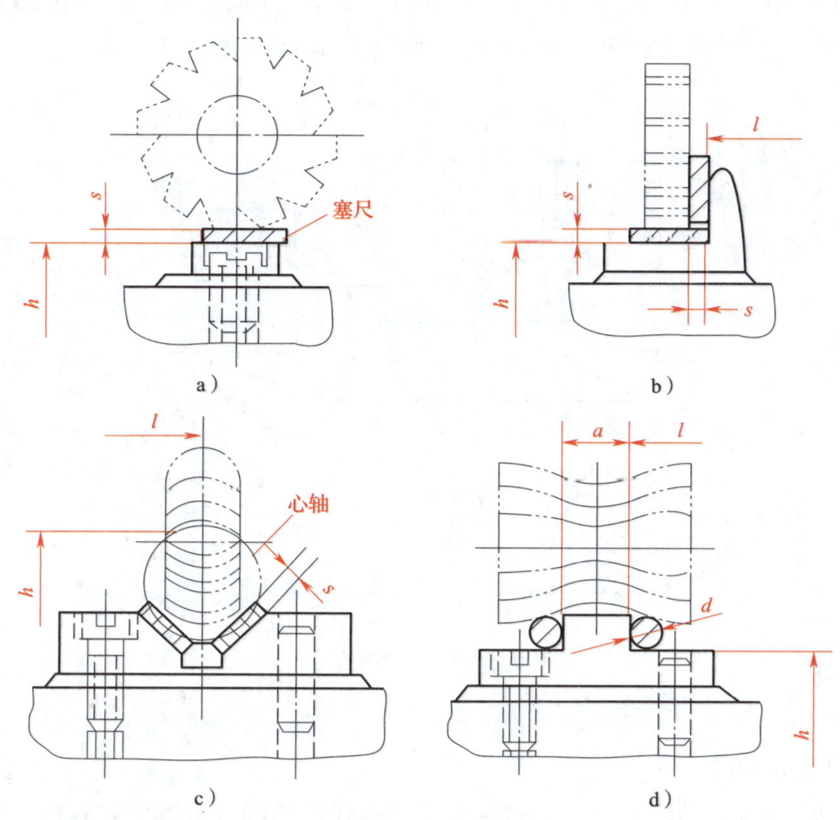

图 2-6-10 对刀装置

a）圆形对刀块 b）直角对刀块 c）、d）特殊对刀块

若夹具体较宽，可在同一侧设置两个与铣床工作台 T 形槽间等距的耳座。对重型铣床夹具，夹具体两端还应设置吊装孔或吊环等，以便搬运与吊装。

三、典型钻床夹具

钻床夹具（也叫钻模）是在钻床上用于钻孔、扩孔、铰孔及攻螺纹的机床夹具。钻模一般都设有安装钻套的钻模板，以确定刀具位置并引导刀具进行切削，保证孔的加工要求和大幅度提高生产率。钻床夹具主要由钻套、钻模板、定位及夹紧装置、夹具体组成。

1. 典型钻床夹具的结构类型

钻模的结构形式很多，可分为固定式、分度式、盖板式、滑柱式和翻转式等主要类型。

（1）固定式钻模

固定式钻模在机床上的位置一般固定不动，要求加工精度较高，主要用于在立式钻床上加工直径较大的单孔及同轴线上的孔，或在摇臂钻床上加工轴线平行的孔系。

为了提高加工精度，在立式钻床上安装钻模时，要求先将安装在主轴上的钻头伸入钻套中，以确定钻模的位置后再将夹具夹紧，如图 2–6–11 所示。

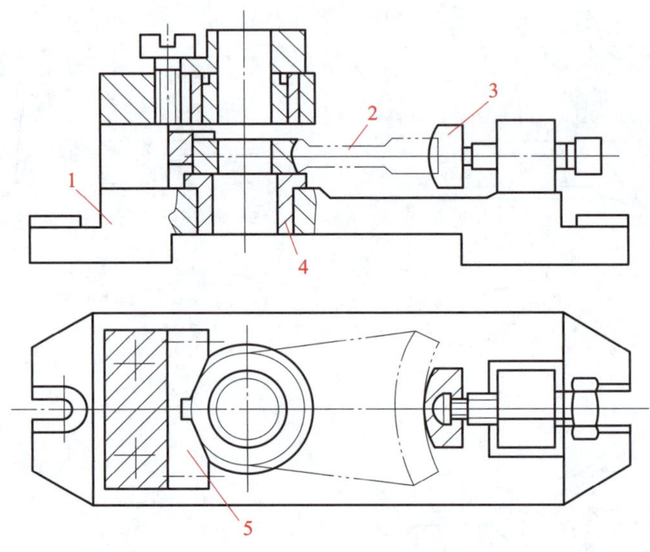

图 2–6–11　固定式钻模

1—夹具体　2—拨叉　3—夹紧装置　4—定位套　5—V 形块

（2）分度式钻模

带有分度装置的钻模称为分度式钻模。分度式钻模的分度方式有两种，即回转式分度和直线式分度。回转式钻模应用较多，主要用于加工平面上呈圆周分布、轴线互相平行的孔系，或分布在圆柱面上的径向孔系。工件一次安装，经夹具分度机构转位可顺序加工各孔。

图 2–6–12 所示为卧式回转分度式钻模。这类钻模多用于加工工件圆柱面上 3 个径向均布孔。在分度盘 6 的左端面上有呈圆周均布的 3 个轴向钻套孔，内设定位锥套 12。钻孔前，对定销 2 在弹簧力的作用下插入分度锥孔，反转手柄 5，螺套通过锁紧螺母使分度盘 6 锁紧在夹具体上。钻孔后，正转手柄 5，将分度盘 6 松开，同时螺套上的端面凸轮将对定销 2 拔出，将分度盘转动 120°，直至对定销 2

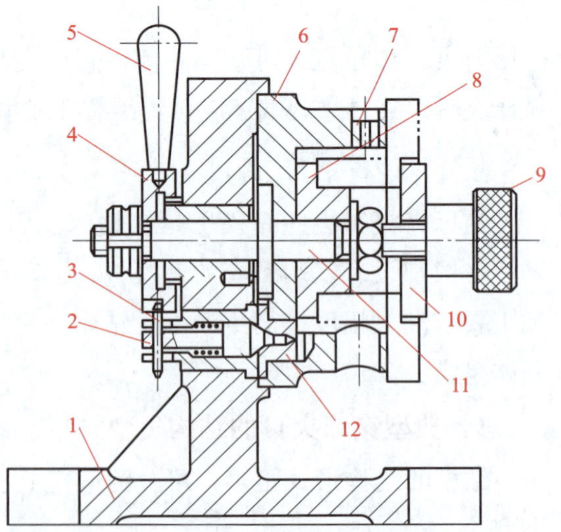

图 2–6–12　卧式回转分度式钻模

1—夹具体　2—对定销　3—横销
4—螺套　5—手柄　6—分度盘　7—钻套　8—定位件
9—旋钮　10—开口垫圈　11—转轴　12—定位锥套

重新插入第二个锥孔，然后锁紧加工另一孔。

（3）盖板式钻模

盖板式钻模没有夹具体，其定位元件和夹紧装置直接安装在钻模板上。钻模板在工件上定位，夹具结构简单轻便，切屑易于清除，常用于箱体等大型工件上的小孔加工，也可用于中小批量生产中的中小工件孔加工。加工小孔时，可以不设夹紧装置。

图 2–6–13 所示为加工主轴箱 7 个螺纹孔的盖板式钻模。工件以端面及两大孔作为定位基面，在钻模板的 4 个支承钉 1 组成的平面、夹具体 2 及菱形销 6 上定位；旋转螺杆 5，推动钢球 4 向下，钢球同时使 3 个柱塞 3 外移，将钻模板夹紧在工件上。

（4）滑柱式钻模

图 2–6–14 所示是手动滑柱式钻模通用底座，升降钻模板通过两根导柱与夹具体的导孔相连。转动操纵手柄 6，经斜齿轮 1 带动斜齿条导杆移动，使钻模板 4 实现升降。

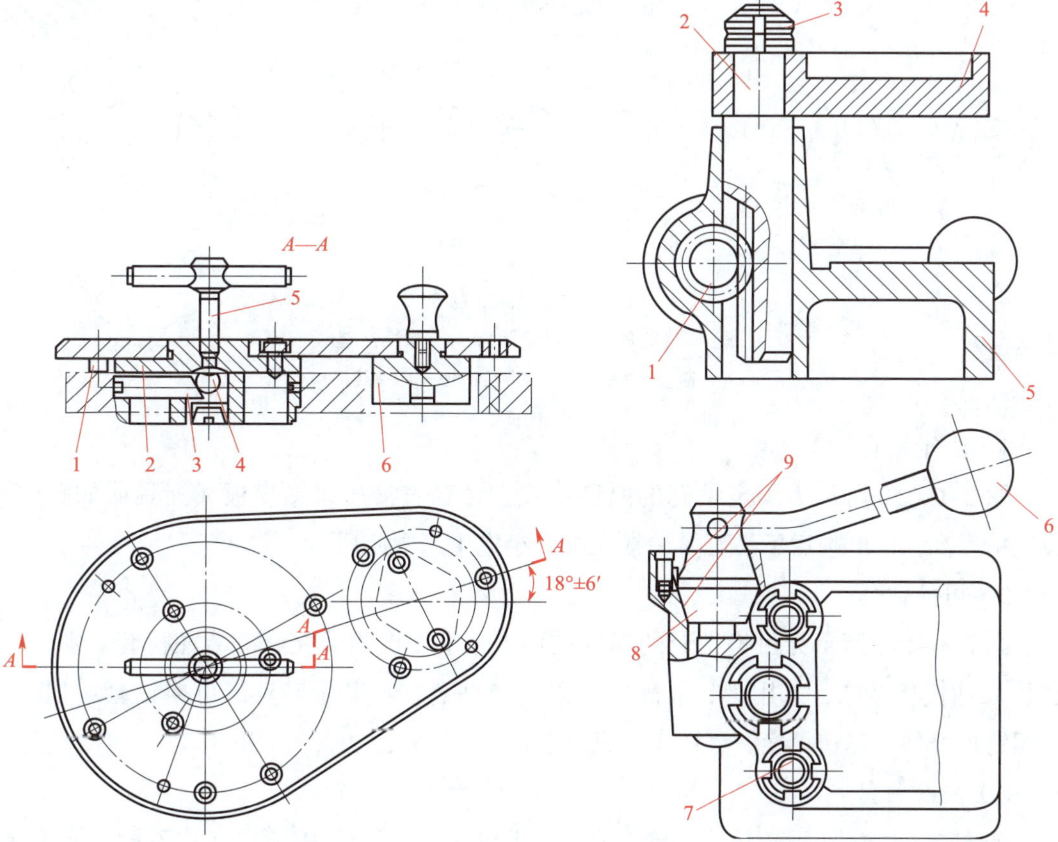

图 2–6–13　盖板式钻模

1—支承钉　2—夹具体　3—柱塞
4—钢球　5—螺杆　6—菱形销

图 2–6–14　手动滑柱式钻模通用底座

1—斜齿轮　2—斜齿轴　3—螺母　4—钻模板
5—夹具体　6—手柄　7—导柱　8—齿轮轴　9—锥面

滑柱式钻模的特点是：夹具可调，操作方便，夹紧迅速；钻孔的垂直度和孔距精度一般，适用于中等精度的孔和孔系加工。

2. 钻套

在钻床夹具上，钻套是用来引导钻头、铰刀等孔加工刀具用的导向元件，确定孔加工刀具相对于夹具定位元件的位置和引导孔加工刀具，提高刀具的刚度，防止在加工中发生偏移。钻套可分为标准钻套和特殊钻套两大类。

（1）标准钻套

标准钻套又分为固定钻套、可换钻套和快换钻套，如图 2–6–15 所示。

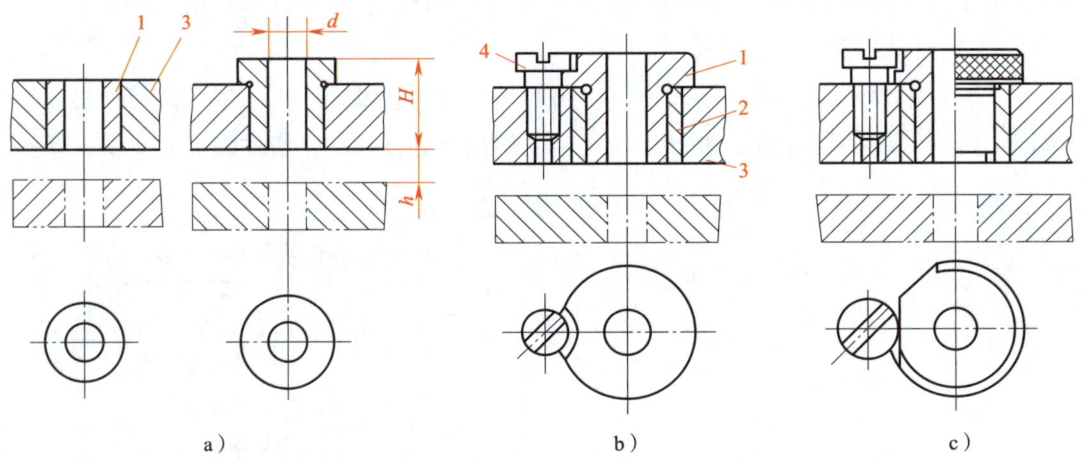

图 2–6–15　标准钻套

a）固定钻套　b）可换钻套　c）快换钻套

1—钻套　2—衬套　3—钻模板　4—螺钉

1）固定钻套

图 2–6–15a 所示为固定钻套的两种形式。钻套直接压入钻模板或夹具体的孔中，位置精度高，但磨损后不易更换，常在中、小批生产中使用。

2）可换钻套

图 2–6–15b 所示为可换钻套的标准结构。钻套 1 以间隙配合安装在衬套 2 中，衬套压入钻模板 3 中，并用螺钉 4 固定，以防止钻套在衬套中转动。可换钻套磨损后，将螺钉松开便可迅速更换，多用于大批量生产。

3）快换钻套

如图 2–6–15c 所示，快换钻套适用于在同一道工序中，需要依次将不同钻套安装在钻模板或夹具体上，用来确定工件上加工孔的位置，引导钻头进行加工，提高加工过程中工艺系统的刚度并防振。

（2）特殊钻套

由于工件的形状特殊或者被加工孔位置的特殊性，不适合采用标准钻套，故需要自行设计结构特殊的钻套。图 2–6–16 所示为四种特殊钻套的例子。

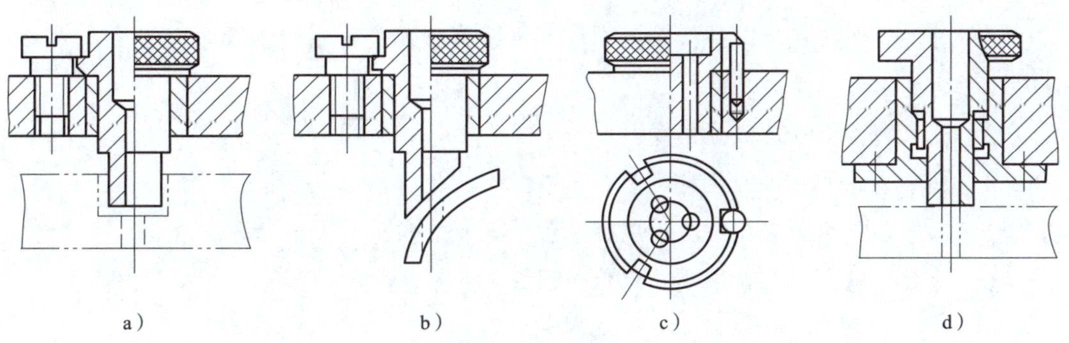

图 2–6–16　四种特殊钻套

a）加长钻套　b）斜面或圆弧面钻孔钻套　c）、d）小孔距钻套

图 2–6–16a 所示为在凹形表面上钻孔的加长钻套。钻套可做成阶梯形，引导钻套高度 H（H 见图 2–6–15a）以上的孔径放大，减少刀具与钻套的摩擦。

图 2–6–16b 所示为在斜面或圆弧面上钻孔的钻套。排屑空间取 $h<0.5$ mm（h 见图 2–6–15a），可避免钻头被引偏或折断。

图 2–6–16c 和图 2–6–16d 所示为小孔距钻套。将两孔做在同一个钻套上时，要用定位销确定钻套位置。

（3）钻套的结构尺寸

1）导向孔径 d

如图 2–6–17 所示，钻套公称尺寸取刀具的上极限尺寸。对于钻头、扩孔钻、铰刀等定尺寸刀具，按基轴制选用动配合 F7 或 G6。

2）钻套高度 H

对于一般孔距精度：$H=(1.5\sim2)d$

当孔距精度要求高于 ±0.05 mm 时：$H=(2.5\sim3.5)d$

3）钻套与工件距离 h

增大 h 值，排屑方便，但刀具的刚度和孔加工精度都会降低。

钻削易排屑的铸铁时，常取：$h=(0.3\sim0.7)d$

钻削较难排屑的钢件时，常取：$h=(0.7\sim1.5)d$

工件精度要求高时，取 h=0，使切屑全部从钻套中排出。

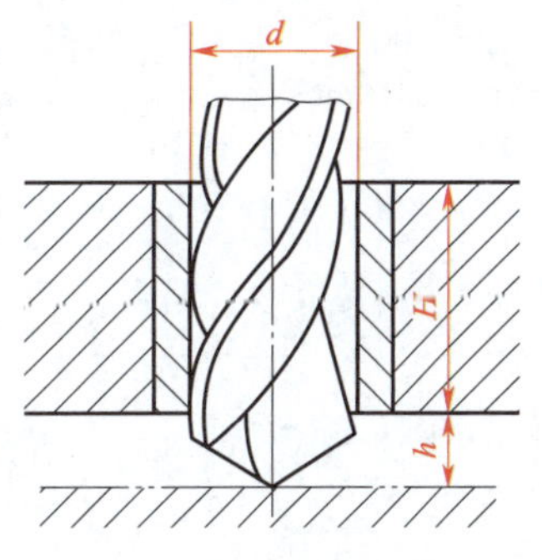

图 2–6–17　钻套的尺寸

思考与练习

1. 对于工件的定位，什么是基准？基准分为哪几类？各种基准间有何关系？
2. 简述机床夹具的功能。
3. 机床夹具由哪几部分组成？
4. 机床夹具可分为哪几种类型？各有什么作用？
5. 工件在空间具有几个自由度？工件的六点定位原理是什么？
6. 什么是完全定位和不完全定位？试举例说明。
7. 什么是欠定位和过定位？试举例说明。
8. 用于平面定位的定位元件有哪些？
9. 简述外圆柱面定位中的定位方式及应用。
10. 简述圆孔定位的常用定位元件及应用。
11. 常见的圆孔定位与平面定位如何组合使用？
12. 工件在夹具上如何实现夹紧？常用的力源装置有哪些？各有什么特点？
13. 对夹紧装置有哪些基本要求？
14. 选择夹紧力的方向和作用点时应注意哪些原则？
15. 简述典型车床夹具的结构类型与技术要点。
16. 简述典型铣床夹具的结构类型与技术要点。
17. 简述典型钻床夹具的结构类型与技术要点。

模块三 汽车零件制造工艺基础

汽车零部件制造是汽车工业的基础，是支撑汽车工业持续健康发展的必要因素。汽车由大量的零件组成，而这些零件是由毛坯通过不同的加工工艺方法加工而成的。据统计，汽车中重量约占70%的零件，其毛坯是由铸造、模锻、冲压及焊接工艺方法加工成形的。机床切削加工是零件毛坯的后续加工方法，常采用车削、铣削、钻削、磨削等方法加工。金属热处理也是零件制造的重要工艺，可提高零件使用寿命和可靠性。

本模块按照零件生产制造顺序，阐述汽车零件毛坯成形工艺、汽车零件机械加工工艺、汽车零件热处理工艺等内容。

课题一　汽车零件毛坯成形工艺

学习目标

- 掌握铸造工艺的特点、分类及砂型铸造工艺，了解特种铸造工艺。
- 熟悉锻造工艺的特点、分类及模型锻造工艺，了解新型锻造工艺。
- 了解冲压工艺的特点、分类及冲压件的结构工艺性和冲压模具。
- 熟悉焊接工艺的特点、分类及常见焊接方法，熟悉焊接件的结构工艺性。

毛坯种类的选择不仅影响毛坯的制造工艺及成本，而且也与零件的机械加工工艺和加工质量密切相关。合理选择毛坯的类型，会使零件制造工艺简便、质量稳定、生产率高、制造周期短、成本降低。为此需要毛坯制造和机械加工两方面的工艺人员密切配合，合理地确定毛坯的种类、结构形状，并绘制出毛坯图。

为了能合理选用毛坯，需清楚地了解各种毛坯的特点、适用范围及选用原则等。常用的汽车零件的毛坯种类有铸件、锻压件、冲压件、焊接件及粉末冶金件等。

一、铸造工艺

将熔化后的金属浇注到铸型中，待其凝固、冷却后，获得一定形状的零件或零件毛坯的成形方法，称为铸造。铸造获得的毛坯或零件称为铸件。铸造车间如图 3–1–1 所示。

a）　　　　　　　　　　b）

图 3–1–1　铸造车间

a）传统铸造车间　b）现代化铸造车间

1. 铸造工艺的特点及分类

（1）铸造工艺的特点

汽车用铸件的主要特点是壁薄、形状复杂、尺寸精度高、重量轻、可靠性好、生产批量大等。对于汽车而言，铸件一般占其自重的 20%左右，仅次于钢材用量。就材质而言，铸铁、铸钢、铸铝、铸铜等应有尽有，仅铸铁就采用了灰铸铁、球墨铸铁、蠕墨铸铁、可锻铸铁及合金铸铁等。

（2）铸造工艺的分类

按工艺条件不同，铸造工艺分为砂型铸造和特种铸造。砂型铸造是指由液态金属依靠重力充满整个以型砂为主要原材料形成的铸型型腔的成形方法。凡不同于砂型铸造的所有铸造方法，包括熔模铸造、金属型铸造、压力铸造、低压铸造和离心铸造等，统称为特种铸造。

2. 砂型铸造工艺

铸造是以砂为主要造型材料制备铸型的一种制造工艺方法。砂型铸造应用十分广泛，目前90%以上的铸件是用砂型铸造方法生产的。

（1）砂型铸造的工艺过程

如图3–1–2所示，铸造工艺过程主要由以下几个步骤构成：造型、造芯、砂型及型芯烘干、合型、熔炼金属、浇注、落砂和清理、检验。但需注意，有时对某个具体的铸造工艺过程来说并不一定包括上述全部内容，如铸件无内壁时就无须造芯，采用湿型铸造时砂型无须烘干等。

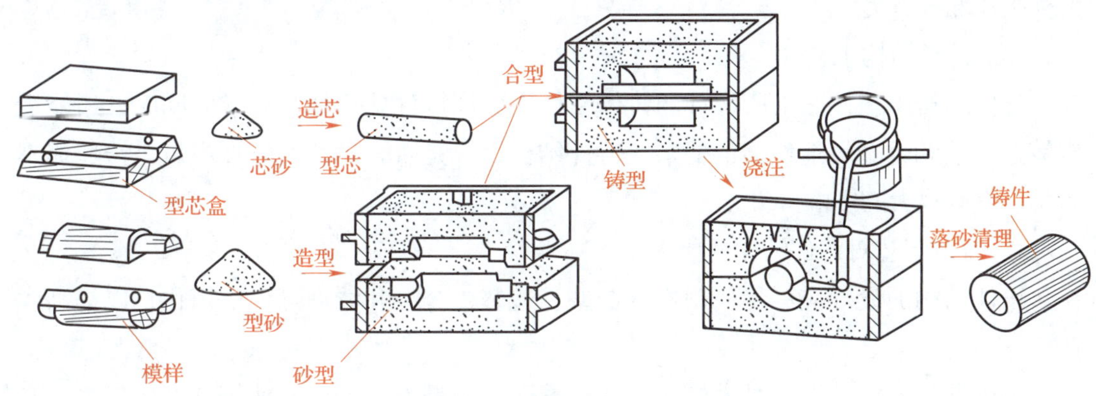

图3–1–2　砂型铸造的工艺过程

造型用的材料为型砂，而造芯用的材料为芯砂，统称为造型材料。型砂是以原砂为主，均匀混合旧砂、黏土、木屑、树脂和少量水分的混合物，具有成形性、耐火性、黏合性和透气性等工艺性能。造芯工艺形成的型芯，是在合箱后最终用来成形铸件内部空腔与孔洞的构件。把成分和温度都合格的熔炼合金液浇注到装配固定好的铸型中，再经冷却、凝固、开箱、落砂和铸件清理后，即可获得铸件。

（2）工艺参数的选择

铸造工艺方案确定以后，接下来应选择以下主要工艺参数。

1）机械加工余量。铸件上需要切削加工的表面，应预留出一定的加工余量，其大小取决于铸造合金的种类、造型方法、铸件大小及加工面在铸型中的位置等因素。一般来说，铸钢件表面粗糙，变形大，机械加工余量大；非铁合金表面较光洁，机械加工余量小。铸件越大、越复杂，机械加工余量越大；铸件的顶面比底面和侧面的机械加工余量大。

2）起模斜度。为了使模样便于从铸型中取出，垂直于分型面的立壁所设计的斜度称为起模斜度。模样越高，斜度取值越小；内壁斜度比外壁斜度大，手工造型比机器造型的斜度大。铸件外壁斜度一般取0.5°～4°。

3）铸造圆角。为了防止铸件在壁的连接和拐角处产生应力和裂纹，防止发生铸件尖角损坏和产生砂眼，在设计时铸件壁的连接和拐角处应设计出铸造圆角。

4）型芯头。为了保证型芯在铸型中定位、固定和排气，模样和型芯都要设计出型芯头，它们的尺寸和形状要留有装配用的芯头间隙。

5）收缩余量。由于铸件在浇注后冷却收缩，制作模样时要加上这部分收缩尺寸。一般灰铸铁的收缩余量为0.8%～1.0%，铸钢为1.8%～2.2%，铸造铝合金为1.0%～1.5%。收缩余量的大小除了与合金种类有关外，还与铸造工艺、铸件在收缩时的受阻情况等有关。

（3）铸件结构工艺性

铸件结构工艺性是指所设计的铸件结构在保证零件使用性能要求的同时，还能适应铸造工艺和合金铸造性能的要求。铸件结构设计是否合理，对铸件质量、铸造成本和生产率有很大的影响。

1）铸造工艺对铸件结构的要求

铸件结构的设计应尽量使制模、造型、造芯、合型和清理等工序简化，以提高生产率。

①铸件的外形，设计时需要注意两个方面：一是因分型面易使铸件产生错型，影响铸件外形和尺寸精度，所以应避免两个以上的分型面；二是铸件外形应方便造型，在设计铸件侧壁上的凸台、凹槽时，要考虑起模方便，尽量避免使用活块和型芯。

②铸件的内腔，设计时需要注意三个方面：一是避免不必要的型芯，造芯不仅增加铸造工时，而且容易在下芯和合型浇注时产生麻烦，形成铸造缺陷；二是型芯要便于固定、排气和清理；三是考虑到起模方便，应在设计铸件结构时，在垂直于分型面的不加工立壁上设计出斜度，且铸件内壁的斜度应大于外侧面。

2）合金铸造性能对铸件结构的要求

铸件结构的设计应考虑到合金的铸造性能要求，避免产生缩孔、缩松、浇不足、变形和裂纹等铸造缺陷。

①设计合理的铸件壁厚。不同的合金、不同的铸造条件，对合金的流动性影响很大。为了获得完整、光滑的合格铸件，铸件壁厚设计应大于该合金在一定铸造条件下所能达到的最小壁厚。砂型铸造条件下不同材料铸件的最小壁厚见表3-1-1。由于铸件中心部位冷却缓慢、晶粒粗大，容易产生缩松、缩孔等缺陷，所以铸件壁厚不宜选择过厚。铸件壁厚应尽可能均匀，从而使铸件各部分冷却速度相近，避免产生缺陷。

表 3-1-1　　砂型铸造条件下不同材料铸件的最小壁厚　　mm

铸件尺寸	铸钢	普通灰铸铁	球磨铸铁	可锻铸铁	铝合金	铜合金
＜200×200	8	4 ~ 6	6	5	3	3 ~ 5
200×200 ~ 500×500	10 ~ 12	6 ~ 10	12	8	4	6 ~ 8
＞500×500	18 ~ 20	15 ~ 20	—	—	6	—

注：若铸件结构复杂或铸造合金的流动性差，则应取上限值。

②设计合理的铸件壁连接方式。铸件壁之间的连接应有铸造圆角过渡，避免交叉和锐角连接，从而避免缩孔等缺陷的产生和在内角处形成应力集中现象；在对铸件壁厚不同的部分进行连接时，应力求平缓过渡，避免截面突变。铸件壁连接时应采用如图 3-1-3 所示的结构形式。

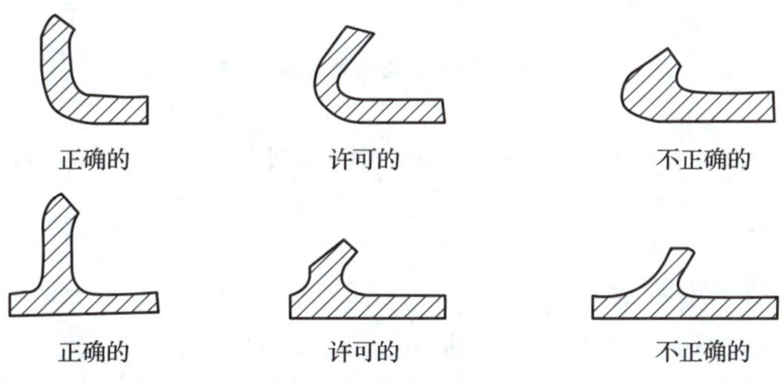

图 3-1-3　铸件壁之间的连接形式

③设计铸件时应尽量使其能自由收缩。避免形成铸造内应力，防止产生裂纹，特别是在产生内应力叠加时，应采取措施避免局部收缩阻力过大。

④要避免大平面。因大平面受高温金属液烘烤时间长，易产生夹渣；金属液中气孔、夹渣上浮滞留在上表面，产生气孔、渣孔。同时，大平面不利于金属液填充，易产生浇不足和冷隔现象。

3. 特种铸造工艺

常用的特种铸造方法有金属型铸造、压力铸造、低压铸造、离心铸造和熔模铸造等。

（1）金属型铸造

金属型是指由金属材料制成的铸型。金属型铸造是指用重力将熔融金属浇注入金属铸型获得铸件的方法。金属型铸造具有尺寸精度高、表面光洁、结晶组织致密、力学性能优良的优点。同时，因可实现“一型多铸”，所以生产效率较高。但是，比起砂型铸造，金属型铸造工艺相对复杂，制造成本增加。在汽车行业中，铝合金气缸盖、进气管及活塞等形状不太复杂的中、小型铸件的大批量生产均采用金属型铸造。图 3-1-4 所示为采用金属型铸造汽车活塞毛坯的工艺，材料为铝硅合金（硅含量为 13%左右）。

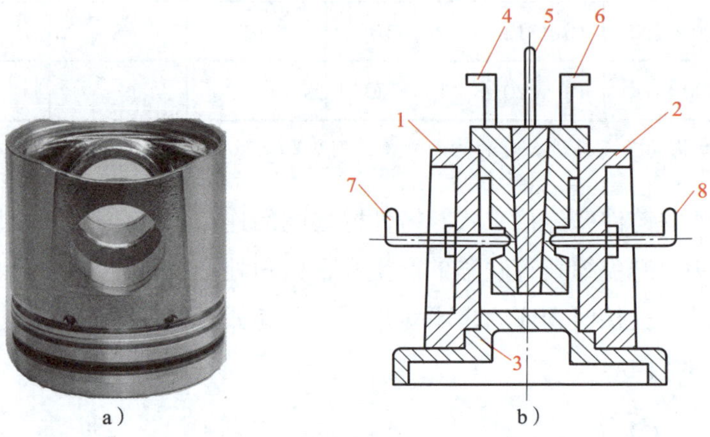

图 3-1-4　铝硅合金活塞的金属型铸造

a）铝硅合金活塞　b）活塞金属型剖视图

1、2—左右半型　3—底型　4 ~ 6—分块金属型芯　7、8—销孔金属型芯

（2）压力铸造

压力铸造是指将熔融金属在高压下高速注入压铸模型腔内并在高压作用下结晶凝固的铸造方法。压力铸造使用的压铸机如图 3-1-5 a 所示，由定型、动型、压室等组成。先使动型与定型合紧，再用活塞将压室中的熔融金属压射到型腔内，如图 3-1-5b 所示。待金属凝固后打开铸型并顶出铸件，如图 3-1-5c 所示。

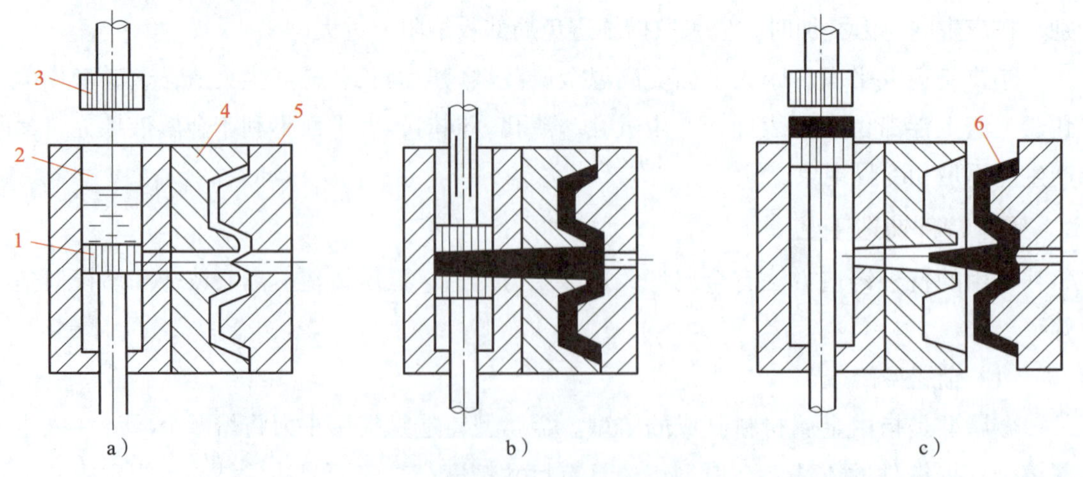

图 3-1-5　压力铸造

a）合型浇注　b）压射熔融金属　c）开型取出铸件

1、3—活塞　2—压室　4—定型　5—动型　6—铸件

压力铸造以金属型铸造为基础，增加了在高压下高速充型的功能，解决了金属流动性差的问题。压力铸造可以直接铸出零件上的各种孔眼、螺纹、齿形等。熔融金属的充型速度快、排气困难，常常在铸件的表皮下形成许多小孔。由于压铸设备与模具投入大，所以其成本相对较大。在汽车制造行业，压力铸造在零件制造过程中得到广泛应用，如发动机气缸体、气缸盖等铝压铸件，压铸时除了要下很多型芯之外，对铝缸体还可将铸铁缸套直接压铸在缸体中。

（3）低压铸造

低压铸造是在 0.02 ~ 0.07 MPa 的压力下，使金属液压入铸型，并在该压力下结晶凝固的铸造方法。因铸造压力低，故称为低压铸造。低压铸造的工艺原理如图 3-1-6 所示。低压铸造时由储气罐向保温室送入压力为 0.01 ~ 0.08 MPa 的干燥压缩空气或惰性气体，使金属液（高出液相线 100 ~ 150℃）沿升液管，从密封坩埚中以 10.5 ~ 10.6 m/s 的速度压入铸型型腔中。在型腔充满后，仍保持一定压力（或适当增压）至型腔内金属液完全凝固。然后撤除压力，使没有凝固的金属液在重力作用下从升液管流回坩埚，并保证升液管和浇口中没有凝固的金属液。最后，打开铸型取出铸件。

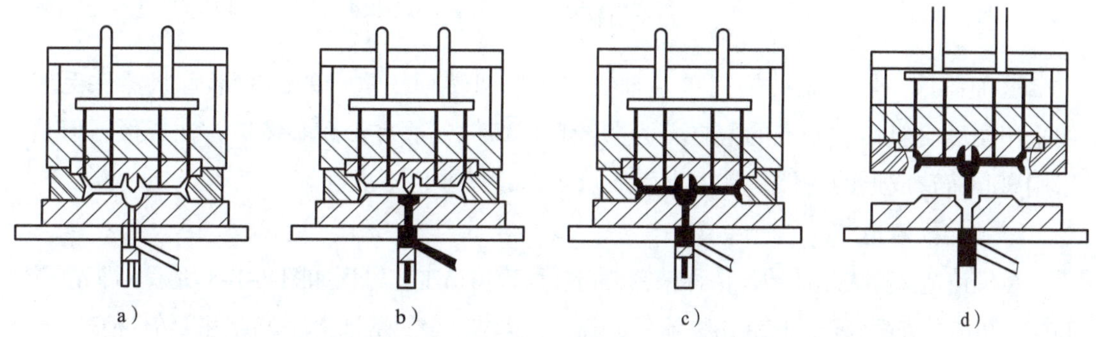

图 3-1-6　低压铸造的工艺原理

a）模具清理、合型　b）低压充型　c）高压凝固　d）开型取件

低压铸造的压力可人为控制，故适用于各种材料的铸型，如金属型、砂型、壳型和熔模铸型等。铸件在压力下凝固结晶，浇口又能起补缩作用，铸件自上而下顺序凝固，因此组织致密，能有效地克服铝合金的针孔等缺陷。铸件成品率高，浇口余头小，金属利用率高（可达 95%）。另外，低压铸造的铸件表面粗糙度值 Ra 可达 3.2 ~ 12.5 μm，公差等级能满足 IT12 ~ IT14，最小壁厚为 2 ~ 5 mm。

低压铸造是介于重力铸造（靠金属液本身重力流入型腔）和压力铸造之间的一种铸造方法，它可以生产铝、镁、铜合金和少量钢制薄壁壳体类铸件，如发动机气缸体和气缸套，高速内燃机的活塞、带轮、变速器壳体等。

（4）离心铸造

离心铸造是将熔融金属液浇注入绕轴回转的铸型中，并在离心力作用下凝固成形的铸造方法。通常铸件多是简单的圆筒形，铸造时不用型芯就可形成圆桶形内孔。离心铸造过程如图 3–1–7 所示。如图 3–1–7a 所示，当铸型绕垂直轴线回转时，浇注入铸型中的熔融金属的自由表面呈抛物线形状，因此不宜铸造轴向长度较大的铸件。如图 3–1–7b 所示，当铸型绕水平轴线回转时，浇注入铸型中的熔融金属的自由表面呈圆柱形，因此常用于铸造要求壁厚均匀的中空铸件。

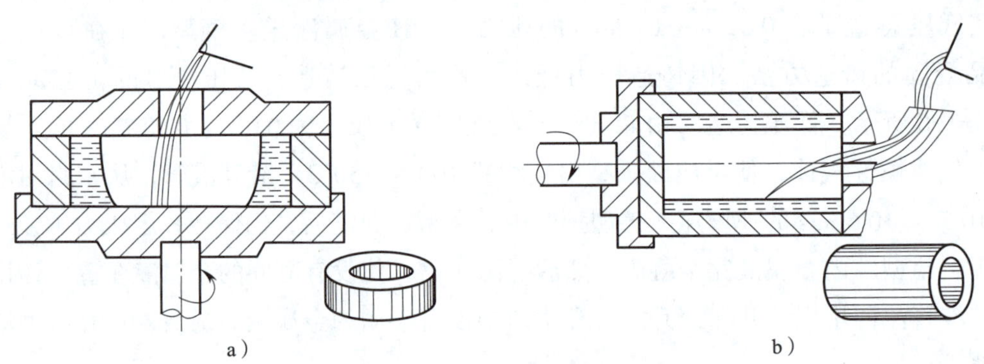

图 3–1–7 离心铸造

a）垂直轴线 b）水平轴线

这种铸件一般多是结构简单、轴线与铸型回转轴线重合的圆筒形管状零件毛坯，如采用耐磨合金铸铁制造的气缸套为薄壁环形铸件，适宜于离心铸造方法成形。但是，采用离心铸造成形的铸件，其内表面质量较差，尺寸也不准确。

（5）熔模铸造

熔模铸造又称失蜡铸造，俗称精密铸造。熔模铸造工艺过程如图 3–1–8 所示，即先压蜡制模，在蜡模表面制壳，然后熔模流失、脱水、烧结，金属熔炼浇注、凝固及铸件清理等。

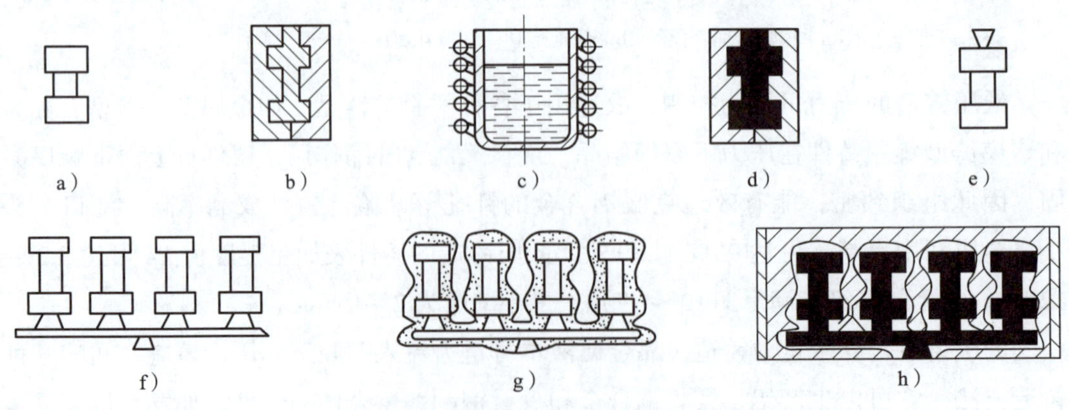

图 3–1–8 熔模铸造工艺过程

a）母模 b）压型 c）熔蜡 d）压蜡 e）蜡模 f）蜡模组合 g）制壳 h）造型、浇注

熔模铸造的特点：

1）铸型是一个内空壳体，无分型面；铸件无披缝，表面光洁，尺寸、形状精确，尺寸精度可达 IT11 ~ IT14，表面粗糙度值 *Ra* 为 1.6 ~ 12.5 μm。

2）铸造合金不受限制，任何性质的合金铸件都可以采用熔模铸造成形。

3）可制造形状特别复杂且难以加工的薄壁（最小壁厚为 0.7 mm）精密铸件，像汽车上的小型风路、油路、水路管接头与三通等小型铜合金和合金钢铸件等，一般都采用熔模精密铸造生产。

熔模铸造广泛应用于汽车、拖拉机、航空、兵器等制造业，已成为少切削、无切削加工中最重要的工艺方法，特别是形状复杂、难以加工的精密合金铸钢件，如商用车挂钩等，可采用熔模铸造。

二、锻造工艺

锻造是利用金属材料的可塑性，借助外力（加压设备）和工模具的作用，使坯料或铸锭产生局部或全部变形，从而形成所需要的形状、尺寸和一定组织性能锻件的加工方法。锻造加工的零件如图 3–1–9 所示。

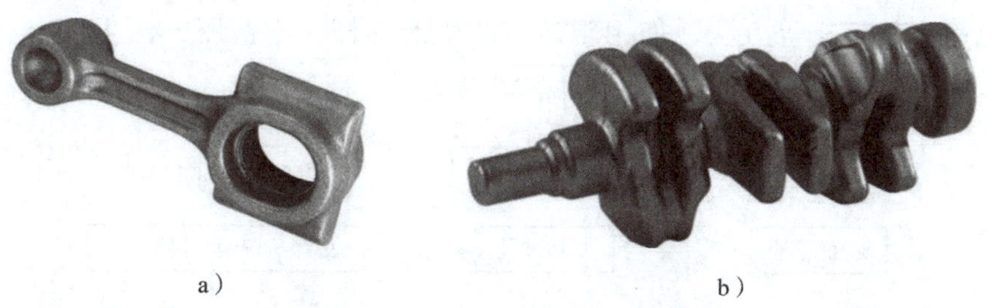

a）　　　　　　　　b）

图 3–1–9　锻造加工的零件

a）模锻的发动机连杆　b）模锻的发动机曲轴

1. 锻造工艺的特点及分类

（1）锻造工艺的特点

锻造制成的毛坯和零件应用广泛，主要具有以下特点。

1）金属材料经过锻压后，可改善组织，提高力学性能。铸态材料经过锻造、轧制或挤压后，可使铸态组织的一些缺陷（如气孔、缩孔等）压合、晶粒细化、性能提高。

2）锻造加工主要依靠金属在塑性状态下体积的转移，不需要切除金属。因此，锻件的材料利用率高、流线分布合理、工件强度高。

3）除自由锻外，其他锻压加工容易实现机械化、自动化，具有较高的生产率。

4）锻压生产是使金属在固态下流动成形的，因此，变形量不能太大，工件的形状不能太复杂。

5）锻压设备和模具等投资较大。

（2）锻造工艺的分类

锻造按所用工具与模具安置情况的不同分为自由锻、胎模锻、模锻等类型，如图 3-1-10 所示。自由锻由于没有工模具，所以金属在各个方向是自由流动的，受力变形不受限制；而模锻则相反。

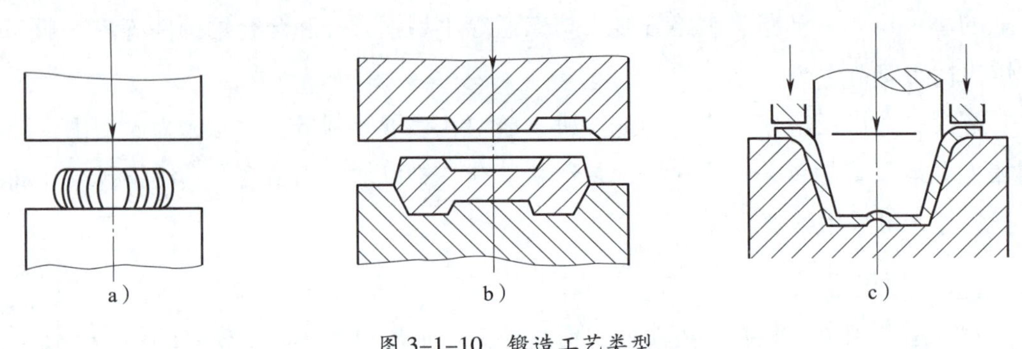

图 3-1-10 锻造工艺类型

a）自由锻 b）胎模锻 c）模锻

模锻按成形温度可分为热锻、温锻、冷锻、等温锻等类型。随着生产力的发展，锻造中也引入轧、挤等方法，如用辊锻方法生产连杆，用挤压方法生产发动机气门、转向轴等，提高了毛坯质量和生产率。热模锻成形过程如图 3-1-11 所示。

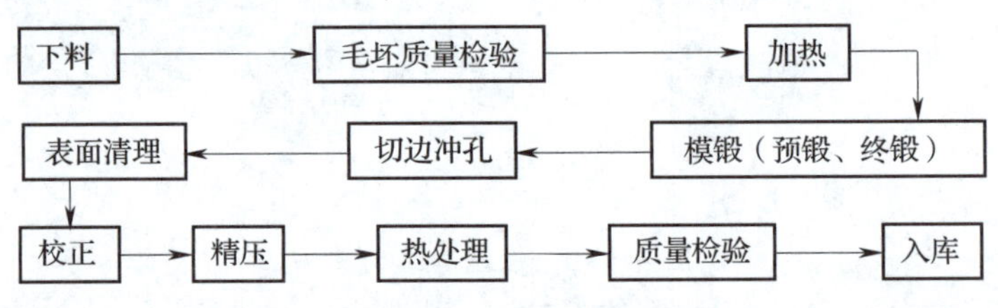

图 3-1-11 热模锻成形过程

2. 模型锻造工艺

模型锻造简称模锻，是指将加热到一定温度的金属坯料放到锻模模膛内，经过一次或多次冲击力或压力作用，使其被迫流动，从而形成与模膛形状正好相符的锻件的一种塑性成形工艺。模锻在汽车生产中应用很广，如发动机连杆、转向节、摇臂、万向节及大多数齿轮等，都以模锻获得锻造毛坯件。

按使用设备不同，模锻可分为锤上模锻、胎模锻、压力机上模锻及其他专用设备上的模锻。其中，锤上模锻的工艺通用性强，是目前常用的模锻方法。数控全液压模锻锤如图 3-1-12 所示。

模锻的主要特点体现在以下几个方面：

（1）生产率高，金属变形是在模膛内进行的，锻件成形快。

图 3-1-12　数控全液压模锻锤

（2）模锻件尺寸相对精确，加工余量小。

（3）可以锻出形状比较复杂的锻件。

（4）与自由锻相比，可以节省材料，减少切削加工工作量，降低成本。

（5）操作简单，易于实现机械化和自动化加工。

模锻的不足之处在于坯料整体变形，变形抗力较大，而且锻模制造成本很高，适合大批量生产的中小型锻件。

模锻件结构工艺性要求主要包括：模锻件应有合理的分模面、模锻斜度和圆角；模锻件的几何形状应有利于金属成形；应尽量避免锻件上有深孔或多孔结构；形状复杂的模锻件可采用锻—焊组合工艺。

3. 新型锻造工艺

随着现代工业的进步，锻造工艺也有了很大发展，如零件的挤压、轧制、径向锻造、摆动辗压等。

（1）挤压

挤压是通过对挤压模内坯料施加强大压力，使它发生变形而获得毛坯或零件的加工方法。挤压式锻压机床如图 3-1-13 所示。

挤压加工工艺特点如下：

1）坯料在挤压模内三向受压，使金属塑性提高。

2）挤压零件表面质量好，一般精度可达 IT6 ~ IT7，表面粗糙度值 Ra 为 0.4 ~ 3.2 μm。

3）挤压零件流线分布好，使其力学性能提高。

4）材料利用率可达 70%，生产率高，并可制出形状复杂、薄壁、深孔件。

热挤压锻压机床广泛用于生产铝、铜等有色金属的

图 3-1-13　挤压式锻压机床

管材和型材等，属于冶金工业范围。钢的热挤压既用以生产特殊的管材和型材，也用以生产难以用冷挤压或温挤压成形的实心和空心（通孔或不通孔）碳钢和合金钢零件，如具有粗大头部的杆件、炮筒、容器等。冷挤压锻压机床只用于生产铅、锌、锡、铝、铜等的管材、型材，以及牙膏软管、干电池壳（锌）、弹壳（黄铜）等制件。

冷挤压操作简单，适用于大批量生产的较小制件。挤压主要应用于各种轴对称形状的小型零件，对于非对称件，挤压时流动分配不均，很容易使凸模折断。

（2）轧制

轧制主要用于生产型材、管材、板材及异型钢材等原材料。零件轧制工艺特点主要表现为：生产率高，如辊锻的生产率要比锤上模锻高 5 ~ 10 倍；锻件质量好，轧制锻件可更接近零件形状，节约金属材料；工人劳动条件好，便于实现机械化、自动化；设备结构简单。零件轧制工艺主要有辊锻、环形件的轧制、热轧齿轮等。钢板轧制车间如图 3–1–14 所示。

图 3–1–14　钢板轧制车间

1）辊锻

使坯料通过装在一对轧辊上的扇形模块时，受压产生变形的生产方法称为辊锻，如图 3–1–15 所示。扇形模块可以在轧辊上装拆与更换，坯料通过辊轧，截面积减小，长度增加。也可以通过成形辊锻工艺预成形汽车前轴、连杆等较复杂的锻件。

货车的后桥半轴套管是变径变截面的中空管形件，如采用整体模锻工艺生产，其致命弱点是材料利用率很低（$<35\%$），后续机加工工作量大、生产率低、制造成本高。采用正挤与横轧中空半轴套管成形新工艺，实现了该类锻件的精化特种成形，如图 3–1–16 所示。局部加热的管坯由芯模推进到由 3 个成形轧辊组成的回转型腔中。半轴套管的外形由轧辊成形面形成，内腔则由芯模保证。

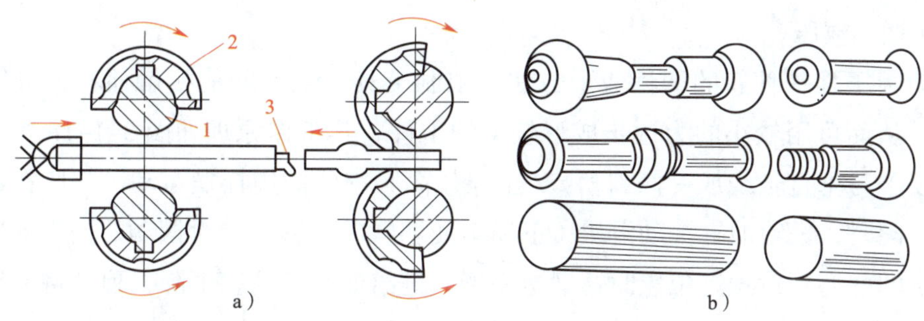

图 3-1-15　辊锻工艺示意图

a）辊锻工艺　b）辊锻制件

1—轧辊　2—扇形模块　3—定位块

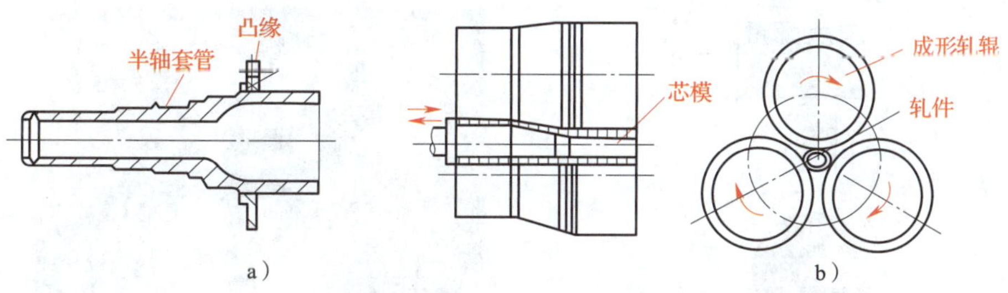

图 3-1-16　货车后桥半轴套管正挤与横轧的工艺原理图

a）产品结构图　b）正挤与横轧的工艺原理

2）环形件的轧制

环形件的轧制是将坯料放置在两高速旋转的成形轧辊中加压，使环形件的截面积缩小、直径增大的一种加工方法，如图 3-1-17 所示。该工艺可轧制齿圈、轴承套圈等环形锻件，生产率很高。

图 3-1-17　环形件的轧制示意图

a）轧制原理图　b）环形件的轧制现场

1—环形件坯料　2—底板　3—从动辊　4—主动辊　5—导向辊

（3）摆动辗压

摆动碾压是一种新的塑性成形方法，限制工具与毛坯间的接触面积，可使变形力减小，从而可用较小的力逐步成形较大的工件。其工作原理如图 3–1–18 所示。摆头（上模）与垂直轴线成一倾斜角 α，上模做高频率的圆周摇摆运动，与坯料顶面局部接触，同时，进给油缸推动滑块（下模）使坯料向上移动，对摆动的上模加压。当进给油缸的柱塞到达预定位置时，锻造完毕，进给油缸的柱塞下降，顶杆将成形锻件顶出。

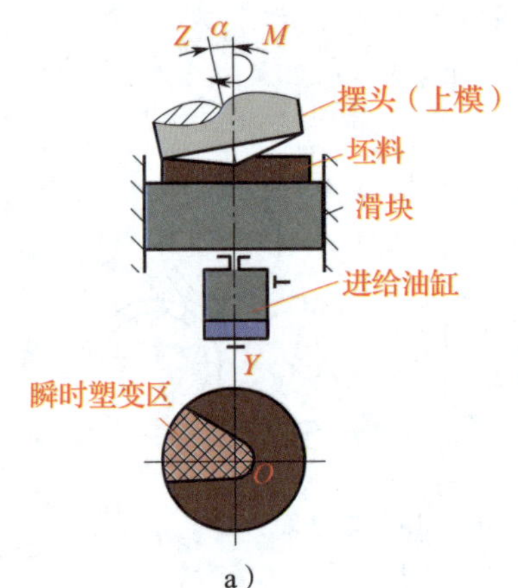

a）

b）

图 3–1–18　摆动辗压的工作原理

a）摆动辗压原理图　b）摆动辗压现场

摆动辗压为冷锻，由于模具与工件接触部分面积较小，其锻造压力仅为一般冷锻设备所需的 5% ~ 10%。与模锻相比，其材料变形较慢，是逐步进行的，工件表面光滑。锻件尺寸误差为 0.025 mm，表面粗糙度值 Ra 为 0.4 ~ 1.6 μm。辗压设备所需吨位较小，设备费用也较低。

摆动辗压可加工内表面或外表面有凹凸的锻件，如驱动桥法兰半轴、主减速器从动齿轮及各种饼盘类、环形类、带法兰的轴类零件等。

三、冲压工艺

冲压是一种先进的金属加工方法，它是建立在金属塑性成形基础上的。一般是指在室温条件下利用模具和冲压设备对一定厚度的板料施加压力，使其产生塑性变形或分离，从而得到具有各式形状、尺寸和性能零件的方法。

板料冲压的坯料厚度一般小于 4 mm，通常在常温下冲压，故又称冷冲压。冲压工艺加工出来的零件，统称为冲压件。据统计，汽车冲压件占其零件总数的 60% ~ 70%，构成汽车（特别是轿车）车身的绝大部分骨架零件和薄板覆盖件都是冲压件，如顶盖、挡泥板、车身侧板、地板、发动机舱盖、车门内外板、行李舱盖、中门柱、前门柱等。因此，冲压工艺对汽车的产品质量、生产效率和生产成本有着重要影响。汽车覆盖件的冲压如图 3-1-19 所示。

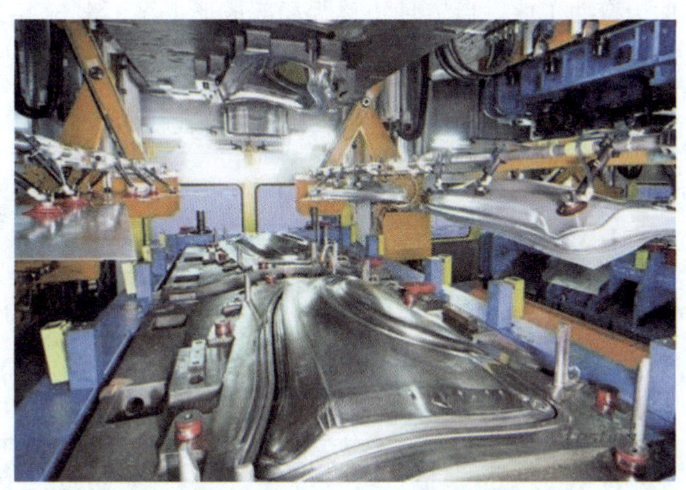

图 3-1-19　汽车覆盖件的冲压

1. 冲压工艺的特点及分类

（1）冲压工艺的特点

冲压工艺与其他金属加工方法相比，具有以下特点：

1）冲压工艺操作简单、生产率高、零件成本低，易于实现机械化与自动化。

2）利用冲压工艺方法可以获得其他金属加工方法所不能或难以加工的、形状复杂的零件。

3）冲压件的尺寸精度由模具保证，所以冲压件的尺寸精确、表面光洁、质量稳定、互换性好，一般不需要再进行切削加工便可使用。

4）冲压加工一般不需加热毛坯，也不像切削加工需切除大量金属，所以节能环保，材料利用率高。冲压件具有重量轻、强度高和刚度好等优点，冲压适合于进行车身零件的加工。

5）冲压所用原材料为轧制板料或带料，在冲压过程中材料表面一般不受破坏，故冲压零件的表面质量较好，为后续表面处理工序（如涂装）提供了方便。

（2）冲压工序的分类

冲压工序按加工性质的不同，可以分为两大类型：分离工序和成形工序。分离工序是指冲压过程中使冲压零件与板料沿一定的轮廓线相互分离，使其满足一定的断面质量要求。成形工序是指板料在不被破坏的情况下产生塑性变形，从而获得所需形状和尺寸精度零件的工艺过程。

根据加工方式不同，分离工序和成形工序还可进一步细分，如图 3-1-20 所示。分离工序也称为冲裁工序，可分为冲孔、落料、切断、切口、切边、剖切和整修工序。成形工序可分为压弯、卷边、扭弯、拉深、起伏成形、翻边、胀形、整形和校平工序，其中，前三种统称为弯曲工序，后五种统称为局部成形工序。表 3–1–2 和表 3–1–3 中分别列出了几种常用的分离工序和成形工序。

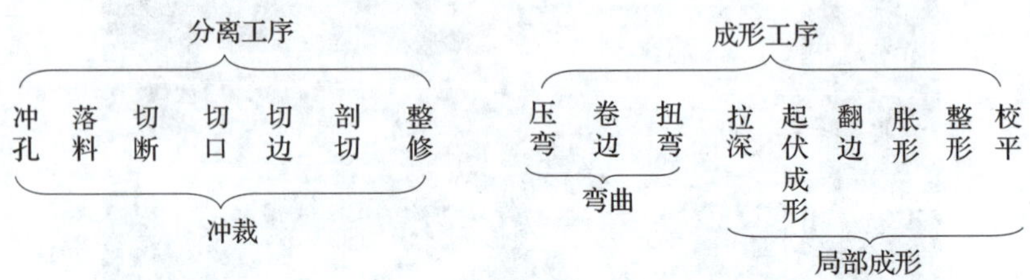

图 3–1–20　冲压工序的分类

表 3–1–2　　**常用的分离工序**

工序	工序简图	模具简图	工序性质
冲孔	废料 工件		用冲孔模沿封闭轮廓曲线冲切，冲下的部分是废料，剩余的部分是工件
落料	工件 废料		用落料模沿封闭轮廓曲线冲切，冲下的部分是工件，剩余的部分是废料
切断			用剪刀或模具切断板料，切断线不封闭
切口			在坯料上将板材部分切开，切口部分发生弯曲
切边			将拉深或成形后的半成品边缘部分的多余材料切掉
剖切			将对称形状的半成品沿着对称面切成两个或几个工件，常用于成双冲压

表 3-1-3　常用的成形工序

工序	工序简图	模具简图	工序性质
弯曲	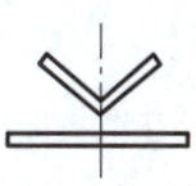		把板料沿直线弯成各种形状
拉深	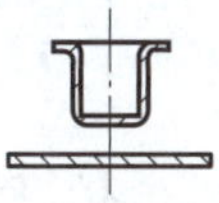	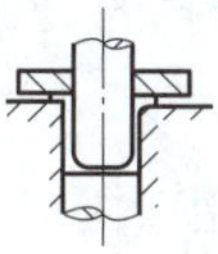	将板料毛坯压制成空心件，壁厚基本不变
内孔翻边	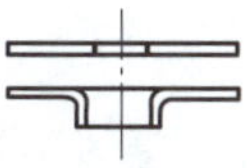	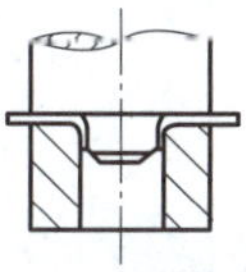	将板料上孔的边缘翻成竖立边缘
外缘翻边	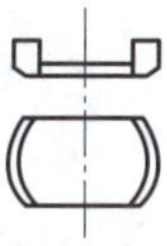	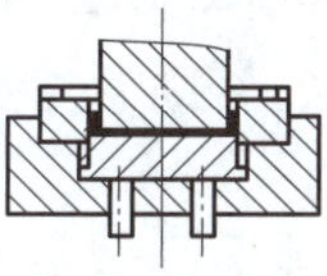	将工件上的外缘翻成圆弧或曲线形状的竖立边缘
起伏成形		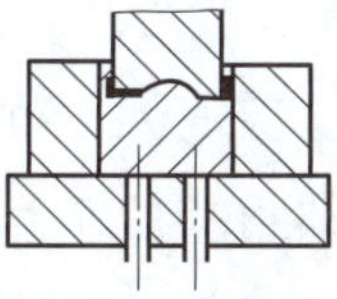	在板料或工件上压出筋条、花纹或文字
胀形		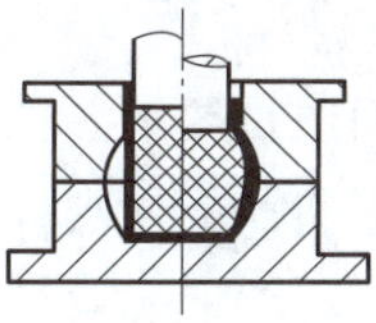	使空心件（或管料）的一部分沿径向扩张呈凸肚形
整形		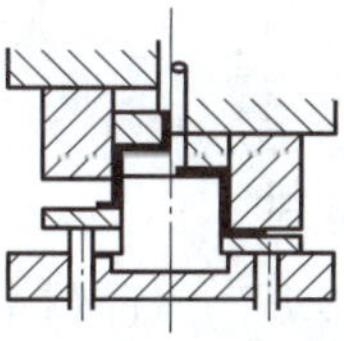	把形状不太准确的工件矫正成形

2. 冲压件的结构工艺性

进行冲压件的结构设计时，保证其使用要求的同时还要满足冲压工艺性的要求。

通常对冲压件的结构工艺性影响最大的是工件的几何形状、尺寸和精度要求。

（1）冲裁件的结构工艺性要求

1）冲裁件的形状应力求简单、对称，规则的几何形状有利于排样时合理利用材料，提高材料的利用率。

2）冲裁件转角处应尽量避免尖角，直线相接处均要以圆角过渡，通常转角处应设有圆角（半径 $R \geqslant 0.25t$，t 为板厚），以减小模具的磨损。

3）冲裁件应避免长槽和细长悬臂结构，对孔的最小尺寸及孔间的最小距离等都有一定限制。

4）冲裁件的尺寸精度要求应与冲压工艺相适应，其合理经济精度为 IT9 ~ IT12，较高精度冲裁件可达到 IT8 ~ IT10。采用整修或精密冲裁等工艺，可使冲裁件精度达到 IT6 ~ IT7，但成本也相应提高。

（2）拉深件的结构工艺性要求

1）拉深件的形状应力求简单、对称，避免圆锥形、球面形和空间复杂曲面形，尽量采用轴对称的形状，使零件变形均匀，模具加工制造方便。

2）尽量避免直径小、深度大的结构设计，否则需要多副模具进行多次拉深，且容易出现废品。

3）对于半敞开或不对称的拉深件，可采用合冲工艺，即将两个或几个零件合并成对称形状，一起冲压，然后切开，以减少工序、节约材料、保证质量。

4）拉深件的底部与侧壁、凸缘与侧壁应有足够的圆角，一般圆角半径 $R \geqslant (2 \sim 4)S$（S 为坯料厚度），矩形盒角部的圆角半径 $R \geqslant 3S$。拉深件底部或凸缘上的孔边到侧壁的距离 B，应满足 $B \geqslant R+0.5S$ mm。带凸缘拉深件的凸缘尺寸要合理，否则会造成拉深困难或导致压边圈失去作用。

5）对拉深件不要提出过高的精度或表面质量要求。拉深件直径方向的经济精度一般为 IT9 ~ IT10，经整形后精度可达到 IT6 ~ IT7，拉深件的表面质量一般不超过原材料的表面质量。

（3）弯曲件的结构工艺性要求

1）弯曲件的弯曲半径 r 不小于最小弯曲半径 r_{min}；但 r 不宜过大，否则会造成回弹量过大，使弯曲角度和圆角半径的精度不易保证。

2）弯曲件的形状应尽量对称，弯曲半径应左右对称，以防在弯曲时发生工件偏移。直边过短不易弯曲成形，应使弯曲件的直边高 $H > 2S$。例如，工件不对称时，为防止板料偏移，设计时可考虑增设压紧装置或定位工艺孔。

3）弯曲已冲孔的工件时，孔的位置应在变形区以外，孔与弯曲变形区的距离

$L \geqslant (1 \sim 2) S$。

4）应尽可能沿材料纤维方向弯曲。多向弯曲时，为避免角部畸变可先冲出工艺孔或切槽。

3．车身覆盖件的冲压工艺实例和冲压模具

（1）轿车顶盖的冲压

轿车顶盖是带一头弯曲并需要冲制安装玻璃孔的浅拉深件，四周需要翻边，面积比较大，形状较简单，为典型的覆盖件。轿车顶盖的冲压工艺过程如图 3–1–21 所示，即落料→拉深、两侧切边→修边、冲孔→整形、翻边→翻边、整形。

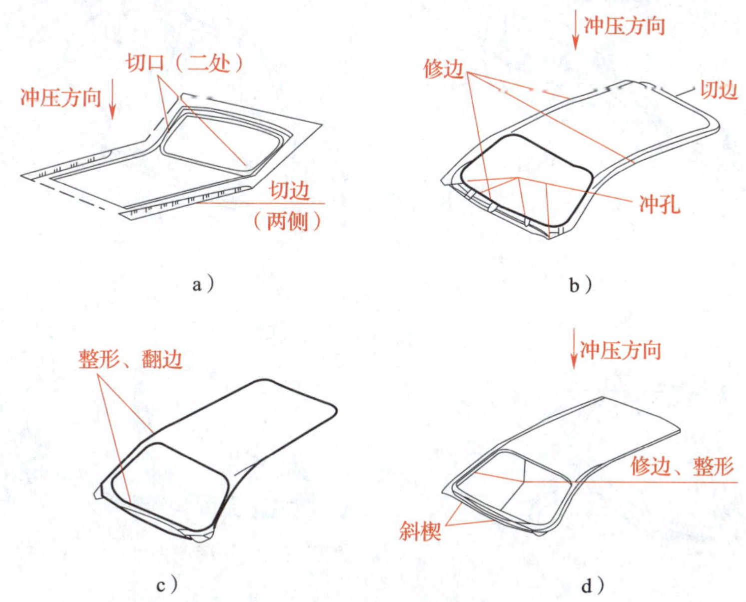

图 3–1–21 轿车顶盖的冲压工艺过程

a）拉深、两侧切边（2 000 t 双动压机） b）修边、冲孔（1 000 t 单动压机）
c）整形、翻边（1 000 t 单动压机） d）翻边、整形（1 000 t 单动压机）

（2）轿车左 / 右侧围外板的冲压

轿车左 / 右侧围外板是轿车车身上尺寸最大的两个覆盖件。右侧围外板的冲压工艺过程如图 3–1–22 所示，即下料并落料（1 340 mm × 3 175 mm）→拉深→修边、冲孔→翻边、整形、冲孔→翻边、整形、冲孔→修边、冲孔→修边、冲孔、整形。

（3）车身覆盖件的冲压模具

冲压模具的设计、制造和调整是汽车覆盖件冲压生产中的重要环节。车身覆盖件冲压模具与一般薄板冲压模具相比具有以下特点：

1）模具形状和结构更复杂，质量大。轿车一副左、右侧围外板的拉深或翻边模具的质量超过 20 t。图 3–1–23 所示为多套汽车模具的外观图。

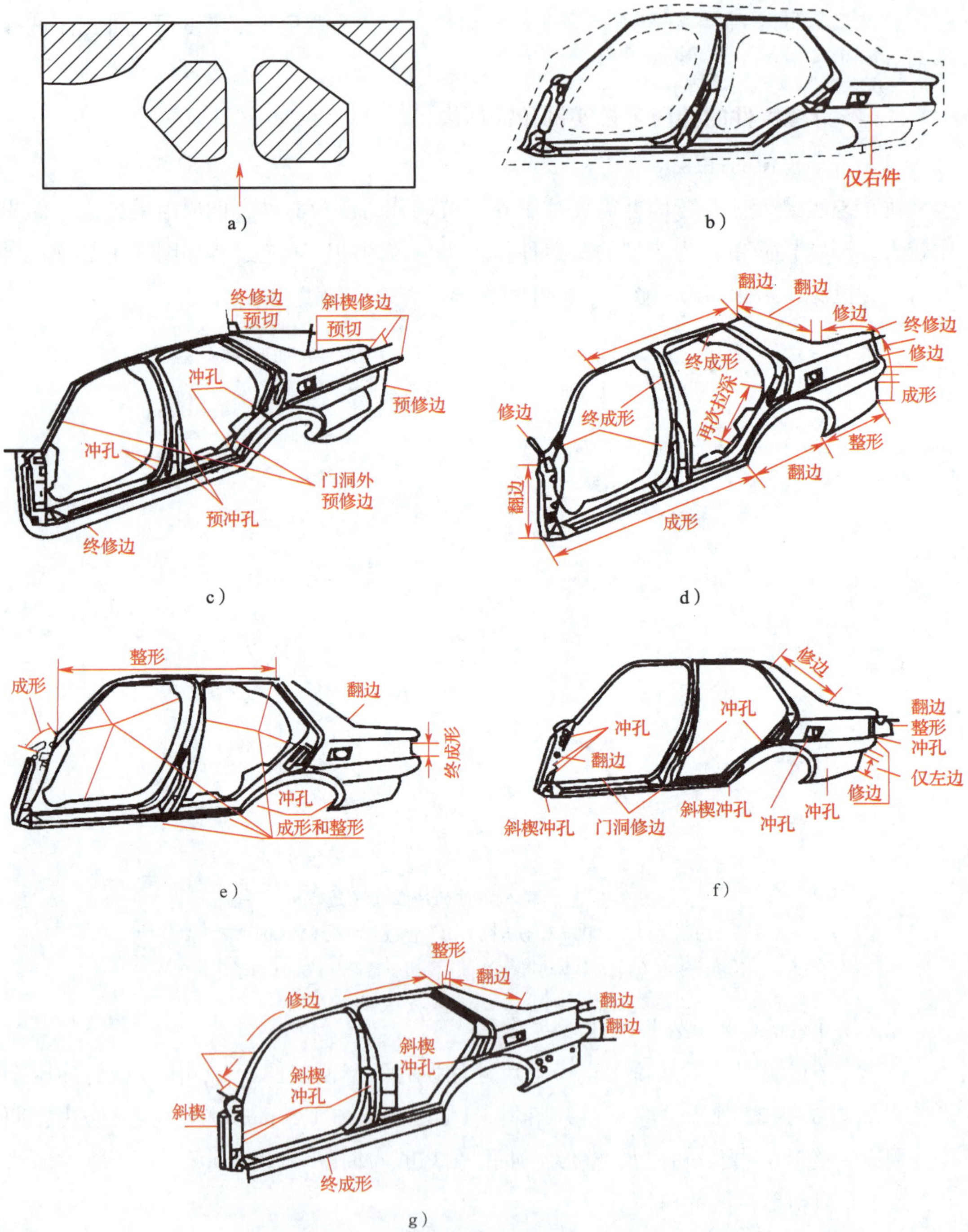

a） b）

c） d）

e） f）

g）

图 3-1-22 轿车右侧围外板的冲压工艺过程

a）下料并落料 b）拉深 c）修边、冲孔 d）翻边、整形、冲孔

e）翻边、整形、冲孔 f）修边、冲孔 g）修边、冲孔、整形

a）

b）

图 3–1–23　汽车模具的外观图
a）模具展开平放　b）模具集中存放

2）模具制造难度更大，精度和表面粗糙度要求更高。模具型面要求光整，棱线清晰。表面粗糙度值不大于 0.40 μm。

3）一个汽车覆盖件需要数套模具配套，各模具间的依赖关系大。成套模具投入制造时，既不能同时加工，也不能按工序顺序加工验收，而必须综合考虑，合理制定整套模具的加工路线并采取统一合理的检测方法。

4）模具调试更加重要和复杂。大型车身覆盖件成形模具的调试，一般至少需要 1 ~ 2 个月的时间。要使模具达到最佳工作状态，必须制定合适的工艺参数（如压边时的最大与最小压边力），直至获得完全合格的制件才能正式投入生产。

四、焊接工艺

焊接是指通过加热或加压，或两者并用，并且用或不用填充材料，使金属构件之间结合的一种连接方法。焊接工艺与其他连接方法有本质的区别，被连接的焊件不仅在宏观上建立了永久性的外在联系，而且在微观上建立了内部组织之间的内在联系。焊接工艺在汽车制造中应用广泛，尤其在车身制造过程中，大部分由钣金冲压件焊接而成，只有少量采用铆接、螺纹连接与粘接工艺。

1．焊接工艺的特点及分类

（1）焊接工艺的特点

焊接与其他连接方法有着本质的区别，焊接生产的特点如下：

1）节省金属材料，结构质量小，生产周期短。

2）以小拼大、化大为小，可制造重型、复杂的机器零部件，简化铸造、锻造及切削加工工艺，获得最佳技术经济效果。

3）焊接接头具有良好的力学性能和密封性。

4）能够制造双金属结构，使材料的性能得到充分利用。

5）生产的毛坯有较好的强度和刚度，质量小，材料利用率高。

焊接的缺点是抗振性较差、变形大，需经时效处理（详见模块五课题六）后才能进行机械加工。因此，对一些性能要求高的重要零件，在机械加工前应采用退火处理，以消除应力、防止变形。

（2）焊接工艺的分类

焊接方法种类繁多。按焊接过程不同，一般将焊接分为熔焊、压焊和钎焊三大类，如图 3–1–24 所示。

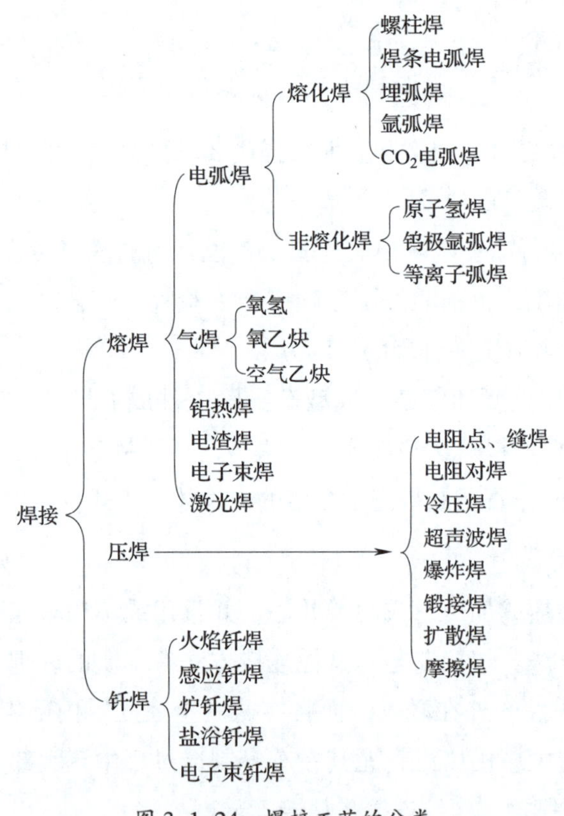

图 3–1–24　焊接工艺的分类

1）熔焊。将工件焊接处局部加热到熔化状态，形成熔池（通常还加入填充金属），冷却结晶后形成焊缝，被焊工件结合为不可分离的整体的焊接方法称为熔焊。常见的熔焊方法有气焊、电弧焊、电渣焊、电子束焊、激光焊等。

2）压焊。在焊接过程中无论加热与否，均需要加压的焊接方法称为压焊。常见的压焊有电阻焊、摩擦焊、冷压焊、扩散焊、爆炸焊等。

3）钎焊。采用熔点低于被焊金属的钎料（填充金属）熔化之后，填充接头间隙，并与被焊金属相互扩散实现连接的焊接方法称为钎焊。焊接过程中被焊工件不熔化，且一般没有塑性变形。

2. 常见焊接方法

（1）焊条电弧焊

焊条电弧焊是用手工操作焊条进行焊接的一种电弧焊。如图 3–1–25 所示，工人一手拿着面罩，另一手拿着与电线相连的焊钳进行焊接的方法就是焊条电弧焊，这是利用电弧放电产生的高温熔化焊条和焊件，使之接合的焊接方法。

图 3–1–25　焊条电弧焊

电弧焊具有以下优点：设备简单，操作简单灵活，可以进行各种位置及各种不规则焊缝的焊接，对生产环境及焊接位置的适应性强；焊条系列完整，可以焊接大多数常用金属材料，对焊接接头装配要求低，可焊的金属材料广。

同时，电弧焊具有以下缺点：由于焊工需要在高温、尘雾环境下工作，故劳动条件差，劳动强度大；焊条载流能力有限（电流为 20 ~ 500 A），焊接厚度一般为 3 ~ 20 mm，生产率较低；焊条电弧焊不适合焊接一些活泼金属、难熔金属及低熔点金属；焊条电弧焊的熔敷速度低，焊接质量受焊工操作技能水平的影响大，焊后焊渣的清理比较麻烦，在汽车焊装生产线上已较少应用。

（2）电阻焊

电阻焊属于压焊的一种，是利用电流通过焊件及其接触处产生的电阻热，将连接处加热到塑性状态或局部熔化状态，再施加压力形成接头的焊接方法。电阻焊的生产率高、焊接变形小、不需要另外填充金属、劳动条件好、操作简便，易于实现自动化生产。但焊接设备复杂，耗电量大，对焊件厚度和接头形式有一定限制，通常适用于大批量生产。电阻焊可分为点焊、缝焊和对焊，如图 3–1–26 所示。对焊根据其焊接过程的不同，又可分为电阻对焊和闪光对焊。图 3–1–27 所示为车身焊装流水线上机器人对车身的电阻焊。

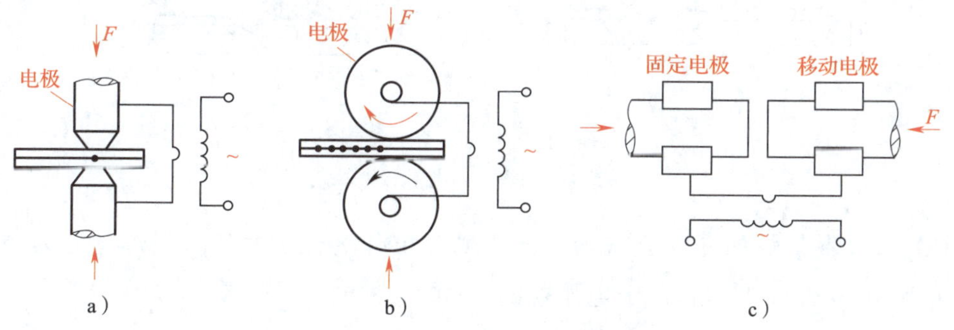

图 3–1–26　电阻焊的基本形式

a）点焊　b）缝焊　c）对焊

a）

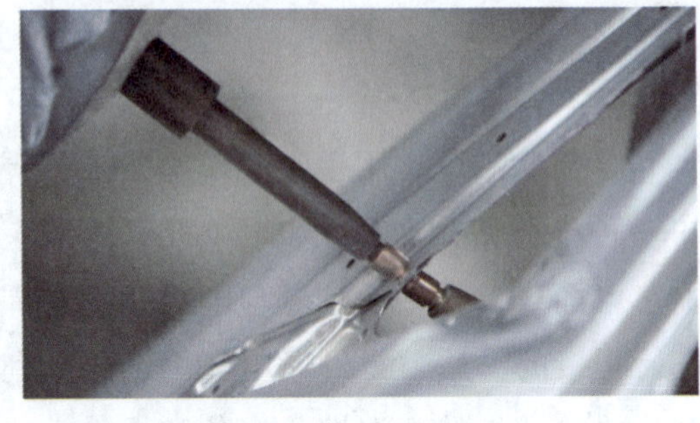

b）

图 3-1-27 车身电阻焊

a）车身焊装流水线上机器人对车身的电阻焊 b）点焊电极

（3）气体保护焊

气体保护焊是利用外加气体保护电弧和焊缝的电弧焊。目前常用的保护气体是氩气和二氧化碳，称为氩弧焊和 CO_2 气体保护焊。

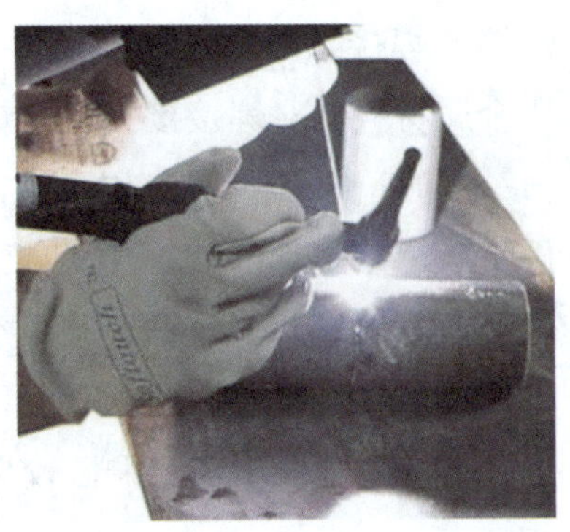

图 3-1-28 氩弧焊

氩弧焊如图 3-1-28 所示，其保护气体氩气是惰性气体，在高温下，氩气不与金属起化学反应，且保护电弧和熔池不受空气的有害作用。氩弧焊按所用的电极不同可分为钨极氩弧焊和熔化极氩弧焊两种，如图 3-1-29 所示。

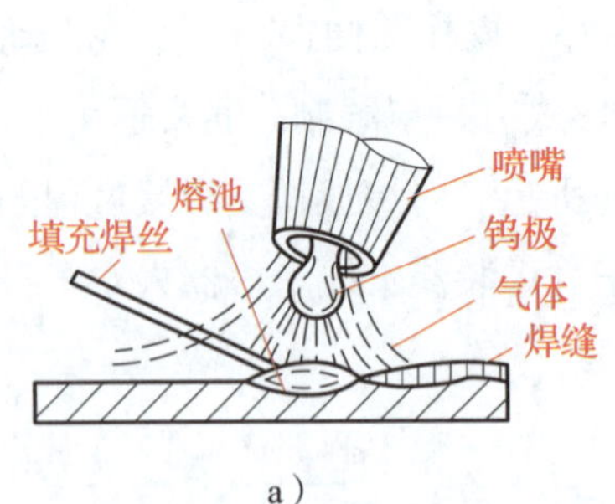

a）

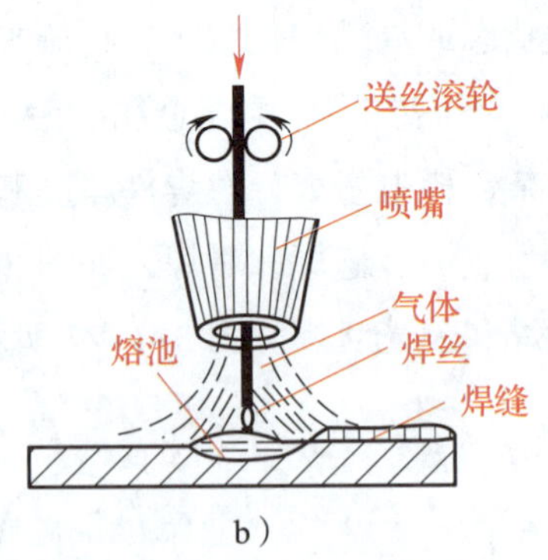

b）

图 3-1-29 氩弧焊的类型

a）钨极氩弧焊 b）熔化极氩弧焊

CO_2 气体保护焊如图 3-1-30 所示，是以 CO_2 作为保护气体，以焊丝作为填充金属，并利用焊丝与工件间产生的电弧熔化金属的一种电弧焊接方法。

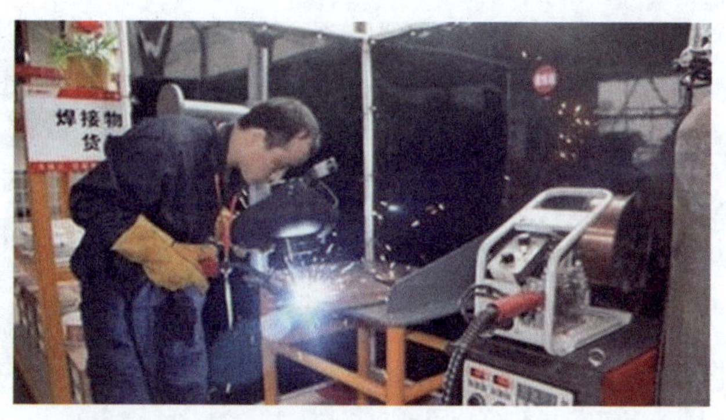

图 3-1-30　CO_2 气体保护焊

CO_2 气体保护焊设备主要由焊接电源、焊枪、送丝机构、供气（CO_2）系统和控制电路组成，如图 3-1-31 所示。焊丝由送丝机构送入焊枪导电嘴，进入焊接区与焊件接触并引燃电弧。气瓶中的 CO_2 气体经预热、干燥、减压后提前以一定的流速由喷嘴喷出，使电弧及熔池与空气隔离，防止空气对熔化金属的氧化作用。焊丝不断被熔化到焊件的熔池里，形成连续的焊缝。焊接完成后再停止 CO_2 气体的供应。

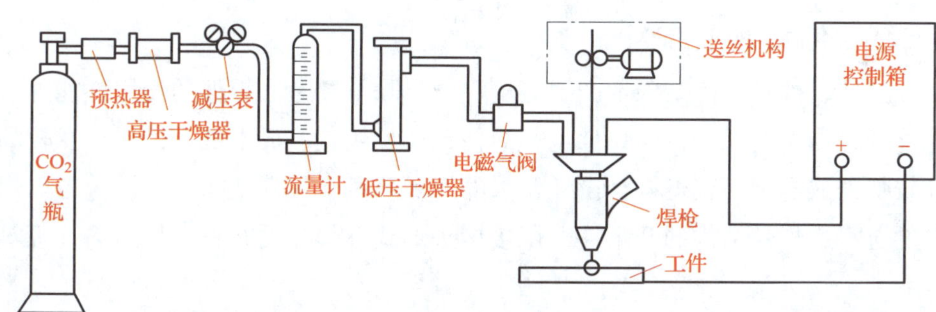

图 3-1-31　CO_2 气体保护焊设备

CO_2 气体保护焊具有焊接质量高、适用范围广、生产率高、成本低、操作性能好、抗锈能力强、易于实现机械化和自动化等优点，在汽车车身尤其是客车车身的制造中得以广泛应用。其不足之处在于受风力影响大，露天作业受到一定限制；弧光和热辐射较强；不能采用交流电。

（4）激光焊

激光焊属于特种焊接的范畴，是以聚焦的激光束作为能源轰击焊件所产生的热量进行焊接的方法。焊接时无机械接触，具有输入热量少、焊接速度高、接头热变形和热影响区小、熔池形状深宽比大、组织细、韧性好等优点，有利于实现自动化生产，经济效益显著。因其可以达到两块钢板之间的分子结合，使焊接后的钢板硬度相当于一整块钢板，使焊件的结构强度提升了 30%，同时也大大提升了焊件的结合精度。利用激光焊接机对钢材进行拼焊的过程如图 3–1–32 所示。

图 3–1–32　利用激光焊接机对钢材进行拼焊

激光焊设备的关键是大功率激光器，主要有两类：一类是固体激光器，另一类是气体激光器或称 CO_2 激光器。

在汽车工业中，激光技术主要用于车身拼焊、零件焊接和自动变速器连体齿轮的焊接。在车身设计制造中，根据车身不同的设计和性能要求，选择不同规格的钢板，通过激光剪裁和拼装技术完成车身某一部位的制造，如前风窗玻璃框架、车门内板、车身底板、中立柱等。

激光焊用于汽车制造可以降低车身质量，提高车身的装配精度，增加车身的刚度，降低车身制造过程中的冲压和装配成本，减少车身零件数目，同时将其整体化。采用激光焊的车身刚度可以提高 30%，从而提高车身的安全性。另外，减少车身质量，还可以达到省油的目的。

3．焊接件的结构工艺性

在焊接件设计及焊接结构生产制造过程中，除了要考虑焊件的使用性能外，还应考虑焊件的结构工艺性能，使焊件生产简便、质量优良、成本低廉，保证在较高的生产率和较低的成本下，获得符合设计要求的产品质量。焊件结构工艺性应考虑焊接结构材料的选择、焊件结构的开敞性、焊接接头形式、焊点的布置、焊后热处理等主要因素。

（1）焊接结构材料的选择

对焊接结构来说，材料的焊接性不能只强调选用高强度、高质量的结构材料，还应该考虑制造成本、生产周期及材料加工性能。在满足焊接结构件使用性能的前提下，应尽量选用焊接性良好的材料。车身大都采用可焊性较好的低碳钢冷轧板材。低碳钢和普通低合金钢的焊接性良好、价格低、焊接工艺简单、易于保证焊接质量，应优先选用。而中、高碳钢焊接性不好，应尽量避免选用。在采用两种不同材料进行焊接时，应注意它们焊接性的差异。

（2）焊件结构的开敞性

焊件结构的开敞性是指焊接的结构在装配焊接过程中，无须特殊的夹具和其他专用设备，采用经济的焊接装配加工方法，就能完成焊接装配工作，并保证焊接装配的质量要求。开敞性的好坏直接影响焊接及装配工作的可行性，关系到能否顺利进行焊接质量的检验。

焊接结构的开敞性与结构的形式和尺寸大小、焊接接头的形式和焊缝的分布有关。在设计结构时，应着重考虑结构的开敞性，一些焊缝结构因夹角处的开敞性差容易导致焊接质量难以保证。如图 3-1-33a、c 中所示的结构开敞性差，不合理；而图 3-1-33b、d 中所示的结构开敞性好，合理。如图 3-1-34a、c 所示，在采用电阻焊时，因结构开敞性不合理，必须使用特殊形式的电极才能进行焊接，生产不方便，也不易保证焊接质量，因此宜采用图 3-1-34b、d 所示的结构形式。

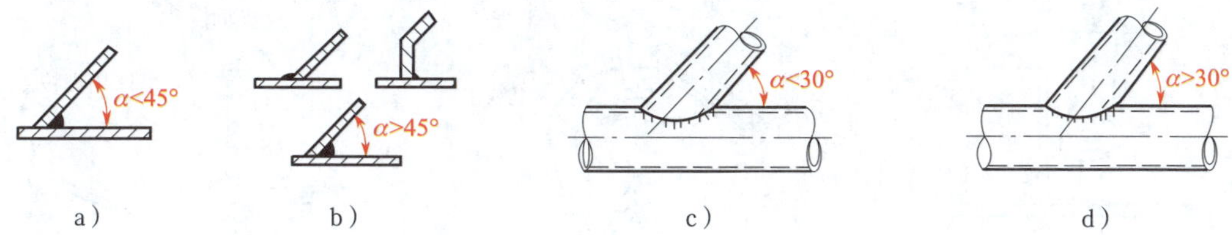

图 3-1-33　夹角处的焊缝设计

a）、c）开敞性差，不合理　b）、d）开敞性好，合理

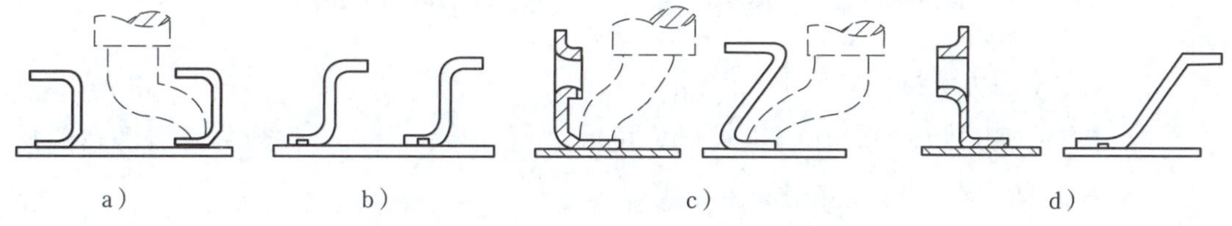

图 3-1-34　电阻焊结构的开敞性

a）、c）结构开敞性不合理　b）、d）结构开敞性合理

另外，焊接时采用的焊接方法不同，对结构的开敞性也有不同的要求。电阻点焊因要求工件允许尺寸较大的电极自由地接近焊点处，要求结构的开敞性比熔化焊要高。

（3）焊接接头形式

结合车身结构特点，常见的点焊接头形式分为两种：搭接接头（见图 3-1-35a、b）和弯边（翻边）接头（见图 3-1-35c、d、e、f）。

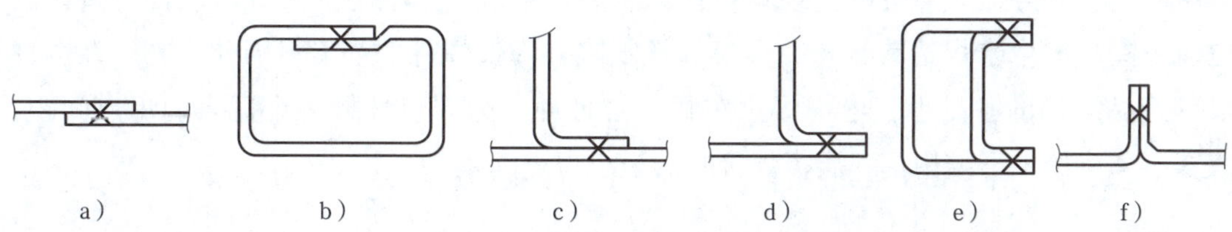

图 3-1-35　焊接接头形式

a）、b）搭接接头　c）、d）、e）、f）弯边（翻边）接头

1）搭接接头

当组成搭接接头的零件比较小，焊点又布置在靠近零件的边缘时，可以在固定式点焊机上进行焊接。当搭接接头的零件比较大，其焊点位置又处于零件、合件中间时，则不便在固定式点焊机上进行焊接。

若焊点数多且排列整齐，如有条件则在多点焊机上进行焊接，如图 3–1–36a 所示。若焊点数少，则适宜采用带焊枪的悬挂式点焊机进行焊接，如图 3–1–36b、c 所示。

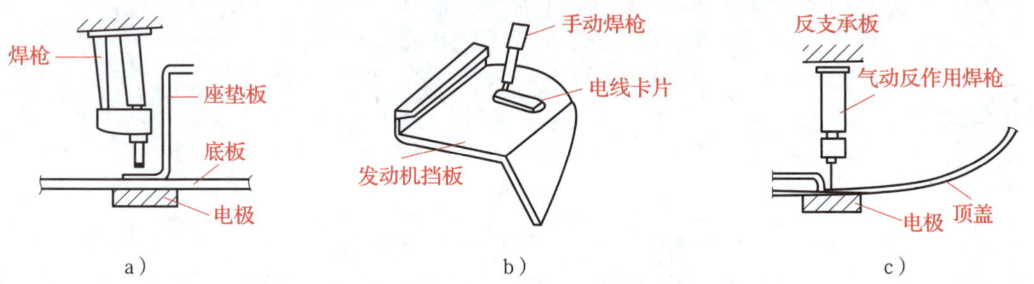

图 3–1–36　大零件上焊点位于中间位置的焊接情况

a）采用多点焊机焊接　　b）、c）采用带焊枪的点焊机焊接

2）弯边（翻边）接头

小合件的弯边接头一般在固定式点焊机上进行焊接，但大合件或分总成的弯边接头，一般在悬挂式点焊机上使用焊钳完成焊接。

接头形式的选择主要根据结构形状、使用要求和焊接生产工艺而定。因车身本身的刚度差，零件形状稍有偏差就会导致装配焊接质量难以控制，应尽量避免封闭式搭接接头。另外，搭接接头装配时易上下错位，装配质量需要靠操作工人的熟练程度来保证；若改成弯边接头，则装配位置比较稳定。所以，从装配精度来看，弯边接头要比搭接接头更易于保证装配质量。

（4）焊点的布置

点焊时焊点间距（点距）的布置设计对焊接结构工艺性有非常重要的意义。焊点数量越多则焊点间距越小，但并非焊接强度就越高。当焊点数量多且焊点距离近时，焊接质量会因分流（点焊时不经过焊接区未参加形成焊点的电流）的影响使焊接区的电流下降，产生未焊透或焊核畸形等焊接缺陷，降低焊件的强度。因此，必须在合理设计产品结构的基础上，考虑焊点布置的合理性，为焊点选择一个适当的焊点间距。表 3–1–4 中给出了结构钢二层板焊接时的最小焊点间距。

表 3–1–4　　结构钢二层板焊接时的最小焊点间距

一个焊件的厚度 /mm	0.3	1	2	3	4	6
焊二层板时的最小点距 /mm	12	15	25	30	40	60

课题二　汽车零件机械加工工艺

学习目标

- 掌握车削工艺特点、车床分类，熟悉车刀的种类和车削加工量。
- 掌握铣削工艺特点、铣床分类，熟悉铣刀的种类和铣削加工量。
- 熟悉钻削工艺特点、钻床分类，了解钻头的种类和钻削加工量。
- 了解磨削工艺特点、磨床分类，了解砂轮的种类和磨削加工量。

汽车零件的表面形状千变万化，由不同的典型表面构成，如由外圆、内孔、平面、螺纹、花键和轮齿齿面等组合而成。这些典型表面都有一定的加工要求，大多数表面需要经过专业加工来实现其机械制造过程。

机械加工是根据具体的设计要求选用相应的机床（包括车床、铣床、钻床和磨床等）及切削加工方法，即在机床上通过刀具与工件的相对运动，从工件毛坯上切除多余金属，使工件的形状、尺寸精度及表面质量符合预定要求。根据汽车零件的结构特征、加工表面形式及其加工要求、生产率要求等条件，可以采用不同的加工方法及工艺过程来保证。

一、车削工艺

车削是以工件的旋转作为主运动，刀具（车刀）的连续移动为进给运动的一种回转体表面的加工方法，是切削加工最基本的加工方法（见图 3-2-1）。

1．车削加工对象和范围

车削加工主要用于加工轴、盘、套等回转体工件的内外圆柱面、内外圆锥面、螺纹、回转沟槽、单头或多头蜗杆、各类回转成形表面、回转表面滚花等，也可完成回转体端平面的加工。车床加工的尺寸公差等级为 IT6 ~ IT11，表面粗糙度值为 *Ra*0.8 ~ 12.5 μm。车削所能加工的典型表面如图 3-2-2 所示。

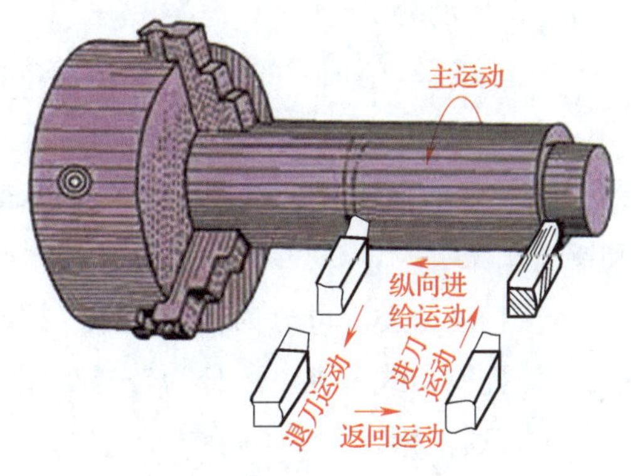

图 3-2-1　车削运动

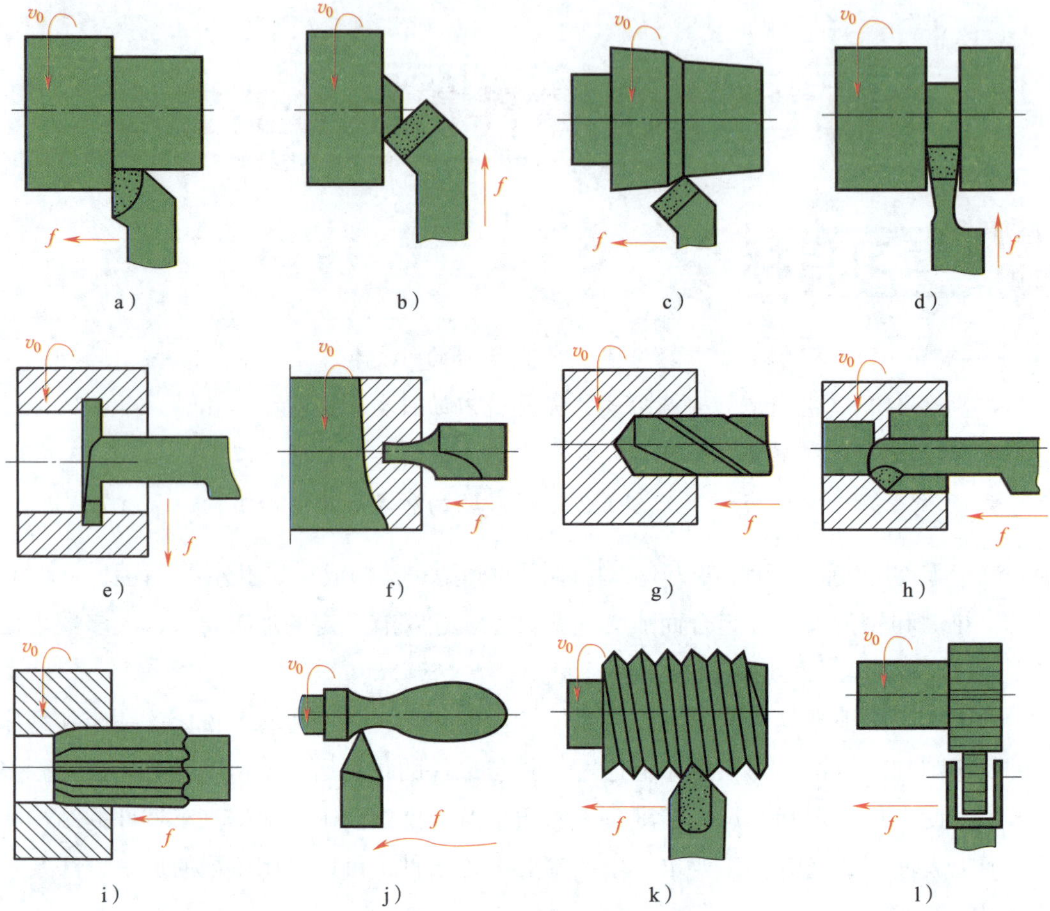

图 3-2-2　车削所能加工的典型表面

a）车外圆　b）车端面　c）车锥面　d）切槽、切断　e）切内槽　f）钻中心孔

g）钻孔　h）镗孔　i）铰孔　j）车成形面　k）车外螺纹　l）滚花

2. 车削加工常用设备

（1）车床的分类

车床是实现车削加工的机床，根据不同特点车床可做如下分类：

1）按用途和结构分类。可分为卧式车床、落地车床、立式车床、六角车床、单轴自动车床、多轴自动和半自动车床、仿形车床、专门化车床（如凸轮轴车床、曲轴车床和铲齿车床）。

2）按精度分类。可分为普通车床、精密车床和高精度车床。

3）按控制方式分类。可分为普通车床和数控车床。

（2）普通车床

普通车床能对轴、盘、环等多种回转体类工件进行加工，还可以加工端面和各种内外螺纹，采用相应的刀具和附件，还可进行钻孔、扩孔、攻螺纹和滚花等。普通车床主轴转速和进给量的调整范围较大，加工前的工艺准备和调整工作量较少，但自动化程度较低，工件的加工精度取决于工人的操作水平。所以，普通车床适用于单件、小批生产和修配车间。普通车床如图 3–2–3 和图 3–2–4 所示。

图 3–2–3 普通卧式车床

图 3–2–4 普通立式车床

（3）数控车床

数控车床除能够完成普通车床所有的切削加工任务外，还具有加工精度高、高效率、高柔性化、能作直线和圆弧插补及在加工过程中能自动变速等特点。因此，其工艺范围较普通车床宽得多，可以方便地完成一些复杂回转曲面的加工。数控车床如图 3–2–5 和图 3–2–6 所示。

（4）车削加工中心和车铣加工中心

车削加工中心刀塔及主轴部分如图 3–2–7 所示。车削加工中心与一般数控车床相比，具有刀库和自动换刀功能，增加了动力刀具，从而可在回转体零件上完成钻孔、铣削等工序，如钻油孔、钻横向孔、铣键槽、铣扁方以及铣油槽等，并且具有 C 轴功能，即可实现绕主轴的坐标回转运动，其加工工艺范围较一般的数控车床得到了更大的扩展，如图 3–2–8 所示。

图 3-2-5　卧式数控车床

图 3-2-6　立式数控车床

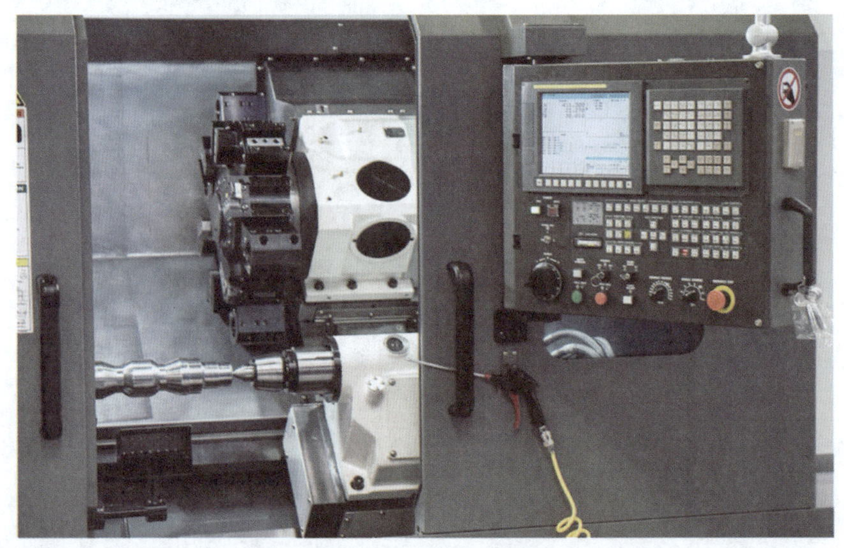

图 3-2-7　车削加工中心刀塔及主轴部分

车铣加工中心是近年来发展起来的将车削、铣削功能复合在一起的一种新型数控机床，是一种复合加工中心。在车铣加工中心上可以完成各种回转体的车削加工工艺，还可完成铣削、钻削、镗削、攻螺纹等加工工艺，特别是可以利用铣刀和工件旋转的合成运动，完成回转表面的高速铣削加工。由于在一台机床上可以完成的工艺范围更广，所以，车铣加工中心的加工工序更加集中，工件在一次装夹中可完成全部或大部分加工，减少了工件安装次数，避免由于安装基准转换带来的安装误差，加工精度更容易得到保证。同时，减少了辅助时间，提高了加工效率。车铣加工中心的主轴部分如图 3-2-9 所示。

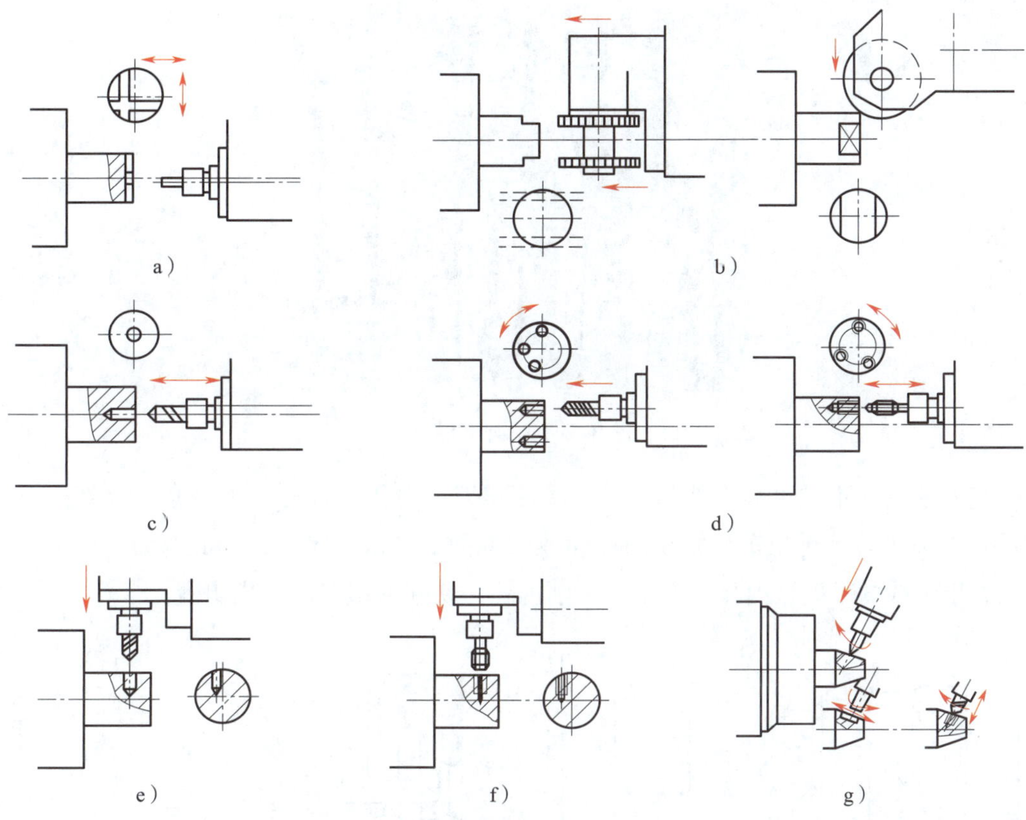

图 3-2-8　车削加工中心加工工艺的扩展

a）铣端面槽　b）铣扁方　c）端面钻孔、攻螺纹　d）端面分度钻孔、攻螺纹

e）横向钻孔　f）横向攻螺纹　g）在斜面上钻孔、铣槽、攻螺纹

图 3-2-9　车铣加工中心的主轴部分

3．车削加工刀具

车刀是在各种车床上使用的刀具，是零件机械加工中应用最广泛的一种刀具。车刀实物如图 3-2-10 所示。

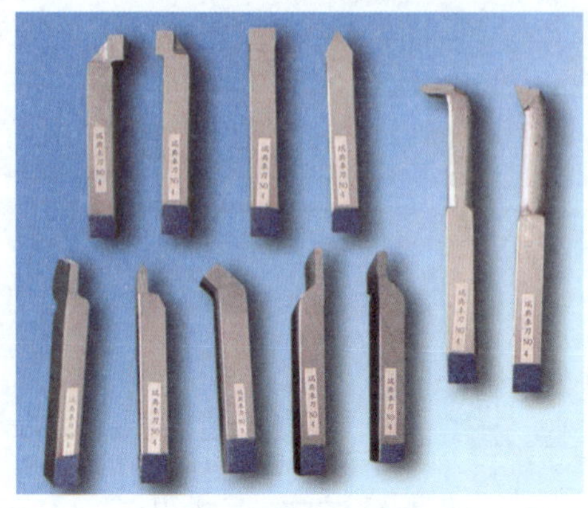

图 3-2-10　车刀实物

车刀按用途不同可分为外圆车刀、端面车刀、内孔车刀及切断刀等，如图 3-2-11 所示。外圆车刀用于粗车或精车圆柱面或圆锥面等外回转表面；端面车刀专门用于车削垂直于轴线的平面；内孔车刀用于车削内孔；切断刀用于切断或切槽。

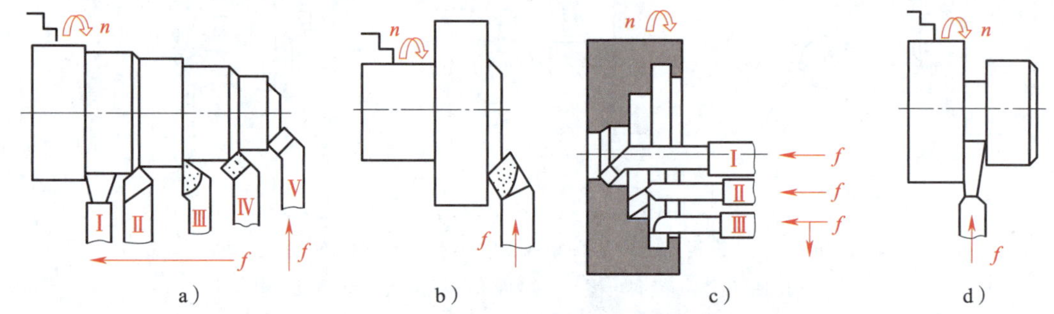

图 3-2-11　车刀的种类（按用途分类）

a）外圆车刀　b）端面车刀　c）内孔车刀　d）切断刀

车刀按结构不同大致可分为整体式高速钢车刀、焊接式硬质合金车刀、机夹式车刀和可转位式车刀等，如图 3-2-12 所示。

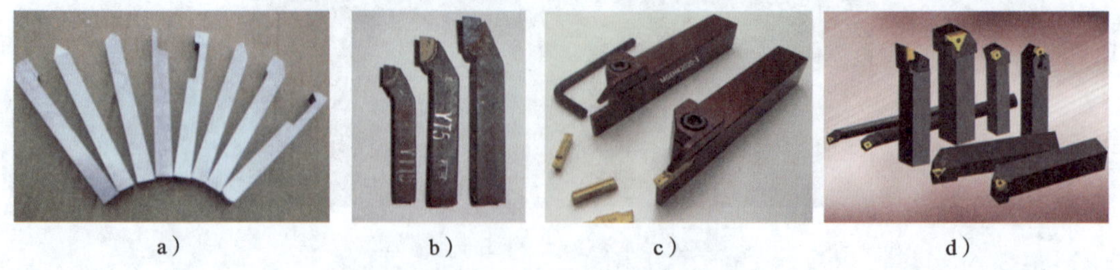

a）　b）　c）　d）

图 3-2-12　车刀的种类（按结构分类）

a）整体式高速钢车刀　b）焊接式硬质合金车刀

c）机夹式车刀　d）可转位式车刀

（1）整体式高速钢车刀，其刀头的切削部分是靠刃磨得到的。整体式车刀的材料多用高速钢制成，一般用于低速切削。高速钢又名风钢或锋钢，又称白钢，意思是淬火时即使在空气中冷却也能硬化，并且很锋利。它是一种成分复杂的合金钢，由含有钨、钼、铬、钒、钴等碳化物形成，合金元素总量达10% ~ 25%。它在高速切削产生高热情况下（约500℃）仍能保持高的硬度（在60HRC以上），这就是高速钢最主要的特性——红硬性。

（2）焊接式硬质合金车刀，其结构简单、制造方便、使用灵活，可以根据切削条件和加工要求，刃磨出所需的形状和角度，硬质合金利用较充分。在制造工艺上，由于硬质合金和刀杆材料（一般为中碳钢）的线胀系数不同，当焊接工艺不够合理时，易产生热应力，严重时会导致硬质合金出现裂纹。另外，磨刀时可能会出现热应力和裂纹。

（3）机夹式车刀，是用机械加固的方法将刀片固定在刀杆上，由刀片、刀垫、刀杆和夹紧机构等组成的车刀。这种车刀是针对焊接式硬质合金车刀的缺陷而出现的。与焊接式硬质合金车刀相比，机夹式车刀排除了产生焊接应力和裂纹的可能性，但在使用过程中仍需刃磨，不能完全避免由于刃磨而引起的热裂纹，其切削性能取决于人工刃磨的技术水平。

（4）可转位式车刀，是一种把可转位刀片用机械夹固的方法装夹在特制的刀杆上使用的刀具。在使用过程中，当切削刃磨钝后，不需刃磨，只需通过刀片的转位，即可用新的切削刃继续切削。只有当可转位刀片上所有切削刃都磨钝后，才需要更换新刀片。它除了具有焊接式、机夹式刀具的优点外，还具有切削性能和断屑性能稳定、停车换刀时间短等优点，可完全避免焊接和刃磨引起的热应力和热裂纹，有利于合理使用硬质合金和新型复合材料，还有利于刀杆和刀片的专业化生产。

4．车削加工量

车削加工时，工件以一定的速度旋转，刀具切削刃上的某一点相对于待加工表面在主运动方向上的瞬时速度称为切削速度 v_c。简单地说，就是切削刃选定点相对于工件的主运动的瞬时速度（线速度）。切削速度的单位为m/min或m/s。通常选定点为线速度最大的点。车外圆时的切削速度计算公式为

$$v_c=\frac{\pi d_w n_w}{1\,000}\ (\mathrm{m/min}) \tag{3-1}$$

或

$$v_c=\frac{\pi d_w n_w}{60\times 1\,000}\ (\mathrm{m/s}) \tag{3-2}$$

式中，d_w——车刀切削刃选定点工件的回转直径，mm；

n_w——工件（或刀具）转速，r/min。

进给量 f（mm/r）是刀具在进给运动方向上相对于工件的位移量，可用刀具或工件每转或每行程的位移来表述和度量。车削外圆时的进给量为工件每转一转刀具沿进给运动方向所移动的距离；每分钟的进给量称为进给速度 v_f，其与进给量之间的关系为

$$v_f=fn \text{（mm/min）} \tag{3-3}$$

车削加工按照加工精度和表面粗糙度一般分为粗加工、半精加工、精加工和精细加工四个阶段。各个阶段的经济精度范围和表面粗糙度值见表 3–2–1。粗加工阶段的主要任务是切除加工表面的大部分加工余量，主要考虑的是如何提高生产率。半精加工阶段的主要任务是使零件达到一定的准确度，为重要表面的精加工做好准备，并完成一些次要表面的加工。精加工和精细加工阶段的主要任务是达到零件的全部尺寸和技术要求，该阶段主要考虑如何保证加工质量。

表 3–2–1　　车削加工的经济精度范围和表面粗糙度值

加工阶段	经济精度范围	表面粗糙度值 / μm	加工阶段	经济精度范围	表面粗糙度值 / μm
粗加工	IT10 ~ IT12	6.3 ~ 12.5	精加工	IT7 ~ IT8	0.8 ~ 3.2
半精加工	IT8 ~ IT10	3.2 ~ 6.3	精细加工	IT6 ~ IT7	0.2 ~ 0.8

粗车时，在允许范围内应尽量选择大的背吃刀量 a_p 和进给量 f，以提高生产率，而切削速度 v_c 则相应选得低些，以防止车床过载和车刀过早磨损。半精车和精车用作工件的半精加工（后续一般有磨削）或精加工（主要是加工有色金属材料），以保证工件加工质量为主。因此，应尽可能减小切削力、切削热引起的由机床—夹具—工件—刀具组成的工艺系统的变形，减小加工误差。所以，应选取较小的背吃刀量 a_p 和进给量 f，而切削速度 v_c 则可选得高些。选择切削用量时，通常是先确定背吃刀量 a_p，然后是进给量 f，最后确定切削速度 v_c。

5. 车削加工工艺特点

（1）适合于加工各种内、外回转表面。车削的加工精度范围为 IT6 ~ IT12，表面粗糙度值为 Ra0.2 ~ 12.5 μm。

（2）车刀结构简单，制造容易，便于根据加工要求对刀具材料、几何角度进行合理选择。车刀的刃磨及装拆也较为方便。

（3）车削对工件的结构、材料、生产批量等有较强的适应性，应用广泛。除可以车削各种钢材、铸铁、有色金属外，还可以车削玻璃钢、夹布胶木、尼龙等非金属材料。对于一些不适合磨削的有色金属可以采用金刚石车刀进行精细车削，能获得高的加工精度和小的表面粗糙度值。

（4）除毛坯表面余量不均匀外，绝大多数车削为等切削横截面的连续切削，因此，切削力变化小，切削过程平稳，有利于高速切削和强力切削，生产效率高。

二、铣削工艺

铣削是以铣刀旋转作为主运动，工件或铣刀运动作为进给运动的切削加工方法（见图 3–2–13）。

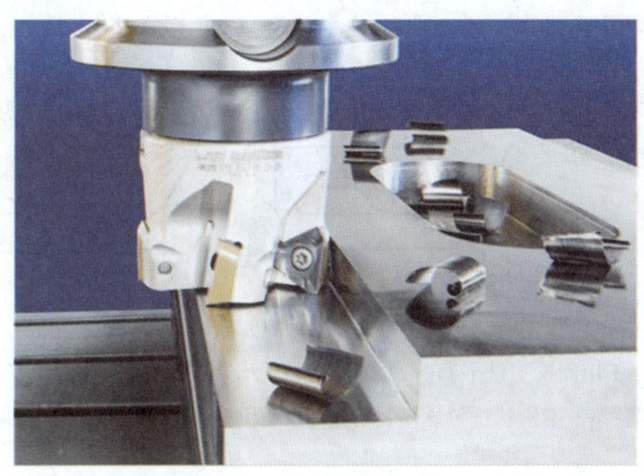

图 3–2–13　铣削加工

（1）主运动，即主轴（铣刀）的回转运动。主轴电动机的回转运动，经主轴变速机构传递到主轴，使主轴回转。

（2）进给运动，即工件的纵向、横向和垂直方向的移动。进给电动机的回转运动，经进给变速机构，分别传递给三个进给方向的进给丝杠，获得工作台的纵向运动、横向溜板的横向运动和升降台的垂直方向运动。

1．铣削加工对象和范围

铣削是加工平面的主要方法之一。在铣床上使用不同的铣刀可以加工平面（水平面、垂直平面、斜面）、台阶、沟槽（直角沟槽、V 形槽、燕尾槽、T 形槽等）、特形面和切断材料等。此外，使用分度装置可加工需周向等分的花键、齿轮、螺旋槽等。在铣床上也可以进行钻孔、铰孔和铣孔等工作。图 3–2–14 所示为铣削所能加工的典型表面，其中铣削平面在汽车零件的铣削加工中占有较大的比重，主要用于气缸体、气缸盖、变速器箱体、离合器壳体等箱体类零件的平面铣削加工。

2．铣削加工常用设备

（1）铣床的分类

铣床是一种应用非常广泛的机床。铣床的类型主要有卧式升降台铣床、立式升降台铣床、龙门铣床、万能工具铣床、各种专门化铣床及数控铣床等。

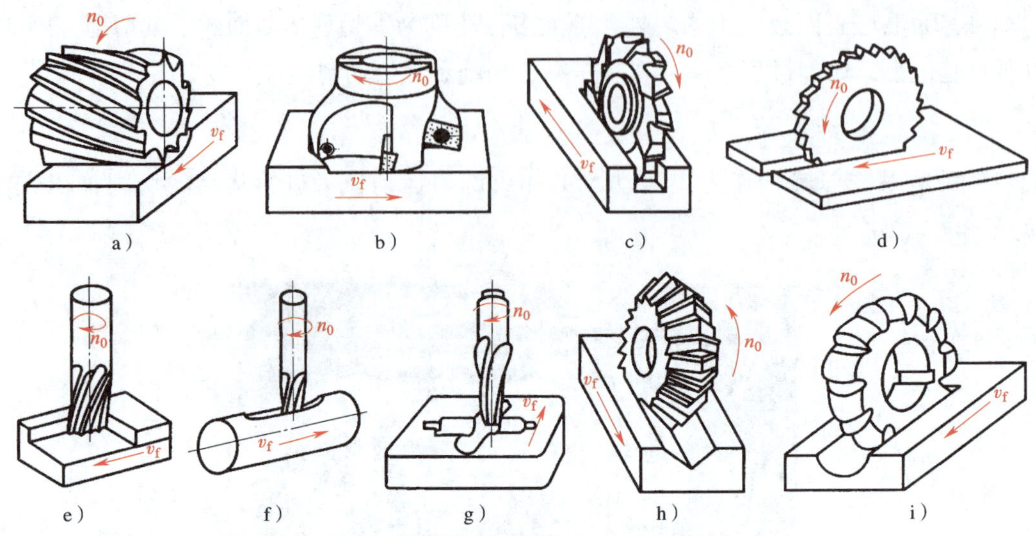

图 3–2–14　铣削所能加工的典型表面

a）用圆柱铣刀铣平面　b）用面铣刀铣平面　c）用槽铣刀铣槽　d）用锯片铣刀切断　e）用立铣刀铣小平面　f）用键槽铣刀铣键槽　g）用指状铣刀铣模具槽型　h）用角度铣刀铣 V 形槽　i）用成形铣刀铣凹槽

（2）普通铣床

1）卧式升降台铣床如图 3–2–15 所示，其主轴是水平布置的。主要用于单件及成批生产中铣削平面、沟槽和成形表面。

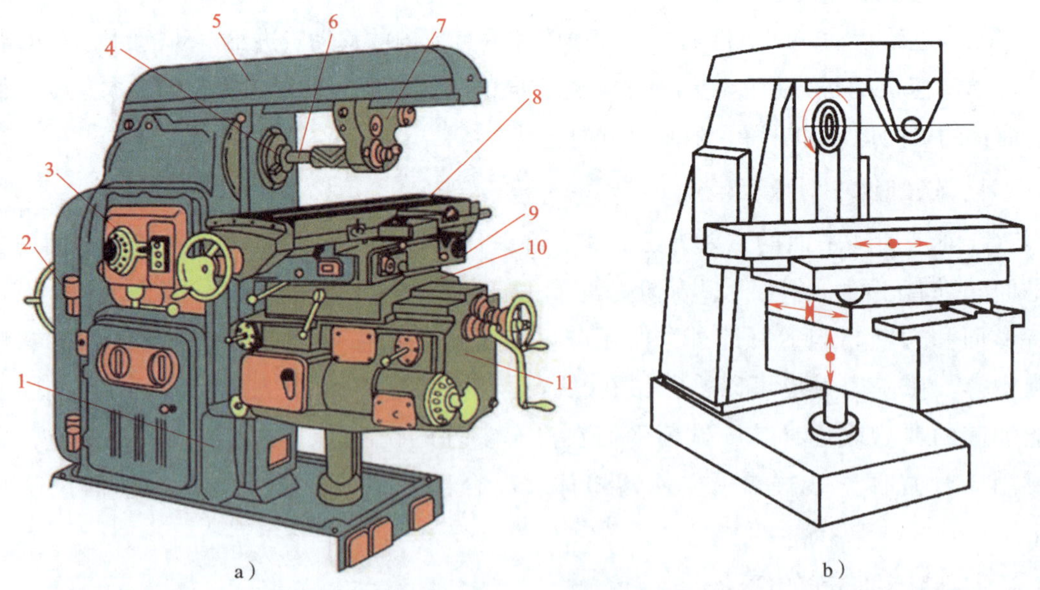

图 3–2–15　卧式升降台铣床

a）铣床外形图　b）工作台运动示意图

1—床身　2—电动机　3—主轴变速机构　4—主轴　5—横梁　6—刀杆　7—吊架　8—工作台　9—转台　10—横向溜板　11—升降台

2）立式升降台铣床与卧式升降台铣床的主要区别在于它的主轴是垂直安装的，用立铣头代替卧式铣床的水平主轴、横梁、刀杆及其支承部分，如图 3-2-16 所示。

图 3-2-16　立式升降台铣床

立式铣床适用于单件及成批生产中加工平面、沟槽、台阶等。由于立铣头可在垂直平面内旋转，因而可铣削斜面。若机床上采用分度头或圆形工作台，还可铣削齿轮、凸轮及铰刀和钻头等的螺旋面。在模具加工中立式铣床最适合加工模具型腔和凸模成形表面。

3）龙门铣床如图 3-2-17 所示，主要用于大中型工件的平面、沟槽加工。可以对工件进行粗铣、半精铣，也可以进行精铣加工。龙门铣床的生产效率很高，在成批和大量生产中得到广泛应用。

4）万能工具铣床如图 3-2-18 所示，可以置换水平主轴、垂直主轴和插头，可以承担卧式铣床、立式铣床和插床的部分工作。万能工具铣床常用于工具车间，加工各种形状较复杂的刀具、量具、辅具、夹具及模具零件等。

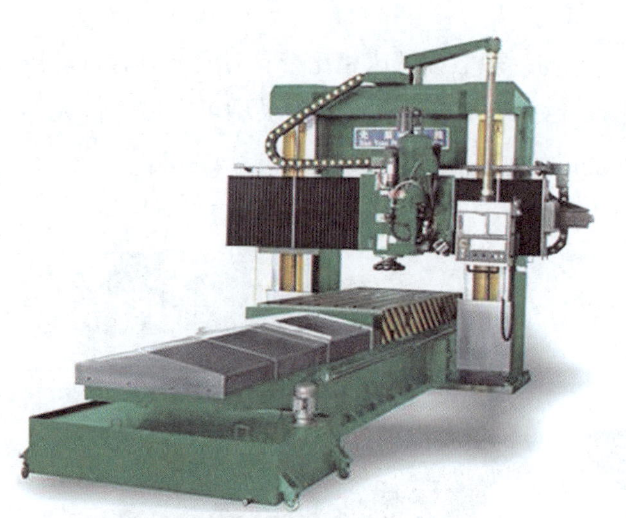

图 3-2-17　龙门铣床

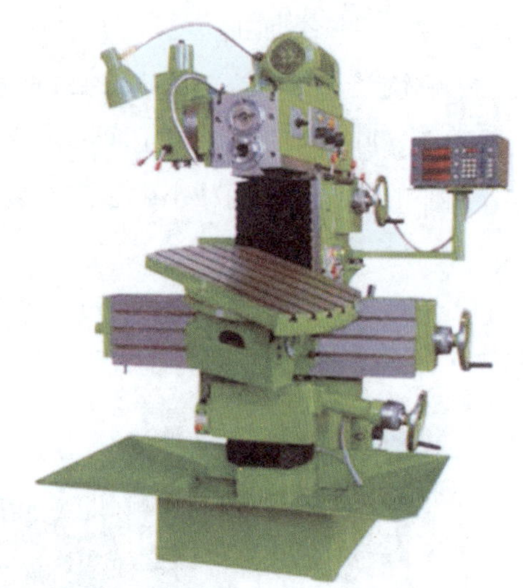

图 3-2-18　万能工具铣床

（3）数控铣床

数控铣床与普通铣床相比，具有加工精度高、可加工复杂形状的零件、加工范围广等特点。数控铣床容易保证成批零件的一致性，使其加工精度得到提高，质量更加稳定。常见的数控铣床如图 3-2-19 所示。

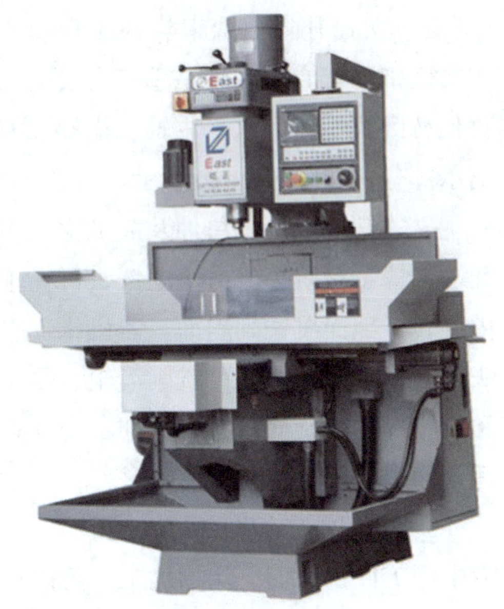

图 3-2-19　数控铣床

数控铣床加工成本相对较高，适合数控铣床加工的零件主要有以下几种：

1）曲线轮廓类零件，指要求有内、外复杂曲线轮廓的零件，特别是由数学表达式等给出其轮廓为非圆曲线或列表曲线的零件。

2）空间曲面类零件，指由数学模型设计出的，具有三维空间曲面的零件。

3）复杂零件，指形状复杂、尺寸繁多、划线与检测均较困难，在普通铣床上加工又难以观察和控制的零件。

4）高精度零件，指尺寸精度、几何精度和表面粗糙度等要求较高的零件，如发动机气缸体上的多组高精度孔或型面。

5）一致性要求好的零件。在批量生产中，由于数控铣床本身的定位精度和重复定位精度都较高，可避免在普通铣床加工中因人为因素而造成的多种误差。

（4）镗铣类加工中心

镗铣类加工中心如图 3-2-20 所示。它与一般数控铣床相比带有刀库，具有自动换刀功能，除铣削加工外，还可完成镗削、钻削等加工，在一次装夹中可完成零件大部分工序的加工，从而减小由于多次装夹造成的加工误差。

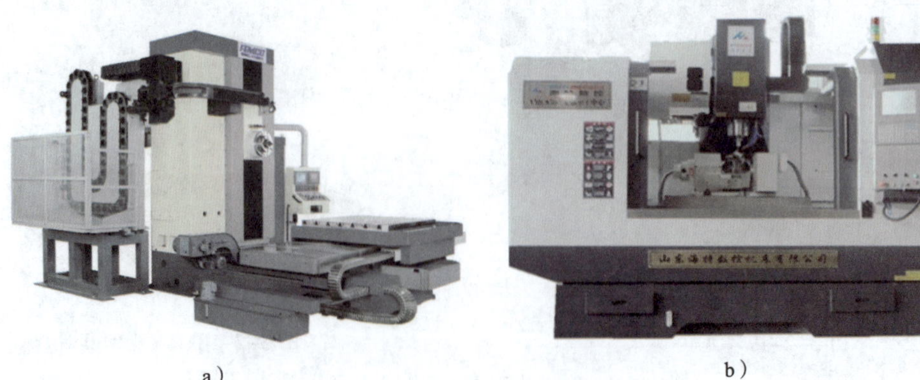

a）　　　　　　b）

图 3-2-20　镗铣类加工中心

a）数控卧式镗铣加工中心　b）数控立式镗铣加工中心

（5）五轴联动铣削加工中心

五轴联动是指在一台机床上至少有五个坐标轴（三个直线坐标和两个旋转坐标），而且可在计算机数控系统的控制下同时协调运动进行加工。

五轴联动数控机床是一种科技含量高、精密度高，专门用于加工复杂曲面的机床，这种机床系统对一个国家的航空、航天、军事、科研、精密器械、高精医疗设备等行业，有着举足轻重的影响力。五轴联动铣削加工中心如图 3-2-21 所示。

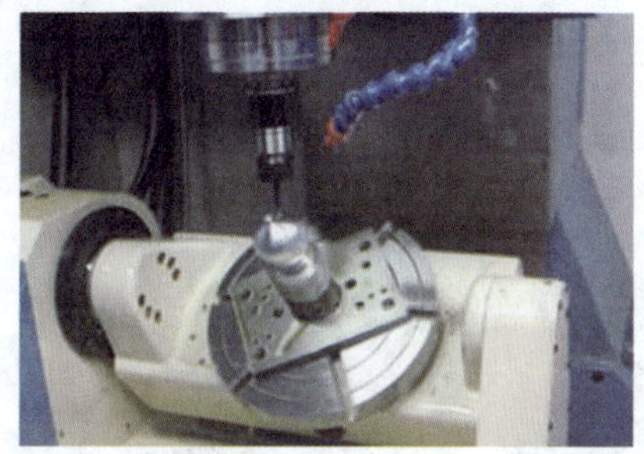

图 3-2-21　五轴联动铣削加工中心

3. 铣削加工刀具

铣刀的种类很多，按其用途可分为：加工平面用铣刀、加工沟槽用铣刀和加工特形面用铣刀三大类，分别如图 3-2-22 ~ 图 3-2-25 所示。

a）

b）

图 3-2-22　加工平面用铣刀

a）整体式圆柱形铣刀　b）可转位硬质合金刀片端铣刀

a）

b）

c）

d）

图 3-2-23　加工沟槽用铣刀

a）立铣刀　b）键槽铣刀　c）三面刃铣刀　d）锯片铣刀

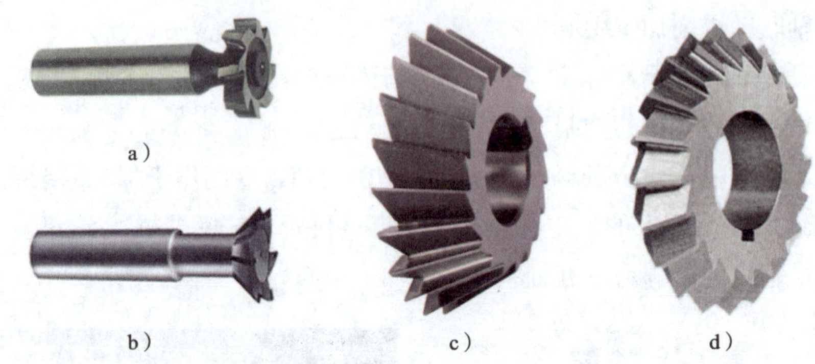

图 3-2-24　加工特形沟槽用铣刀

a）T 形槽铣刀　b）燕尾槽铣刀　c）单角铣刀　d）对称双角铣刀

图 3-2-25　加工特形面用铣刀

4. 铣削加工量

铣削用量是指铣削过程中选用的铣削速度 v_c、进给量 f、铣削宽度 a_e 和铣削深度 a_p。铣削用量的选择对提高铣削的加工精度、改善加工表面质量和提高生产率有着密切的关系。

铣削速度 v_c 是铣削时切削刃上选定点在主运动中的线速度，即切削刃上离铣刀轴线距离最大的点在 1 min 内所经过的路程。铣削速度与铣刀直径、铣刀转速有关，计算公式为

$$v_c=\frac{\pi dn}{1\,000}\ (\mathrm{m/min}) \qquad (3\text{–}4)$$

式中，d——铣刀直径，mm；

n——铣刀转速，r/min。

进给量 f 是铣刀在进给运动方向上相对于工件的单位位移量。铣削中的进给量根据实际需要可用以下三种方法表示：

（1）每转进给量 f 是铣刀每回转一周在进给运动方向上相对于工件的位移量，单位为 mm/r。

（2）每齿进给量 f_z 是铣刀每转中每一刀齿在进给运动方向上相对于工件的位移量，单位为 mm/z。

（3）每分钟进给量（即进给速度）v_f 是铣刀每转 1 min 在进给运动方向上相对于工

件的位移量，单位为 mm/min。

三种进给量的关系为

$$v_f=fn=f_z zn\ (\mathrm{mm/min}) \tag{3-5}$$

式中，n——铣刀转速，r/min；

z——铣刀齿数；

f——进给量，mm/r。

铣削时，根据加工性质先确定每齿进给量 f_z，然后根据铣刀的齿数 z 和铣刀的转速 n 计算出每分钟进给量 v_f，并以此对铣床进给量进行调整（铣床铭牌上的进给量用每分钟进给量表示）。

铣削宽度 a_e 指在垂直于铣刀轴线方向和工件进给方向上测得的铣削层尺寸。铣削深度 a_p 指在平行于铣刀轴线方向上测得的铣削层尺寸。铣削时，采用的铣削方法和选用的铣刀不同，铣削宽度 a_e 和铣削深度 a_p 的表示也不同。图 3-2-26 所示为用圆柱形铣刀进行圆周铣与用端铣刀进行端铣时，铣削宽度与铣削深度的表示方法。不难看出，铣削宽度 a_e 都表示铣削弧深，因为不论使用哪一种铣刀铣削，其铣削弧深方向均垂直于铣刀轴线。

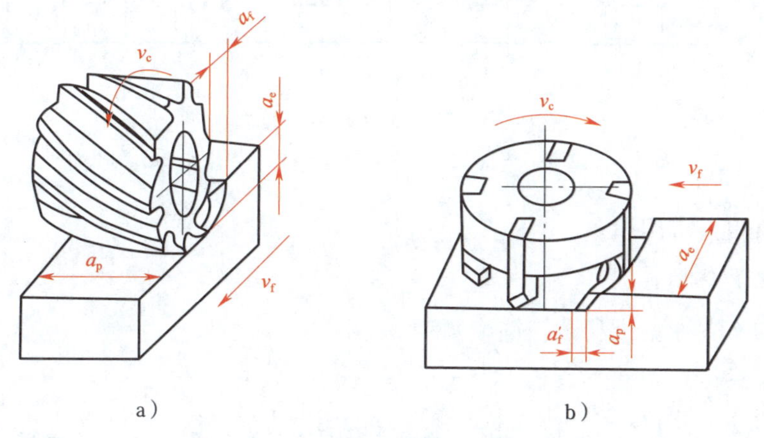

图 3-2-26　圆周铣与端铣时的铣削用量

a）圆周铣　b）端铣

5. 铣削加工工艺特点

（1）铣削在金属切削加工中的应用仅次于车削，其主运动是铣刀的回转运动，切削速度较高，除加工狭长平面外，其生产效率均高于刨削。

（2）铣刀为多刃刀具，铣削时，各刀齿轮流承担切削任务，散热冷却条件好，刀具使用寿命长。

（3）铣刀种类多，铣床功能强，铣削的适应性好，能完成多种表面的加工。

（4）铣削时，各铣刀刀齿的切削是断续的，铣削过程中同时参与切削的刀齿数是变化的，切屑厚度也是变化的，故切削力是变化的，存在冲击和振动。

（5）铣削的经济加工精度为 IT7 ~ IT9，表面粗糙度值为 Ra1.6 ~ 12.5 μm。

三、钻削工艺

钻削是使用钻头或扩孔钻在工件的实体材料上加工孔的切削加工方法。钻削时，钻头或扩孔钻的回转运动是主运动，钻头或扩孔钻沿自身轴线方向的移动是进给运动。

1．钻削加工对象和范围

钻削加工所用的主要加工设备为钻床，主要用于钻通孔、盲孔，扩孔、铰孔、锪孔和攻螺纹等加工。钻床的典型加工如图 3–2–27 所示。

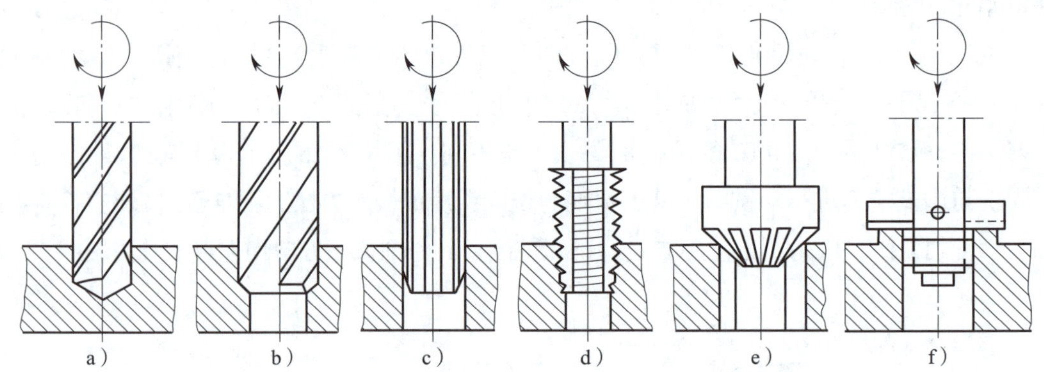

图 3–2–27　钻床的典型加工

a）钻孔　b）扩孔　c）铰孔　d）攻螺纹　e）钻埋头孔　f）刮平面

2．钻削加工常用设备

（1）钻床的分类

钻床主要有普通钻床和数控钻床两种。

（2）普通钻床。

根据用途和结构分类，普通钻床有台式钻床、立式钻床、摇臂钻床、深孔钻床等。

1）台式钻床简称台钻，是一种小型立式钻床，最大钻孔直径为 12 ~ 15 mm，安装在钳工台上使用，多为手动进给，常用于加工小型工件上的小孔等，如图 3–2–28 所示。

2）立式钻床。其工作台和主轴箱可以在立柱上垂直移动，用于加工中小型工件，如图 3–2–29 所示。

3）摇臂钻床。主轴箱能在摇臂上移动，摇臂能回转和升降，工件固定不动，适用于加工大而重和多孔的工件，广泛应用于机械加工中，如图 3–2–30 所示。

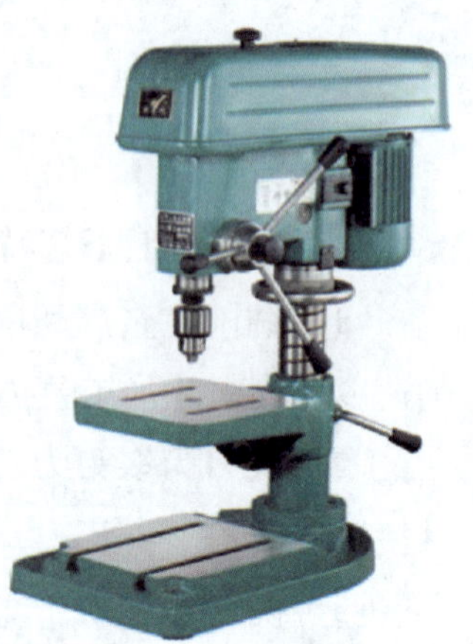

图 3–2–28　台式钻床

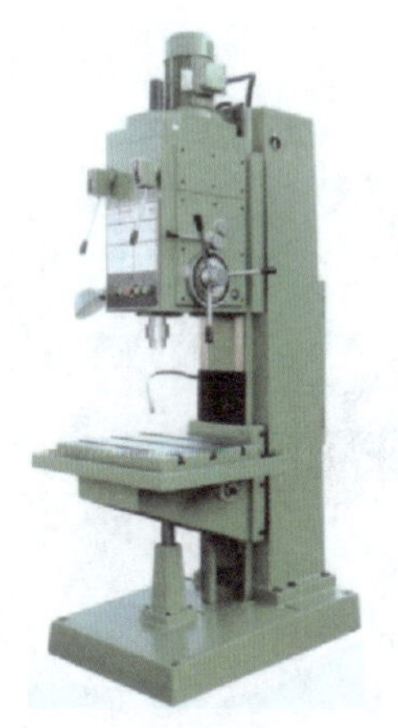

图 3–2–29　立式钻床

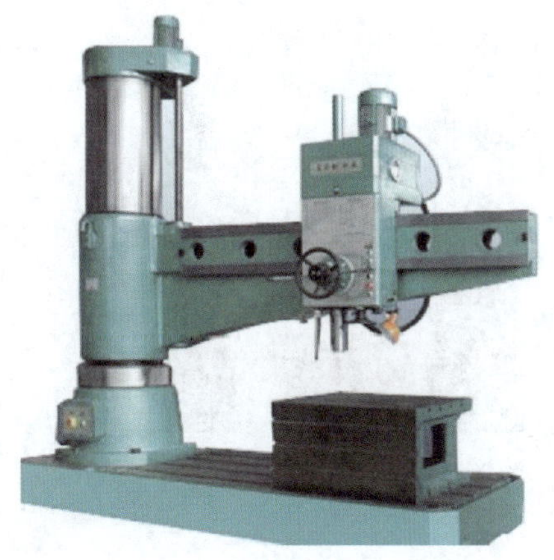

图 3–2–30　摇臂钻床

4）深孔钻床是用深孔钻钻削深度比直径大得多的孔（如枪管、炮筒和机床主轴等零件的深孔）的专门化机床，为便于清除切屑及避免机床过高，一般为卧式布局，常备有冷却液输送装置（由刀具内部输入冷却液至切削部位）及周期退刀排屑装置等，如图 3–2–31 所示。

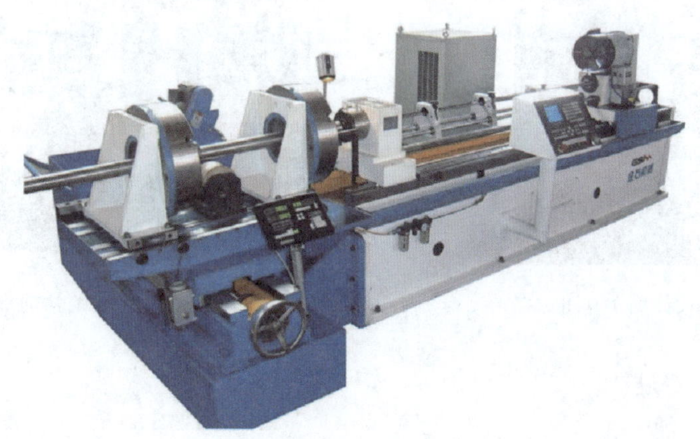

图 3–2–31　深孔钻床

（3）数控钻床

在普通钻床上加工零件上的孔，其孔的中心位置调整由操作者人为进行，孔的位置精度较差。与普通钻床相比，数控钻床一般都具有 *X*、*Y* 坐标控制功能，操作更方便，定位更精确，主要用来加工位置精度要求较高的孔和孔系。常见的数控钻床如图 3–2–32 ~ 图 3–2–34 所示。

图 3–2–32　立式数控钻床

图 3-2-33 摇臂数控钻床

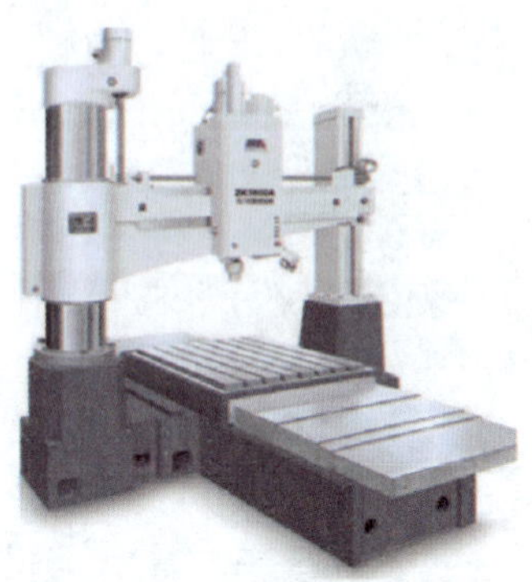
图 3-2-34 龙门式数控钻床

（4）钻削加工中心

与数控钻床相比，钻削加工中心更适用于以孔系为主的零件的加工，典型的钻削加工中心如图 3-2-35 和图 3-2-36 所示。

图 3-2-35 立式钻削加工中心

图 3-2-36 龙门式钻削加工中心

3．钻削加工刀具

（1）麻花钻

麻花钻是一种重要的孔加工刀具，它既可以在实心材料上钻孔，也可以在原有孔的基础上扩孔；既可用来加工钢材、铸铁，也可以加工铝、铜及其合金，甚至还可以加工有机材料和木材等非金属材料。麻花钻的外形如图 3-2-37 所示。

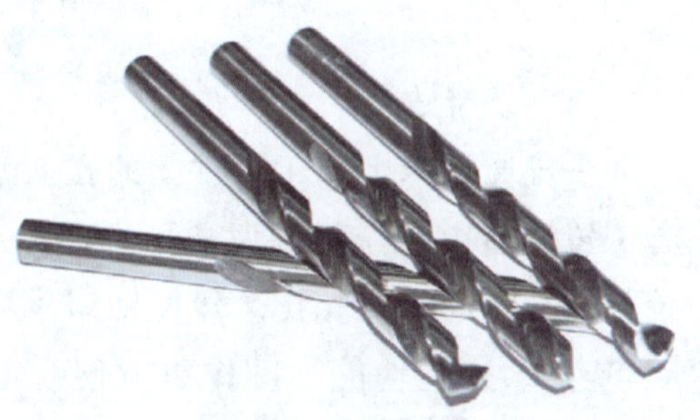
图 3-2-37 麻花钻

麻花钻由柄部、颈部和工作部分三部分组成，如图 3-2-38 所示。

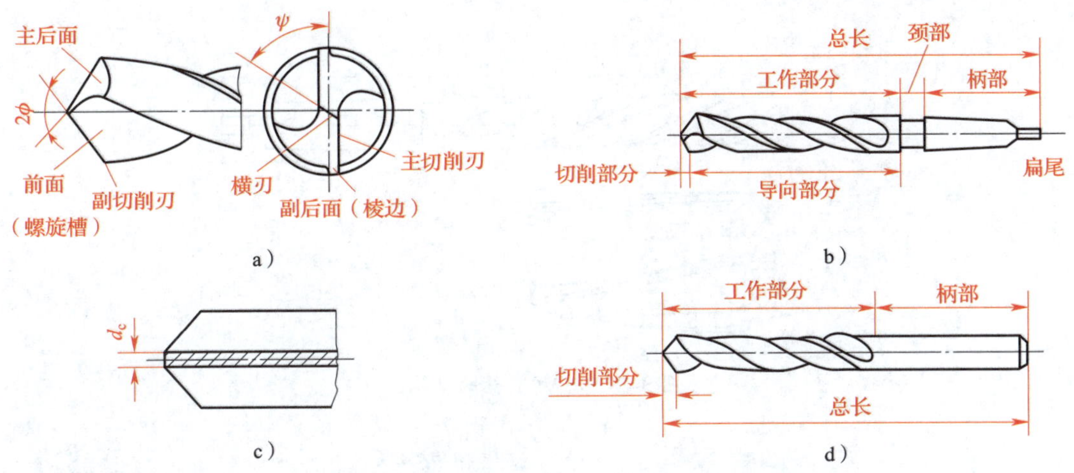

图 3-2-38　麻花钻的结构

a）麻花钻切削部分　b）锥柄麻花钻　c）钻心结构　d）直柄麻花钻

1）柄部：钻头的装夹部分，当钻头直径小于 13 mm 时，通常采用直柄（即圆柱柄）；当钻头直径大于 13 mm 时，则采用圆锥柄。工作时，扁尾部分位于机床主轴孔的扁槽内，防止其在机床主轴中转动，顶端还可作为卸取的敲击部分。

2）颈部：柄部和工作部分的连接处，并作为磨削外径时砂轮退刀和打标记的地方，也是柄部与工作部分不同材料的焊接部位。

3）工作部分：由导向部分和切削部分组成。

①钻头的导向部分由两条螺旋槽所形成的两螺旋形刃瓣组成，两刃瓣由钻心连接。为减小两螺旋形刃瓣与已加工表面的摩擦，在两刃瓣上制出了两条螺旋棱边（称为刃带），用以引导钻头并形成副切削刃。导向部分也是切削部分的备磨部分。

②钻头的切削部分由两个螺旋形前面、两个由刃磨得到的后面、两条刃带（副后面）、两条主切削刃、两条副切削刃（前面与刃带的交线）和一条横刃组成。横刃为两个主后面相交形成的刃，副后面是钻头的两条刃带，工作时与工件孔壁（即已加工表面）相对。

（2）扩孔钻

扩孔钻外形与麻花钻类似，常用于铰孔或磨孔的预加工或毛坯孔的扩大，其结构如图 3-2-39 所示。

扩孔钻通常有三四个刃带，没有横刃，前角和后角沿切削刃的变化小，加工时导向效果好，轴向抗力小，切削条件优于麻花钻。扩孔钻的主切削刃较短、刀齿数目多、钻心粗壮、刚度大、切削过程平稳。一般扩孔的余量小，因此扩孔可采用较大的切削用量，而且加工质量比麻花钻好。一般加工精度可达 IT10 ~ IT11，表面粗糙度值可达 $Ra3.2 \sim 6.3\,\mu m$。扩孔钻常见的结构形式有高速钢整体式、镶齿套式和硬质合金可转位式，如图 3-2-40 所示。

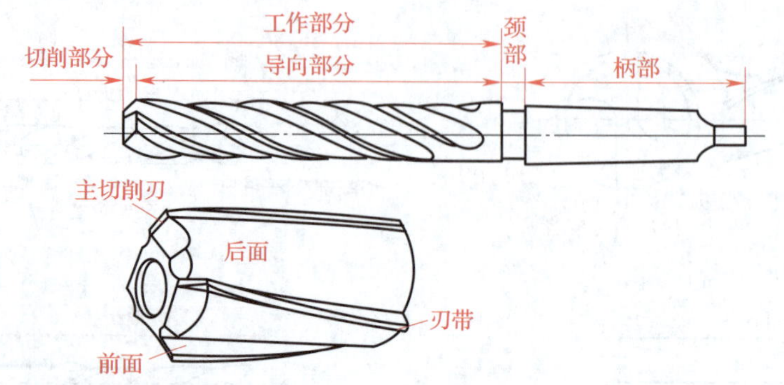

图 3-2-39 扩孔钻的结构

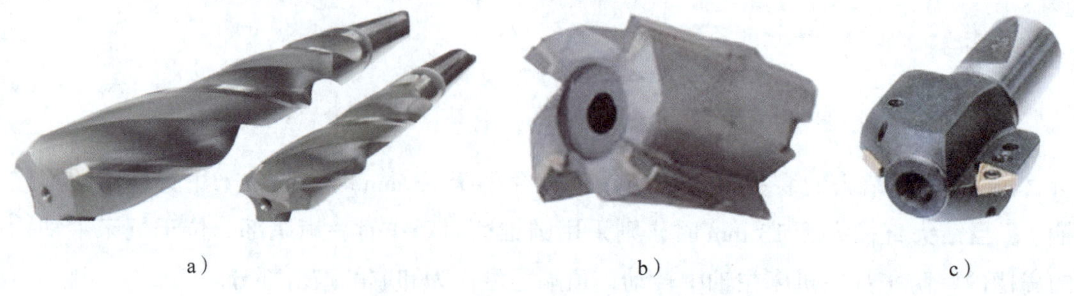

a） b） c）

图 3-2-40 扩孔钻的类型

a）高速钢整体式 b）镶齿套式 c）硬质合金可转位式

（3）其他钻削加工常用刀具

其他钻削加工常用刀具如图 3-2-41 ~ 图 3-2-43 所示。

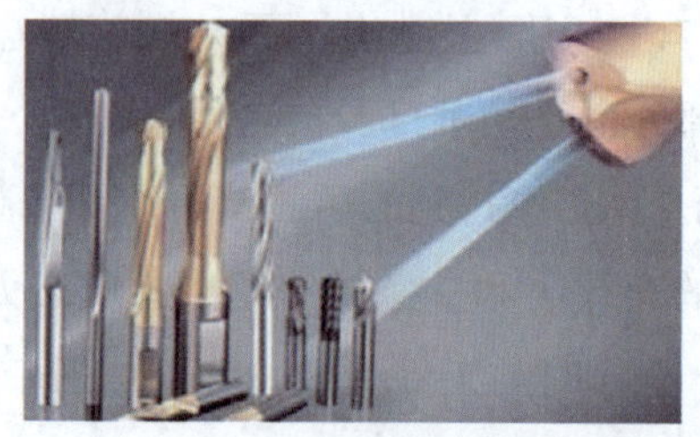

图 3-2-41 内冷式钻头

图 3-2-42 深孔钻头

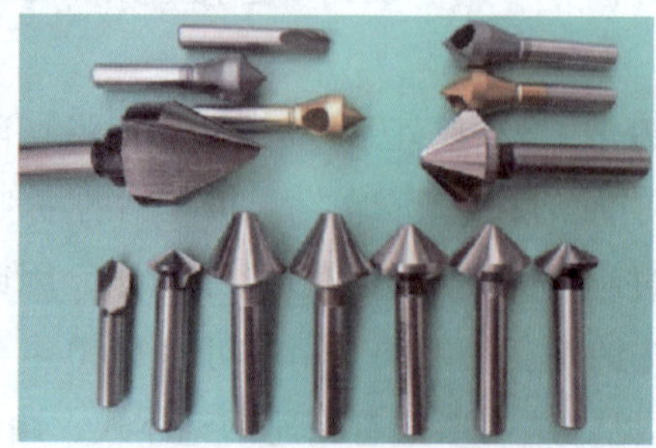

图 3-2-43 锪孔钻头

4．钻削加工量

麻花钻切削刃外缘处的线速度为切削速度 v_s，计算公式为

$$v_s=\frac{\pi dn}{1\,000}\ (\mathrm{m/min}) \tag{3-6}$$

式中，d——麻花钻直径，mm；

n——麻花钻转速，r/min。

钻削时麻花钻每回转一转，钻头与工件在进给运动方向（麻花钻轴向）上的相对位移为进给量，单位为 mm/r。麻花钻为多齿刀具，它有两条切削刃（两个刀齿），其每齿进给量 f_z（单位为 mm/z）为进给量的一半，即

$$f_z=\frac{f}{2} \tag{3-7}$$

背吃刀量 a_p 一般指工件已加工表面与待加工表面之间的垂直距离。钻孔时的背吃刀量为麻花钻直径的一半，即

$$a_p=\frac{d}{2} \tag{3-8}$$

5．钻削加工工艺特点

（1）麻花钻的两条切削刃对称地分布在轴线两侧，钻削时，所受径向抗力相互平衡，因此不像单刃刀具那样容易弯曲。

（2）钻孔时背吃刀量达到孔径的一半，金属切除率较高。

（3）钻削过程是半封闭的，钻头伸入工件孔内并占有较大空间，切屑较宽且往往成螺旋状，而麻花钻容屑槽尺寸有限，因此排屑较困难，已加工孔壁由于切屑的挤压摩擦常被划伤，使表面粗糙度值较大。

（4）钻削时，冷却条件差，切削温度高。因此，限制了背吃刀量，影响了生产率的提高。刀具刚度差、排屑困难、切削热不易排出。

（5）钻削为粗加工，其加工经济精度等级为 IT11 ~ IT13，表面粗糙度值为 Ra12.5 ~ 50 μm。一般用作要求不高的孔（如螺栓通过孔、润滑油通道孔等）的加工或高精度孔的预加工。

四、磨削工艺

磨削是用磨具以较高的线速度对工件表面进行加工的方法，通常磨削是指在磨床上用砂轮切削金属的过程，应用最普遍的是以砂轮为磨具的普通磨削。磨削时，砂轮的回转运动是主运动；进给运动包括砂轮的轴向、径向移动，工件的回转运动，工件的纵向、横向移动等。

1. 磨削加工对象和范围

磨削是在磨床上使用砂轮对工件进行精加工的常用加工方法之一。磨削可加工外圆、内孔、平面、螺纹、齿轮、花键、导轨和成形面等表面，其加工精度可达IT5 ~ IT6，表面粗糙度值一般可达 $Ra0.1\ \mu m$。磨削尤其适合于加工难以切削的超硬材料（如淬火钢）。磨床的典型加工如图 3-2-44 所示。

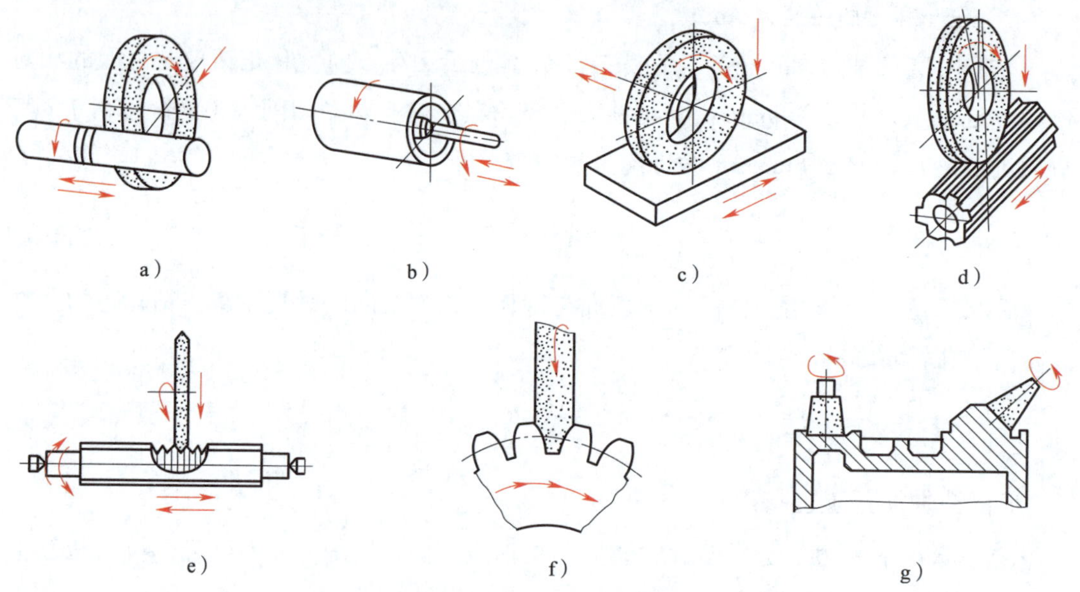

图 3-2-44　磨床的典型加工

a）磨外圆　b）磨孔　c）磨平面　d）磨花键　e）磨螺纹　f）磨齿轮　g）磨导轨

2. 磨削加工常用设备

（1）磨床的分类

根据用途和结构，磨床可分为外圆磨床、万能磨床、内圆磨床、平面磨床、无心磨床、工刃具磨床、导轨磨床、螺纹磨床和专用磨床等。

根据控制方式，磨床可分为普通磨床和数控磨床。

（2）外圆磨床

普通外圆磨床（见图 3-2-45）可以完成外圆柱面、外圆锥面等的磨削加工，采用成形砂轮也可磨削外回转成形表面。

外圆磨削分为纵磨法和横磨法两种。

1）纵磨法。以砂轮的旋转运动为主运动，进给运动包括工件的圆周进给运动和纵向往复进给运动，此外还有砂轮的横向间歇切入运动，如图 3-2-46a、b、c 所示。

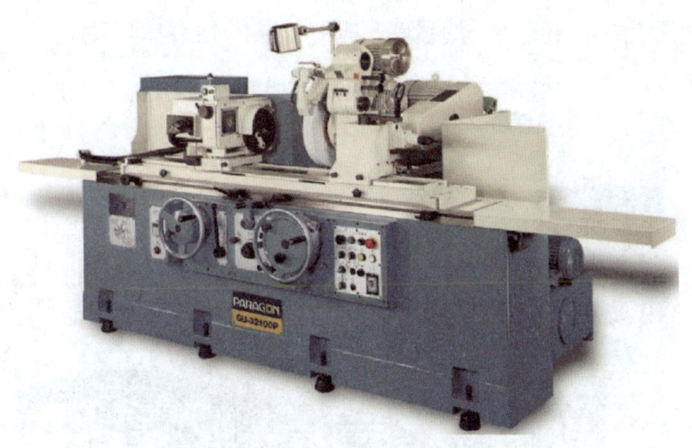

图 3-2-45　普通外圆磨床

2）横磨法。除砂轮的旋转主运动外，工件只做旋转圆周进给运动，无纵向往复运动；砂轮做连续的横向进给运动。主要用于磨削宽度小于砂轮宽度的工件或采用成形砂轮进行成形磨削，磨削效率较高，但磨削力大，散热条件不好，磨削精度和表面质量较差。横磨法如图 3-2-46d 所示。

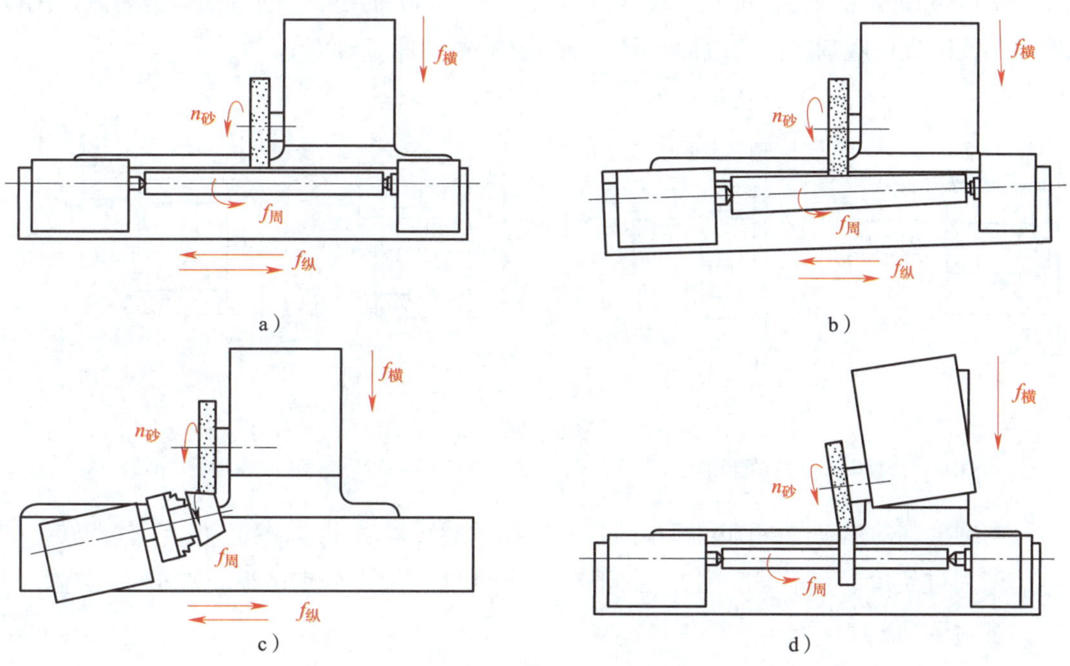

图 3-2-46　外圆磨床的加工方法

a）磨削外圆柱面　b）磨削锥度不大的长圆锥面

c）用纵磨法磨削锥度大的圆锥面　d）用横磨法磨削锥度大的圆锥面

（3）内圆磨床

内圆磨床主要有普通内圆磨床、无心内圆磨床和行星运动内圆磨床，用于磨削圆

柱形或圆锥形的通孔、盲孔、阶梯孔等，其中普通内圆磨床应用最广，如图 3-2-47 所示。

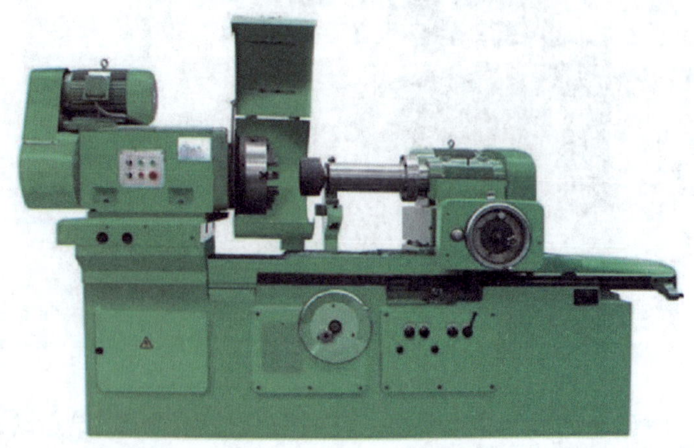

图 3-2-47　普通内圆磨床

普通内圆磨床的磨削方法如图 3-2-48 所示。图 3-2-48a 所示为纵磨法磨孔，图 3-2-48b 所示为横磨法磨孔，图 3-2-48c、d 所示为采用专用的端面磨削装置，用砂轮端面或圆周面磨削工件的端面，易于保证孔和端面的垂直度。

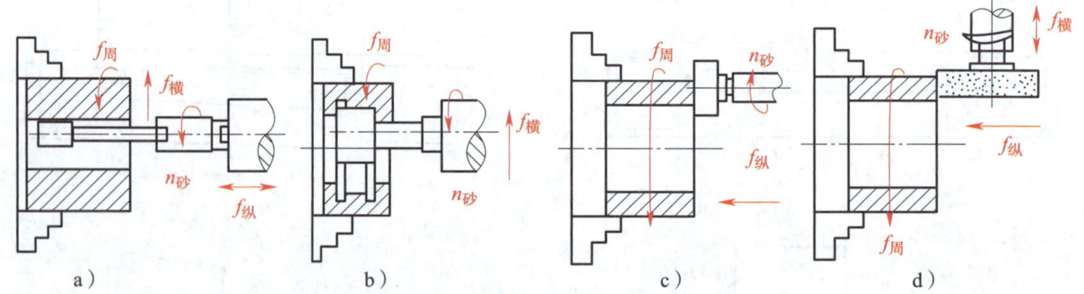

图 3-2-48　普通内圆磨床的磨削方法

a）用纵磨法磨孔　b）用横磨法磨孔　c）用砂轮端面磨削工件端面　d）用砂轮圆周面磨削工件端面

内圆磨削的运动与外圆磨削相同，砂轮高速旋转运动 $n_{砂}$ 为主运动，工件旋转运动 $f_{周}$ 为圆周进给运动，根据磨削方法不同，砂轮相对于工件分别做纵向进给运动 $f_{纵}$，或横向进给运动 $f_{横}$。

（4）平面磨床

平面磨床主要用于磨削各种平面，如图 3-2-49 所示。平面磨床的工作台有矩形和圆形两种。矩形平面磨床用来加工长工件，圆形平面磨床用来加工短工件或圆工件的端面。平面磨削根据砂轮工作面的不同分为周边磨削法和端面磨削法。根据工作台形状和磨削方法不同，平面磨床的类型及磨削方法如图 3-2-50 所示。

图 3-2-49　普通卧轴矩台平面磨床

图 3-2-50a、b 采用砂轮的周边磨削工件，接触面积小、磨削发热少、排屑及冷却条件好、工件变形小、砂轮磨损均匀。但由于砂轮轴水平，呈悬臂状态，刚度差、磨削用量小、生产效率低。

图 3-2-50c、d 采用砂轮的端面磨削工件，砂轮轴伸出较短、刚度好、磨削用量大、生产效率高。但磨削发热量大、冷却条件差、排屑困难、工件热变形大、表面易烧伤。

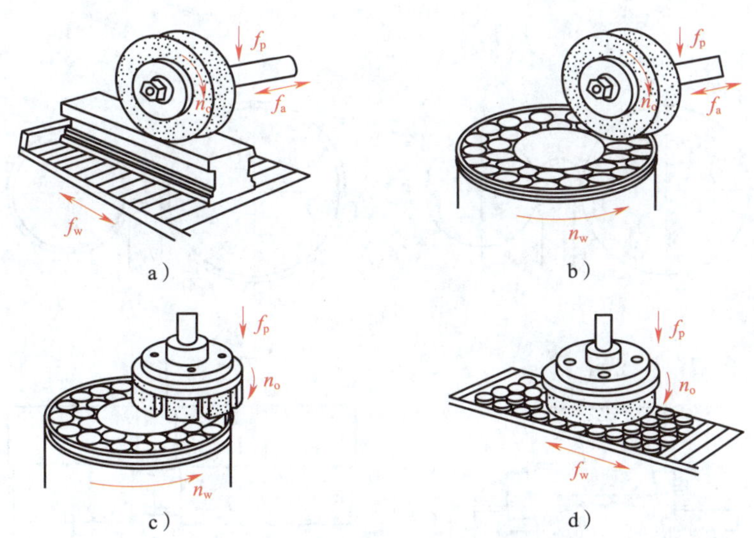

图 3-2-50　平面磨床的类型及磨削方法

a）卧轴矩台平面磨床磨削　b）卧轴圆台平面磨床磨削

c）立轴圆台平面磨床磨削　d）立轴矩台平面磨床磨削

（5）无心磨床

无心磨床主要用来加工外圆和内圆，其加工原理与定心外圆磨床、内圆磨床不同，磨削时工件不用顶尖或卡盘来定心和支承，而是直接将工件放在砂轮、导轮之间，用托板支承，由工件外圆面作定位面。普通无心外圆磨床如图 3-2-51 所示。

图 3-2-51　普通无心外圆磨床

无心外圆磨削的工作原理如图 3-2-52 所示。无心磨削方法有贯穿磨削（纵磨）和切入磨削（横磨）两种。无心外圆磨削具有较高的生产效率，在成批大量生产中应用广泛。无心内圆磨削适合加工不宜用卡盘夹紧、内外圆同轴度要求较高的薄壁件。

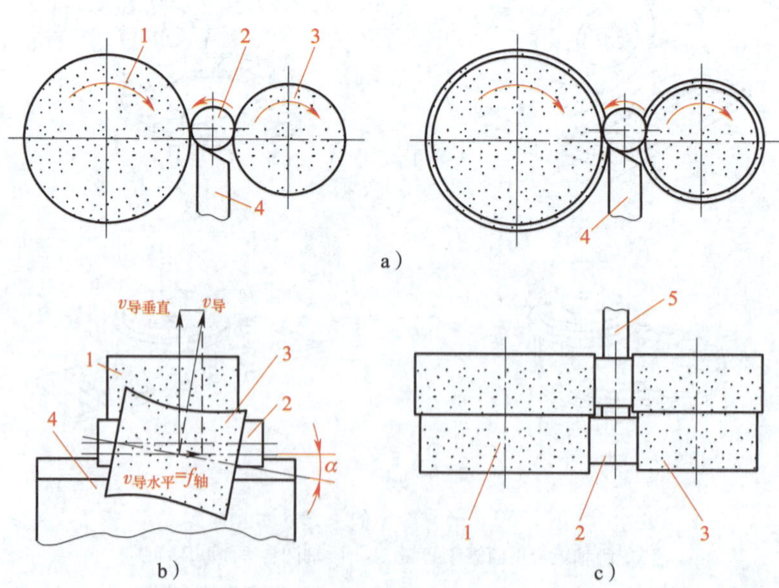

图 3-2-52　无心外圆磨削的工作原理

a）工作原理　b）贯穿磨削法　c）切入磨削法

1—磨削砂轮　2—工件　3—导轮　4—托板　5—挡块

（6）数控磨床

数控磨床除具有普通磨床的一般功能外，由于其具有两轴或多轴联动功能，因此还可以实现非圆曲面等的加工。图 3–2–53 所示是一些常见的数控磨床。

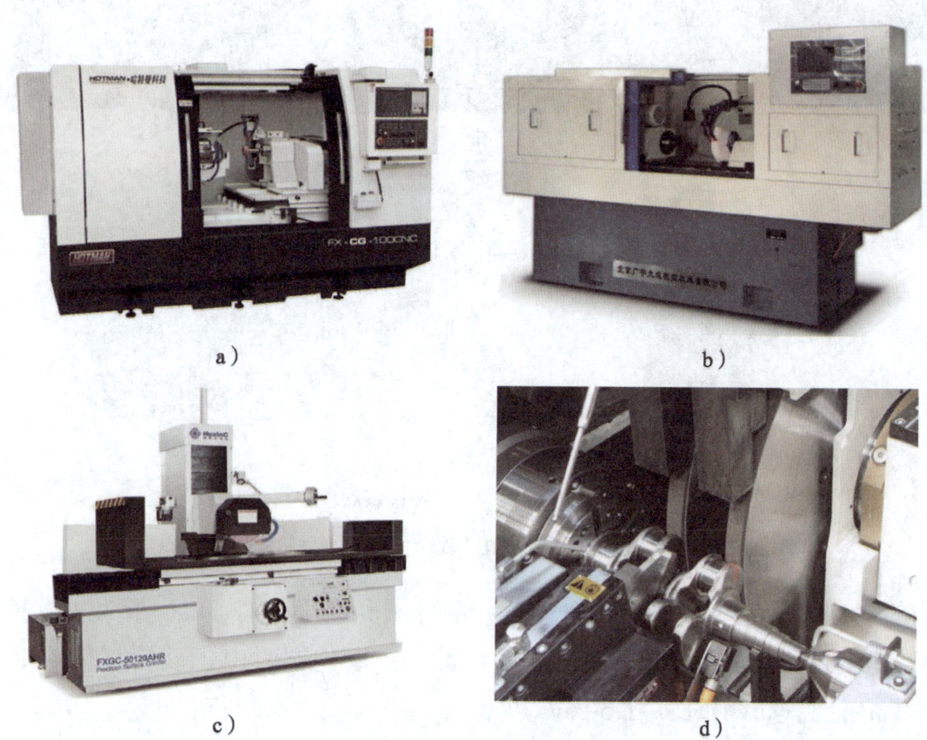

a）　b）　c）　d）

图 3–2–53　常见的数控磨床

a）数控外圆磨床　b）数控内圆磨床　c）数控平面磨床　d）数控曲轴磨床

3．砂轮

砂轮是磨削加工中最常用的工具，是由结合剂将磨料颗粒黏结而成的多孔体。

常见砂轮形状有平形（P）、碗形（BW）、碟形（D）等，砂轮的端面上一般都有标志。从管理和选用方便的角度出发，砂轮参数的表示顺序是形状、尺寸、磨料、粒度号、硬度、组织号、结合剂、线速度。一些常见的砂轮类型如图 3–2–54 所示。

4．磨削用量

磨削用量是指磨削过程中选用的磨削速度 v_0、进给量 f、工件圆周速度 v_ω。磨削速度是指砂轮的圆周速度，即砂轮外圆表面上某一磨粒在 1 s 内所通过的路程，即

$$v_0=\frac{\pi d_0 n_0}{1\,000\times 60}\ (\mathrm{m/s}) \qquad (3\text{–}9)$$

式中，d_0——砂轮直径，mm；

n_0——砂轮转速，r/min。

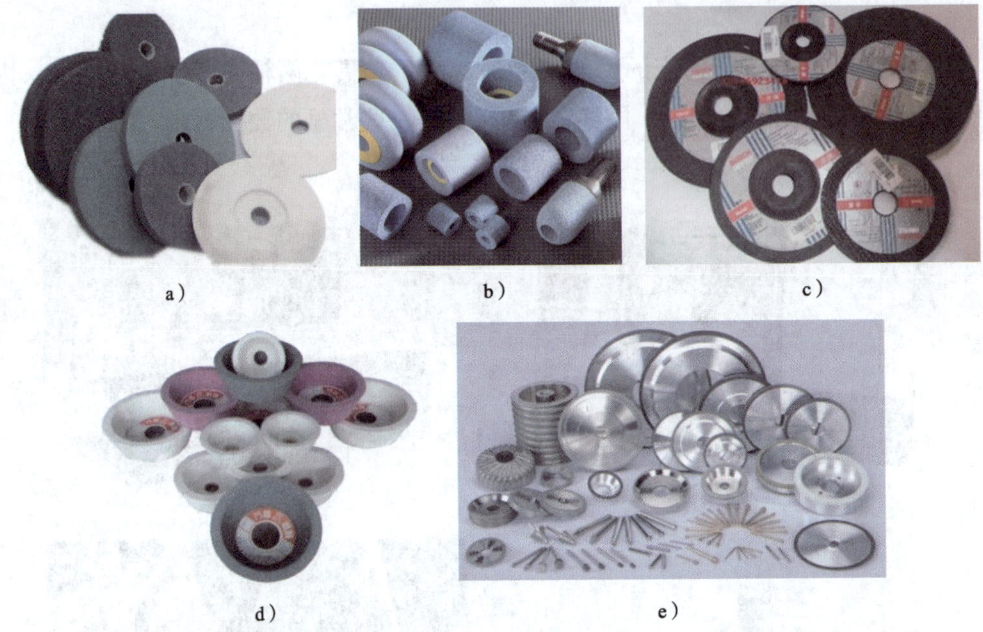

图 3-2-54　常见的砂轮

a）外圆砂轮　b）内圆砂轮　c）锯片砂轮　d）碗形砂轮　e）金刚石砂轮

一般磨床的砂轮主轴只有一种速度，磨外圆和磨平面时，v_0 一般为 30 ~ 35 m/s，操作时无选择余地，且随砂轮直径变小而减小。磨内圆时由于砂轮直径较小，v_0 为 18 ~ 30 m/s。高速磨削时 v_0 在 50 m/s 以上。

对于外圆磨削、内圆磨削、无心磨削，背吃刀量 a_p 又称横向进给量，即工作台每次纵向往复行程终了时，砂轮在横向移动的距离。背吃刀量大，生产率高，但对磨削精度和表面粗糙度不利。通常，磨外圆时，粗磨 a_p=0.01 ~ 0.025 mm，精磨 a_p=0.005 ~ 0.015 mm；磨内圆时，粗磨 a_p=0.005 ~ 0.03 mm，精磨 a_p=0.002 ~ 0.01 mm；磨平面时，粗磨 a_p=0.015 ~ 0.15mm，精磨 a_p=0.005 ~ 0.015 mm。

外圆磨削时，纵向进给量 f 是指工件每回转一周，沿自身轴线方向相对于砂轮移动的距离。粗磨时 f=（0.3 ~ 0.85）T；精磨时 f=（0.2 ~ 0.3）T，其中 T 是砂轮宽度，f 的单位是 mm/r。

工件圆周速度 v_ω 是指圆柱面磨削时工件待加工表面的线速度，又称工件圆周进给速度，用下式表示：

$$v_\omega=\frac{\pi d_\omega n_\omega}{1\,000\times 60}\ (\text{m/s}) \tag{3-10}$$

式中，d_ω——工件直径，mm；

n_ω——工件转速，r/min。

粗磨时 v_ω=20 ~ 85 m/s，精磨时 v_ω=15 ~ 50 m/s。

5．磨削加工工艺特点

（1）砂轮在磨削时具有极高的圆周速度，其磨削速度可达 60 m/s（约为普通刀具切削速度的 10 倍以上），而采用 CBN（立方氮化硼）砂轮磨削时，磨削速度已发展为 120 ~ 180 m/s。

（2）磨削加工切除单位体积金属所消耗的能量大，而这些能量大部分转化为切削热。故砂轮在磨削时除了对工件表面有切削作用外，还有强烈的摩擦，磨削区域的温度高达 400 ~ 1 000℃，易引起工件表面退火或烧伤。磨削过程中磨粒切削刃与工件接触点的瞬时温度可达 1 000℃以上，砂轮与工件接触区的平均温度通常可达 500 ~ 800℃。故磨削表面容易产生残余应力，容易造成烧伤和产生裂纹。

（3）砂轮磨料的硬度高，耐热性好，砂轮可以磨削铜、铝、铸铁等较软的金属材料，还可以磨削硬度很高的淬硬钢、高速钢、硬质合金、钛合金和玻璃等金属及非金属材料。故磨削能加工一般金属切削刀具所不能加工的硬材料，如带有不均匀铸、锻硬皮的工件表面及淬硬表面等。

（4）磨削是一种少切屑加工方法，在一次行程中切除的金属量很少，金属切除效率低。但磨削加工能切除极薄极细的切屑，切屑厚度一般只有几微米，故磨削加工有较强的修正误差能力，其经济加工精度高（IT5 ~ IT6），加工表面粗糙度值小（可小至 *Ra*0.1 μm），广泛应用于工件的精加工。

课题三　汽车零件热处理工艺

- 熟悉金属热处理工艺的概念和分类。
- 了解金属热处理的作用。

金属热处理是机械制造中的重要工艺之一，与其他加工工艺相比，热处理一般不改变工件的形状和整体的化学成分，而是通过改变工件内部的显微组织，或改变工件表面的化学成分，赋予或改善工件的使用性能，改善工件的内在质量，而这一般是肉眼看不到的。

一、金属热处理的概念

金属热处理是对固态金属或合金采用适当方式加热、保温和冷却，以获得所需的组织结构和性能的加工方法。加热温度的高低、保温时间的长短、冷却速度的快慢，可使钢材产生不同的组织变化。例如，将加热的钢件浸入水中快速冷却（淬火），可提高钢件的硬度。热处理车间如图 3–3–1 所示。

图 3–3–1　热处理车间

为使金属钢件具有所需要的力学性能、物理性能和化学性能，除合理选用材料和各种加工成形工艺外，热处理工艺往往是必不可少的。钢铁是机械加工制造过程中应用广泛的材料，其显微组织复杂，可以通过热处理予以控制，所以钢铁的热处理是金属热处理的主要内容。此外，铝、铜、镁、钛及其合金也都可以通过热处理改变其力学、物理和化学性能，以获得不同的使用性能。

二、热处理工艺的分类

金属热处理工艺大体可分为整体热处理、表面热处理和化学热处理三大类。根据加热介质、加热温度和冷却方法的不同，每一类又可分为若干不同的热处理工艺。同一种金属采用不同的热处理工艺，可获得不同的组织，从而具有不同的性能。钢铁是工业上应用最广的金属，而且钢铁显微组织也最为复杂，因此钢铁热处理工艺种类繁多。

1. 整体热处理

整体热处理是对工件整体加热，然后以适当的速度冷却，获得需要的金相组织，以改变其整体力学性能的金属热处理工艺。热处理工艺曲线示意图如图 3–3–2 所示。钢铁整体热处理一般包括退火、正火、淬火和回火四种基本工艺。

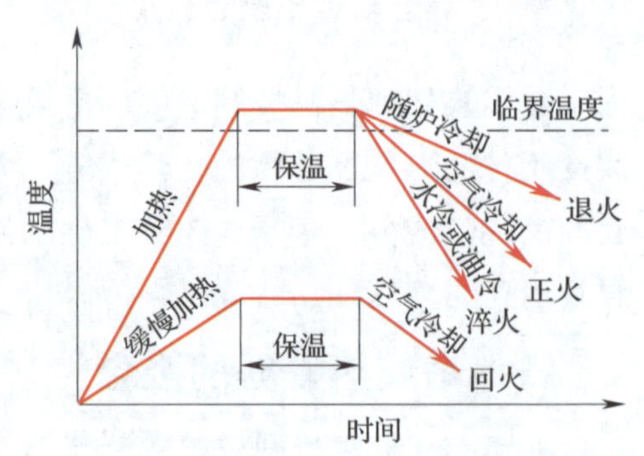

图 3–3–2　热处理工艺曲线示意图

（1）退火是将工件加热到适当温度，根

据材料和工件尺寸采用不同的保温时间，然后进行缓慢冷却，目的是使金属内部组织达到或接近平衡状态，获得良好的工艺性能和使用性能，或者为进一步淬火做组织准备。

（2）正火是将工件加热到适宜的温度后在空气中冷却，正火的效果同退火相似，只是得到的组织更细，常用于改善材料的切削性能，有时也用于对一些要求不高的零件做最终热处理。

（3）淬火是将工件加热保温后，在水、油或其他无机盐、有机水溶液等淬冷介质中快速冷却。淬火后钢件变硬，但同时也变脆。

（4）回火是将淬火后的钢件在高于室温而低于650℃的某一适当温度进行长时间的保温，再进行冷却，以降低钢件的脆性。

退火、正火、淬火、回火是整体热处理中的“四把火”，其中的淬火与回火关系密切，常常配合使用，缺一不可。

“四把火”随着加热温度和冷却方式的不同，又演变出不同的热处理工艺。为了获得一定的强度和韧性，把淬火和高温回火结合起来的工艺称为调质。某些合金淬火形成过饱和固溶体后，将其置于室温或稍高的适当温度下保持较长时间，以提高合金的硬度、强度或电性、磁性等，这样的热处理工艺称为时效处理。时效处理主要用于消除毛坯制造和机械加工中产生的内应力。

将压力加工形变与热处理有效而紧密地结合起来进行，使工件获得很好的强度、韧性配合的方法称为形变热处理。在负压气氛或真空中进行的热处理称为真空热处理，它不仅能使工件不氧化、不脱碳，保持处理后工件表面光洁，提高工件的性能，还可以通入渗剂进行化学热处理。真空热处理炉如图 3-3-3 所示。

图 3-3-3　真空热处理炉

2. 表面热处理

图 3-3-4　感应加热工件

表面热处理是只加热工件表层，以改变其表层力学性能的金属热处理工艺。为了只加热工件表层而不使过多的热量传入工件内部，使用的热源须具有高的能量密度，即在单位面积的工件上给予较大的热能，使工件表层或局部能短时或瞬时达到高温。表面热处理的主要方法有火焰淬火和感应加热热处理（见图 3-3-4），常用的热源有氧乙炔或氧丙烷等火焰、感应电流、激光和电子束等。

3. 化学热处理

化学热处理是将工件置于活性介质中加热和保温，使介质中活性原子渗入工件表层，以改变其表面层的化学成分、组织结构和性能的热处理工艺。化学热处理是将工件放在含碳、氮或其他合金元素的介质（气体、液体、固体）中加热，保温较长时间，从而使工件表层渗入碳、氮、硼和铬等元素。渗入元素后，有时还要进行其他热处理工艺，如淬火及回火。化学热处理的主要方法有渗碳、渗氮、渗金属。有不少汽车零件，既要保留心部的韧性，又要改变表面的组织以提高硬度，就需要采用表面高频淬火或渗碳、渗氮等热处理工艺。

（1）渗碳淬火，适用于低碳钢和低合金钢，先提高零件表层的含碳量，经淬火后使表层获得高的硬度，而心部仍保持一定的强度和较高的韧性和塑性。渗碳分整体渗碳和局部渗碳。局部渗碳时对不渗碳部分要采取防渗措施（镀铜或镀防渗材料）。由于渗碳淬火变形大，且渗碳深度一般为 0.5 ~ 2 mm，所以渗碳工序一般安排在半精加工和精加工之间，其工艺路线一般为：下料→锻造→正火→粗、半精加工→渗碳淬火→精加工。

（2）渗氮，是使氮原子渗入金属表面获得一层含氮化合物的处理方法。渗氮层可以提高零件表面的硬度、耐磨性、疲劳强度和抗蚀性。由于渗氮处理温度较低、变形小、渗氮层较薄（一般不超过 0.6 ~ 0.7 mm），渗氮工序应尽量靠后安排，为减小渗氮时的变形，在切削后一般需进行消除应力的高温回火。

三、金属热处理的作用

热处理是机械零件和工具、模具制造过程中的重要工序之一。它可以保证和提高工件的各种性能，如耐磨性、耐腐蚀性等，还可以改善毛坯的组织和应力状态，以利于进行各种冷、热加工。

例如，白口铸铁经过长时间退火处理可以获得可锻铸铁，提高塑性；齿轮采用正确的热处理工艺，使用寿命可以比不经热处理的齿轮成倍或几十倍地提高。另外，廉价的碳钢通过渗入某些合金元素就具有某些价格昂贵的合金钢的性能，可以代替某些耐热钢、不锈钢。工具、模具等几乎全部需要经过热处理方可使用。

思考与练习

1. 铸造的特点是什么？举例说明汽车零件上哪些产品是铸件。
2. 简述铸造工艺过程。应如何选择铸造工艺参数？
3. 锻造工艺特点有哪些？如何分类？简述锻件的结构工艺性。
4. 冲压的特点是什么？举例说明汽车零件上哪些产品是冲压件。
5. 分析常见焊接工艺特点。
6. 简述车削的主要加工对象。
7. 简述车削工艺特点。
8. 简述铣削的主要加工对象。
9. 铣床是如何分类的？铣刀有哪些种类？
10. 简述铣削工艺特点。
11. 简述麻花钻的结构组成和各部分的作用。
12. 简述钻头的种类及钻削工艺特点。
13. 简述磨床的种类和磨削工艺特点。
14. 简述金属热处理的作用。

模块四 尺寸链的分析与计算

在汽车及机械产品设计、制造过程中，尺寸链的应用非常普遍。首先，产品设计工程师需要根据产品、部件或总成的使用性能以及特殊要求，规定必要的装配精度，确定零件的公称尺寸及公差（或极限偏差）；其次，机械加工工艺设计人员通过尺寸链换算，确定各工序尺寸及其偏差；最后，装配工艺工程师要根据装配要求确定合适的装配方法。因此，对产品设计工程师及工艺工程师来说，尺寸链计算是必须掌握的重要理论之一。

本模块阐述尺寸链的基本概念、分类、组成、计算方法，尺寸链计算的基本公式，工艺尺寸链和装配尺寸链的建立及计算等内容。

课题一 尺寸链的基本概念

- 掌握尺寸链的定义、组成及分类。
- 掌握尺寸链的计算内容。

零件从毛坯逐步加工至成品的过程中，无论在一个工序内，还是在各个工序之间；也不论是加工表面本身，还是各表面之间，尺寸都在变化，并存在相应的内在联系。需要运用尺寸链的知识去分析这些尺寸之间的关系，尺寸链分析是合理确定工序尺寸及其公差的基础。

一、尺寸链的定义及尺寸链图

1. 尺寸链的定义

在加工零件的过程中，当改变零件的某一尺寸大小时，会引起其他相关尺寸的变化。在整车或零部件的装配时，零件与零件之间在部件中的相关尺寸，同样是密切联系、相互依赖的。因此，机器在设计、装配及零件加工过程中，将一组相互联系且按一定顺序排列的封闭尺寸的组合，称为尺寸链。

2. 尺寸链图

图 4-1-1a 所示为内燃机活塞的轴向尺寸。图 4-1-1b 所示为活塞的轴向设计尺寸 A_1 和 A_2，尺寸 A_0 由尺寸 A_1 和 A_2 决定，尺寸 A_1、A_2、A_0 构成一个封闭的尺寸组，称为尺寸链。图 4-1-1c 中轴向尺寸 A'_1 和 A'_3 是零件在制造过程中的工序尺寸，A'_0 是由 A'_1 和 A'_3 直接保证后而间接获得的尺寸，A'_1、A'_0 和 A'_3 组成一个尺寸链。

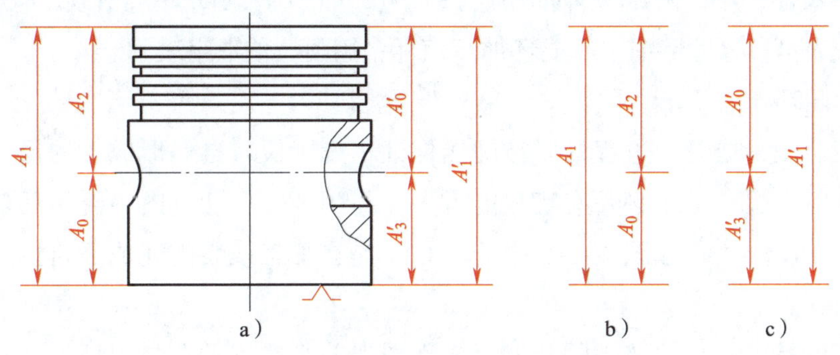

图 4-1-1　内燃机活塞尺寸链图

图 4-1-2a 所示为汽车变速器倒挡装置图。图 4-1-2b 中的轴向间隙 A_0，取决于壳体内壁间的轴向尺寸 A_1、止推垫片的厚度尺寸 A_2、A_4 和倒挡中间齿轮轮毂宽度尺寸 A_3，尺寸 A_0、A_1、A_2、A_3 和 A_4 按一定顺序形成了一个封闭尺寸组，即为尺寸链。

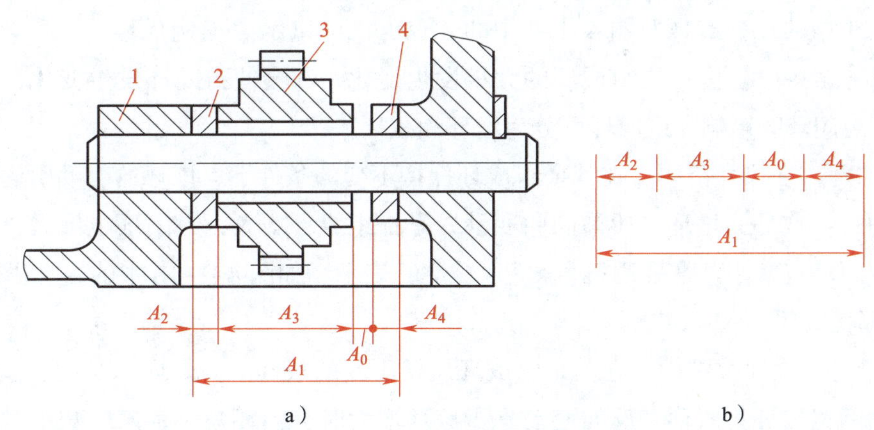

图 4-1-2　汽车变速器倒挡装置尺寸链图

1—变速器壳体　2、4—止推垫片　3—倒挡中间齿轮

尺寸链与尺寸标注的不同之处在于，尺寸链中的各尺寸必须构成封闭形式，并且按照一定顺序首尾相接。尺寸链的特征表现为尺寸是封闭的且具有关联性。

二、尺寸链的组成和特性

1. 尺寸链的组成

每个尺寸链是由若干个尺寸组成的，构成尺寸链的每个尺寸称为环。根据每个环在尺寸链中位置和性质的不同，尺寸链的环分为封闭环和组成环。长度环用大写斜体拉丁字母 A，B，C，…表示；角度环用小写斜体希腊字母 α，β 等表示。国家标准规定，在同一尺寸链中，各组成环都用同一符号，如用 A_1、A_2，…，A_{n-1}（n 为尺寸链中的总环数）表示。尺寸链图中组成环加下角标，用阿拉伯数字表示。

（1）封闭环

在加工、测量或装配过程最后被间接保证精度（最后自然形成）的尺寸称为封闭环。因此，每个尺寸链中必须有且只能有一个封闭环，尺寸链图中封闭环要加下角标“0”标示，如图 4–1–1 和图 4–1–2 中的 A_0，都是在加工或装配完成后自然形成的一个环，即封闭环。

封闭环的特点：尺寸链中的其他组成环的误差必然累积在封闭环上，封闭环的误差是所有各组成环误差的综合。封闭环的尺寸精度必然低于各组成环的尺寸精度。

（2）组成环

在加工、测量或装配过程中直接得到的环称为组成环。在一个尺寸链中，除封闭环以外的各环都是组成环。它们是在加工或装配过程中，直接得到或直接保证的尺寸，如图 4–1–1 中的 A_1、A_2 以及图 4–1–2 中的 A_1、A_2、A_3 和 A_4 都是组成环。

在尺寸链中，任意一个组成环的大小发生变化，都会使封闭环发生变化，按组成环变化对封闭环的影响，组成环可分为增环和减环。

1）增环。在尺寸链中，在其余组成环保持不变的条件下，该环的变动引起封闭环同向变动的组成环为增环。所谓同向变动，是指组成环增大，封闭环也增大；组成环减小，封闭环也减小。增环用符号 A（+）或 A_z 表示。如图 4–1–1b 中的 A_1 和图 4–1–2 中的 A_1 都是增环。

2）减环。在尺寸链中，在其余组成环保持不变的条件下，该环的变动引起封闭环反向变动的组成环为减环。反向变动是指该环增大时封闭环减小，该环减小时封闭环增大。减环用符号 A（–）或 A_J 表示。如图 4–1–1b 中的 A_2 和图 4–1–2 中的 A_2、A_3、A_4 都是减环。

3）增环与减环的判定。分析与计算尺寸链时，首先确定封闭环和组成环，再判别组成环是增环还是减环。判别增、减环多采用回路法。

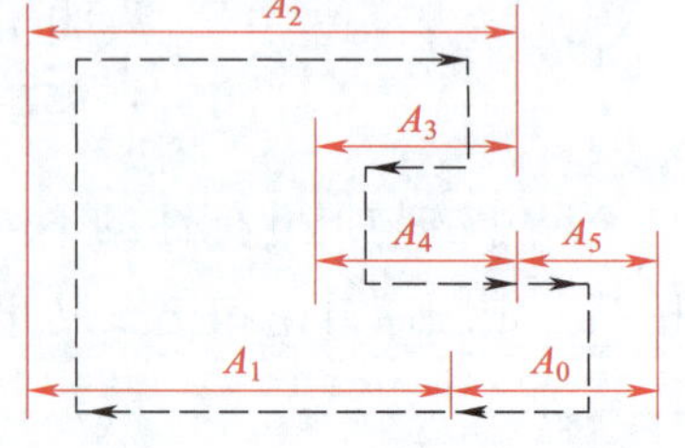

图 4–1–3　回路法判别增、减环

如图 4–1–3 所示，利用尺寸链图即可迅速判断组成环的性质，在封闭环 A_0 上面按任意指向画一箭头，沿 A_0 已定的箭头方向在每个组成环符号 A_1、A_2、A_3、A_4 和 A_5 上各画一箭头，使所画各箭头依次头尾相连，形成回路。凡是各组成环尺寸线箭头方向与封闭环尺寸线箭头方向相同的为减环，相反的为增环。按此方法可以判定，图 4–1–3 中，A_2、A_4、A_5 为增环；A_1、A_3 为减环。

2．尺寸链的特性

通过上述的分析，可以看出，尺寸链具有以下三个特性。

（1）尺寸链是封闭的尺寸组，它是由一个封闭环和若干个互相连接的组成环所构成的封闭图形，具有尺寸封闭性。

（2）由于尺寸链具有封闭性，故尺寸链中的各环都相互关联制约。封闭环随所有组成环的变动而变动，组成环是自变量，封闭环是因变量。

（3）尺寸链至少由三个尺寸（或角度）构成。

三、尺寸链的分类

为方便分析与计算尺寸链，对尺寸链可以按几种不同的方式加以分类：

1．按尺寸链各环所处空间位置的不同分类

按尺寸链各环所处空间位置的不同可将其分为线性尺寸链、角度尺寸链、平面尺寸链和空间尺寸链四种。

（1）线性尺寸链

线性尺寸链是全部尺寸位于两根或几根平行直线上的尺寸链。它是尺寸链中最基本、最常见的一种。图 4–1–1、图 4–1–2 所示尺寸链均为线性尺寸链。长度尺寸链用带双向箭头的直线段表示。

（2）角度尺寸链

角度尺寸链是全部尺寸均为角度构成的尺寸链。如图 4–1–4 所示尺寸链为具有公共顶角的由纯角度几何量构成的角度尺寸链。角度尺寸链用带箭头的弧线段表示。当平面或轴线间有平行度要求时，相当于 0° 或 180° 的角度关系；而有垂直度要求时，相当于 90° 的角度关系。因此，由平行度与垂直度要求组成的尺寸链也是角度尺寸链。

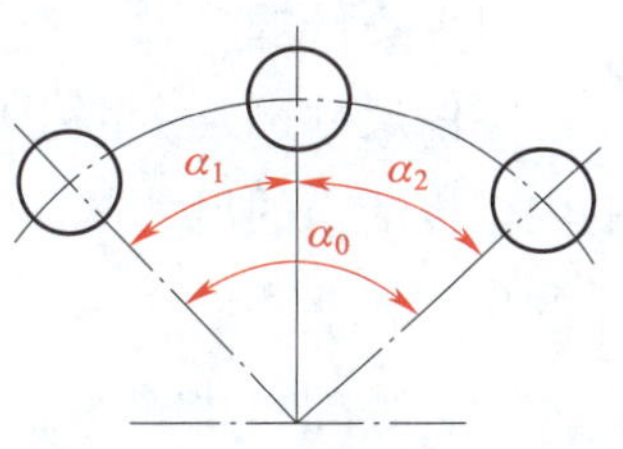

图 4–1–4　角度尺寸链

（3）平面尺寸链

平面尺寸链是全部尺寸位于一个或几个平行平面内，某些组成环可能会不平行于封闭环的尺寸链。如图 4–1–5a 所示为上、下两箱体的连接简图，B 和 C 代表两根相啮合齿轮轴的轴承座孔的中心，B 与 C 间的中心距为 A_0，B 孔与 C 孔中心坐标尺寸分别

为 A_1、A_2、A_3 和 A_4，它们与 A_0 构成平面尺寸链（见图 4–1–5b）。

平面尺寸链可用投影的方法将各组成环向封闭环所在方向投影，转换成直线尺寸链，如图 4–1–5b 所示，即由 A'_1、A'_2、A'_3、A'_4 及 A_0 构成的直线尺寸链。平面尺寸链经常在汽车箱体类零件中遇到。

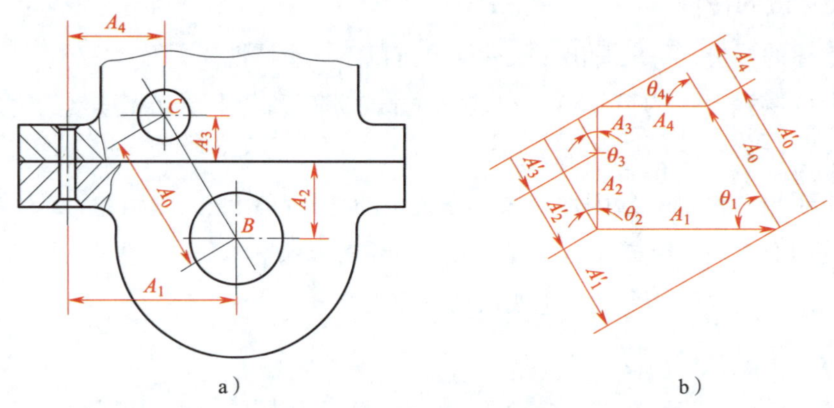

图 4–1–5　平面尺寸链

（4）空间尺寸链

空间尺寸链是指组成环位于几个不平行平面内的尺寸链。空间尺寸链可通过投影的方法，先转换成两个或三个平面尺寸链，然后再将平面尺寸链转换成直线尺寸链，最后按直线尺寸链求解。

2．按尺寸链的应用范围分类

尺寸链按应用范围的不同可分为零件尺寸链、装配尺寸链、工艺尺寸链和工序尺寸链四种。

（1）零件尺寸链

零件尺寸链是全部组成环为同一零件设计尺寸所形成的尺寸链。如图 4–1–1b 所示的内燃机活塞的尺寸链，零件图样上标注的设计尺寸 A_1 和 A_2 是尺寸链的组成环，未标注的尺寸 A_0 是封闭环。

（2）装配尺寸链

装配尺寸链是指全部组成环为不同零件设计尺寸所形成的尺寸链。装配尺寸链的特点为封闭环是不同零件表面间的尺寸，该尺寸在装配后间接（或自然）得到。如图 4–1–2 所示为变速器倒挡装置的装配尺寸链，封闭环 A_0 是倒挡中间齿轮与止推垫片间的轴向间隙，是装配后间接（或自然）形成的尺寸，也称为装配精度要求；组成环 A_1、A_2、A_3 和 A_4 分别为不同零件的设计尺寸。

装配尺寸链与零件尺寸链统称为设计尺寸链。

（3）工艺尺寸链

工艺尺寸链是全部组成环为同一零件工艺尺寸所形成的尺寸链。工艺尺寸链的特点是：封闭环是在零件加工后间接（或自然）得到的，在制造中直接获得的工序尺寸是组成环。如图 4-1-1c 所示的内燃机活塞的尺寸链就是工艺尺寸链。

（4）工序尺寸链

零件在各个加工工序（包括检验工序）中，先后获得的各工序尺寸所构成的封闭尺寸组合，称为工序尺寸链。

四、尺寸链的建立与分析

建立尺寸链时，应使用“最短尺寸链原则”。即对某一封闭环，若存在多个尺寸链时，应选择组成环数量最少的尺寸链进行分析和计算。尺寸链建立与分析的步骤如下：

1. 确定尺寸链的封闭环

在一个尺寸链中有且只有一个封闭环。

（1）工艺尺寸链中的封闭环是在加工中最后自然形成的环，一般为被加工零件要求达到的设计尺寸或工艺过程中需要的余量尺寸。加工顺序不同，工艺尺寸链的封闭环也不同。所以工艺尺寸链的封闭环必须在加工顺序确定之后才能判断。

（2）零件尺寸链中的封闭环应为公差等级要求最低的环，一般在零件图上不进行标注，以免在加工中引起混乱。

（3）装配尺寸链中的封闭环是产品上有装配精度要求的尺寸。它是指同一部件中各零件之间相互位置要求的尺寸，或是保证相互配合零件配合性能要求的间隙或过盈量。

2. 查找尺寸链的组成环

在确定封闭环之后，应确定对封闭环有影响的各个组成环，使之与封闭环形成一个封闭的尺寸回路。组成环是对封闭环有直接影响的那些尺寸，与此无关的尺寸要排除在外。一个尺寸链的环数应尽量少。查找组成环时，先从封闭环的任意一端开始，找相邻零件的尺寸，然后再找与第一个零件相邻的第二个零件的尺寸，这样一环接一环，直到封闭环的另一端为止，从而形成封闭的尺寸链。

五、尺寸链的计算

用尺寸链原理解决生产实际问题，可分为两种计算情况。

1. 公差校核计算

已知各组成环，求解封闭环。这种情况也称尺寸链的正计算，主要用于校核封闭环的公差和极限偏差。校核计算时，封闭环的计算结果是唯一确定的。工艺人员经常利用公差校核计算，来验证产品设计人员确定的相关零件设计尺寸、公差及极限偏差的正确性，以及装配方法选择的合理性。

2. 公差设计计算

已知封闭环，求解各组成环。这种情况称为尺寸链的反计算，主要用于产品设计、零件加工和装配工艺计算等。在计算过程中，将封闭环的公差合理地分配到各组成环上。各组成环的公差大小不是唯一确定的，分配的公差大小需要优化。

此外，在公差设计计算中也常会遇到已知封闭环和部分组成环的公差，求解其余组成环的公差，这种情况也属于公差的设计计算，一般称为中间计算。它用于设计、工艺计算等场合。

课题二 尺寸链计算的基本公式

- 掌握封闭环公称尺寸的计算。
- 熟悉利用极值法计算尺寸链的方法。
- 了解利用统计法计算尺寸链的方法。

在工艺尺寸链和装配尺寸链中，都需要利用尺寸链计算的基本公式来进行尺寸换算。利用尺寸链计算的基本公式，可以在已知各组成环公称尺寸及公差（或偏差）的情况下，求出封闭环的公称尺寸及公差（或偏差）；也可以在已知封闭环的公称尺寸及公差（或偏差）的情况下，确定某一组成环或各个组成环的公称尺寸及公差（或偏差）。

在尺寸链计算中，通常是以各环的公称尺寸及上、下极限偏差来表达的，也可用极限尺寸或平均尺寸和平均偏差来表达。为了计算的方便和统一，将尺寸链计算公式中所用的符号列于表 4-2-1 中。

表 4-2-1　尺寸链计算公式中所用的符号

环名	个数	代表量的符号							
		公称尺寸	上极限尺寸	下极限尺寸	上极限偏差	下极限偏差	公差	平均尺寸	平均偏差
所有环	$N(l+m+n)$	A	A_{max}	A_{min}	ES_A	EI_A	δ	A_M	Δ
封闭环	l	A_0	A_{0max}	A_{0min}	ES_{A0}	EI_{A0}	δ_0	A_{M0}	Δ_0
增环	m	A_Z	A_{Zmax}	A_{Zmin}	ES_{AZ}	EI_Z	δ_Z	A_{MZ}	Δ_Z
减环	n	A_J	A_{Jmax}	A_{Jmin}	ES_{AJ}	EI_{AJ}	δ_J	A_{MJ}	Δ_J

一、封闭环公称尺寸的计算

封闭环的公称尺寸等于各增环尺寸之和减去各减环尺寸之和，

$$A_0=\sum_{Z=1}^{m}A_Z-\sum_{J=1}^{n}A_J \tag{4-1}$$

式中，m——增环数；

n——减环数。

该式对用极值法和统计法进行工艺尺寸链和装配尺寸链的计算都适用。

在图 4-1-1 中，设 A_1=（$112_{-0.2}^{\ 0}$）mm，A_2=（55.5 ± 0.05）mm，求封闭环 A_0 的尺寸。

由式（4-1）得

$$A_0=A_1-A_2=112-55.5=56.5(\text{mm})$$

二、用极值法计算尺寸链

1．极限尺寸的计算

极限尺寸计算包括封闭环的最大值和最小值计算。封闭环的最大值等于各增环最大值之和减去各减环最小值之和；封闭环的最小值等于各增环最小值之和减去各减环最大值之和。

$$\begin{cases}A_{0\max}=\sum\limits_{Z=1}^{m}A_{Z\max}-\sum\limits_{J=1}^{n}A_{J\min}\\A_{0\min}=\sum\limits_{Z=1}^{m}A_{Z\min}-\sum\limits_{J=1}^{n}A_{J\max}\end{cases} \tag{4-2}$$

对于图 4-1-1 中 A_0 的极限尺寸计算如下：

$$A_{0\max}=A_{1\max}-A_{2\min}=(112+0)-(55.5-0.05)=56.55(\text{mm})$$
$$A_{0\min}=A_{1\min}-A_{2\max}=(112-0.2)-(55.5+0.05)=56.25(\text{mm})$$

2．上、下极限偏差的计算

将式（4-2）减去式（4-1），可得上、下极限偏差的计算公式。

$$\begin{cases}ES_{A0}=\sum\limits_{Z=1}^{m}ES_{AZ}-\sum\limits_{J=1}^{n}EI_{AJ}\\EI_{A0}=\sum\limits_{Z=1}^{m}EI_{AZ}-\sum\limits_{J=1}^{n}ES_{AJ}\end{cases} \tag{4-3}$$

式（4-3）说明封闭环的上极限偏差等于各增环上极限偏差之和减去各减环下极限偏差之和，封闭环的下极限偏差等于各增环下极限偏差之和减去各减环上极限偏差之和。

由于零件的尺寸通常以公称尺寸加上上、下极限偏差的形式标注，因此式（4-3）的计算比式（4-2）的计算更加方便、简捷。

3．公差的计算

将式（4–2）中的上式减去下式，则公差的计算公式为

$$\begin{aligned}\delta_0 = A_{0\max} - A_{0\min} &= \sum_{Z=1}^{m} A_{Z\max} - \sum_{J=1}^{n} A_{J\min} - \Big(\sum_{Z=1}^{m} A_{Z\min} - \sum_{J=1}^{n} A_{J\max}\Big) \\ &= \sum_{Z=1}^{m} A_{Z\max} - \sum_{Z=1}^{m} A_{Z\min} + \Big(\sum_{J=1}^{n} A_{J\max} - \sum_{J=1}^{n} A_{J\min}\Big) \\ &= \sum_{Z=1}^{m} \delta_Z + \sum_{J=1}^{n} \delta_J\end{aligned}$$

即

$$\delta_0 = \sum_{i=1}^{N-1} \delta_i \tag{4–4}$$

式中，i——组成环数。

式（4–4）说明封闭环的公差等于各组成环的公差之和。该式可用作极值法计算各环尺寸后的验算式。

在图 4–1–1 中，A_0 的公差按式（4–4）计算

$$\delta_0 = \delta_1 + \delta_2 = 0.2 + 0.1 = 0.3(\text{mm})$$

由式（4–4）可知，用极值法计算的封闭环公差比任何组成环公差都大。因此，在设计时应选择最不重要的环作为封闭环。反之，当封闭环公差确定之后，组成环数越多，则每一组成环的公差就越小，对加工要求越高，加工成本也越高。

三、用统计法计算尺寸链

由于极值法考虑了组成环可能出现的最不利情况，故其计算结果是绝对可靠的，而且计算方法简单，所以应用较广泛。但在成批生产中，各环出现极限尺寸的可能性并不大，同时当尺寸链的组成环数较多时，各环均出现极限尺寸的可能性更小。所以极值法显得过于保守，尤其是当封闭环公差较小时，常使各组成环公差太小而使制造困难。于是，可根据各环尺寸的分布状态，使用统计法。

统计法是应用概率论的原理来进行尺寸链计算的一种方法，也称为概率法。用统计法解尺寸链，公称尺寸仍按式（4–1）计算，公差及上、下极限偏差可按各环尺寸的分布规律确定。

1．封闭环公差计算

根据概率理论，当各组成环的尺寸都按正态分布时，封闭环尺寸也一定按正态分布。再由概率论关于各变量的标准差关系间的理论，可得出封闭环与各组成环公差的关系为

$$\delta_0 = \sqrt{\sum_{i=1}^{N-1} \delta_i^2} \tag{4–5}$$

式中，i——组成环数。

式（4–5）说明，当各组成环公差均按正态分布时，封闭环公差等于各组成环公差平方和的平方根。

2. 平均偏差的计算

由式（4–1）和式（4–5）可以给出公称尺寸 A 和公差大小 δ 的计算式，但要完全确定一个尺寸，还必须求出它的上极限偏差和下极限偏差。

若各环尺寸的分布曲线为对称分布曲线（正态分布曲线属于对称分布曲线的一种），且曲线分布中心 μ 与公差带中心（平均偏差）重合，则平均尺寸 A_M 与平均偏差 Δ 也重合，如图 4–2–1 所示。要确定尺寸的上、下极限偏差必须先求出平均偏差 Δ 的值。从图 4–2–1 中可知，平均偏差与平均尺寸和公称尺寸的关系如下：

$$\Delta = A_M - A \tag{4–6}$$

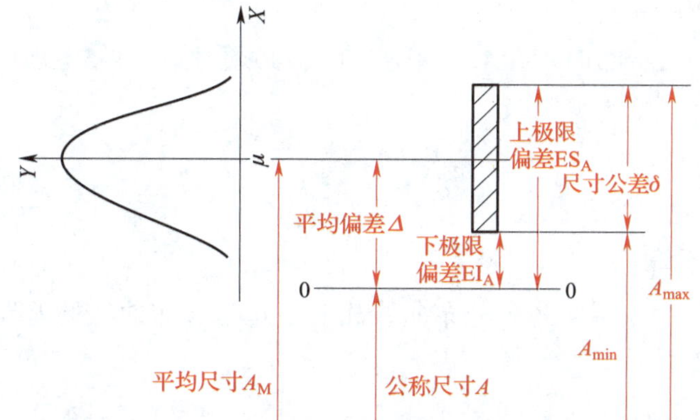

图 4–2–1　尺寸与偏差的关系

当 A_M 为某一环的平均尺寸时，则可由该环的极限尺寸确定

$$A_M = (A_{max} + A_{min})/2 \tag{4–7}$$

若要求某一未知环的平均尺寸，可先按式（4–7）求出其他各已知环的平均尺寸，再按式（4–8）求出该环的平均尺寸。

$$A_{M0} = \sum_{Z=1}^{m} A_{MZ} - \sum_{J=1}^{n} A_{MJ} \tag{4–8}$$

可见，封闭环的平均尺寸等于该尺寸链中所有增环的平均尺寸之和减去所有减环的平均尺寸之和，这是利用概率论原理对尺寸链进行换算的又一基本公式。利用该式求出未知环的平均尺寸 A_M 后，再用式（4–6）换算，即可求得未知环的平均偏差 Δ 的值。

Δ 值也可通过另一途径求出。将式（4–8）中各环减去公称尺寸，可得到如下关系式。

$$\Delta_0=\sum_{Z=1}^{m}\Delta_Z-\sum_{J=1}^{n}\Delta_J \tag{4-9}$$

可见，封闭环的平均偏差等于所有增环平均偏差之和减去所有减环平均偏差之和。可以先用下式求出各已知环的平均偏差。

$$\Delta=(ES_A+EI_A)/2 \tag{4-10}$$

再将各已知环的 Δ 值代入式（4–9）中，即可求出未知环的平均偏差 Δ 值。

3．上、下极限偏差的计算

利用平均偏差，可得出某环上、下极限偏差计算公式如下：

$$\begin{cases}ES_A=\Delta+\delta/2\\ EI_A=\Delta-\delta/2\end{cases} \tag{4-11}$$

必须注意，上述计算方法用于明确各环尺寸均为正态分布的场合。

4．统计法的估算

当尺寸不为正态分布时，在求各环公差时，必须对式（4–5）加以修改，则封闭环与各组成环公差的关系式为

$$\delta_0=\sqrt{\sum_{i=1}^{N-1}k_i^2\delta_i^2} \tag{4-12}$$

式中，k——相对分布系数。

相对分布系数用来说明各种分布曲线相对于正态分布曲线的差异程度，不同分布曲线所对应的 k 值见表 4–2–2。

表 4–2–2　常见分布曲线的相对分布系数 k 和相对不对称系数 e

分布曲线特征	正态分布	三角形分布	等概率分布	平顶分布	偏态分布	
					外尺寸	内尺寸
分布曲线简图	−3σ　+3σ				e · δ/2	e · δ/2
相对分布系数 k	1	1.22	1.73	1.1 ~ 1.5	1.17	1.17
相对不对称系数 e	0	0	0	0	+0.26	–0.26

当尺寸不为对称分布时，则平均尺寸相对于平均偏差就会有偏移，偏距为 $e \cdot \delta/2$，如图 4–2–2 所示。e 称为相对不对称系数，表示尺寸分布的不对称程度。不同分布曲线所对应的 e 值见表 4–2–2。

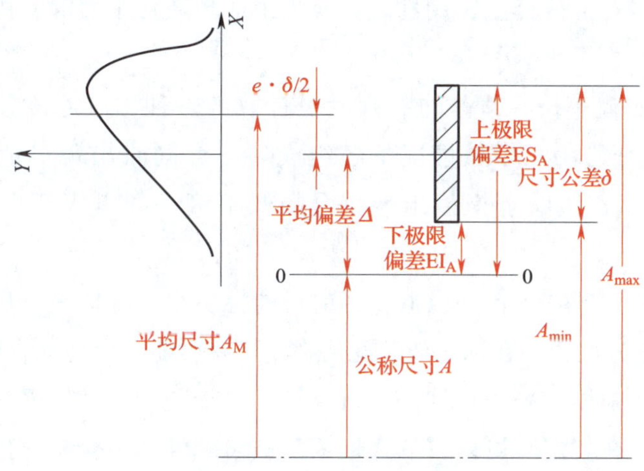

图 4–2–2　非正态分布时尺寸与偏差的关系

此时，式（4–8）、式（4–9）分别修正为，

$$A_{M0}=\sum_{Z=1}^{m}(A_{MZ}+e_Z\cdot\delta_Z/2)-\sum_{J=1}^{n}(A_{MJ}+e_J\cdot\delta_J/2) \tag{4–13}$$

$$\Delta_0=\sum_{Z=1}^{m}(\Delta_Z+e_Z\cdot\delta_Z/2)-\sum_{J=1}^{n}(\Delta_J+e_J\cdot\delta_J/2) \tag{4–14}$$

式中，e_Z——增环的相对不对称系数；

e_J——减环的相对不对称系数。

显然，当利用上述公式解尺寸不对称分布的尺寸链时，首先必须知道各尺寸分布的确切规律，这样才能选取 k 值和 e 值。而要明确各尺寸分布的确切规律，必须经过大量的数据统计与处理。

为了简化统计法的计算过程，能在各环尺寸分布规律不明的情况下进行尺寸链的计算，可用估算式进行计算。各环公差的估算可按式（4–15）进行。

$$\delta_0=k_M\sqrt{\sum_{i=1}^{N-1}\delta_i^2} \tag{4–15}$$

式中，k_M——平均相对分布系数，可在 1.2 ~ 1.7 内选取。

各环平均尺寸和平均偏差仍按式（4–8）和式（4–9）计算，式（4–6）也仍适用。这说明，在用估算法确定上、下极限偏差时，将各环尺寸分布都视为对称分布，且分布中心与公差带中心重合。

汽车零件生产属于大批大量生产，并且零件加工中影响尺寸分布的随机因素较为稳定，可以认为零件的尺寸分布为正态分布，可取 k=1，e=0。这给统计法计算带来了很大的方便。

因此，统计法计算尺寸链适合于在大批大量生产中解算多环（$n \geqslant 7$）尺寸链时应用。尺寸链环数越多，估算法实用性越强。当组成环数目不多时，则要求各环的误差值不能相差太大。

统计法是利用概率论原理来进行尺寸链计算的一种方法。该方法根据正态分布曲线的规律，考虑到在大多数情况下各组成环不会同时出现极值。同时，根据统计概率乘法定理，各组成环极值出现重合的概率等于各组成环出现极值概率的乘积。

因此，当环数较多时，各环极值相遇的可能性更小。统计法可以扩大各组成环的公差，给加工带来方便，但在加工或装配后封闭环有可能会出现不合格尺寸。

在工艺尺寸链中很少采用统计法进行计算；对于装配尺寸链而言，因为封闭环不合格率较小，而且在装配时可以有选择地搭配被装配件，不合格率对装配工作没有很大影响，所以，在尺寸链环数较多、封闭环精度要求较高的装配尺寸链中可用统计法进行计算。

课题三　工艺尺寸链

- 掌握基准重合时的工序尺寸计算方法。
- 掌握基准不重合时的工序尺寸计算方法。

在汽车零件从毛坯到成品的整个工艺过程中，正确地绘制、分析和计算工艺尺寸链，是编制工艺规程的重要步骤，否则，会在机械加工中造成各种困难甚至出现废品，带来不必要的损失。正确地绘制、分析和计算工艺尺寸链，是编制工艺规程的重要步骤。对于基准重合时、基准不重合时、工序间工艺尺寸等，都要利用尺寸链进行计算。

工艺尺寸链的分析计算，首先确定封闭环；其次建立工艺尺寸链；最后利用尺寸链计算公式计算工艺尺寸链。

一、工序基准、测量基准与设计基准重合时的工序尺寸计算

定位基准、工序基准、测量基准与设计基准都重合，是确定工序尺寸最简单的情

况。这种情况下，工序尺寸的计算是从最终工序开始，反算到第一工序的。工序尺寸是组成环，加工余量是封闭环。下面举例说明。

图 4-3-1 所示为活塞零件工序尺寸图，尺寸 C_1、C_2 为设计尺寸，其中 C_1 为活塞顶面到底面的距离，C_2 为顶面到销孔轴线间的尺寸。为了保证设计尺寸 C_1，顶面加工顺序为粗车顶面→精车顶面。粗车顶面时，以底面为定位基准；精车顶面时，也以底面为定位基准。因此，在加工活塞顶面过程中，工艺基准与设计基准重合，各工序的工序尺寸为：

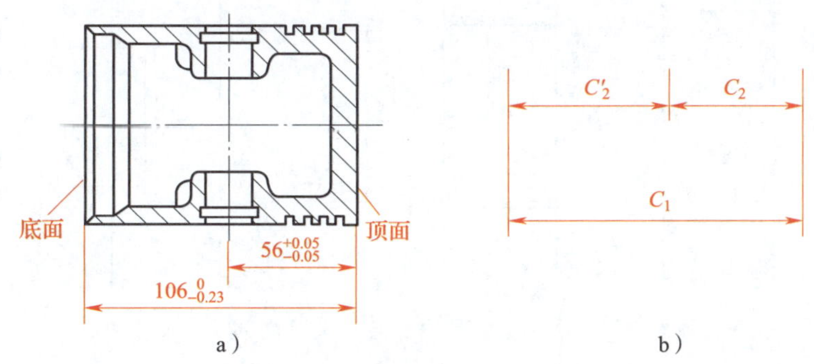

图 4-3-1　活塞零件工序尺寸图

a）尺寸简图　b）尺寸链图

精车活塞顶面 $C'_1=C_1$　　　（与设计尺寸相同）

粗车活塞顶面 $C''_1=C_1+Z_1$　　　（设计尺寸加上精车余量，精度为粗车精度）

式中，C'_1——精车工序尺寸；

C''_1——粗车工序尺寸；

Z_1——精车余量。

通常，外圆、内孔、盘及套类零件的加工，工艺基准与设计基准基本上是重合的。由以上实例可以看出，只要基准重合，可通过下述步骤确定工序尺寸。

（1）确定各工序余量和毛坯总余量。

（2）确定各工序尺寸公差及表面粗糙度。最终工序尺寸公差等于设计公差，表面粗糙度为设计表面粗糙度。其他工序公差和表面粗糙度按工序加工方法的经济精度和经济粗糙度确定。

（3）求工序公称尺寸。从零件图的设计尺寸开始，一直往前推算到毛坯尺寸，某工序公称尺寸等于后道工序公称尺寸加上或减去后道工序余量。

（4）标注工序尺寸公差。最后一道工序按设计尺寸公差标注，其余工序尺寸按“单向入体”原则标注。所谓单向入体原则是指标注工件尺寸公差时应向材料实体方向单向标注。但对于磨损后无变化的尺寸，一般标注双向偏差。

1）若工序尺寸为包容尺寸（孔、槽），则标注正偏差，下极限偏差为零。

2）若工序尺寸为被包容尺寸（轴、键），则标注负偏差，上极限偏差为零。

3）若工序尺寸为中心距离或其他尺寸，则可标注双向偏差。

【例 4–3–1】 如图 4–3–2 所示，某法兰盘零件上有一个孔，孔径为$\phi 60^{+0.03}_{0}$ mm，表面粗糙度值为 *Ra*0.8 μm，毛坯为铸钢件，需淬火处理。其工艺路线见表 4–3–1 第 1 列。

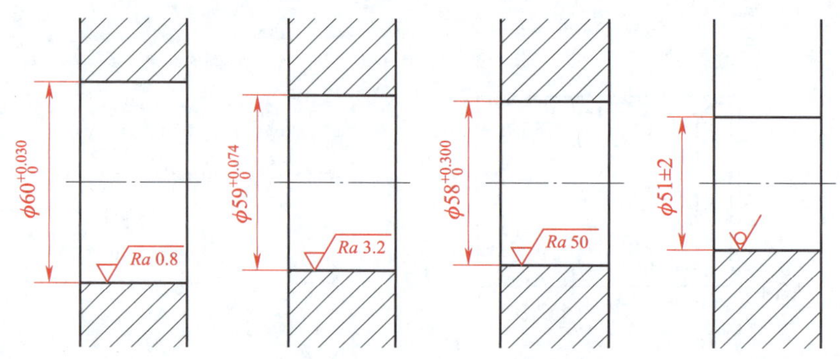

图 4–3–2 法兰盘零件内孔尺寸及基本偏差的计算

解： 法兰盘零件内孔的加工工艺过程：粗镗孔→半精镗孔→磨孔。工艺基准与设计基准重合，各工序的工序尺寸计算见表 4–3–1。

表 4–3–1 **工序尺寸及其偏差的计算** mm

工序名称	工序余量	工序所能达到的精度等级	工序尺寸（最小工序尺寸）	工序尺寸及其上、下极限偏差
磨孔	0.4	H7（$^{+0.030}_{0}$）	60	60（$^{+0.030}_{0}$）
半精镗孔	1.6	H9（$^{+0.074}_{0}$）	59.6	59.6（$^{+0.074}_{0}$）
粗镗孔	7	H12（$^{+0.300}_{0}$）	58	58（$^{+0.300}_{0}$）
毛坯孔	—	±2	51	51±2

（1）根据各工序的加工性质，查表得到它们的工序余量（见表 4–3–1 中的第 2 列）。

（2）确定各工序的尺寸公差及表面粗糙度值。由各工序的加工性质查有关经济加工精度和经济粗糙度（见表 4–3–1 中的第 3 列）。

（3）根据查得的工序余量计算各工序尺寸（见表 4–3–1 中的第 4 列）。

（4）确定各工序尺寸的上、下极限偏差。按“单向入体”原则，对于孔，基本偏差值为公差带的下极限偏差，上极限偏差取正值；对于毛坯，尺寸偏差应取双向对称偏差（见表 4–3–1 中的第 5 列）。

二、工序基准、测量基准与设计基准不重合时的工序尺寸计算

在零件的加工过程中，为了便于工件的定位或测量，有时难以采用零件的设计基准作为定位基准或测量基准，因此在进行加工工艺设计时，相关的工序尺寸必须经过尺寸链换算来获得。

1．定位基准与设计基准不重合时工序尺寸的计算

在工艺设计过程中，所选择的定位基准与设计基准不重合，则零件的设计尺寸就不能由加工直接获得，而是由几个工序尺寸予以间接保证，此时应用尺寸链原理计算有关的工序尺寸，以保证设计尺寸的精度要求。

如图 4–3–1a 所示，在精镗活塞销孔的工序中，选活塞底面作为定位基准，但销孔的设计基准为活塞顶面，因此工序基准与设计基准不重合。为保证尺寸 C_2，工序尺寸按选定的工序基准调整确定为 C'_2，如图 4–3–1b 所示。现在要确定工序尺寸 C'_2 的大小，以及公差应控制在什么范围内才能保证设计尺寸 C_2。为此，首先确定封闭环。由于 C_2 为间接保证的设计尺寸，所以 C_2 为封闭环，C'_2 与 C_1 为组成环。

计算工序尺寸 C'_2，由式（4–1）得

$$C'_2=C_1-C_2=106-56=50(\text{mm})$$

工序尺寸 C'_2 公差计算。因为 T_{C1}=0.23 mm，T_{C2}=0.1 mm，而 C_2 为封闭环。由式（4–4）可知，T_{C2} 必须大于或等于（$T_{C1}+T_{C'2}$）。但尺寸链中，组成环 C_1 的公差已大于封闭环的公差，即使 C'_2 的公差为零也不能保证 C_2 的尺寸公差。为此，必须调整 C_1 的公差。假如取 T_{C1}=0.06 mm，则可求出 T_{C2} 为 0.04 mm，公差调整之后 $C_1=106_{-0.06}^{\ 0}$ mm，该尺寸加工精度明显提高，加工难度增大。

计算 C'_2 的上、下极限偏差，由式（4–3）得

$$\begin{cases}\mathrm{ES}_{C2}=\mathrm{ES}_{C1}-\mathrm{EI}_{C'2}\\ \mathrm{EI}_{C2}=\mathrm{EI}_{C1}-\mathrm{ES}_{C'2}\end{cases}$$

$$\Rightarrow\begin{cases}\mathrm{EI}_{C'2}=\mathrm{ES}_{C1}-\mathrm{ES}_{C2}=0-0.05=-0.05(\text{mm})\\ \mathrm{ES}_{C'2}=\mathrm{EI}_{C1}-\mathrm{EI}_{C2}=-0.06-(-0.05)=-0.01(\text{mm})\end{cases}$$

则 $C'_2=50_{-0.05}^{-0.01}$ mm。

2．测量基准与设计基准不重合时工序尺寸的计算

在零件加工时会遇到一些表面加工后设计尺寸不便于直接测量的情况，此时就要

另选一个合适的表面作为测量基准进行加工，以间接保证设计尺寸的要求，这时必须进行工序尺寸的计算。

【例 4-3-2】 如图 4-3-3 所示为套筒零件，端面 A 是尺寸 $10_{-0.36}^{0}$ mm 及尺寸 $50_{-0.17}^{0}$ mm 的设计基准。在加工过程中，端面 A 和端面 C 已加工完毕达到设计尺寸，在本工序中需加工孔底 B 时，要保证尺寸 $10_{-0.36}^{0}$ mm。因该尺寸不便于直接测量，试标出测量尺寸。

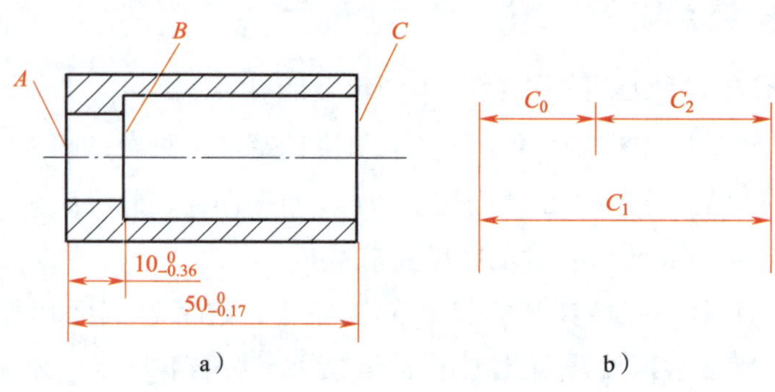

图 4-3-3 某套筒零件工序图

a）尺寸简图 b）尺寸链图

解： 因为在加工时，设计尺寸 $10_{-0.36}^{0}$ mm 不便于直接测量，改用游标深度尺以 B 面为基准直接测量大孔的深度，间接保证设计尺寸 $10_{-0.36}^{0}$ mm。

由于套筒的设计基准面为 A 面，而测量基准为 B 面，基准不重合，这就需要用尺寸链原理对工序尺寸 C_2 进行计算。如图 4-3-3b 所示，对大孔深度进行计算，为此应建立工艺尺寸链。

（1）确定封闭环，封闭环应为间接保证的设计尺寸 $10_{-0.36}^{0}$ mm，用 C_0 表示。

（2）查明与大孔深度尺寸 C_2 有关的尺寸。

（3）画出尺寸链图，尺寸链中 C_0 为封闭环，C_1 为增环，C_2 为减环。于是，$C_1=50_{-0.17}^{0}$ mm，$C_0=10_{-0.36}^{0}$ mm，求 C_2。

计算 C_2 的公称尺寸，由式（4-1）得

$$C_2=C_1-C_0=50-10=40(\text{mm})$$

计算 C_2 尺寸的上、下极限偏差，由式（4-3）得

$$ES_{C2}=EI_{C1}-EI_{C0}=-0.17-(-0.36)=0.19(\text{mm})$$

$$EI_{C2}=ES_{C1}-ES_{C0}=0-0=0(\text{mm})$$

故

$$C_2=40_{0}^{+0.19}(\text{mm})$$

因为 $T_{C0}>T_{C1}$，所以可以按上述步骤进行计算。如果 $T_{C0}\leqslant T_{C1}$，则不能按上述步骤进行计算。因为封闭环的公差小于等于尺寸链中某一组成环的公差，那么其余组成

环公差之和应小于或等于零。由于机械制造中零件公差等于零或负公差是不可能的，因此必须根据工艺可能性重新决定各组成环的公差，即缩小它们的制造公差，提高其加工精度。解决这类问题一般有以下几种方法。

方法 1：按等公差值的原则分配封闭环公差，即

$$T_{\mathrm{Ci}}=\frac{T_{\mathrm{C0}}}{n-1}$$

这种方法在计算上比较简单，但从工艺上讲不够合理，可以根据实际情况判断是否使用此方法。

方法 2：按等公差等级的原则分配封闭环的公差，即首先确定公差等级，然后按各组成环的公称尺寸在公差表中查到相应尺寸的公差等级，确定各组成环的公差，使各组成环的公差之和小于或等于封闭环公差，即

$$T_{\mathrm{C0}}\geqslant\sum_{i=0}^{n-1}T_{\mathrm{Ci}}$$

这种方法相对来说比较合理，但这种方法的缺陷是所选用的各种加工方法所能达到的加工经济精度，并不一定是相同的公差等级。

方法 3：各组成环的公差根据具体情况来分配。采用此法与工艺设计人员的工作经验及技术水平有关，但实质上仍是从工艺观点出发。

必须指出的是，无论采用何种方法确定组成环公差，都应遵循各组成环的公差之和小于或等于封闭环公差的原则。

由上述分析可以看出，通过尺寸链换算来间接保证封闭环的精度，必须要提高组成环的尺寸精度。当封闭环的公差较大时，只需要提高本工序尺寸的加工精度；当封闭环的公差等于甚至小于一个组成环的公差时，不仅要提高本工序的工序尺寸的加工精度，而且还要提高前工序（或工步）的工序尺寸的加工精度。提高了加工精度，制造成本增加，制造难度加大。因此，工艺上应尽量选择设计基准作为定位基准或测量基准，以便消除基准不重合误差。

应该指出，按换算后的工序尺寸进行加工，间接保证原设计尺寸的要求时，存在一个“假废品”问题。例如，按图 4-3-3b 所示的尺寸链计算的工序尺寸 $C_2=40^{+0.19}_{0}$ mm 进行加工时，测量一批零件中的某一零件的实际尺寸 C_2=39.9 mm，比工序尺寸的下极限尺寸小 0.1 mm，从工序尺寸上看，此件应为废品。但如将该件的实际尺寸 C_1 再测量一下，如果 C_1=49.85（mm），则封闭环尺寸 C_0=（49.85–39.9）mm=9.95 mm，仍然符合设计尺寸 $10^{0}_{-0.36}$ mm 的要求。这是经过工序尺寸换算，从工序尺寸上看是废品，但产品仍然合格，即所谓的“假废品”问题。

课题四　装配尺寸链

- 掌握装配精度的概念。
- 了解保证装配精度的装配方法。

汽车的装配是整个汽车制造过程中的最后一个阶段，汽车最终的质量由装配来保证，因此，装配质量对于汽车的使用性能和使用寿命影响很大。

如果装配不当，即使所有加工的零件都合格也难以获得符合质量要求的产品。同时由于装配所花费的劳动量很大、占用的时间很多，所以，对于整车生产任务的完成、工厂的劳动生产率、产品的成本和资金周转都有直接影响。

在汽车制造过程中，装配尺寸链的建立无论是在产品设计阶段，还是在制造阶段，都非常重要。在汽车制造过程中，按照规定的技术要求，将若干个零件结合成组件，并进一步结合成部件以至整车的装配过程，分别称为组装、部装和总装。

一、装配精度的概念

1．装配精度

装配精度是指零件经装配后在尺寸、相对位置及运动等方面所获得的精度。装配精度也是为满足机械产品及部件的使用性能，在设计过程中规定的技术要求。因此，装配精度不但影响机械产品或部件的工作性能，而且影响其使用寿命。合理地确定装配精度，是产品设计的重要环节之一。它不仅关系到产品质量，也关系到产品的制造难易程度和经济性。装配精度既是制定装配工艺规程的主要依据，也是确定零件加工精度的依据。

2．装配精度与零件精度之间的关系

汽车或机械产品由零件组成，所以汽车或机械产品的装配精度与相关零部件的加工精度直接相关。零件的加工精度是保证装配精度的基础，在一般情况下，零件的精度越高，装配精度也越高。例如，图 4-4-1 所示的汽车发动机曲轴主轴颈轴肩与主轴承止推垫片端面间的轴向间隙 A_0，此精度与主轴颈、止推垫片、轴瓦等零部件的 A_1、A_2、A_3、A_4 尺寸加工精度直接相关。若合理地确定这些零件的加工精度，使它们的累积误差不超出装配精度要求，那么这些零件装配后就一定能保证所要求的装配精度。但是，装配精度并非完全取决于零件加工精度，装配中可以采用不同的装配方法来实现产品装配精度要求。因此，装配精度可由零件的加工精度与装配方法来共同保证。

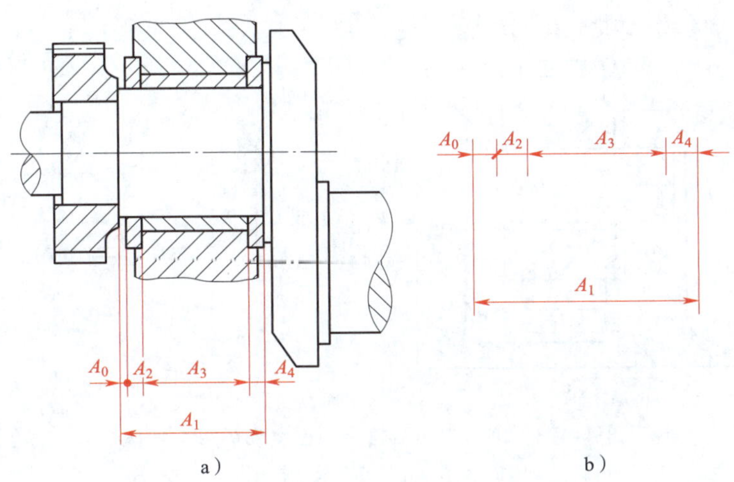

图 4-4-1　发动机曲轴主轴颈与主轴承的轴向装配简图和装配尺寸链

a）装配简图　b）尺寸链图

二、装配尺寸链的建立

1. 装配尺寸链和尺寸链图

在汽车的装配过程中，常遇见一些相互关联的尺寸，如图 4-4-2 所示，将齿轮装到轴上后，存在间隙 A_0，影响间隙 A_0 大小的是齿轮孔径 A_1 和轴径 A_2，即 $A_0=A_1-A_2$。

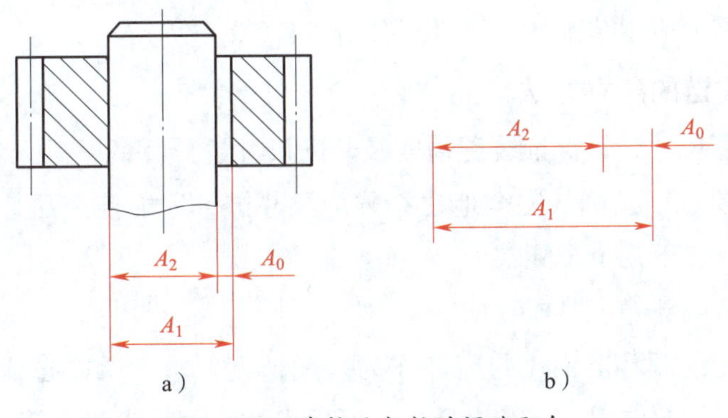

图 4-4-2　齿轮孔与轴的间隙配合

a）装配简图　b）尺寸链图

如图 4-4-3 所示为倒挡中间齿轮和箱壁的结构，其轴向间隙 A_0 的大小取决于箱壁宽 A_1 和齿轮宽 A_2，即 $A_0=A_1-A_2$。

由上述示例可以看出，在装配中，常遇见一些相互关联的尺寸，其中某个尺寸受其他尺寸变动的影响，这些相互关联的尺寸即构成了装配尺寸链。因此，装配尺寸链就是各有关装配尺寸所组成的尺寸链，它表示装配精度要求与有关零件设计尺寸之间的关系。装配过程中最后形成的一环，也是相关零件的尺寸或相互位置误差积累的一环，此环作为装配精度要求，也是装配尺寸链的封闭环。其他影响装配精度的那些零

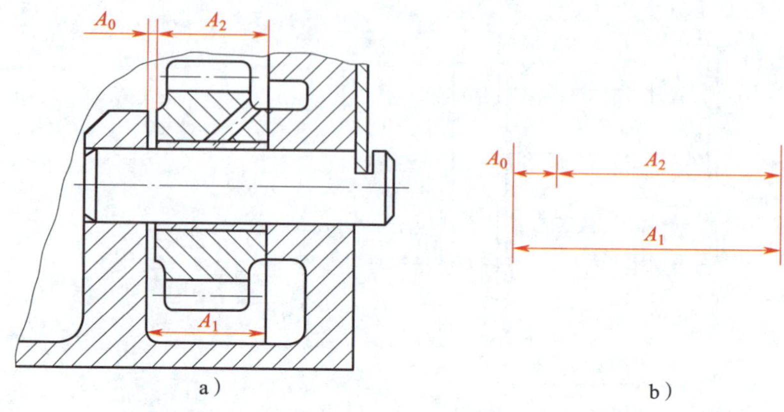

图 4-4-3　倒挡中间齿轮和箱壁之间的轴向间隙

a）装配简图　b）尺寸链图

件的尺寸、形状和位置公差，是组成环。如图 4-4-2 和图 4-4-3 所示，A_0 为封闭环，A_1、A_2 为组成环。

为简便起见，在应用装配尺寸链进行分析计算时，通常不画出具体结构，只是依次绘出有尺寸的封闭尺寸示意图形，即尺寸链图，如图 4-4-2 b 和图 4-4-3 b 所示。

在产品设计时，为保证装配精度，需要应用装配尺寸链的分析与计算，合理地确定零件的尺寸和几何公差。在制定装配工艺过程时，选择装配方法，解决生产中的装配质量问题，也需要应用装配尺寸链进行分析与计算。

2. 装配尺寸链的建立方法

正确建立装配尺寸链是保证装配精度及装配尺寸链计算的基础，对于产品或部件，必须根据其性能要求，正确、完全地建立装配尺寸链，才能使产品达到性能要求。装配尺寸链的建立有以下几个步骤：

（1）熟悉产品或部件、总成装配图。

（2）正确确定封闭环。由于封闭环作为装配精度要求，所以必须充分了解产品的性能要求和各零部件的作用，以及设计人员所提出的装配技术要求等。

（3）确定组成环。在产品结构中，凡是直接影响装配精度的那些零件尺寸或位置关系，就是装配尺寸链的组成环。可从封闭环的一边开始，依次查找各组成环，直至封闭环的另一边；也可从封闭环的两边同时开始查找直至找到基准件。在查找时应遵循装配尺寸链组成的最短路线（最少环数）的原则，即每一个有关零件只有一个尺寸列入装配尺寸链。

（4）画出尺寸链图，进行增、减环判定。

（5）满足尺寸链最短路线的原则。

（6）列出尺寸链方程。

必须指出，每一部件或总成中有许多装配精度要求，建立装配尺寸链时，必须依据装配精度，逐一建立装配尺寸链，形成装配尺寸链系统。

下面以实例说明装配尺寸链的建立过程。

【例 4-4-1】 图 4-4-4 所示为汽车主减速器中主动锥齿轮轴承座的装配图。在装配技术要求中规定轴承 1 和轴承 3 必须有一定的预紧度。下面具体分析建立与预紧度有关的装配尺寸链。

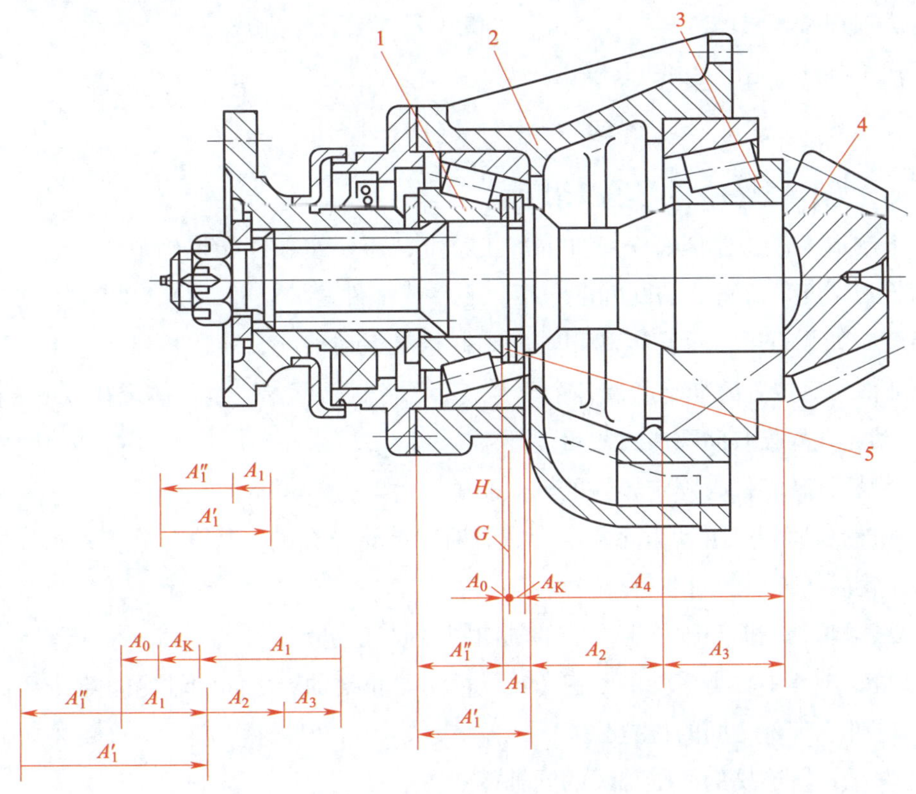

图 4-4-4 汽车主减速器中主动锥齿轮轴承座的装配图

1—左轴承 2—轴承座 3—右轴承 4—主动锥齿轮 5—调整垫片

轴承预紧度要求不是具体的尺寸数值，不能直接作为封闭环。预紧程度是预紧力大小的反映，预紧力的大小又与轴承内圈与外圈的轴向相对位置关系有关。因此，为了保证预紧度（预紧力）要求，轴承内圈与外圈在轴向应有一定的过盈量。此过盈量就是装配精度，即封闭环。图 4-4-5 所示为轴承的预紧状态，图中实线表示轴承内圈与外圈处于无间隙和无过盈量状态，虚线表示预紧状态。

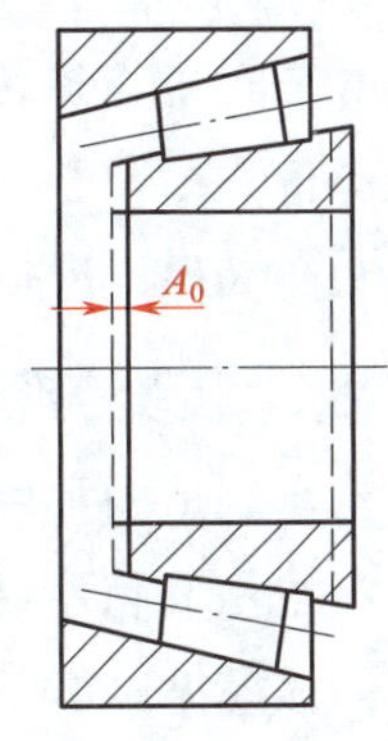

图 4-4-5 轴承的预紧状态

假定轴向过盈量都集中在轴承的内圈上，如图 4-4-4 所示。轴承处于没有间隙也没有过盈的位置，当轴承预紧后，即轴承 1 的内环右端面的位置 H 向右移到 G（见图 4–4–4）。过盈量 A_0（HG）为封闭环，查找以 A_0 为封闭环的装配尺寸链的组成环。从封闭环 A_0 的 H 面向右查找组成环，依次为轴承 1 内圈右端面在原位时到外圈右端面的距离 A_1，轴承座 2 两个支承端面之间的距离 A_2、轴承 3 的宽度 A_3、主动锥齿轮 4 两个支承端面之间的距离 A_4、调整垫片 5 的厚度 A_k，与垫片左端接触的是预紧后轴承内圈右端面，即封闭环 A_0 的 G 面，至此找到了封闭环的另一边。用回路法判别增、减环，其中 A_1、A_2、A_3 为增环，A_4、A_k 为减环。

按式（4–1）列出尺寸链方程式：

$$HG=A_0=A_1+A_2+A_3-A_4-A_k$$

三、汽车产品中的装配精度

汽车制造不仅要保证每个零件的加工精度，还要使零件能正确地进行装配，达到规定的装配精度。汽车的装配精度包括：零件或部件间的尺寸精度，如间隙或过盈量；位置精度，如平行度、垂直度和同轴度等；相对运动精度，即在相对运动中保证有关零件或部件相对位置的准确度及各个配合表面的接触精度等。主要体现在以下方面：

1. 轴与孔的配合间隙或过盈量。

2. 相邻旋转零件与固定零件的轴向间隙。

3. 机械变速器中滑动齿轮在啮合状态时，齿轮没有进入啮合的宽度；齿轮在分离状态时，轮齿间分离的间隙值。

4. 滚动轴承端面与轴承盖之间的轴向间隙或过盈量。

5. 滑动轴承中轴类零件的轴肩（或端面）与止推轴承之间的轴向间隙。

6. 零件、部件之间的位置公差。

7. 联轴器所连接的两轴轴线的同轴度。

8. 往复运动件的行程范围。

9. 性能参数，如发动机的压缩比等。

10. 在锥齿轮传动副中，为保证齿侧间隙和接触区要求，所规定的锥齿轮副锥顶的位移值。

11. 为保证齿轮副或蜗轮副能正常啮合，齿轮副或蜗轮副的啮合中心距。

四、装配方法的选择

汽车制造中常用的保证装配精度的装配方法有四种，即互换装配法、选择装配法、调整装配法和修配装配法。选择合理的装配方法是装配工艺的核心问题，装配方法的选择应该遵循以下原则：

（1）优先选择互换装配法。

（2）当封闭环的精度要求较高而组成环的环数较少时，可考虑采用选择装配法。

（3）在采用上述装配方法而使零件加工困难或不经济时，特别是在单件小批生产中，宜选用调整装配法或修配装配法。

1．互换装配法

互换装配法是指在装配过程中，零件互换后仍能达到装配精度要求的装配方法。在大批生产中都采用互换装配法。

采用互换装配法时，产品装配精度主要取决于零件的加工精度。其特点是：装配时不经任何调整和修配，就可达到装配精度要求。例如，汽车在使用中某一零件磨损，将一个新的同类零件更换上去即可正常使用。其实质是通过控制零件的加工误差来保证产品的装配精度。

按其互换程度不同，互换装配法又分为完全互换法和不完全互换法。

（1）完全互换法

完全互换法是指一批零件或部件在装配时不需分组、挑选、调整和修配，直接按装配关系连接就可以达到装配精度要求的装配方法。

完全互换法具有以下优点：可保证零部件的互换性，便于组织专业化生产，零件供应方便；装配工作简单、经济，生产率高；便于组织流水装配及自动化装配；对装配工人的技术水平要求不高，易于扩大再生产。由于具有这些优点，完全互换法作为保证装配精度的先进装配方法，被广泛应用于汽车装配。

（2）不完全互换法

不完全互换法是指一批零件装配时，绝大部分零件无须挑选或修配，装配后即能达到装配精度要求的装配方法，又称大数互换装配法。

正常情况下，零件加工尺寸成为极限尺寸的可能性较小，而在装配时，各零部件的误差同时遇到为最大或最小的概率更小。显然，出现上极限偏差的轴与下极限偏差的孔碰对的机会更是微乎其微。不完全互换法的互换程度比完全互换法要略低一些。采用不完全互换法有利于零件的经济加工，使绝大多数产品都能够保证装配精度。

2．选择装配法

选择装配法是在成批或大量生产中，将产品配合副经过选择进行装配，以达到装配精度的方法。

在成批或大量生产条件下，若组成零件不多而装配精度很高时，如果采用完全互换法，将会使零件的公差值过小，不仅会造成加工困难，甚至会超过加工的现实可能性。这时就不能只依靠零件的加工精度来保证装配精度，可以采用选择装配法，将配合副中各零件的公差放大，然后通过选择合适的零件进行装配，以保证规定的装配精度。

选择装配法按其形式不同可分为直接选配法、分组互换装配法和复合选配法三种。

（1）直接选配法

直接选配法即在装配时，由装配工人直接从待装配的零件中选择合适的零件进行装配，然后检测是否达到装配精度要求的装配方法。

这种装配方法的优点是简单，但装配质量在很大程度上取决于装配工人的技术水平，同时装配时间较长且装配质量不够稳定。适用于封闭环公差要求不严、产品产量不大或生产节拍要求不高的小批量生产。

（2）分组互换装配法

分组互换装配法是指装配时，将选择相同公差组别的零件进行装配，以保证同组零件具有互换性的一种装配方法。这种装配方法在发动机装配中应用较多，如活塞销与活塞销孔、活塞销与连杆小头衬套孔、柴油机精密偶件中的喷油嘴偶件与柱塞副偶件等。

例如，图 4-4-6 所示为汽车发动机活塞销与活塞销孔的装配实例。活塞销直径 d 与活塞销孔直径 D 的公称尺寸为 28 mm。装配技术要求规定，在冷态装配时应保证过盈量 Y=0.002 5 ~ 0.007 5 mm。

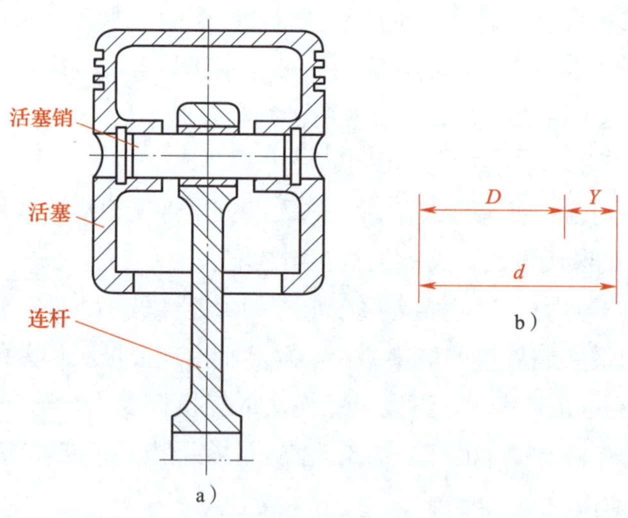

图 4-4-6　发动机活塞销与活塞销孔的装配

a）活塞销与销孔的装配关系　b）尺寸与过盈量

若按互换法的极值法装配，则活塞销外径 d 为 $\phi 28^{0}_{-0.0025}$ mm，活塞销孔直径 D 为 $\phi 28^{-0.0050}_{-0.0075}$ mm，销和销孔所分配到的公差仅为 0.002 5 mm，而这样高的精度，加工起来极难。于是采用分组互换装配法装配，将它们的公差均放大四倍，即活塞销外径 d 为 $\phi 28^{0}_{-0.0100}$ mm，活塞销孔直径 D 为 $\phi 28^{-0.0050}_{-0.0150}$ mm。由于公差放大，加工变得容易。按该公差进行加工后，对这些零件进行测量，并按尺寸大小分为四组，用不同颜色进行区别，按分组顺序，将对应组的零件进行装配，保证装配精度的要求。活塞销直径和活塞销孔直径的分组尺寸见表 4–4–1。

表 4–4–1　　活塞销直径 d 与活塞销孔直径 D 的分组尺寸　　mm

组别	标志颜色	活塞销直径 d	活塞销孔直径 D	配合情况	
				最小过盈	最大过盈
Ⅰ	白	$\phi 28_{-0.0025}^{0}$	$\phi 28_{-0.0075}^{-0.0050}$	0.002 5	0.007 5
Ⅱ	绿	$\phi 28_{-0.0050}^{-0.0025}$	$\phi 28_{-0.0100}^{-0.0075}$		
Ⅲ	黄	$\phi 28_{-0.0075}^{-0.0050}$	$\phi 28_{-0.0125}^{-0.0100}$		
Ⅳ	红	$\phi 28_{0.0100}^{-0.0075}$	$\phi 28_{-0.0150}^{-0.0125}$		

采用分组互换装配法时应注意：配合件的公差应相等，公差增大应朝向同一方向，增大的倍数就是分组组数；配合件的表面粗糙度、几何公差必须保持原设计要求，不应随着配合件公差的放大而降低要求。

分组互换装配法的优点是降低了零件加工精度的要求，仍可获得很高的装配精度；在同组内的零件可以互换，具有完全互换法的优点。它的缺点是零件加工完成后，需使用精密量具或仪器进行专人测量、分组和存放，这将增加部分制造成本。装配时，要求各组别的零件数量基本相等，否则将导致不配套而造成浪费。

分组互换装配法只适用于大批量生产中的组成件数量少而装配精度要求高的场合。柴油机的精密偶件和大量生产滚动轴承的工厂都采用分组互换装配法。

（3）复合选配法

复合选配法是上述两种方法的复合，即零件加工后先行检测分组，到装配时，又由各对应组的装配人员再分组适当选配。它吸取了上述两种选择装配法的优点，既能较快地选择合适的零件进行装配，又能达到理想的装配质量。

复合选配法的优点：虽然配合件公差不一定相等，也不像互换装配法对制造精度要求那么严格，但因分组操作，专人选配，既降低了零件的加工精度，又提高了装配速度，而且装配精度很高；既能满足一定的生产节拍，又能降低制造成本。

复合选配法的缺点：增加了零件的测量、分组工作；增加了零件存储量，使零件的存储和运输工作过程相对复杂化。

复合选配法常用于精密偶件的装配，如汽车发动机气缸与活塞的装配、精密机床中精密件的装配和滚动轴承的装配等。

3．调整装配法

调整装配法是通过改变可调整零件的相对位置或选用合适的调整件来达到装配精

度的方法。对于组成件数比较多，而装配精度要求又较高的场合，宜采用调整装配法。图 4-4-7 所示分别列举了三种调整装配的汽车部件。

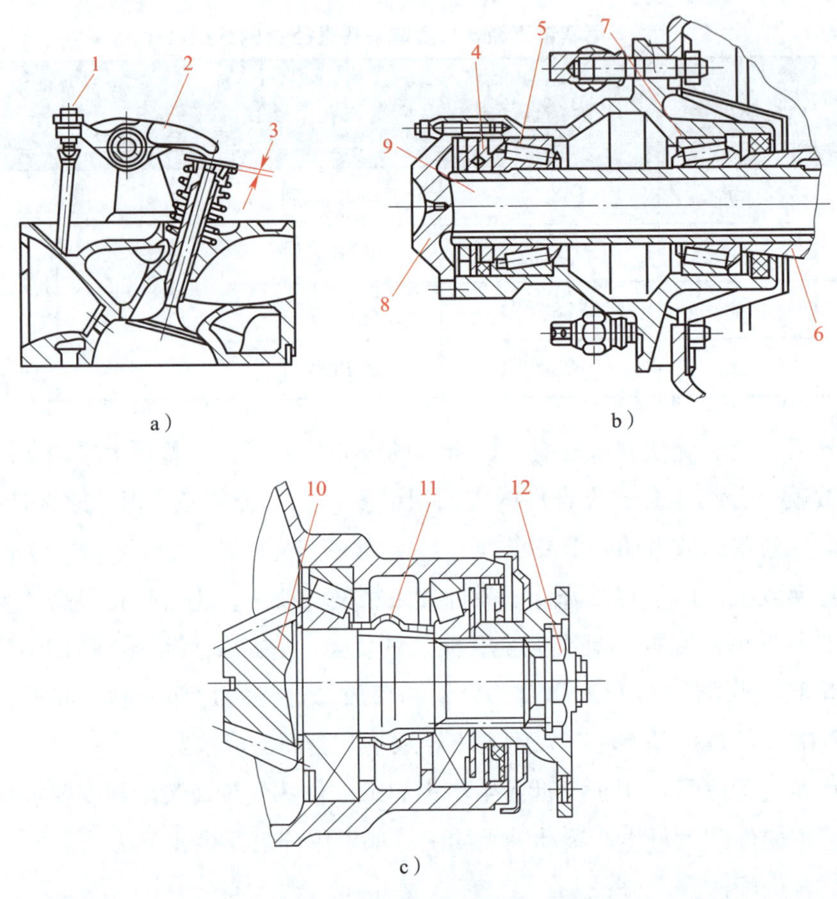

图 4-4-7　三种调整装配的汽车部件

a）内燃机气门装配间隙可动调整装配　b）汽车中轮毂轴承间隙的可动调整装配

c）用波形套调整汽车主动锥齿轮轴承预紧力

1—调整螺钉　2—摇臂　3—间隙　4—调整螺母　5—左右圆锥滚子轴承　6—半轴套管

7—制动鼓　8—轮毂　9—半轴　10—主动锥齿轮　11—波形套　12—调整螺母

调整装配法的优点：能获得很高的装配精度，在采用可动调整时，可达到理想的精度，而且可以随时调整由于磨损、热变形或弹性变形等原因所引起的误差；零件可按加工经济精度确定公差。

调整装配法的缺点：应用可动调整装配法时，往往要增大机构体积，当机构复杂时，计算烦琐，不易准确；应用固定调整装配法时，调整件需要准备几种不同的规格，增加了零件的数量和制造费用；调整工作繁杂，费工费时，装配精度在一定程度上依赖于装配工人的技术水平。

4．修配装配法

修配装配法是指将影响装配精度的各个零件先按经济加工精度制造，装配时，通过去除指定零件上预留的修配量来达到装配精度要求。这种通过对零件进行修配而装配的方法称为修配装配法。

修配装配法的实质也是一种调整装配法，即最终通过调整件（指预留修配件）来补偿累积误差，只是具体调整方法不同。修配装配法一般适用于产量小的场合。

修配装配法在汽车制造中的应用：例如，将主减速器中的主、从动锥齿轮进行直接选配后送去研磨，打上记号，然后成对送去装配。对于柴油机中喷油泵的柱塞副和喷油器偶件等精密配合件也是通过分组选配后再研磨，来保证装配精度。选配后的研磨实质上是修配装配法的应用。

1. 简述基准重合时确定工序尺寸的步骤。

2. 图 4-4-8 所示为套筒类零件，两端面已加工完毕，加工孔底 C 时，要保证尺寸$16_{-0.35}^{\ 0}$ mm，因该尺寸不便于测量，试标出测量尺寸。

3. 加工如图 4-4-9 所示的零件，定位基准与设计基准不重合时计算工序尺寸。图中所示为某零件的镗孔工序图，定位基准是底面 N，M、N 是已加工表面，图中 L_0 为$100_{-0.15}^{+0.15}$、L_2 为 $200_{0}^{+0.10}$，试求：镗孔调整时的工序尺寸 L_1。

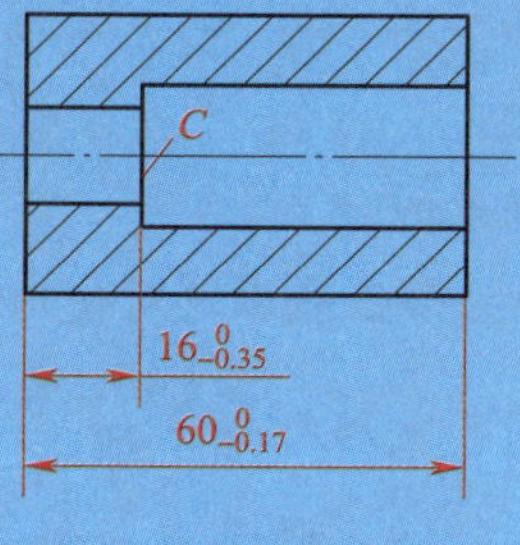

图 4-4-8　套筒类零件

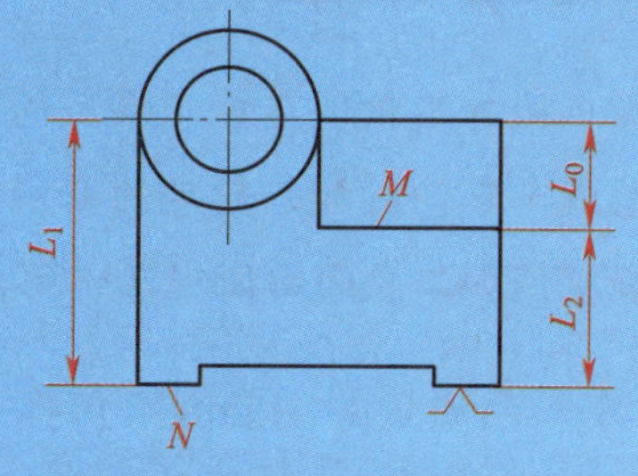

图 4-4-9

4. 什么是装配精度？它包括哪些内容？

5. 简述装配尺寸链的建立步骤。

6. 保证装配精度的装配方法有哪些？

模块五 汽车零件的机械加工质量分析

汽车由成千上万个零件组成，零件的质量决定着汽车的质量。零件的机械加工质量直接影响汽车零件的使用寿命、工作性能和可靠性，因此保证汽车零件的机械加工质量是保证汽车整车质量极其重要的环节。制定工艺规程的前提条件是必须保证产品质量，掌握机械加工质量的基本理论是合理制定工艺规程的基本保证。

本模块首先讲解机械加工质量的基本知识，然后分析工艺系统的几何误差及控制、工艺系统受力变形引起的误差及控制、工艺系统热变形引起的误差及控制、工艺系统内应力引起的误差及控制，最后讲解影响零件表面质量的因素及控制，为下一模块机械加工工艺规程的制定打下基础。

课题一　机械加工质量的基本知识

- 掌握机械加工精度与加工误差的主要内容。
- 熟悉汽车零件对加工精度的要求和工艺系统误差的分类。
- 掌握机械加工表面的微观几何形状特征、物理力学性能以及对使用性能的影响。

影响汽车产品质量的主要因素包括：零件的材料、零件的加工制造、产品的装配与调试等。其中，零件加工质量是影响汽车产品工作性能、使用寿命和可靠性等的重要质量指标，是保证产品质量的基础。任何机械产品的质量总是与组成产品的零件加工质量和产品的装配质量直接相关的。

汽车产品制造质量包括零件制造质量和装配质量两方面内容，零件机械加工质量是保证产品质量的基础。机械加工质量包括加工几何精度与表面加工质量。加工几何精度包括尺寸精度、形状精度和位置精度。表面加工质量包括表面几何形状精度和缺陷层等，如图 5-1-1 所示。

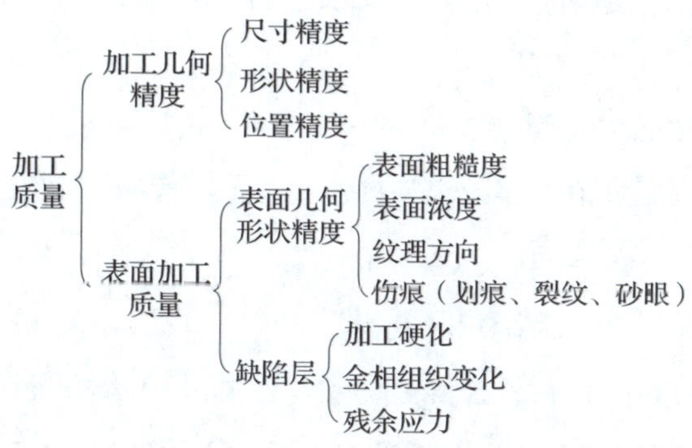

图 5-1-1　机械加工质量的主要内容

一、机械加工精度与加工误差

1. 机械加工精度

机械加工精度是指零件加工后的实际几何参数（尺寸、形状及各表面间的相互位置等参数）与理想几何参数的符合程度。理想几何参数，对尺寸而言，是指平均尺寸；对表面几何形状而言，是指绝对的圆、圆柱、平面、锥面、直线等；对表面之间的相互位置而言，是指绝对的平行、垂直、同轴、对称和一定的角度等。

研究机械加工精度的目的是针对加工系统中各种误差，掌握其变化的基本规律，分析工艺系统中各种误差与加工精度之间的关系，寻求提高加工精度的途径，以保证零件的机械加工质量。

加工几何精度根据几何参数的不同可分为尺寸精度、形状精度和位置精度三类。

（1）尺寸精度指零件的直径、长度、宽度和表面距离等尺寸的实际值和理想值的符合程度。

（2）形状精度指零件表面或线的实际形状与理想形状的符合程度，如直线度、平面度、圆柱度、圆度、线轮廓度和面轮廓度等。

（3）位置精度指零件表面或线的实际位置和理想位置的符合程度，如平行度、垂直度、同轴度、对称度、位置度等。

2. 机械加工误差

与加工精度相对的另一个概念是加工误差。零件加工后的实际几何参数与理想几何参数之间的偏离程度被称为加工误差。加工精度高，就表明加工误差小，反之亦然。加工精度与加工误差都是评价加工表面几何参数的专业术语，加工精度用公差等级衡量，等级值越小，其精度越高；加工误差用数值表示，数值越大，其误差越大。

每一种零件都有相对应的加工精度要求，也就是允许存在一定的加工误差，只要零件的加工误差在规定的范围之内，就认为零件是满足精度要求的合格产品。

尺寸精度、形状精度和位置精度三者有以下近似的关系：

表面形状误差≈尺寸公差 ×（30% ~ 50%）

表面位置误差≈尺寸公差 ×（65% ~ 85%）

因此，形状公差应限制在位置公差之内，位置公差应限制在尺寸公差之内，尺寸精度越高，形状、位置精度越高。

二、汽车零件对加工精度的要求

对加工精度较高的零件，在机械加工时要考虑以下几个方面的问题。

1．加工中的形状误差应小于位置误差，位置误差应小于尺寸误差

一定的尺寸精度必须有相应的几何形状和位置精度；一定的位置精度必须有相应的几何形状精度。对于一般机械加工，几何形状误差约占尺寸误差的 1/3。

例如，过大的圆度误差就很难得到准确的直径尺寸；又如两个平面本身的平面误差很大，就很难获得它们之间的平行度或垂直度。即使在未标注几何公差时，也应控制几何公差在尺寸公差之内。对于未标注几何公差的，在企业中一般按本企业制定的《通用技术要求》执行。

2．整批工件的加工误差应遵从相应的理论分布规律，应接近正态分布

这是为了在整批工件合格的前提下，用互换法装配时，可获得良好的装配效果；用分组互换法装配时，保证装配中零件都能配套。

例如，轴与孔配合，不希望出现极大值孔与极小值轴或相反的配合（尽管其尺寸都在公差带内），而希望大量出现平均值附近的轴与孔的配合，以便获得理想的间隙或过盈。若轴与孔的尺寸均为正态分布，即可达到这个目的。分组装配时，为使对应组的零件数大致相等，必须要求轴与孔的尺寸遵从同一分布规律。

3．对经济加工精度的要求需保守一级

按零件精度和表面粗糙度要求确定加工方法时，要比有关表格推荐的经济加工精度保守一个等级。例如，对公差等级为 IT7 的表面进行加工，要按 IT6 来确定加工方法。或者说，用能达到 IT6 的加工方法来加工 IT7 的表面。对表面粗糙度的获得方法也可以这样考虑。

这主要是因为汽车零件的制造多采用调整法加工，即在一次对刀后，按规定的单件时间加工一批工件。工件的加工精度只能由工艺系统自身的运行而获得，单件时间的限制决定了不可能靠工人慢工细做的技艺来达到加工精度，也不应靠全数检查来挑选合格品。

4．合理确定基准不重合的工序尺寸和公差以及中间工序尺寸的公差要求

在汽车零件的加工中，常采用工序集中的高效组合机床或自动线加工，不可避免

地由于要用同一基准定位而出现定位基准与设计基准不重合的工序尺寸。表面上看，这类工序尺寸不是零件图所标注的尺寸。实际上，它们可与其他工序一起通过尺寸链转换来共同保证设计尺寸。参照各工序所能达到的经济加工精度，合理确定这类工序尺寸的公差，才能间接保证设计尺寸的要求。

综上所述，汽车零件的加工精度，要求注重整个零件尺寸的合格，尺寸分布需符合正态分布，如图 5-1-2 所示。为此，要求工艺系统稳定，具备能够较高地保证加工精度的工序能力。

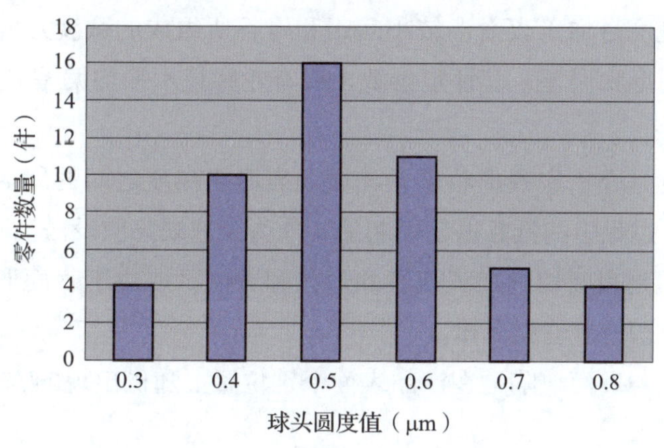

图 5-1-2　球形轴肩球头圆度正态分布图

三、机械加工表面质量

经过机械加工后的零件表面，总存在一定的微观几何形状偏差，表面层的物理力学性能也发生变化。零件的表面质量是指机械加工后零件表面层的状况，包括加工表面的微观几何形状特征和表面层的物理力学性能变化特征两个方面。

1．加工表面的微观几何形状

机械加工后的表面几何形状，总是以“峰”“谷”交替的形式偏离理想的表面。这种偏离是由于在机械加工过程中，存在刀痕、切削过程中切屑分离时的塑性变形、工艺系统的某些振动以及刀具与被加工表面的摩擦等。偏离的误差有宏观和微观之分。

加工表面的微观几何形状特征是通过加工表面的表面粗糙度、表面波度（见图 5-1-3）、表面纹理和表面缺陷四个方面来共同衡量的。

表面粗糙度是波距 L 小于 1 mm 的表面微小波纹；表面波度是指波距 L 在 1 ~ 20 mm 之间的表面波纹。通常情况下，当 L/H（波距 / 波高）$<$ 50 时为表面粗糙度；L/H=50 ~ 1 000 时为表面波度，两者都属于表面质量。波距大于 10 mm 时，属于形状误差（宏观几何形状误差），是加工精度的指标。

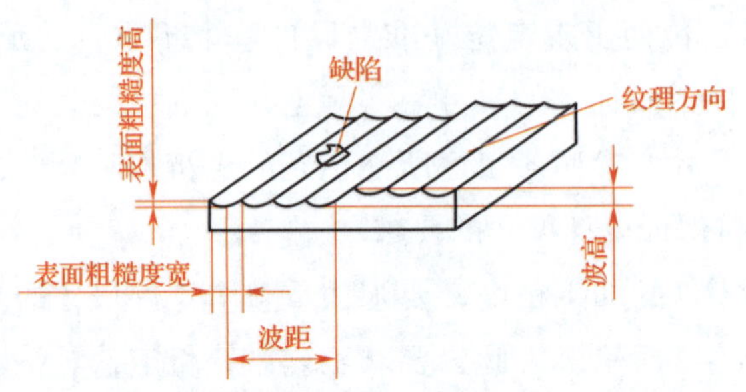

图 5-1-3　加工表面的微观几何形状特征

（1）表面粗糙度是加工表面上较小间距和峰谷所组成的微观几何形状特征，即加工表面的微观几何形状误差，其评定参数主要有轮廓算术平均偏差 R_a 或轮廓微观不平度十点平均高度 R_z。

（2）表面波度是介于宏观形状误差与微观表面粗糙度之间的周期性形状误差，它主要是由机械加工过程中的低频振动引起的，作为工艺缺陷应设法消除。

（3）表面纹理是表面切削加工刀纹的形状和方向，取决于表面形成过程中所采用的机械加工工艺及切削运动的规律。

（4）表面缺陷。表面缺陷是在产品表面个别位置上随机出现的，包括沙眼、夹杂、气孔、裂痕等。

2．加工表面层物理力学性能的变化

材料表面层的物理力学性能包括表面层的加工硬化、表面层的金相组织变化和表面层的残余应力。在最外层生成氧化膜或其他化合物并吸收、渗进气体粒子，称之为吸附层。在加工过程中由切削力造成的材料表面为压缩区，将形成塑性变形区域，厚度约为几十至几百微米，并随加工方法的不同而改变。压缩区上部为纤维层，由被加工材料与刀具间的摩擦所造成。另外，切削热也会使材料表层产生如同淬火、回火一样的相变以及晶粒大小的改变等。零件表面层性质沿深度方向上的变化如图 5-1-4 所示。

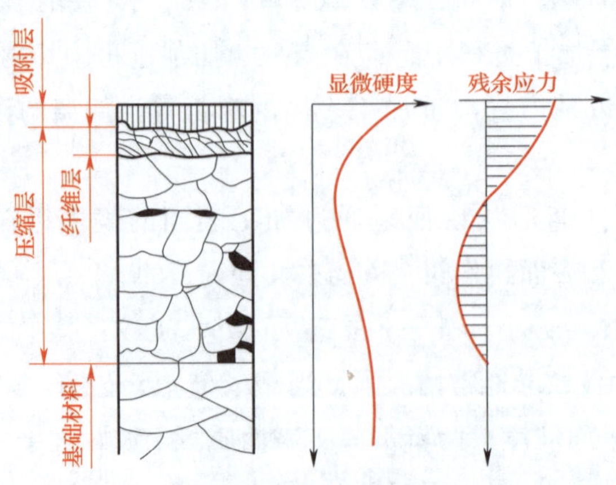

图 5-1-4　零件表面层性质沿深度方向上的变化

在机械加工过程中，工件表面层的物理、化学特性在这些因素的综合作用下变得异常复杂，对工件表面质量的影响也多种多样。通常，表面层的物理力学性能不同于基体，主要表现为以下三个方面：

（1）表层发生冷作硬化。工件在机械加工过程中，表层受力产生塑性变形，使其内部晶体发生剪切滑移、晶格扭曲、晶粒拉长或破碎甚至纤维化，使表层材料的强度和硬度都有提高，这种现象称为表面冷作硬化。

（2）表层形成残余应力。工件在切削加工中，特别是在磨削加工中，受切削冷塑性变形和切削热塑性变形的影响，使材料表层与内部基体材料间因热胀冷缩不同而处于相互牵制、平衡的弹性应力状态，从而形成残余应力。若残余应力超过了材料的极限强度，就会产生微观裂纹，会给零件的使用带来严重的隐患。

（3）表层金相组织的变化。工件在机械加工中，特别是磨削加工中，由于切削热的集中，使材料表面产生高温，在材料表面发生不同程度的金相组织和性能改变，会大大改变零件表面层的物理力学性能。

3．工件表面质量对使用性能的影响

工件表面质量对使用性能的影响包括以下几个方面：

（1）对零件耐磨性的影响

零件的表面质量对零件的耐磨性起决定作用。零件表面的磨损过程分为初期磨损、正常磨损和急剧磨损三个阶段。一般来说，表面粗糙度只与初期磨损阶段有关。在初期磨损阶段，表面粗糙度值大，凸峰间的挤裂、破碎和切断作用加剧，磨损增加；若表面粗糙度值过小，紧密接触的两个光滑面的储油能力差，接触面间产生分子亲和力，使摩擦阻力增大，磨损量也会增加。在一定条件下，有一个最佳表面粗糙度。

（2）对零件疲劳强度的影响

在交变载荷的作用下，零件表面的微观不平和缺陷会引起应力集中，当应力超过材料的疲劳极限时，就会产生和扩展疲劳裂纹，造成疲劳破坏。加工硬化能阻止已有裂纹的产生和扩展。表层的残余应力能抵消部分工作载荷所引起的拉应力，延缓疲劳裂纹的产生和扩展，从而提高疲劳强度。

（3）对耐腐蚀性的影响

零件的耐腐蚀性主要取决于表面粗糙度。表面粗糙度值大，腐蚀介质易积聚在低谷处而发生化学腐蚀，在波峰处产生电化学腐蚀。降低零件表面粗糙度值，能提高零件的耐腐蚀性。零件在应力状态下工作时，会产生应力腐蚀。零件表面的残余应力会降低零件的耐腐蚀性。

（4）对配合精度的影响

对于间隙配合的表面，表面粗糙度值大会使配合间隙增大，影响配合精度及稳定

性；对于过盈配合的表面，表面粗糙度值大影响实际过盈量的大小和配合的可靠性。

四、工艺系统误差的分类

机械制造系统的组成包括施行方法、机械实体和切削过程三大部分。几何误差产生的原因是由构成机械加工工艺系统的工件、刀具、机床和夹具四要素决定的。工艺系统几何误差来源于机械制造系统，称为系统误差。加工误差产生的原因非常复杂。

1．按时间顺序产生的原始误差

（1）加工前的误差。加工前的误差包括加工原理误差、装夹误差、调整误差、机床误差、工装误差和毛坯误差。

（2）加工过程的误差。加工过程的误差包括工艺系统受力变形误差、工艺系统热变形误差和刀具磨损误差。

（3）加工后的误差。加工后的误差包括内应力变形误差和测量误差。

2．按影响因素分类的工艺系统误差

（1）工艺系统的几何误差。

（2）工艺系统受力变形引起的误差。

（3）工艺系统热变形引起的误差。

（4）工艺系统内应力引起的误差。

本模块下面的课题按以上四个方面，逐一分析工艺系统的误差以及应采取的控制措施。

课题二　工艺系统的几何误差及控制

学习目标

◆掌握工艺系统的几何误差的影响因素。

◆熟悉工艺系统的几何误差的控制措施。

对于汽车而言，整车的性能、使用寿命、安全性和可靠性等，在很大程度上取决于各零件的加工精度、表面质量和装配质量是否达到了产品图样规定的要求。而汽车通常是大批大量生产制造的，为满足生产节奏和维护使用方便的要求，汽车整车及部件多采用完全互换法或分组互换法装配。零件的加工精度用来保证装配精度，从而保证汽车各项性能指标的要求和维修配件的互换要求。

零件加工表面的几何尺寸、几何形状和加工表面之间的相互位置关系取决于工艺系统间的相对运动关系。工件和刀具分别安装在机床和刀架上，在机床的带动下实现运动，并受机床和刀具的约束。因此，工艺系统中的各种误差就会以不同的方式和程度反映为零件的加工误差，即原始误差。这些原始误差，其中一部分与工艺系统的结构状况有关，一部分与切削过程的物理因素变化有关。这些误差产生的原因可以归纳为以下几个方面。

一、加工原理误差

加工原理误差是采用近似的刀刃轮廓或近似的传动关系进行加工而产生的误差。绝大多数加工均采用近似成形运动与近似刀刃轮廓。如图 5–2–1 所示，滚刀滚切渐开线齿面时的齿形误差就是加工原理误差，这是因为滚刀是由有限个非光滑渐开线切削刃所包络而形成的近似刀刃轮廓。又如，在车削模数蜗杆时，由于蜗杆的螺距等于蜗轮的周节（即 $m\pi$），其中 m 是模数，而 π 是一个无理数，但是车床的配换齿轮的齿数是有限的，选择配换齿轮时只能将 π 简化为近似值（π=3.141 5）计算，这就会引起刀具对于工件成形运动（螺旋运动）的不准确，造成螺距误差。

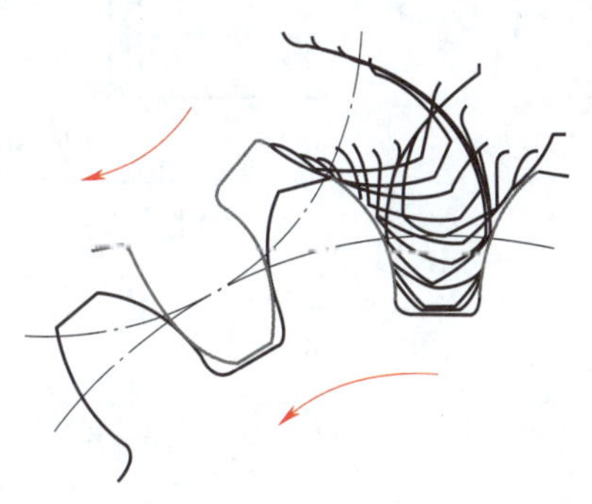

图 5–2–1　齿轮滚切的包络线

采用近似成形运动或近似刀刃轮廓的好处是能够简化机床结构或刀具形状，提高生产效率。当加工误差不超过 10% ~ 15% 公差值时，一般可满足生产要求。因此，在生产中即使存在一定加工原理误差的加工方法仍被广泛使用。

二、调整误差

在零件加工的每一道工序中，为了获得被加工表面的合格形状、尺寸和位置精度，必须对机床、夹具和刀具进行调整，但采用任何调整方法及使用任何调整工具都难免带来一定的原始误差，这就是调整误差。

（1）试切调整法

试切调整法的工作顺序是：初调刀具位置→试切→测量尺寸→比较，按差值重复上述过程，当达到所要求的尺寸后，再切削整个表面，如图 5–2–2 所示。

（2）按定程机构调整

定程机构包括行程挡块（调整块）、靠模和凸轮等，调整块有限位块、对刀块。限位块可保证工件定位准确和刀具位移准确；对刀块用于对刀调整，使刀具与工件处于相对理想位置，如图 5–2–3 所示。钻夹具上的钻套也属于一种限位块，钻套可确定钻头的位置，如图 5–2–4 所示。

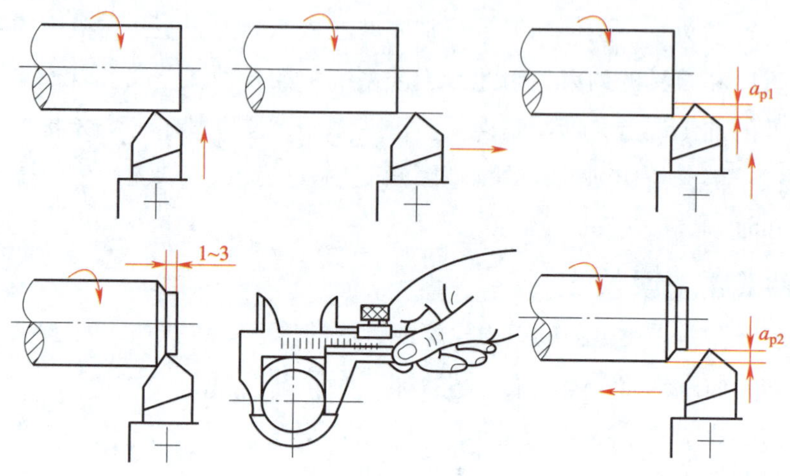

图 5-2-2　试切调整法

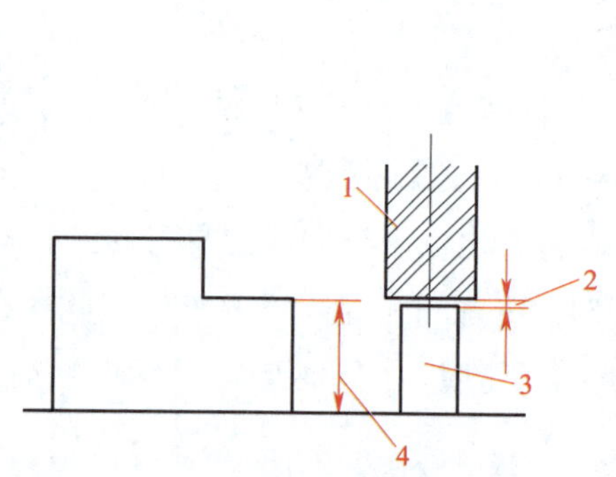

图 5-2-3　对刀块调整

1—铣刀　2—塞规尺寸　3—对刀块　4—加工尺寸

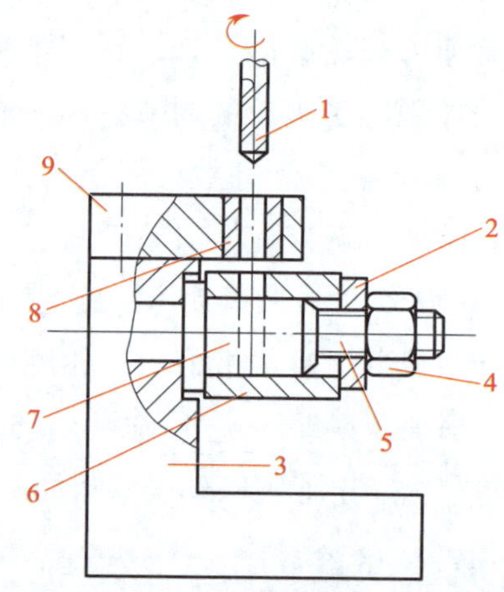

图 5-2-4　钻套确定钻头的位置

1—钻头　2—快卸垫圈　3—夹具体　4—螺母　5—螺栓　6—工件　7—定位销　8—钻套　9—钻模板

（3）按样件或样板调整

在大批大量生产中常用多刀加工，一般通过样件来调整切削刃间的相对位置。

（4）在线调整

在线调整实际上包括在线测量工件尺寸并及时调整刀具进给量。这种方法适用于高精度零件加工。测量、调整和切削等机构可以综合为相互联系、协调的自动化系统。图 5-2-5 所示为外圆磨床主动测量仪。

必须指出，采用任何调整方法及使用任何调整工具都难免带来一些原始误差。表 5-2-1 中归纳了调整误差的来源及形成原因。

图 5-2-5　外圆磨床主动测量仪

表 5-2-1　调整误差的来源及形成原因

因素 / 方法	刀具	机床	量具
试切法	刀刃误差 最小切削厚度的影响误差	进给机构位移误差	测量误差
调整法	刀刃误差	定程机构误差 样件、样板误差	测量误差

三、机床主轴回转误差

机床主轴回转误差直接影响加工精度，尤其是在精加工时，该误差往往是影响工件圆度误差的主要因素，如坐标镗床、精密车床和精密磨床等，都要求主轴有较高的回转精度。

1．主轴回转误差的产生原因

机床主轴回转误差，即主轴实际回转轴线对其理想回转轴线的漂移，如图 5-2-6 所示。其误差形式可以分解为径向跳动、轴向窜动和角度摆动三种。实际上，主轴回转误差的三种基本形式一般同时存在。

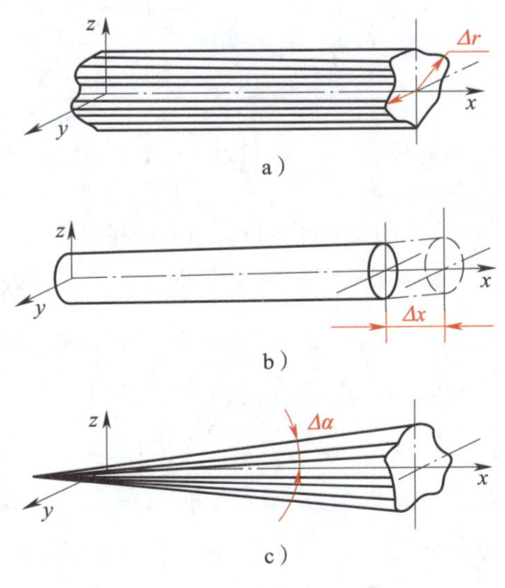

图 5-2-6　回转轴线的漂移

a）径向跳动　b）轴向窜动　c）角度摆动

主轴回转误差的产生原因主要来自主轴误差和轴承误差。主轴误差包括主轴颈的圆度误差和同轴度误差；轴承误差主要指轴承孔的圆度误差。

当主轴采用滑动轴承支承时，主轴颈和轴承孔双方的圆度误差将对主轴回转精度产生直接影响。

对于工件回转类机床（如车床），图 5–2–7a 所示为车床主轴不圆度对回转精度的影响，在切削力 F 的作用下主轴会出现径向偏移，主轴颈以不同的部位和轴承内孔某一部位相接触。此时，主轴形状误差上升为影响回转精度的主要因素，而轴承内孔的圆度误差对主轴回转精度没有任何影响。图中 δ_d 为主轴产生的径向跳动误差。

对于刀具回转类机床（如镗床），切削力的方向随主轴回转而变化，主轴轴颈以某一固定位置与轴承孔的不同位置相接触。这时，轴承孔的形状精度上升为影响回转精度的主要因素。镗床轴承孔不圆度对回转精度的影响如图 5–2–7b 所示。

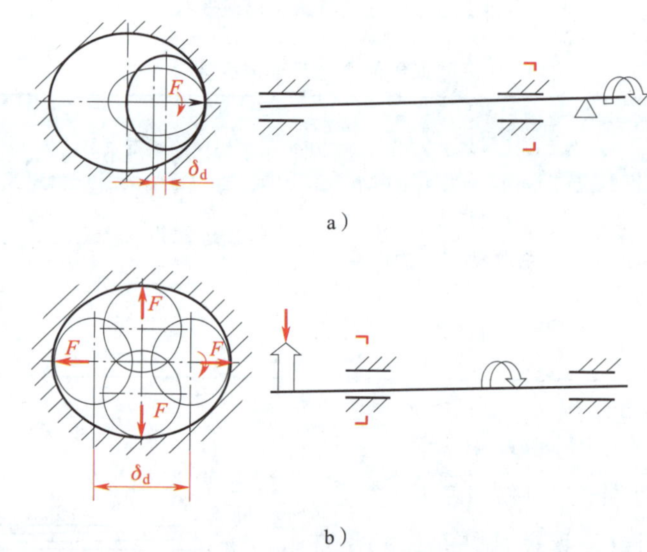

图 5–2–7　机床主轴误差

a）车床主轴不圆度对回转精度的影响　b）镗床轴承孔不圆度对回转精度的影响

2. 主轴回转误差的影响

原始误差的大小和方向不同，对加工精度的影响也不尽相同。当原始误差与加工精度要求方向一致时其影响最大。通常沿切削平面的法线方向，原始误差将等比例转变成加工误差，这个方向称为误差敏感方向，除此之外原始误差的影响将不同程度缩小。

以在卧式车床上车外圆为例，在车削圆柱表面时，回转误差沿刀具与工件接触点的法线方向分量 Δ_Y 对加工精度影响最大，如图 5–2–8a 所示，反映到工件半径方向上的误差为 $\Delta_R=\Delta_Y$；而切向分量 Δ_Z 的影响最小，如图 5–2–8b 所示，存在误差 Δ_Z 时，反映到工件半径方向上的误差为 Δ_R，其关系式为：

$$(R+\Delta_R)^2=\Delta_Z^2+R^2 \tag{5–1}$$

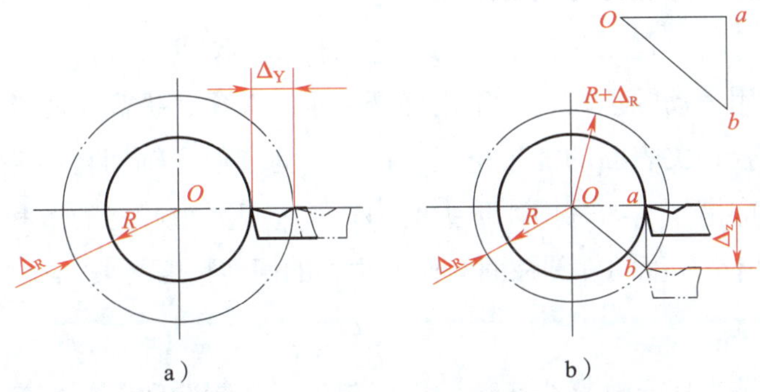

图 5-2-8　车床刀具安装引起的误差（主轴回转误差）

整理中略去高阶微量 Δ_R^2 项可得：$\Delta_R=\Delta_Z^2/2R$。假设 Δ_Z=0.01 mm，R=50 mm，则 Δ_R=0.000 001 mm。此值完全可以忽略不计。

因此，一般称法线方向为误差的敏感方向，切线方向为非敏感方向。

敏感方向随机床类型而异，因此，敏感方向可分为固定和变化两种类型。如在车床上加工时因刀具固定，切削平面固定不变，此为误差敏感方向固定的类型。而在镗床上加工时因镗刀回转，切削平面旋转，误差敏感方向是圆周，即敏感方向为变化的类型。因此，对这类机床的主轴回转精度要求更高。表 5-2-2 中列出了常用机床的敏感方向。

表 5-2-2　　常用机床的敏感方向

项目	敏感方向固定		敏感方向变化
机床名称	卧式车床、平面磨床	卧式铣床、龙门刨床	镗床
敏感方向	水平	铅垂	变化

机床主轴回转误差对加工精度的影响包括以下两方面：

（1）机床主轴径向跳动会使工件产生圆度误差。若镗孔时镗杆做水平简谐运动，则镗刀轨迹就是椭圆，如图 5-2-9 所示。

（2）主轴可能会出现轴向窜动，主要是由主轴承载轴肩与轴线的垂直度误差引起的。轴向窜动会形成下列误差：在车床上加工端平面时，会造成被加工平面与圆柱面不垂直；加工螺纹时，会产生小周期螺距误差。在镗床上镗孔时，镗杆角度摆动会镗削出椭圆柱面来。

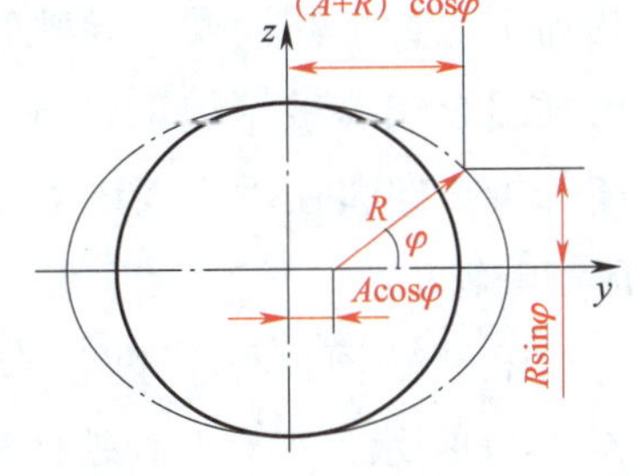

图 5-2-9　镗杆水平振动时镗孔为椭圆

3. 提高主轴回转精度的主要措施

根据前面的分析，首先，主轴前轴承选用精度、刚度较高的轴承，并对滚动轴承进行预紧。当采用滑动轴承时，则采用静压轴承。其次，提高主轴箱体支承孔、主轴轴颈等与轴承配合相关表面的加工精度。最后，为了使主轴回转误差不影响工件，还可以采取一些相应措施，如采用死顶尖磨削外圆，只要中心孔的形状与位置精度得以保证，即可加工出高精度的外圆柱面，而与主轴的回转精度无关。

四、机床导轨误差

机床导轨副是实现导轨直线运动的主要部件，其制造和装配精度是影响导轨直线运动精度的主要因素。导轨误差会对零件的加工精度产生直接影响。

如图 5-2-10a 所示，车床导轨水平误差 Δ_Y 处于加工的误差敏感方向上，将引起工件出现半径误差 $\Delta_R=\Delta_Y$。从图 5-2-10b 中可以看出，当导轨在垂直面内直线度误差 Δ_Z 不在误差敏感方向上时，反映到工件上的半径误差为 Δ_R，而实际的加工误差几乎可以忽略不计。

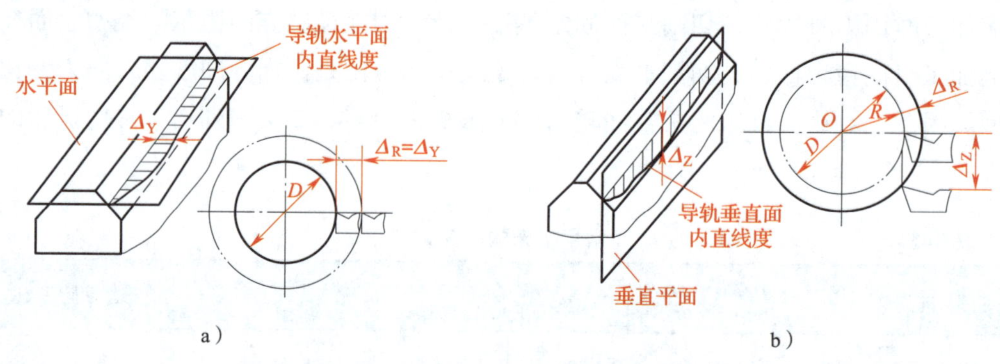

图 5-2-10　车床导轨误差对工件精度的影响

a）导轨水平误差　b）导轨垂直误差

对平面磨床、龙门刨床、铣床等主轴垂直的设备，导轨在垂直方向上的误差处于误差敏感方向上，其误差直接反映到工件的加工表面上。因此，导轨直线度对加工精度的影响要根据加工设备的形态进行具体分析。导轨在垂直面内直线度误差对车床影响较小。

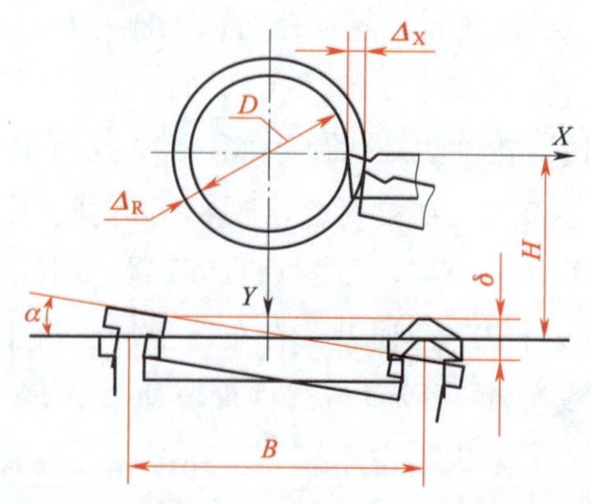

图 5-2-11　车床导轨扭曲对工件误差的影响

机床导轨面间平行度误差的影响如图 5-2-11 所示，车床两导轨的平行度产生误差（扭曲），使鞍座出现横向倾斜，刀具相应发生位移，因而引起工件形状误差。

机床导轨对主轴轴线平行度误差的影响。当在车床类或磨床类机床上加工工件时，如果导轨与主轴轴线不平行，会引起工件的几何形状误差。例如，车床导轨与主轴轴线在水平面内不平行，会使工件的外圆柱表面产生锥度；在垂直面内不平行时，会使工件被加工成马鞍形。

五、机床传动误差

对于某些加工方法，为保证工件的精度，要求工件和刀具间必须保持准确的传动关系。例如，车削螺纹时，要求工件旋转一周，刀具直线移动一个导程。机床传动时必须保持 $S=iT$ 为恒值。其中，S 为工件导程，T 为丝杠导程，i 为齿轮传动比。所以，车床丝杠导程和各齿轮的制造误差都将引起工件螺纹导程的误差。为了减少机床传动误差对加工精度的影响，可以采取如下措施：

1．减少传动链中的环节，缩短传动链

传动链的传动误差等于组成传动链各传动件传递误差之和。例如，在车床上加工较高精度螺纹时，不经过进给箱，而用交换齿轮直接传动给丝杠，以缩短传动链长度，减少传动链的传动误差。

2．采用降速传动链

减小传动比，传动元件的误差也相应地被缩小了，传动精度就高。因此，采用降速传动是提高传动精度的主要方法。对于螺纹或丝杠加工机床，为保证降速传动，机床传动丝杠的导程应大于工件螺纹导程。对于齿轮加工机床，分度蜗轮的齿数一般很大，其目的是得到大的降速传动比。

3．提高传动副特别是末端传动副的制造和装配精度，消除传动间隙

传动链中各传动件的加工、装配误差对传动精度均有影响，其中处于最后的传动件的误差影响最大，如滚齿机上切出的齿轮的齿距误差及齿距累积误差大部分是由分度蜗轮副引起的。所以，滚齿机上分度蜗轮副的精度等级应比被加工的齿轮精度提高 1 ~ 2 级。

4．采用误差补偿

随着自动测量和在线检测技术的发展，在加工过程中可以实时测量出传动误差，然后通过反馈机构在原传动链中增加一个负反馈，使之与传动系统误差相互抵消，该方法称为负反馈法或误差补偿法。图 5-2-12 所示为精密丝杠螺距误差补偿装置。自动补偿技术能够大大提高制造效率，提高产品的质量，同时避免人为因素产生的加工质量波动，因而被广泛应用于汽车制造行业中。

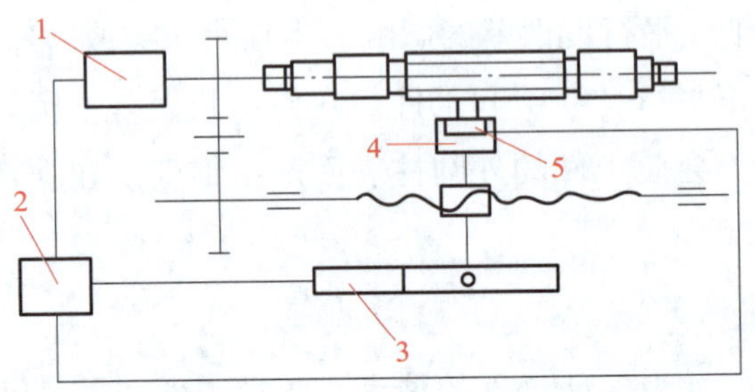

图 5-2-12　精密丝杠螺距误差补偿装置

1—光电编码器　2—计算机　3—光栅位移传感器

4—刀架　5—压电陶瓷微位移刀架

六、刀具误差

刀具误差包括刀具的制造、磨损和安装误差等。机械加工中常用的刀具有一般刀具、定尺寸刀具和成形刀具。一般刀具如普通车刀、单刃镗刀、平面铣刀等的制造误差，对加工精度没有直接影响。但当刀具与工件的相对位置调整好以后，在加工过程中，刀具的磨损将会增加加工误差，如图 5-2-13 所示。定尺寸刀具如钻头、铰刀、拉刀、槽铣刀等的制造误差及磨损误差，均直接影响工件的加工尺寸精度。成形刀具，如成形车刀、成形铣刀、齿轮刀具等的制造和磨损误差，主要影响被加工工件的形状精度。

如图 5-2-14 所示，刀具在加工过程中的磨损可分为三个阶段。第一阶段，刀具较为锋利，切削效率高但磨损也较快；第二阶段，经磨损后刀尖圆角增大，磨损速度减慢，加工精度较为稳定；第三阶段，进入快速磨损阶段，刀具切削刃即将被破坏，所以应尽量避免工件在这个阶段的加工。

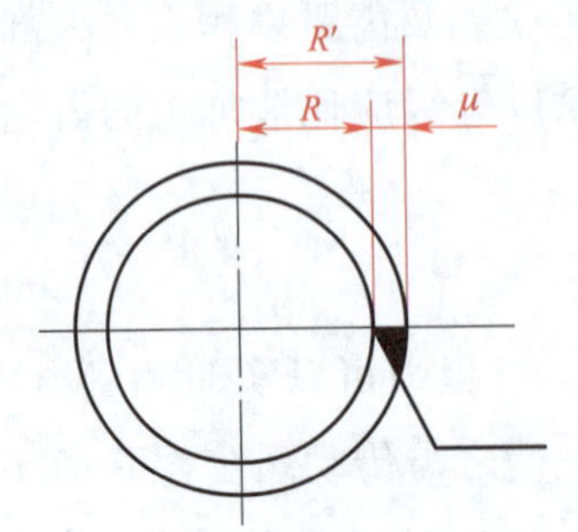

图 5-2-13　刀具磨损对加工的影响

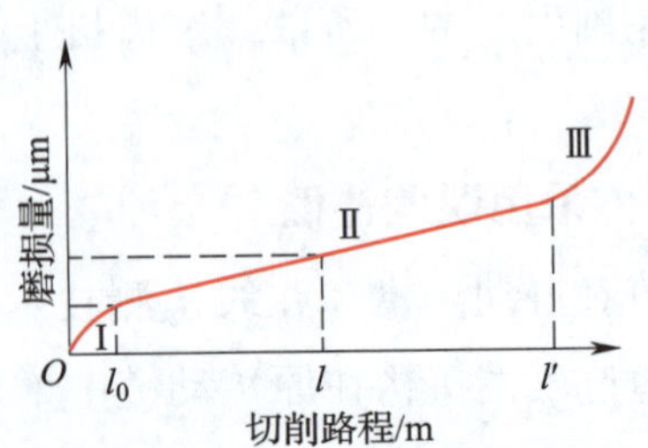

图 5-2-14　刀具磨损曲线

七、夹具误差

夹具误差主要是指定位误差、夹紧误差、夹具安装误差、对刀误差以及夹具的磨损等。

八、测量误差

测量结果与被测真值之差，称为测量误差。工件在加工中进行的测量和加工后的测量，总会产生测量误差。测量误差来源于测量方法和测量装置误差，也会因温度、湿度、气压、振动、照明、尘埃与电磁场等环境变化而引起。

为了减少测量误差，提高检验效率，降低对工人的技术要求，在汽车生产中大量采用专用量具、检具来测量零件。图 5-2-15 所示的光滑极限量规为一类专用量具。测量零件用的专用量具和检具是针对具体零件尺寸而制造的，大多数只用来判断零件是否合格而不反映真实数值。只有某些有特殊需要的专用量具和检具，需要通过专业设计和制造来反映真实数值。专用量具、检具包括光滑极限量规、高度和深度量规、圆锥规、花键规、样板及综合检验夹具等。

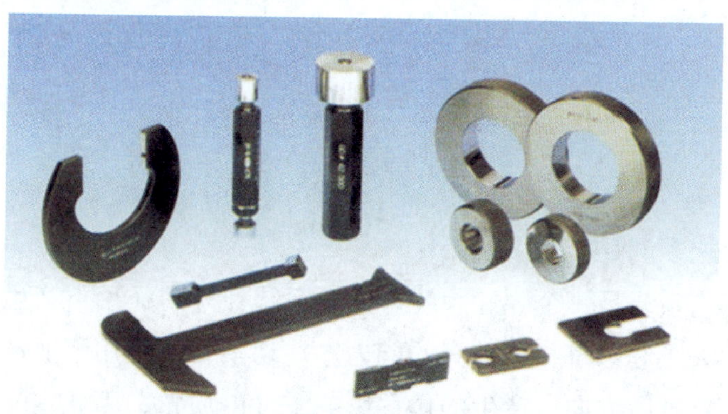

图 5-2-15　光滑极限量规

课题三　工艺系统受力变形引起的误差及控制

- 掌握工艺系统受力变形引起误差的因素。
- 熟悉工艺系统受力变形引起误差的控制措施。

由机床、夹具、刀具、工件组成的工艺系统，受到切削力、传动力、惯性力、夹紧力以及重力等的作用，会因各种力的作用而产生相应变形。这种变形将破坏工艺系统各组元件已调整好的正确位置关系，从而形成加工误差。

例如，工人师傅通过工作总结的经验“车工怕杆，磨工怕眼”就是指在切削力作用下工件变形会影响加工质量。如图 5–3–1a 所示，车削细长轴时，工件在切削力作用下会发生弯曲变形，使之加工后产生腰鼓形的圆柱度误差；如图 5–3–1b 所示，在内圆磨床上横向切入磨孔时，由于磨头主轴的弯曲变形，使所磨出的孔出现带有锥度的圆柱度误差。

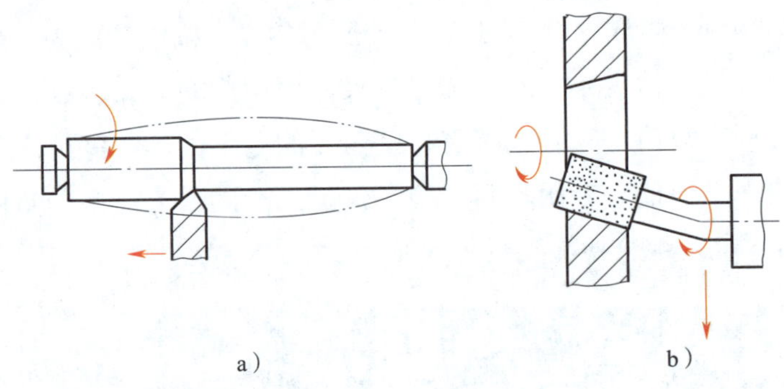

图 5–3–1　受力变形对误差的影响

a）车长轴　b）磨内孔

一、工艺系统刚度

机械加工工艺系统是一个弹性系统。弹性系统在外力作用下产生的变形位移的大小取决于外力的大小和系统抵抗外力的能力。在切削力的作用下所产生各个方向上的变形，只有在误差敏感方向上产生的位移影响工件的质量，因此定义工艺系统在切削方向上的切削力与位移之比，代表了工艺系统抵抗外力的能力，称为工艺系统的刚度。

由于切削力有三个分力，在切削加工中对加工精度影响最大的是刀刃沿加工表面的法线方向（Y 方向）上的分力。因此，计算工艺系统的刚度时，通常只考虑此方向上的切削分力 F_Y 和变形位移量 y，即

$$k=\frac{F_Y}{y} \tag{5-2}$$

二、车床刀架刚度变形曲线

机床部件由许多零件组成。机床部件的刚度，即其抵抗外力使其变形的能力，迄今尚无合适的简易计算方法，主要通过实验方法来测定。图 5–3–2 所示为车床刀架刚度的变形曲线。分析该实验曲线，可以总结出机床刀架刚度具有以下特点：

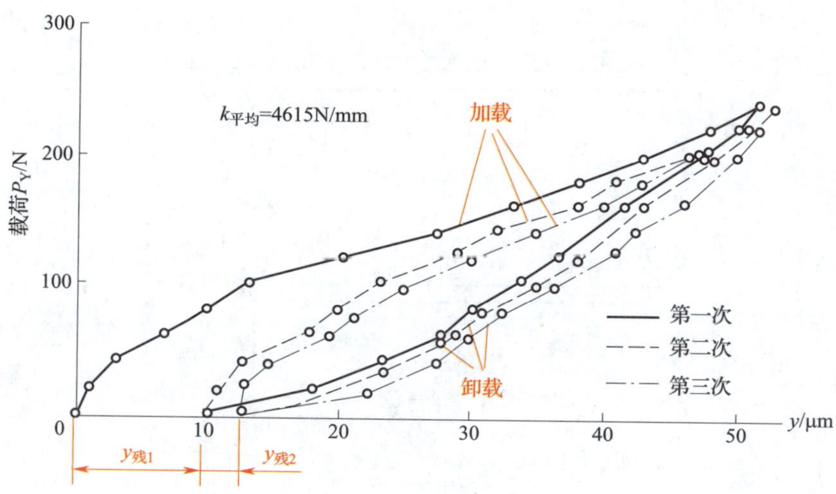

图 5-3-2　车床刀架刚度的变形曲线

（1）变形位移量与载荷的大小不成线性关系。

（2）加载曲线和卸载曲线不重合，卸载曲线滞后于加载曲线。两曲线间所包容的面积就是加载和卸载循环中所损耗的能量。该能量是消耗摩擦力所做的功和接触变形功的总和。

（3）第一次卸载后，变形恢复不到第一次加载的起点，这说明存在残余变形。经多次加载、卸载后，加载曲线起点才和卸载曲线终点重合，残余变形才逐渐减小到零。

（4）机床部件的实际刚度远比按实验估算的要小。

三、工艺系统刚度对加工精度的影响

1. 刀架刚度的影响

在加工过程中，由于工件加工余量发生改变将引起切削力变化，所以刀架后移会产生加工误差。加工余量大则产生的加工误差大。因此，在实际加工中可采用增加工序次数，逐步减少每次加工余量的方法来提高加工精度。这也是加工表面通常采用粗、精、光整加工等几个阶段后逐步达到技术要求的道理。

2. 工件刚度的影响

图 5-3-3a 所示为在车床上车削细长杆，此时工件发生弯曲，影响加工精度。为此，加工中一般采取加装跟刀架、活顶尖和改变走刀方向的措施来提高加工精度，如图 5-3-3b 所示。

四、提高工艺系统刚度的措施

减少工艺系统的受力变形，是机械加工中保证产品质量和提高生产效率的主要途径之一。根据生产的实际情况，可采取以下几方面的措施。

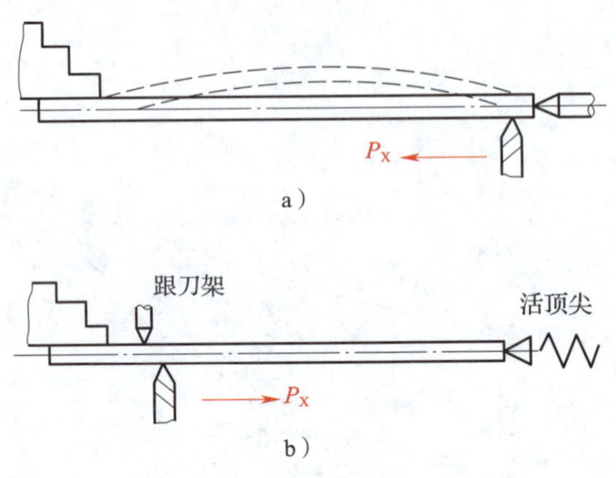

图 5-3-3　工件刚度的影响及措施

a）车削细长杆时出现弯曲　b）加装跟刀架或活顶尖

1．设计合理的零部件结构

在设计零部件结构时，应尽量减少连接面的数目，并防止有局部低刚度环节出现。对于基础件、支承件，应合理选择零件结构和截面形状，以提高机床部件中零件间的接合刚度。必要时，应给机床部件施加反向载荷。

2．提高工件刚度，减小受力变形

切削力引起的加工误差，往往是由于工件本身刚度不足或工件各个部位结构不均匀而产生的，特别是加工叉类、细长轴等结构的零件，非常容易变形。在这种情况下，提高工件的刚度是提高加工精度的关键。其主要措施是缩小切削力作用点到工件支承面之间的距离，以增大工件加工时的刚度。如图 5-3-3b 所示，在加工细长轴时采用跟刀架有助于提高工件刚度。

此外，还可采用中心架、中间驱动等方式。图 5-3-4 所示的曲轴车床采用中间驱动而不是轴端驱动，明显缩短了驱动部位与被加工轴颈的距离，提高了工件的刚度。

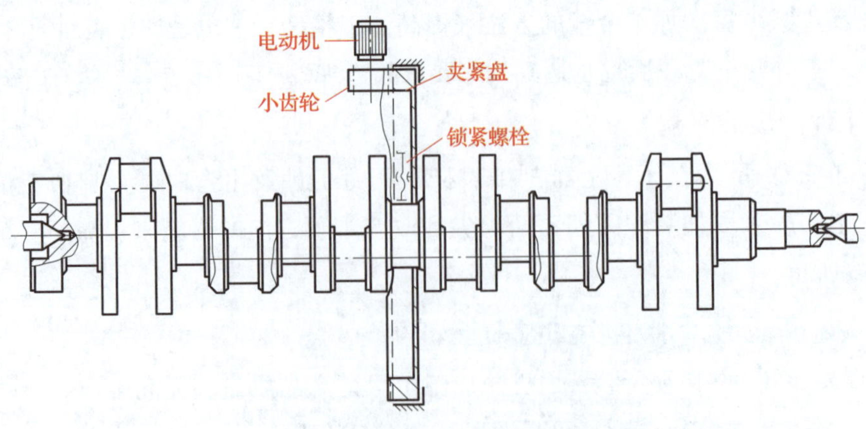

图 5-3-4　加工曲轴时采用中间驱动

3．提高机床部件刚度，减小受力变形

在切削加工中，有时由于机床部件刚度低而产生变形和振动，影响加工精度和生产率的提高，所以加工时常采用一些辅助装置以提高机床部件的刚度。图 5-3-5a 所示为在转塔车床上采用固定导杆支承套，图 5-3-5b 所示为采用导向支承套，并用加强杆与支承套配合以提高机床部件刚度。

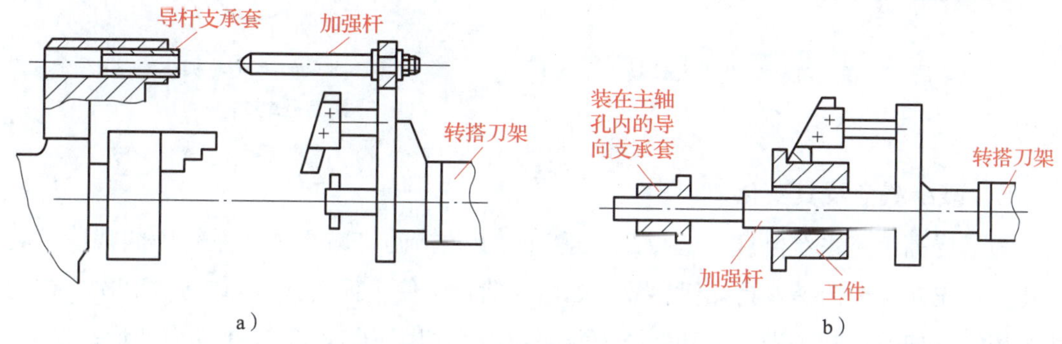

图 5-3-5　提高机床部件刚度的装置

a）采用导杆支承套提高机床刚度

b）采用导向支承套和加强杆提高机床刚度

4．采用合理的装夹和加工方式

在卧式铣床上铣削角铁形零件，按图 5-3-6a 所示装夹和加工方式，则工件的刚度较低；如改用图 5-3-6b 所示装夹和加工方式，则工件的刚度明显提高。

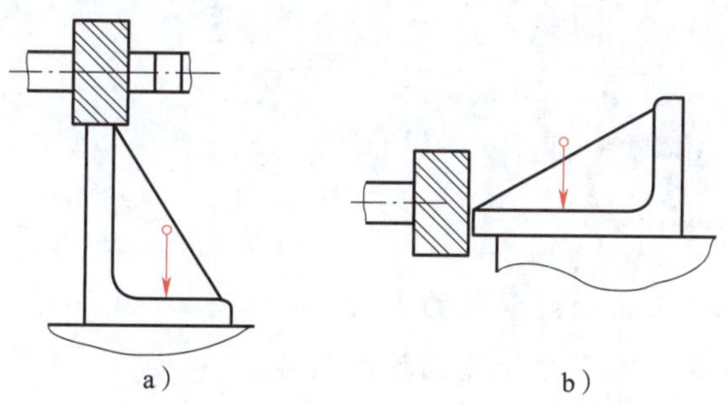

图 5-3-6　改变装夹和加工方式提高工件刚度

a）刚度较低　b）刚度提高

如图 5-3-7 所示，在加工箱体零件时，粗加工时采用短定位销，精加工时采用长定位销，可消除在加工过程中定位孔磨损对定位精度的影响。如图 5-3-8 所示，在加工发动机凸轮轴时，采用托轮可增加刚度，减小载荷的变化。

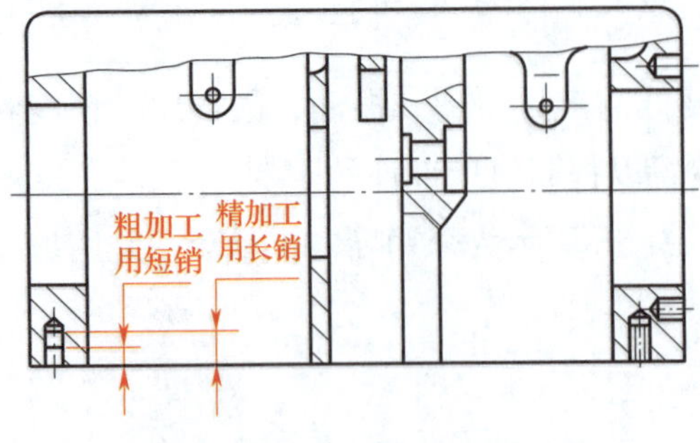

图 5-3-7 精加工用长定位销

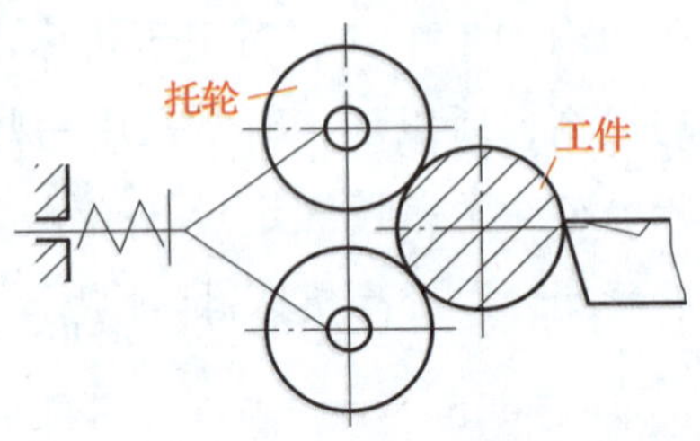

图 5-3-8 加工发动机凸轮轴时采用托轮增加刚度

5. 减小载荷及其变化

为了提高工艺系统刚度，建议采取适当的工艺措施来减小工艺系统中的载荷及其变化。首先，合理选择刀具几何参数，如增大前角、使主偏角接近 90° 等；其次，控制切削用量，如适当减小进给量和背吃刀量，以减小切削力，相应减小受力变形；最后，将毛坯分组，使加工中各组内的毛坯余量相对均匀，这样可减小切削力的变化，从而减小误差。

课题四 工艺系统热变形引起的误差及控制

- 掌握工艺系统热变形引起误差的因素。
- 熟悉工艺系统热变形引起误差的控制措施。

在机械加工过程中，工艺系统在各种热源的影响下，常产生复杂的变形，破坏了工艺系统各部分间的相对位置精度，造成加工误差。工件、刀具等的热变形对加工精度影响较大，特别是在精密加工和大件加工中，热变形所引起的加工误差通常会占到工件总加工误差的 40% ~ 70%。热变形不仅降低了系统的加工精度，而且还影响了加工效率的提高。

一、工艺系统的热源

引起工艺系统热变形的热源可分为内部热源和外部热源两大类。

1．内部热源

内部热源包括切削热和摩擦热。切削热和摩擦热是工艺系统的主要热源。

（1）切削热

在切削过程中，消耗于切削的弹性、塑性变形能及刀具、工件和切屑之间摩擦的机械能，绝大部分都转变成切削热。在车削加工中，切屑所带走的热量可达50%～80%，传给工件的热量约为30%，传给刀具的热量约为5%。

（2）摩擦热

工艺系统中的摩擦热主要是机床运动部件产生的，如电动机、轴承、齿轮、丝杠副、导轨副、离合器、液压泵、阀等。尽管摩擦热比切削热少，在工艺系统中是局部发热，但是会引起局部温升和变形，破坏了系统原有的几何精度，对加工精度也会带来严重影响。

2．外部热源

外部热源包括辐射热和环境温度。外部热源的热辐射包括照明灯光、加热器等对机床的热辐射。同时周围环境温度也不容忽视，如昼夜温度不同对机床热变形的影响。外部热源的热辐射影响对于大型和精密加工尤其重要。

二、工艺系统热变形引起的误差

1．机床热变形引起的误差

一般机床的体积较大，热容量大，虽温升不高，但变形量不容忽视。机床结构较复杂，达到热平衡的时间较长，各部分的受热变形不均，会破坏原有的相互位置精度，造成工件的加工误差。由于机床结构和工作条件不同，机床热变形的热源和变形形式也不尽相同。

（1）车、铣、钻、镗类机床

如图5-4-1a所示，其主轴箱中的齿轮、轴承摩擦发热和润滑油发热是主要热源。车床主轴发热使主轴箱在垂直面内与水平面内发生偏移和倾斜。图5-4-1b所示为车床主轴温升、位移随运转时间变化而变化的情况。由图可知，y方向上的位移量远大于x方向上的位移量。由于y方向是误差非敏感方向，故对加工精度的影响较小。

（2）龙门刨床、导轨磨床等大型机床

由于床身较长，导轨面与床身底面间如有温差，床身导轨就会产生较大的弯曲变形，从而影响加工精度。例如，一台长为13 m、高为0.8 m的导轨磨床床身，导轨面与床身底面温差为1℃时，其弯曲变形量可达0.33 mm。床身上下表面产生温差，不仅是由工作台运转时导轨面摩擦发热所致，环境温度的影响也是重要原因。例如，在夏天，地面温度一般低于车间室温，床身也会产生“中凸”的现象。

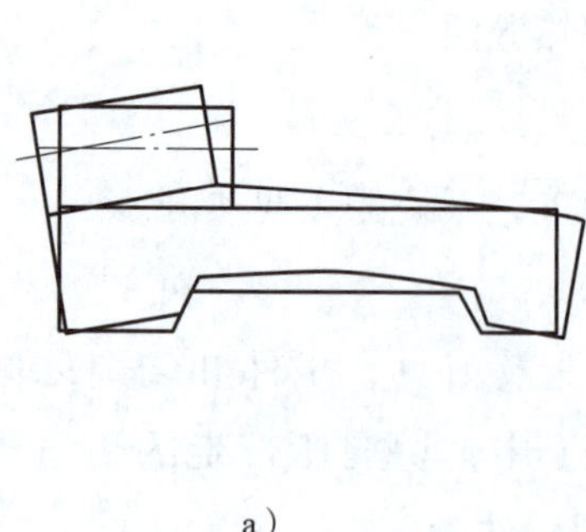

a）

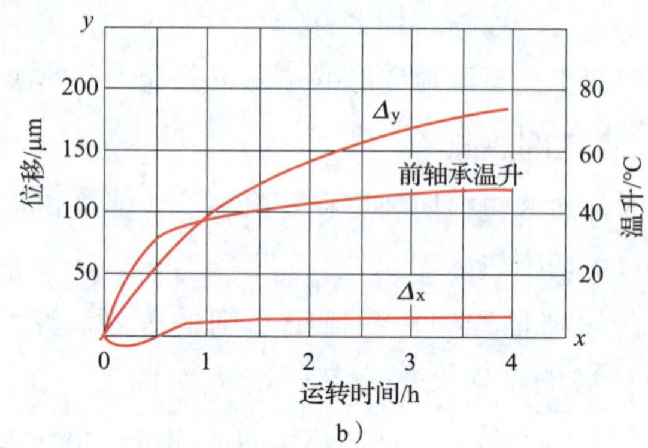

b）

图 5-4-1　车床主轴温升与变形

a）车床受热变形形态　b）温升与变形曲线

2. 刀具热变形引起的误差

切削热虽然大部分被切屑带走或传入工件，传到刀具上的热量很少，但因刀具切削部分质量小（体积小）、热容量小，所以刀具切削部分的温升大，从而引起刀具热伸长并造成加工误差。例如，用高速钢刀具切削时，刃部的温度高达 700 ~ 800℃，刀具热伸长量可达 0.03 ~ 0.05mm，因此对加工精度的影响不容忽略。

图 5-4-2 所示为刀具热伸长量（热变形）与切削时间的关系。在车刀连续切削的情况下，切削开始时，刀具的温升和热伸长较快，随后趋于缓和，经 20 min 左右逐步达到热平衡。当切削停止时，刀具温度开始下降较快，以后逐渐减缓。

刀具断续加工时，变形趋于零。如加工一批短小轴件，在加工过程中机床、工件、刀具趋于热平衡。在连续冷却条件下经 20 min 后温度趋于室温，变形趋于零。

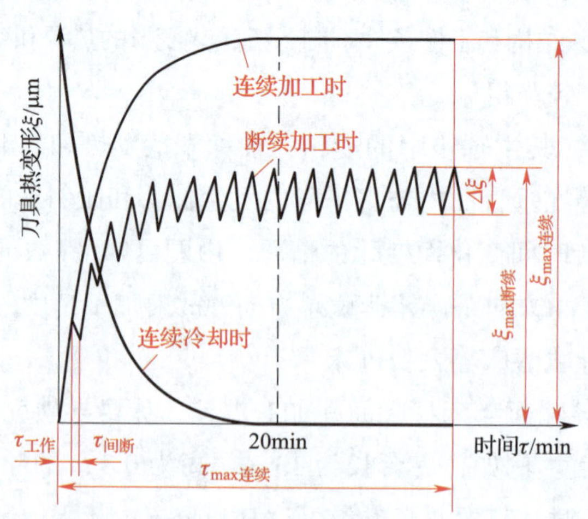

图 5-4-2　刀具热变形曲线

3．工件热变形引起的误差

（1）工件均匀受热

一些简单的均匀受热工件，如车、磨轴类件的外圆，待加工后冷却到室温时其长度和直径将有所收缩，由此而产生尺寸误差 Δ_L。Δ_L 可用简单的热伸长量公式进行估算，即

$$\Delta_L = L \cdot \alpha \cdot \Delta_t \tag{5-3}$$

式中，L——工件热变形方向的尺寸（mm）；

α——工件的热膨胀系数（1/℃）；

Δ_t——工件的平均温升（℃）。

（2）工件非均匀受热

工件受热不均会引起内部产生热应力和外部变形。如磨削零件的单一表面，由于工件单面受热而产生向上翘曲变形 y，加工结束冷却后将形成中凹的形状误差 y'，如图 5-4-3a 所示。可根据图 5-4-3b 所示几何关系得出如下工件中凹形状误差 y' 的关系式，即：

$$y' \approx \frac{\alpha \cdot L^2 \cdot \Delta_t}{8H} \tag{5-4}$$

上式说明，工件的长度 L 越大，厚度 H 越小，则产生的中凹形状误差 y' 就越大。在铣削或刨削薄板零件平面时，也有类似情况发生。为减小工件热变形带来的加工误差，在工件长度 L 和厚度 H 基本一定的前提下，应重点控制好工件上下表面的温差 Δ_t。

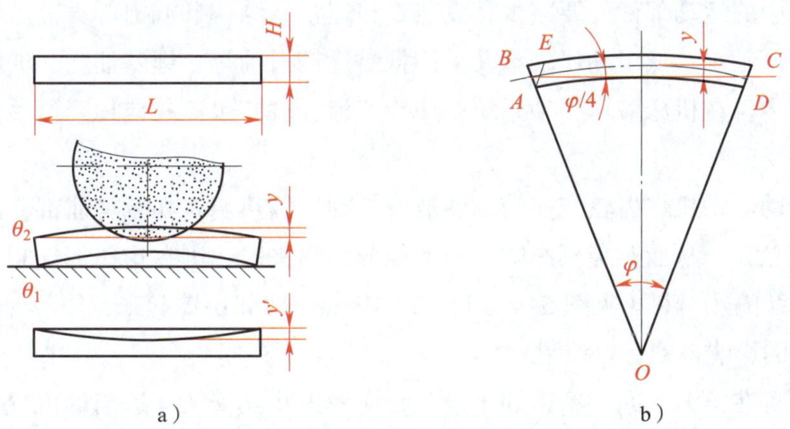

图 5-4-3　薄壁零件热变形

a）工件加工中及冷却后产生翘曲、中凹形状　b）工件中凹形状几何图示

当粗精加工时间间隔较短时，粗加工时的热变形将影响到精加工，工件冷却后将产生加工误差。在加工铜、铝等线膨胀系数较大的有色金属时，其热变形尤其明显，必须引起足够重视。

三、控制工艺系统热变形的主要措施

1．加强散热能力

加强散热能力是控制工艺系统热变形的一个行之有效的措施。例如，在加工过程中供给充足的切削液，并使其能喷射到应有的位置上，或者采用喷雾冷却等冷却效能较高的方法，以加强加工时的散热能力。

如图 5-4-4 所示为坐标镗床的主轴箱用恒温喷油循环强制冷却的实验结果。当不采用强制冷却时，机床运转 6 h 后，主轴与工作台之间在垂直方向发生了 160 μm 的位移（图中曲线 1），而且机床尚未达到热平衡。当采用强制冷却后，热变形位移减少到 7 μm（图中曲线 2），可见强制冷却的效果非常显著。

有的机床采用水冷装置，使冷却水流过绕主轴部件的空腔，这样可使主轴的温升控制在 1 ~ 2℃。有的机床采用风冷装置，也可以改善机床的温升情况。

2．减少热量产生和传入

通过减少工艺系统的热源或减少热源的发热量及其影响，可以达到减小热变形的目的。

在加工中，合理选用切削用量，正确使用刀具，及时刃磨刀具以免产生过多的加工热。如磨削加工时，磨削热的大小不仅与磨削用量有关，还受砂轮钝化和堵塞的影响。因此，除正确选择砂轮和磨削用量外，及时修整砂轮也可避免过多的热量产生。

对机床中的运动部件，要减少其发热量，通常从结构和润滑等方面着手，如在主轴上应用静压轴承、低温动压轴承及采用低黏度润滑油等，锂基油脂和油雾润滑都可使其温升减少。在机床液压传动系统中减少节流元件，也能相应地降低油温，从而减小机床的热变形。

对机床的电动机、齿轮变速箱、油池、冷却箱等热源，如有可能都移出主机以外成为独立的单元，从而避免其影响。若不能分离出去时，则在这些部件和机床大件的结合面上安装隔热材料（见图 5-4-5），或用隔热罩将热源罩起来，使系统的发热及其对加工精度的影响得到有效控制。

对未安置在恒温车间的精密加工设备，应考虑将其安放在适当的位置，以防止阳光、暖气等外部热源的影响。

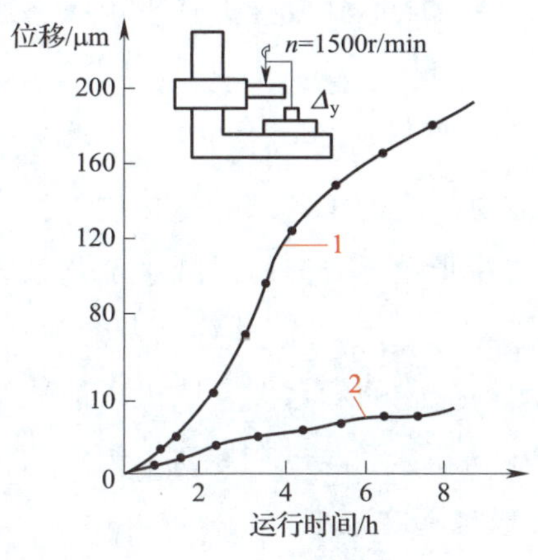

图 5-4-4　镗床强制冷却曲线图

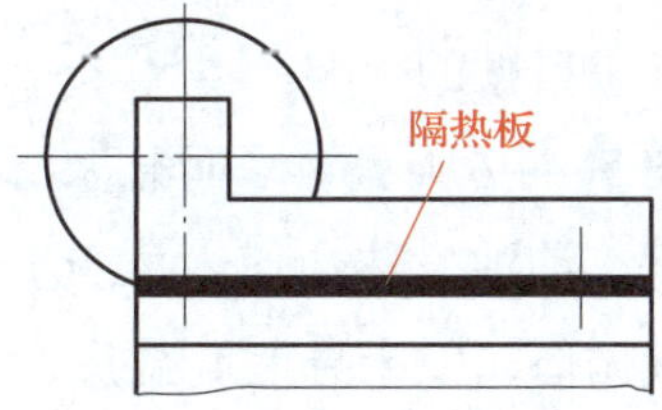

图 5-4-5　磨床隔热板

3. 控制温度变化

从很多热的影响实例可总结出，温度变化不是热变形误差的重要原因。若能保持温度稳定，由于热变形产生的加工误差成为常值系统误差，一般可通过补偿进行消除。因此，控制温度变化是控制热变形、提高加工精度的一个有效措施。

对于精密加工用恒温恒湿实验室（见图 5-4-6），为了避免被加工工件在加工和计量时因温度变化产生胀缩，一般严格规定室内的基准温度，并制定了温度变化的偏差范围。例如，对精密磨床、坐标镗床、螺纹磨床、齿轮磨床等精密机床，需要安放在恒温车间中使用。恒温精度可根据加工精度要求而定，一般取 ±1℃，精度更高的机床应取 ±0.5℃。如某一国家级超精密加工实验室，控制温度可达到 20℃ ±0.2℃，而相对湿度则为 45%±5%。

图 5-4-6　恒温恒湿实验室

在精加工之前，先让机床空运转一段时间，待机床达到或接近热平衡状态后再进行加工，也是解决温度变化的一项措施。

4. 采用热补偿措施

在设计机床时，采用热对称结构和热补偿结构，使机床各部分受热均匀，热变形方向和大小趋于一致，或使热变形方向为加工误差非敏感方向，以减小工艺系统热变形对加工精度的影响。

图 5–4–7 所示为平面磨床所采用的均衡温度场措施的示意图。该机床油池位于床身底部，油池发热会使床身产生中凹，达到 0.364 mm。经改进在导轨下配置油沟，导入热油循环，使床身上下温差大大减小，热变形量也随之减小。

图 5–4–8 所示的平面磨床，图中热空气从电动机风扇排出，通过特设软管引向防护罩和立柱后壁空间，为平面磨床加热温升较低的立柱后壁，以减少立柱前后壁的温差，从而减少立柱的弯曲变形。采用该措施后，磨削平面的平面度误差可降到未采取措施前的 1/4 ~ 1/3。

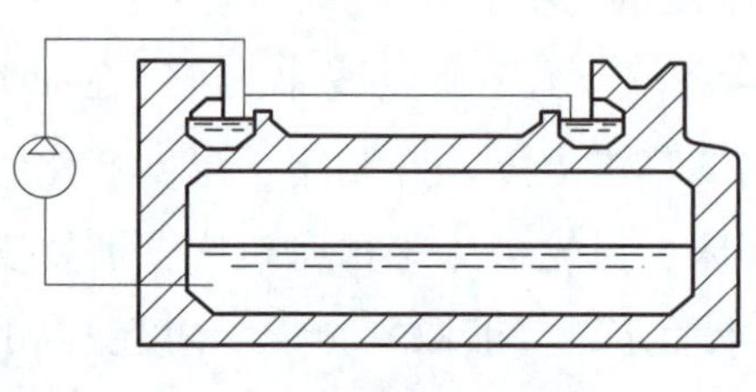

图 5–4–7　磨床热油循环

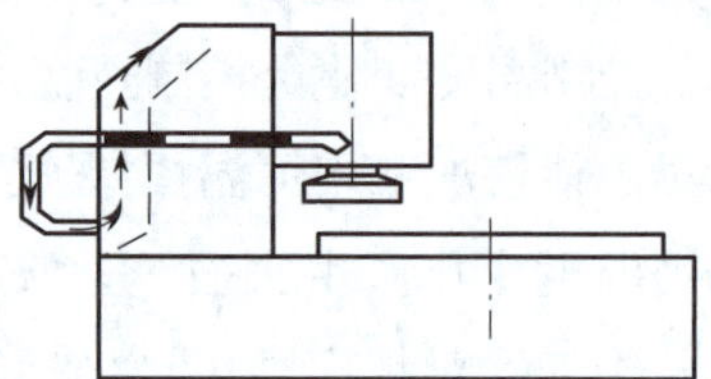

图 5–4–8　利用均衡温度场减少立柱前后壁的温差

图 5–4–9a 所示为传统牛头刨床滑枕截面结构，由于导轨面的高速滑动，导致摩擦生热，使滑枕上冷下热，产生弯曲变形。如果将导轨布置在截面中间（见图 5–4–9b），滑枕截面接近上下对称，可明显减小滑枕的弯曲变形。

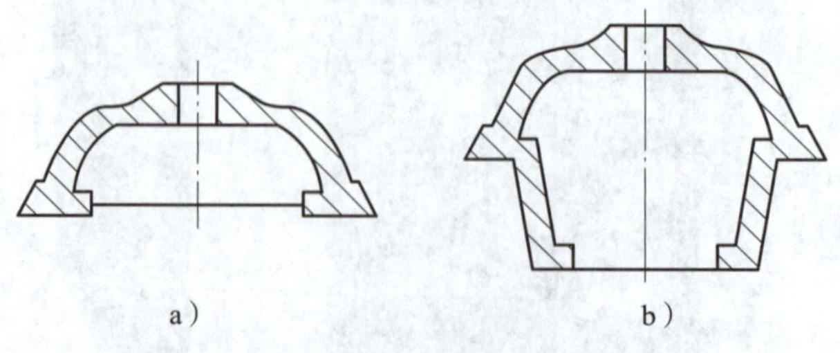

图 5–4–9　刨床滑枕改进前后的热对称结构
a）改进前　b）改进后

5．缩小发热零件的长度

图 5-4-10a 所示为外圆磨床横向进给机构示意图，在图 5-4-10b 中对螺母位置进行改进，缩小了丝杠热变形长度，使热变形造成丝杠的螺距累积误差减小，因而使砂轮的定位精度较高。

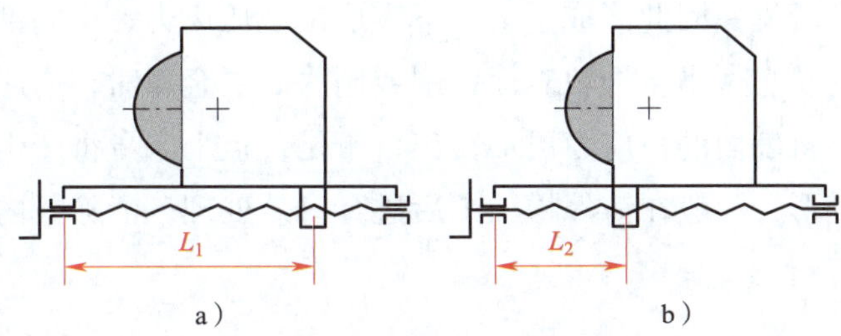

图 5-4-10　缩小丝杠热变形长度
a）改进前　b）改进后

课题五　工艺系统内应力引起的误差及控制

◆掌握工艺系统内应力引起误差的因素。
◆熟悉工艺系统内应力引起误差的控制措施。

零件在没有外加载荷的情况下，仍然残存在工件内部的应力称为内应力或残余应力。内应力是由金属内部组织发生不均匀的体积变化而产生的。具有内应力的工件，处在一种不稳定状态之中。内部的组织具有强烈的恢复到没有内应力时稳定状态的倾向。即使在常温下，工件的内部组织也在不断发生变化，直到内应力完全消失为止。在这一过程中，工件的形状逐渐改变（如翘曲变形），从而丧失其原有精度。如果把存在内应力的工件装配到机器中，则会因其在使用中发生变形而破坏整台机器的精度。内应力存在于工件内部，且其存在和分布情况相当复杂，下面仅做一些定性分析。

一、工艺系统内应力引起的误差

1．毛坯制造中产生的内应力

在铸、锻、焊及热处理等加工过程中，由于工件各部分结构的厚薄不均，导致冷却速度与热胀冷缩不均匀而相互牵制，以及金相组织转变时体积的变化，会在毛坯的内部产生内应力。一般规律是在厚处（缓冷部位）产生拉应力，在相连薄处（快冷部位）产生压应力，工件整体变形将朝向减小内应力的方向弯曲。

如图 5-5-1 所示为机床床身，在铸造时，床身导轨表面及床腿面冷却速度较快，中间部分冷却速度较慢，因此形成了上、下表层出现压应力、中间部分（床身截面主体）处于拉应力的状态。当将导轨表面铣削或刨去一层金属时，内应力重新分布，力的平衡被打破，导轨表面的拉应力更加突出，于是，整个床身将产生中部下凹的弯曲变形。为了减小变形，一般在铸件粗加工后进行时效处理，消除掉内应力后再进行精加工。

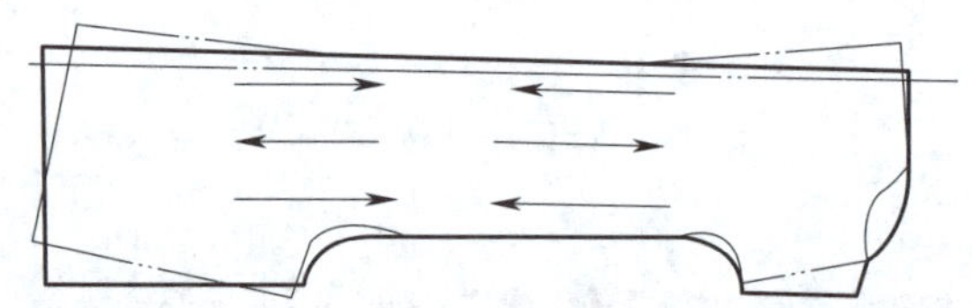

图 5-5-1　机床床身内应力引起的变形

2. 冷校直产生的内应力

细长的轴类零件，如发动机凸轮轴等在加工和运输中很容易产生弯曲变形。因此，大多数在装配前需要安排冷校直工序，如图 5-5-2 所示为液压校直机。这种方法简单方便，但会带来内应力，引起工件变形而影响零件加工精度。

图 5-5-2　液压校直机

如图 5-5-3a 所示，工件中部受到载荷 F 作用时，在工件内部产生应力，其轴心线以上产生压应力，轴心线以下产生拉应力，如图 5-5-3b 所示，而且两条虚线之间为弹性变形区，虚线之外为塑性变形区。当去掉外力后，工件的弹性恢复受到塑性变形区的阻碍，致使内应力重新分布，如图 5-5-3c 所示。由此可见，工件经冷校直后内部产生内应力，处于不稳定状态，若再进行切削加工，工件将重新发生弯曲。

由于冷校直后工件仍会出现变形，所以精密零件的加工不允许安排冷校直工序。当零件产生弯曲变形时，如果变形较小，可通过加大加工余量，利用切削加工方法去除其弯曲度。因为这些零件的刚度很差，极易受力变形，需要注意切削力的大小。如果变形较大，则可用热校直的方法，这样可减少内应力的产生，但操作比较麻烦。

图 5-5-3　冷校直时引起内应力

a）施加压力　b）加载时　c）卸载后

3. 切削加工中产生的内应力

工件切削加工时，在各种力和热的作用下，其各部分将产生不同程度的塑性变形及金相组织变化，从而产生内应力，引起工件变形。

一般在加工过程中，切去表面一层金属后，都会引起内应力的重新分布，导致工件变形。因此，粗加工后，应将被夹紧的工件松开，使之有足够的时间使内应力重新分布。否则，在继续加工时，工件处于弹性应力状态下，而在加工完成后，必然会逐渐产生变形，致使破坏最终工序所得到的精度。所以，在机械加工中常将粗、精加工分开，以消除残余应力对加工精度的影响。

二、减少或消除内应力的主要措施

1. 采取时效处理

时效处理方法有自然时效、人工时效和振动时效三种，如图 5-5-4 所示。

a）

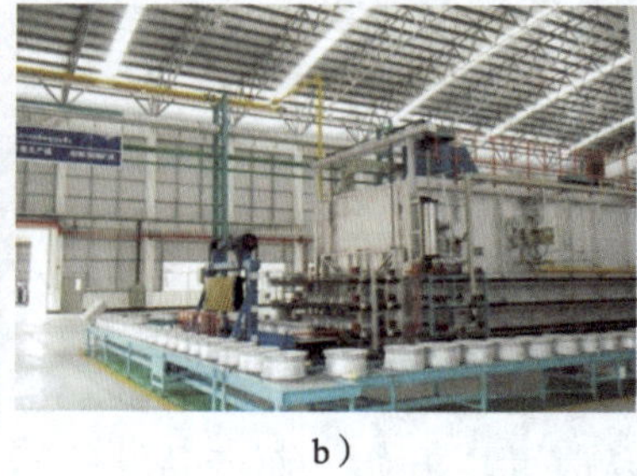

b）

c）

图 5-5-4　时效处理

a）自然时效　b）铝合金轮毂固溶时效连续炉（人工时效）　c）发动机机体振动时效

（1）自然时效处理方法主要是在毛坯制造之后，或粗、精加工之间，让工件停留一段时间，利用温度的自然变化，经过多次热胀冷缩，使工件的晶体内部或晶界之间产生微观滑移，从而达到减少或消除内应力的目的。

（2）人工时效处理是将工件放在炉内加热到一定温度，使工件金属原子获得大量热能来加速它的运动，并保温一段时间达到原子组织重新排列，再随炉冷却，以达到消除残余应力的目的。

（3）振动时效处理是将激振器牢固地夹持在工件的适当位置上，根据工件的固有频率调节激振器的频率，直到达到共振状态，再根据工件尺寸及内应力调整激振力，使工件在一定的振动强度下，保持几分钟甚至几十分钟的振动，引起工件金属内部晶格错位蠕变，使金属的结构状态稳定，以减少或消除工件的内应力。

2．合理安排工艺路线

对于精密零件的加工，粗、精加工应分开。对于大型零件，由于粗、精加工一般安排在一个工序内进行，因此在粗加工后先将工件松开，使其自由变形，再以较小的夹紧力夹紧工件进行精加工。对于焊接件，必须在焊接前将工件先预热以减小温差，从而减小内应力。

3．合理设计零件结构

在设计零件结构时，应简化零件的结构，提高其刚度，减小壁厚差。在采用焊接结构时，应使焊缝均匀，减小内应力。

课题六　影响零件表面质量的因素及控制

学习目标

◆ 熟悉零件表面质量对使用性能的影响。

◆ 熟悉零件加工表面粗糙度的影响因素及控制措施。

◆ 了解零件表层力学性能的影响因素及控制措施。

机械零件的破坏一般总是从表面层开始，而产品的性能，尤其是它的可靠性和耐久性，在很大程度上取决于零件表面层的质量。研究机械加工表面质量的目的是掌握机械加工中各种工艺因素对加工表面质量影响的规律，以便运用这些规律来控制加工过程，从而改善表面质量，提高产品使用性能。

一、汽车零件表面质量对使用性能的影响

零件表面质量虽然只反映表面的几何特征和表面层特征，但它对零件的耐磨性、疲劳强度、耐腐蚀性、配合性质等使用性能都有不同程度的影响。

1．表面质量对零件耐磨性的影响

机器上相配合的零件相对运动时会产生摩擦。摩擦一方面要消耗能量（如汽车发动机在满负荷下工作时，约有 20% 的功率消耗在摩擦上），另一方面会引起零件的磨损。

汽车上有相当多的零件工作时都在做相对运动，为保证汽车的使用寿命，零件要具有一定程度的耐磨性。零件的耐磨性与润滑、摩擦副的材料及热处理等有关，但在上述条件确定的情况下，起主导作用的是表面质量。

加工后的零件表面是粗糙不平的，两配合表面只是在凸峰顶部接触，实际接触面积比名义接触面积小得多。较小的表面粗糙度值可提高零件的耐磨性，延长零件的使用寿命。但表面粗糙度值太小，由于表面间接触紧密，不易形成润滑油膜，而且两表面分子间的亲和力增加，反而使磨损剧烈增加。零件表面有一个最合适的表面粗糙度值（一般由试验确定）。图 5-6-1 表示为发动机活塞销在不同表面粗糙度值时对应的磨损。

表面加工纹理方向对磨损也有影响，它随摩擦形式、摩擦条件和表面粗糙度的不同而不同，为了提高耐磨性，必须使摩擦副表面具有符合摩擦条件的加工纹理方向。对于机器零件的重要表面，如发动机气缸壁表面，除规定表面粗糙度参数值外，还应规定最后工序的加工方法及加工纹理方向。图 5-6-2 所示为气缸套经珩磨加工后的效果。

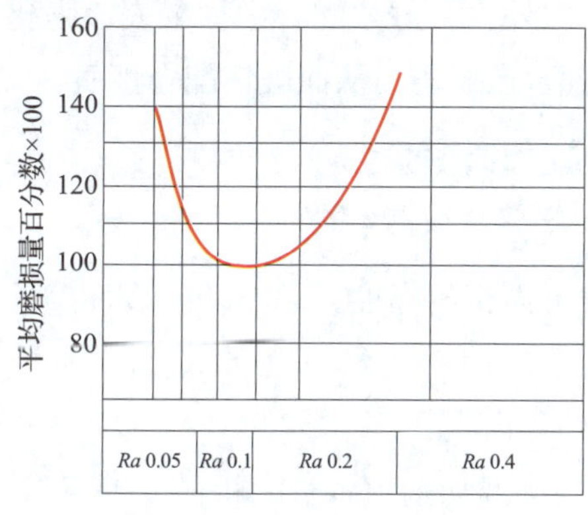

图 5-6-1　发动机活塞销在不同表面粗糙度值时对应的磨损

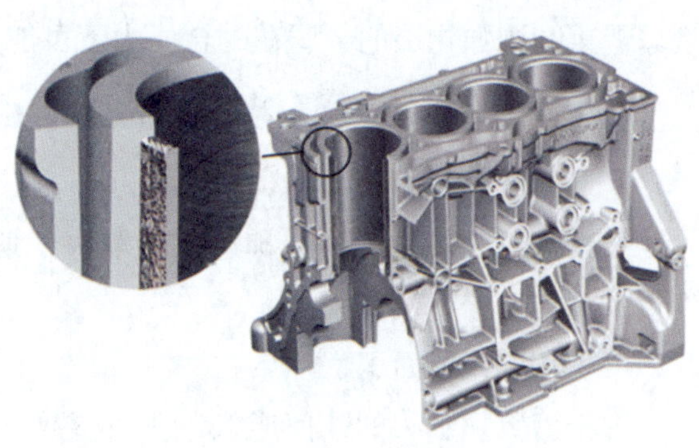

图 5-6-2　珩磨加工后的大众 EA211 发动机气缸套

2．表面质量对零件疲劳强度的影响

零件在长期承受交变载荷的条件下工作，疲劳强度除了与零件材料的物理力学性能有关外，与表面质量也有很大关系。

零件在循环交变载荷下工作，表面上有微观不平度时就形成应力集中。应力集中主要发生在不平度的谷底上，谷底越深、谷尖的半径越小，则应力集中就越严重。谷底出现的应力数值可能超过金属的疲劳极限，促使裂纹逐渐扩展。当裂纹扩展到一定程度，在偶然的超载冲击下，零件就会突然遭受破坏。因此，承受循环载荷的零件表面粗糙度值大时，就容易发生疲劳破坏；而减小表面粗糙度值有助于提高疲劳强度。

3．表面质量对零件耐腐蚀性的影响

腐蚀性介质凝聚在金属表面，会对金属表层产生腐蚀作用。机械加工后表面产生凹谷或显微裂纹，腐蚀性物质就会积聚在凹谷和裂纹处，如图 5-6-3 所示，按箭头方向产生侵蚀作用，逐渐渗透到金属内部，使金属断裂而剥落下来形成新的凹凸表面，如此重复继续下去。例如，燃料在发动机中燃烧后的废气含有酸性物质。它凝结在气缸壁上，使气缸壁发生腐蚀，加速了气缸的磨损。零件腐蚀的程度和速度与零件表面粗糙度有很大关系，表面粗糙度值越大，则越容易发生腐蚀。

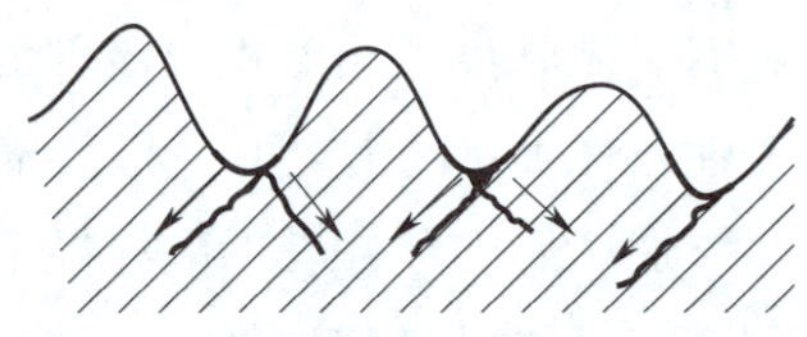

图 5-6-3　金属表面的腐蚀过程

4．表面质量对零件配合性质的影响

在间隙配合中，如果零件的配合表面很粗糙，在工作过程中将会很快磨损，使配合间隙增大，从而改变所要求的间隙配合性质。

在过盈配合中，如果零件的配合表面很粗糙，在配合时表面的凸峰被压平，使有效过盈量减少，从而降低了过盈配合的连接强度。此外，在过盈配合中如果表面强化现象严重，则强化层的金属在配合压力下可能与内部金属脱离，从而破坏配合性质。

二、零件加工表面粗糙度的影响因素及控制措施

1．加工表面的表面粗糙度

切削加工表面的表面粗糙度主要取决于切削残留面积的高度，并与切削表面塑性变形及积屑瘤的产生有关。

（1）切削残留面积

由于刀具切削刃的几何形状、几何参数、进给运动及切削刃本身的粗糙度等原因，未能将被加工表面上的材料层完全去除掉，在已加工表面上遗留下残留面积。残留面积的高度构成了表面粗糙度 R_z。图 5-6-4 所示为车削加工残留面积的高度。

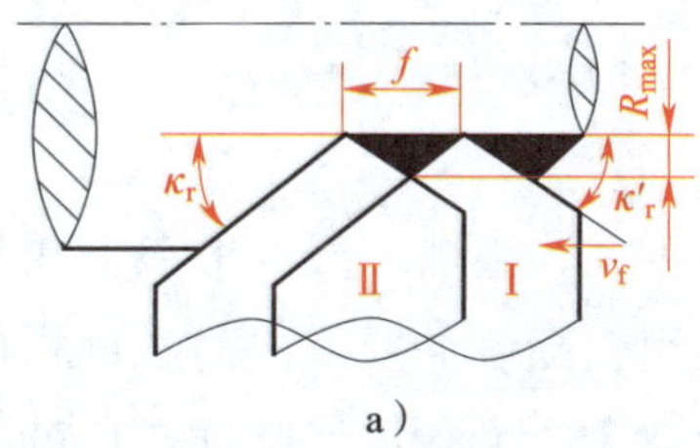

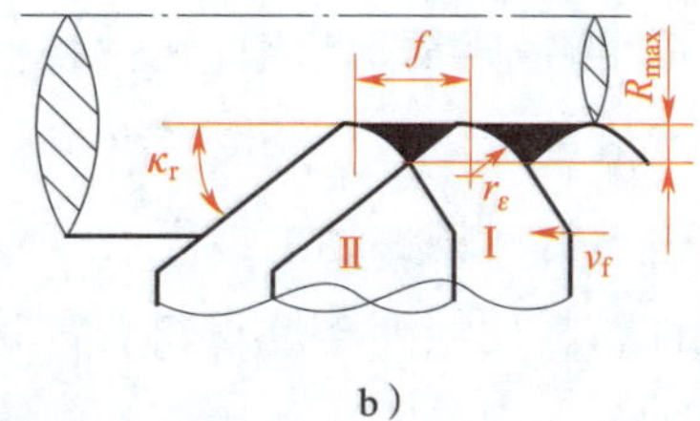

图 5-6-4 车削加工残留面积的高度

a）直线刀刃 b）圆弧刀刃

图 5-6-4a 所示为使用直线刀刃切削的情况，其切削残留面积高度为：

$$R=\frac{f}{\cot\kappa_r+\cot\kappa'_r} \tag{5-5}$$

图 5-6-4b 所示为使用圆弧刀刃切削的情况，其切削残余面积的高度为：

$$R=\frac{f^2}{8r_\varepsilon} \tag{5-6}$$

从上述两式可知，影响切削残留面积高度的因素主要包括刀尖圆弧半径 r_ε、主偏角 κ_r、副偏角 κ'_r 及进给量 f 等。

实际上，加工表面的表面粗糙度总是大于按以上公式计算的残留面积的高度。只有当切削脆性材料或高速切削塑性材料时，实际加工表面的表面粗糙度才比较接近残留面积的高度，这说明影响表面粗糙度大小的还有其他因素。

（2）切削表面塑性变形和积屑瘤

图 5-6-5 所示为加工塑性材料时切削速度对表面粗糙度的影响。当切削速度 v_c 处于 30 ~ 50 m/min 时，表面粗糙度值最大，这是因为此时容易产生积屑瘤或鳞刺。鳞刺是指切削加工表面在切削速度方向上产生的鱼鳞片状的毛刺。

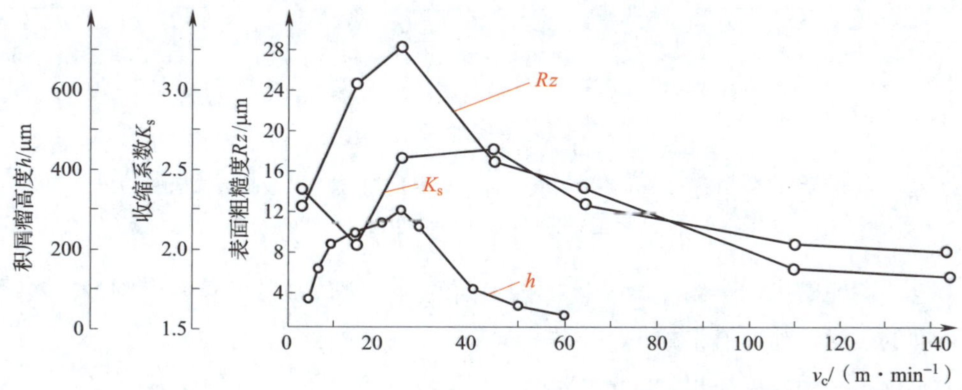

图 5-6-5 加工塑性材料时切削速度对表面粗糙度的影响

积屑瘤和鳞刺均会使表面粗糙度值加大。当切削速度超过 100 m/min 时，表面粗糙度值反而下降并趋于稳定。因此，选择低速宽刀精切和高速精切，往往可以得到较小的表面粗糙度值。

一般来讲，材料韧性越大或塑性变形趋势越大，被加工表面的表面粗糙度值就越大。切削脆性材料比切削塑性材料容易达到表面粗糙度的要求。对于同样的材料，金相组织越粗大，切削加工后的表面粗糙度值也越大。为减小切削加工后的表面粗糙度值，常在精加工前进行调质处理（淬火 + 高温回火），目的在于得到均匀细密的晶粒组织和较高的硬度。

此外，合理选择切削液，适当增大刀具法向前角，提高刀具的刃磨质量等，均可有效减小加工表面粗糙度值。

2. 磨削加工的表面粗糙度

（1）磨削用量对表面粗糙度的影响

磨削时，砂轮的速度越高，单位时间内通过被磨表面的磨粒数就越多，因而工件的表面粗糙度值就越小，如图 5-6-6a 所示。

工件速度对表面粗糙度的影响刚好与砂轮速度的影响相反。增大工件速度时，单位时间内通过被磨表面的磨粒数减少，表面粗糙度值增加，如图 5-6-6b 所示。

磨削深度（背吃刀量）增大，表层塑性变形将随之增大，被磨表面粗糙度值也会增大，如图 5-6-6c 所示。

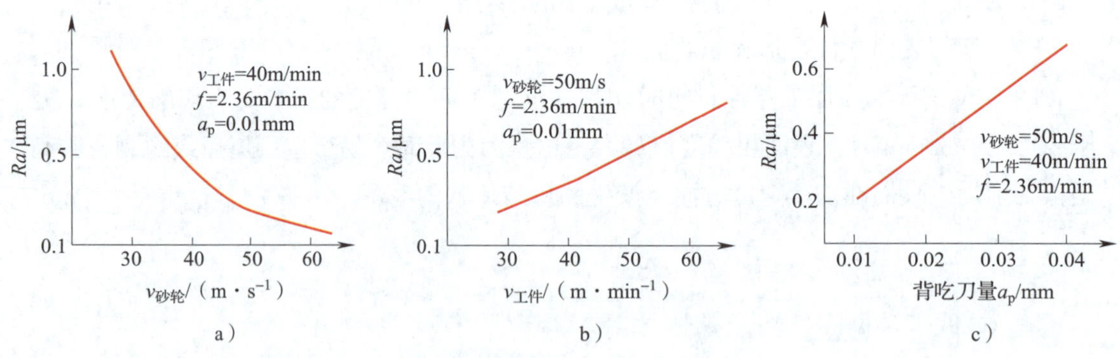

图 5-6-6 磨削用量与表面粗糙度的关系

a）砂轮的速度越高，表面粗糙度值越小 b）增大工件速度，表面粗糙度值增大

c）磨削深度增大，表面粗糙度值增大

另外，砂轮的纵向进给量减小，工件表面的每个部位被砂轮重复磨削的次数增加，被磨表面的表面粗糙度值将减小。

（2）砂轮结构对表面粗糙度的影响

1）砂轮粒度的影响。砂轮粒度越细，磨削的表面粗糙度值越小。但磨粒太细时，砂轮易被磨屑堵塞；若导热情况不好，反而会在加工表面产生烧伤等现象，使表面粗糙度值增大。因此，砂轮粒度常取 46 ~ 60 号。

2）砂轮硬度的影响。砂轮太硬，磨粒不易脱落，磨钝了的磨粒不能及时被新磨粒替代，会使表面粗糙度值增大；砂轮太软，磨粒易脱落，磨削作用减弱，也会使表面粗糙度值增大。因此，常选用中软砂轮。

3）砂轮的修整。砂轮修整对工件表面粗糙度也有重要影响。精细修整过的砂轮可有效减小被磨工件的表面粗糙度值。

三、零件表层力学性能的影响因素及控制措施

1．表面层的冷作硬化

在机械加工过程中，若加工表面层产生的塑性变形使晶体间产生剪切滑移，晶格严重扭曲，并产生晶粒的拉长、破碎和纤维化，引起表面层的强度和硬度都提高的现象，就是冷作硬化现象。如图 5-6-7 所示，一般硬化程度越大，硬化层的深度也越大。

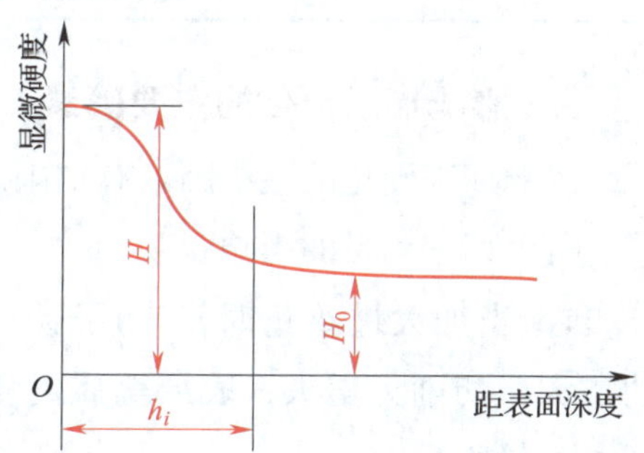

图 5-6-7　加工表面层的冷作硬化指标

评定硬化组织的指标有三项：表层金属的显微硬度 H、硬化层深度 h 和硬化程度 N。硬化程度计算公式如下：

$$N=[(H-H_0)/H_0]\times 100\% \qquad (5-7)$$

式中，H_0——工件表面硬化层内层金属的显微硬度。

表面层的硬化程度取决于产生塑性变形的力、变形速度及变形时的温度。力越大，塑性变形越大，产生的硬化程度也越大。变形速度越大，塑性变形越不充分，产生的硬化程度就相应减小。各种机械加工方法加工钢件表面层的冷作硬化情况见表 5-6-1。

表 5-6-1　各种机械加工方法加工钢件表面层的冷作硬化情况

加工方法	硬化程度 N/（%）		硬化层深度 h/μm	
	平均值	最大值	平均值	最大值
车削	20 ~ 50	100	30 ~ 50	200
精细车削	40 ~ 80	120	20 ~ 60	—
端铣	40 ~ 60	100	40 ~ 100	200
圆周铣	20 ~ 40	80	40 ~ 80	110
钻、扩孔	60 ~ 70	—	180 ~ 200	250

续表

加工方法	硬化程度 N/（%）		硬化层深度 h/μm	
	平均值	最大值	平均值	最大值
拉孔	50 ~ 100	—	20 ~ 75	—
滚、插齿	60 ~ 100	—	120 ~ 150	—
外圆磨低碳钢	60 ~ 100	150	30 ~ 60	—
外圆磨未淬硬中碳钢	40 ~ 60	100	30 ~ 60	—
平面磨	50	—	16 ~ 25	—
研磨	12 ~ 17	—	3 ~ 7	—

2. 影响加工硬化的主要因素

影响加工硬化的主要因素有切削用量、刀具几何参数及磨损和工件材料等。

（1）切削用量的影响

1）当加大进给量时，表层金属的显微硬度将随之增大。这是因为随着进给量的增大，切削力增大，表层金属的塑性变形加剧，冷作硬化程度也会相应增加，如图 5–6–8 所示。

2）切削深度对表层金属冷作硬化的影响不大。但对于磨床，磨削深度加深，对冷作硬化影响相对提高，如图 5–6–9 所示。

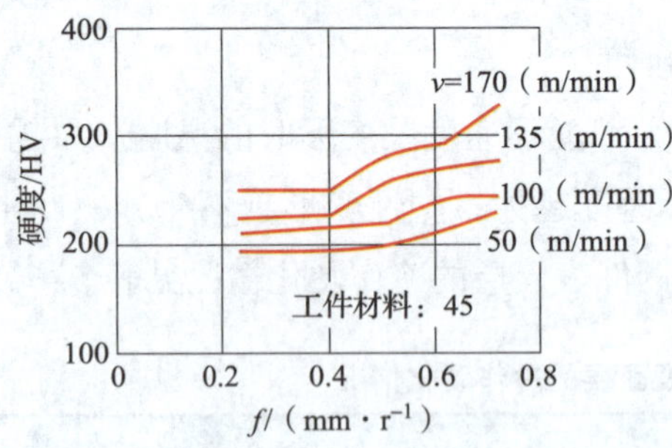

图 5–6–8　进给量 f 和切削速度 v 的影响

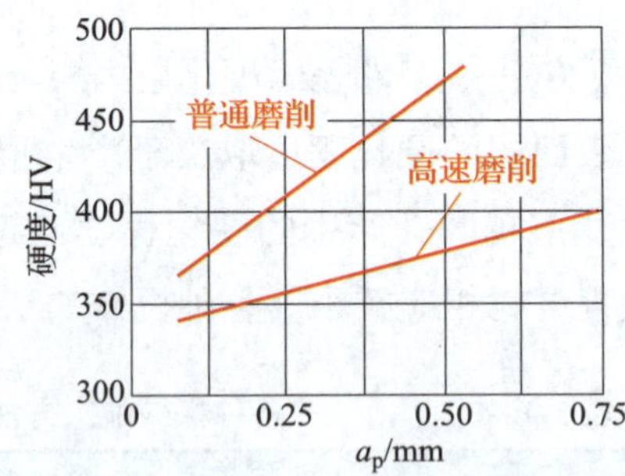

图 5–6–9　磨削深度的影响

（2）刀具的影响

刀具前角 γ_0 越大，切削变形越小，加工硬化程度和硬化层深度均相应减小。

如图 5–6–10 所示，刀具后刀面磨损宽度 VB 从 0 mm 增加到 0.2 mm，显微硬度由 220HV 增大到 340HV，这是由于磨损宽度加大后，刀具后刀面与被加工工件的摩擦加剧，塑性变形增大，导致表面显微硬度增大。然而，当磨损宽度继续加大时，摩擦热急剧增大，弱化趋势凸显，表层金属的显微硬度反而逐渐下降，直至稳定在某一个水平。

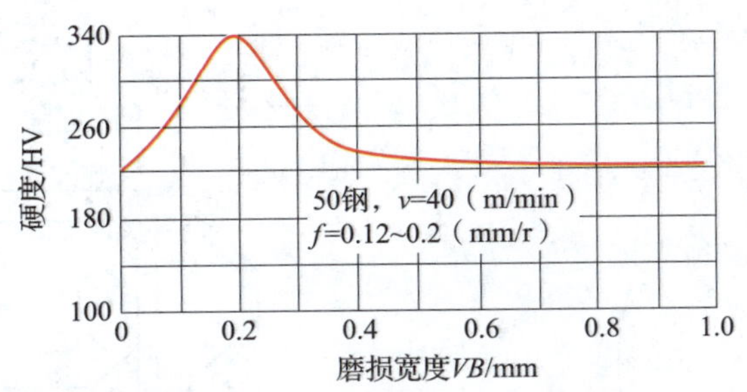

图 5-6-10 刀具磨损宽度的影响

（3）工件材料的影响

工件材料硬度越低，塑性越大，加工硬化程度和硬化层深度越大。对汽车常用的低碳、中碳或合金结构钢而言，塑性变形能力强，机械加工中其表面硬化严重。

3．材料金相组织的变化

（1）磨削烧伤

磨削工件时，当表面层温度达到或超过金属材料的相变温度时，表层金属材料的金相组织可能发生部分相变，表层显微硬度也会相应变化，并伴随有残余应力的产生，甚至出现微裂纹，还会出现彩色氧化膜，这种现象称为磨削烧伤。

（2）磨削裂纹

一般情况下，磨削表面多呈残余拉应力。磨削淬火钢、渗碳钢及硬质合金工件时，常常沿垂直于磨削的方向产生微小龟裂，严重时发展成龟壳状微裂纹，且有的裂纹不在工件外表面而是在表面层下，用肉眼根本无法发现。裂纹常与磨削方向垂直或呈网状，并且与烧伤同时出现。其危害是降低零件的疲劳强度，甚至出现早期低应力断裂。

（3）磨削烧伤的控制措施

1）正确选择砂轮。对于导热性差的材料如不锈钢，为避免产生烧伤，应选择较软的砂轮，并选择具有一定弹性的结合剂（如橡胶结合剂、树脂结合剂等），这样有助于避免磨削烧伤现象的产生。

2）合理选择磨削用量。从减轻烧伤同时又尽可能地保持较高的生产率考虑，在选择磨削用量时，应选用较大的工件速度 v_w 和较小的磨削深度 a_p。

3）改善冷却条件。建议安装带空气挡板的喷嘴，可以减轻高速回转砂轮表面处的高压附着气流作用，使切削液能顺利喷注到磨削区，如图 5-6-11 所示。

4）采用内冷却砂轮。内冷却砂轮如图 5-6-12 所示，经过严格过滤的切削液由锥形套经空心主轴法兰套被引入砂轮的中心腔内，由于离心力的作用，切削液经由砂轮内部有径向小孔的多孔薄壁套的孔隙甩出，直接浇注到磨削区。

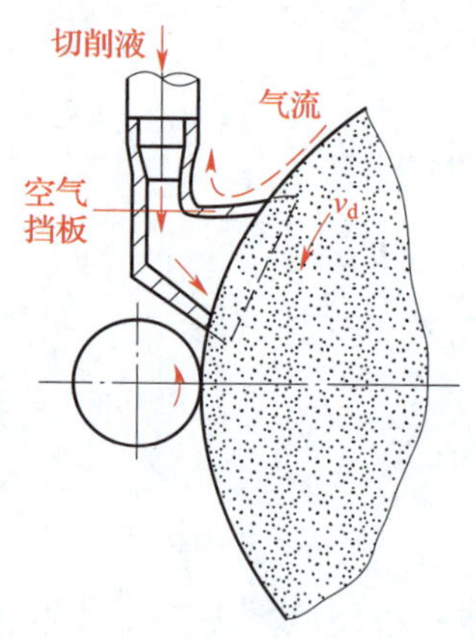

图 5-6-11 带空气挡板的喷嘴

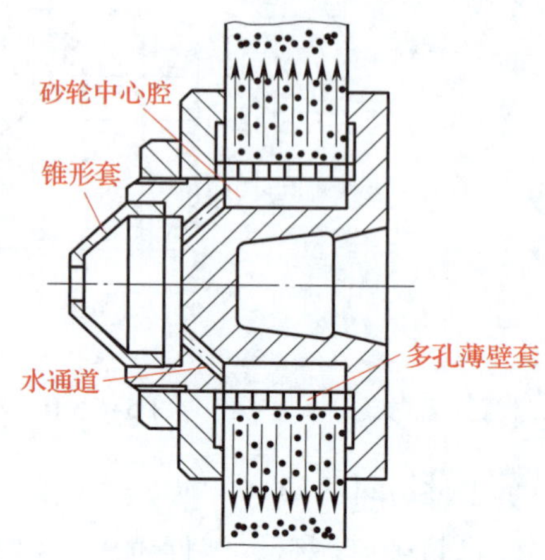

图 5-6-12 内冷却砂轮

4．表面金属残余应力

（1）切削用量对残余应力的影响

切削用量三要素中的切削速度和进给量对残余应力的影响较大。因为切削速度增加，切削温度升高，此时由切削温度引起的热应力逐渐起主导作用，故随着切削速度增加，残余应力将增大，但残余应力层深度减小；进给量增加，残余拉应力也会相应增大，但压应力将向里层移动。背吃刀量对残余应力的影响不显著。

（2）刀具对残余应力的影响

刀具几何参数中对残余应力影响最大的是刀具前角。当前角由正变为负时，表层残余拉应力逐渐减小。这是因为刀具对加工表面的挤压与摩擦作用加大，从而使残余拉应力减小。当刀具前角为较大负值且切削用量合适时，甚至可得到残余压应力。

刀具后刀面磨损值增大，使后刀面与加工表面摩擦加大，切削温度升高，由热应力引起的对残余应力的影响增强，此时加工表面呈残余拉应力状态，使残余拉应力层深度增大。

（3）工件材料对残余应力的影响

工件材料塑性越大，切削加工后产生的残余拉应力越大，如奥氏体不锈钢等。切削灰铸铁等脆性材料时，加工表面易产生残余压应力，原因在于刀具的后刀面挤压与摩擦使表面产生拉伸变形，待与刀具后刀面脱离接触后将通过里层的弹性恢复作用使表层呈残余压应力状态。

思考与练习

1. 研究机械加工精度的目的是什么？
2. 在机械加工中，对加工精度较高的零件要考虑哪些问题？
3. 工艺系统中有哪些误差会成为零件的加工误差？
4. 简述提高机床主轴回转精度的主要措施。
5. 简述减小机床传动误差的主要措施。
6. 简述提高工艺系统刚度的主要措施。
7. 简述控制工艺系统热变形的主要措施。
8. 简述减少或消除内应力的主要措施。
9. 简述汽车零件表面质量对使用性能的影响。
10. 影响加工表面粗糙度的因素有哪些？有哪些控制措施？
11. 简述影响加工硬化的主要因素。
12. 简述磨削烧伤的控制措施。

模块六 机械加工工艺规程的制定

机械加工工艺规程是指将汽车零件的机械加工工艺过程、操作要求和方法，用表格或文字的形式制定出用于组织生产、指导生产和制定生产计划的工艺文件。工艺规程的编制是工艺人员的核心工作。

本模块阐述机械加工工艺规程概述；零件的工艺路线分析与设计；工序设计；工艺方案的经济性分析及提高生产率的措施等内容。

课题一　机械加工工艺规程概述

学习目标

- 掌握工艺规程的类型和作用。
- 了解制定工艺规程的原则、主要依据和步骤。
- 熟悉零件的工艺性分析与评价。
- 掌握毛坯的种类及选择。

零件制造工艺过程是使原材料或生产对象（毛坯）的形状、尺寸或性能发生变化成为零件的过程，这一过程由若干按一定顺序排列的工序组成，而工序又可划分成多个工步。所以，在工艺规程文件中，应明确说明并包含零件设计对象信息、毛坯信息、工序信息和工步信息。

一、工艺规程的类型和作用

机械加工工艺规程是规定零件制造工艺过程和操作方法的工艺文件。在工厂，工艺设计师根据制造工艺理论，结合生产实际，制定零件的加工工艺规程。工艺规程是一种技术性文件，工厂的生产、工艺管理及工人的操作等都必须按照工艺规程所规定的内容和方法进行。

机械加工工艺规程应满足技术和经济两方面的要求。在技术方面，能可靠地保证零件设计图样所规定的全部加工要求；在经济方面，要以最低的成本、最高的设备利用率、最短的时间来完成加工工艺过程。

1．机械加工工艺规程的类型

由于生产类型不同，工艺规程文件的形式多种多样，其包含的内容及其繁简程度也有很大差别。同时，不同企业，甚至企业中的不同部门，其工艺规程的表现形式也不尽相同。总的来说，机械加工工艺规程文件主要有工艺过程卡、工序卡、检验工序卡和机床调整卡等。

（1）工艺过程卡

工艺过程卡是说明零件机械加工工艺过程的工艺文件，供工艺人员使用。

（2）工序卡

工序卡需要对每道工序做详细说明，是　种直接用于指导工人操作的工艺文件。

（3）检验工序卡

检验工序卡是对成批或大量生产中重要检验工序做详细说明，用以指导产品检验的工艺文件。

（4）机床调整卡

机床调整卡是一种对由自动线、流水线上的机床以及由自动设备或半自动设备所完成的工序做说明，为设备调整工提供机床调整规范的工艺文件。

2．机械加工工艺规程的格式

不同的生产类型对工艺规程的要求不同。

单件小批生产由于生产的分工比较宽泛，通常只需说明零件加工工艺路线，即其加工工序顺序，一般只填写工艺过程卡。常见的机械加工工艺过程卡的格式见表 6–1–1。

对于大批量生产，其生产组织严密、分工细密、工艺规程详尽，要求对每道加工工序的加工精度、操作过程、切削用量、使用的设备及刀具、夹具、量具等均做出具体规定。因此，除了工艺过程卡外，还应有相应的机械加工工序卡（见表 6–1–2），必要时还需要检验工序卡和机床调整卡。

中、小批生产经常采用机械加工工艺卡（见表 6–1–3），其详细程度介于工艺过程卡和工序卡之间。

3．机床加工工艺规程的作用

机械加工工艺规程是机械制造企业最重要的技术文件之一，其作用主要体现在以下几点。

表 6-1-1　　机械加工工艺过程卡

<table>
<tr><td rowspan="4">工厂名</td><td rowspan="4">机械加工工艺过程卡</td><td colspan="2">产品名称及型号</td><td></td><td colspan="2">零件名称</td><td></td><td>零件图号</td><td colspan="3"></td></tr>
<tr><td rowspan="3">材料</td><td>名称</td><td></td><td rowspan="2">毛坯</td><td>种类</td><td></td><td rowspan="2">零件质量/kg</td><td>毛重</td><td></td><td>第　页</td></tr>
<tr><td>牌号</td><td></td><td>尺寸</td><td></td><td>净重</td><td></td><td>共　页</td></tr>
<tr><td>性能</td><td></td><td colspan="2">每料件数</td><td></td><td>每台件数</td><td></td><td>每批件数</td><td></td></tr>
</table>

<table>
<tr><td rowspan="2">工序号</td><td rowspan="2">工序内容</td><td rowspan="2">加工车间</td><td rowspan="2">设备名称及编号</td><td colspan="3">工艺装备名称及编号</td><td rowspan="2">技术等级</td><td colspan="2">时间定额/min</td></tr>
<tr><td>夹具</td><td>刀具</td><td>量具</td><td>单件</td><td>准备与终结时间</td></tr>
<tr><td></td><td></td><td></td><td></td><td></td><td></td><td></td><td></td><td></td><td></td></tr>
<tr><td rowspan="3">更改内容</td><td colspan="9"></td></tr>
<tr><td colspan="9"></td></tr>
<tr><td colspan="9"></td></tr>
<tr><td>编制</td><td></td><td>抄写</td><td></td><td>校对</td><td></td><td>审核</td><td></td><td>批准</td><td></td></tr>
</table>

表 6-1-2　　机械加工工序卡

<table>
<tr><td rowspan="2">工厂名</td><td rowspan="2">机械加工工序卡</td><td>产品名称及型号</td><td>零件名称</td><td>零件图号</td><td>工序名称</td><td>工序号</td><td>第　页</td></tr>
<tr><td></td><td></td><td></td><td></td><td></td><td>共　页</td></tr>
<tr><td colspan="3" rowspan="10">（画工序简图处）</td><td>车间</td><td>工程</td><td>材料名称</td><td>材料牌号</td><td>力学性能</td></tr>
<tr><td></td><td></td><td></td><td></td><td></td></tr>
<tr><td>同时加工件数</td><td>每料件数</td><td>技术等级</td><td>单件时间/min</td><td>准备与终结时间/min</td></tr>
<tr><td></td><td></td><td></td><td></td><td></td></tr>
<tr><td>设备名称</td><td>设备编号</td><td>夹具名称</td><td>夹具编号</td><td>切削液</td></tr>
<tr><td></td><td></td><td></td><td></td><td></td></tr>
<tr><td rowspan="4">更改内容</td><td colspan="4"></td></tr>
<tr><td colspan="4"></td></tr>
<tr><td colspan="4"></td></tr>
<tr><td colspan="4"></td></tr>
</table>

续表

<table>
<tr><td rowspan="2">工步号</td><td rowspan="2">工步内容</td><td colspan="3">计算数据/mm</td><td rowspan="2">走刀次数</td><td colspan="3">切削用量</td><td colspan="3">工时定额/min</td><td colspan="5">刀具、量具及辅助工具</td></tr>
<tr><td>直径或长度</td><td>进给长度</td><td>单边余量</td><td>背吃刀量/mm</td><td>进给量/($mm\cdot r^{-1}$或$mm\cdot min^{-1}$)</td><td>切削速度/($m\cdot min^{-1}$)或($r\cdot min^{-1}$)或双行程数/min</td><td>基本时间</td><td>辅助时间</td><td>工作地服务时间</td><td>工步号</td><td>名称</td><td>规格</td><td>编号</td><td>数量</td></tr>
<tr><td></td><td></td><td></td><td></td><td></td><td></td><td></td><td></td><td></td><td></td><td></td><td></td><td></td><td></td><td></td><td></td><td></td></tr>
<tr><td colspan="2">编制</td><td colspan="2"></td><td colspan="2">抄写</td><td colspan="2"></td><td>校对</td><td></td><td colspan="2">审核</td><td colspan="2"></td><td>批准</td><td colspan="2"></td></tr>
</table>

表 6-1-3　　机械加工工艺卡

<table>
<tr><td rowspan="4">(工厂名)</td><td rowspan="4">机械加工工艺卡</td><td colspan="2">产品名称及型号</td><td></td><td colspan="2">零件名称</td><td></td><td colspan="2">零件图号</td><td colspan="2"></td></tr>
<tr><td rowspan="3">材料</td><td>名称</td><td></td><td rowspan="2">毛坯</td><td>种类</td><td></td><td rowspan="2">零件质量/kg</td><td>毛重</td><td></td><td>第　页</td></tr>
<tr><td>牌号</td><td></td><td>尺寸</td><td></td><td>净重</td><td></td><td>共　页</td></tr>
<tr><td>性能</td><td></td><td colspan="2">每料件数</td><td></td><td>每台件数</td><td></td><td>每批件数</td><td></td></tr>
</table>

<table>
<tr><td rowspan="2">工序</td><td rowspan="2">安装</td><td rowspan="2">工步</td><td rowspan="2">工序内容</td><td rowspan="2">同时加工零件数</td><td colspan="3">切削用量</td><td rowspan="2">设备名称及编号</td><td colspan="3">工艺装备名称及编号</td><td rowspan="2">技术等级</td><td colspan="2">时间定额/min</td></tr>
<tr><td>背吃刀量/mm</td><td>进给量/($mm\cdot r^{-1}$或$mm\cdot min^{-1}$)</td><td>切削速度/($m\cdot min^{-1}$)或($r\cdot min^{-1}$)或双行程数/min</td><td>夹具</td><td>刀具</td><td>量具</td><td>单件</td><td>准备终结时间</td></tr>
<tr><td></td><td></td><td></td><td></td><td></td><td></td><td></td><td></td><td></td><td></td><td></td><td></td><td></td><td></td><td></td></tr>
<tr><td></td><td></td><td></td><td></td><td></td><td></td><td></td><td></td><td></td><td></td><td></td><td></td><td></td><td></td><td></td></tr>
<tr><td rowspan="3" colspan="3">更改内容</td><td colspan="12"></td></tr>
<tr><td colspan="12"></td></tr>
<tr><td colspan="12"></td></tr>
<tr><td colspan="2">编制</td><td></td><td colspan="2">抄写</td><td></td><td>校对</td><td></td><td colspan="2">审核</td><td></td><td colspan="2">批准</td><td colspan="2"></td></tr>
</table>

（1）指导生产的主要技术文件

合理的工艺规程是结合企业具体情况，依据工艺理论和必要的工艺试验而制定的，是保证产品质量与经济效益的指导性文件。

工艺规程是生产加工、检验验收、工时考核、生产调度的主要依据，对产品的生产周期、质量、生产率有直接影响。处理生产中的问题和矛盾，也常以工艺规程作为共同依据。例如，处理质量事故时，必须按工艺规程来确定各有关单位和人员的责任。

（2）生产组织和计划管理工作的基本依据

在生产管理中，产品投产前原材料及毛坯的供应、通用工艺装备的准备、机械负荷的调整、专用工艺装备的设计与制造、作业计划的编排、劳动力的组织，以及生产成本的核算等，均需根据工艺规程来安排。

（3）新建或扩建工厂（或车间）的依据

在新建或扩建工厂（或车间）时，应根据工艺规程和生产纲领确定生产所需要的机床和其他设备的种类、规格及数量；确定车间的面积、机床的布置、动力用量（主要考虑用电量）；所需工人的工种、技术等级、数量及辅助部门的安排等。

二、制定工艺规程的原则和主要依据

1. 制定工艺规程的原则

制定工艺规程要满足技术性、经济性和安全性的要求，其基本原则是在一定生产条件下，保证生产过程的优质、高产、低成本和安全。因此，在制定工艺规程时，应该注意以下问题。

（1）技术先进

在制定工艺规程时，需要及时了解国内外本行业工艺技术的发展水平，并通过必要的工艺试验，积极采用科学合理的先进工艺和工艺装备，要求能够可靠地保证零件设计图样上所规定的全部加工技术要求。

（2）经济合理

在一定的生产条件下，要求以最小的生产成本、最高的设备利用率和最少的时间来完成工艺过程。首先提出几种能够保证零件技术要求的工艺方案，然后通过成本核算和相互对比，最后选取经济上最为合理的方案，以保证产品的能源、原材料消耗和成本最低。

（3）劳动条件良好，安全可靠

在制定工艺规程时，要注意保证工人在操作时具有良好而安全的工作条件，并结合企业未来的发展与投资状况制定规划，尽量采取机械化、自动化措施，将工人从笨重繁杂的体力劳动中解放出来，切实保障安全生产。

2. 制定工艺规程的主要依据

制定零件机械加工工艺规程时，需要提供以下原始资料作为主要依据。

（1）零件设计图和必要的产品装配图。

（2）零件的验收质量标准及交付技术状态。

（3）产品的生产纲领及生产类型。

（4）零件毛坯图及毛坯生产情况。零件毛坯图通常由毛坯车间技术人员设计。机械加工工艺人员应研究毛坯图并了解毛坯的生产情况，如毛坯的加工余量、结构工艺性、铸件的分型面和浇冒口位置、锻件的模锻斜度和飞边位置等，以便正确选择零件加工时的装夹部位和装夹方法，能够合理确定工艺过程。

（5）工厂的生产条件。应全面了解工厂现有设备的种类、规格和精度状况，工人的技术水平，现有的刀具、辅具、量具、夹具规格以及非标工艺装备的设计制造能力等生产条件。

（6）有关的法律法规及各种相关技术手册、标准等资料。

（7）国内外先进工艺及生产技术的发展与应用资料。

三、制定工艺规程的步骤

科学、合理地制定零件的加工工艺规程，一般要经过工艺准备、工艺分析、毛坯选择、工艺方案制定、详细工艺设计等步骤。

1. 工艺准备阶段

制定加工工艺规程时，首先需要根据产品装配图和零件图熟悉产品的功能、工作条件，明确各零件的相互装配位置及其作用，了解和研究各项技术条件制定的依据，找出其主要技术要求和关键技术问题等。确定生产纲领，明确使用的工艺手段、生产设备和工艺装备的特征等。熟悉并充分利用现有的生产条件，减少投资，缩短生产准备的时间。

2. 进行零件结构工艺审查

工艺审查即零件的结构工艺性分析，目标是对所设计的零件，要求在满足使用功能的前提下，分析和研究产品制造的可行性和经济性。对零件做结构分析时，应主要考虑以下两方面的内容。

（1）检验图样的完整性与正确性

检查零件结构是否表达清楚，审查图样尺寸、视图是否完整、正确与统一；尺寸标注是否合理和完整；设计基准是否与工艺基准相匹配；技术要求是否合理及符合标准化要求等。同时，还需要用尺寸链原理对有关尺寸和公差进行校核。

（2）审查零件的结构工艺性

具有良好工艺性的零件，既方便加工，又能保持较低的制造成本。零件结构工艺性包括加工工艺性和装配工艺性。零件的结构工艺性对加工工艺过程影响很大。具有相同使用性能而不同结构的零件，其加工方法及制造成本有很大差异。分析零件加工工艺性包括对零件尺寸及其公差、几何公差和表面粗糙度等技术要求的合理性审查，对零件表面各组成要素和整体结构设计的工艺性审查。

如果在工艺审查中发现了问题，需要及时与产品设计部门联系，共同研究解决办法。零件结构工艺性分析与改进实例见表 6–1–4。

表 6–1–4　零件结构工艺性分析与改进实例

序号	改进前	改进后	说明
1	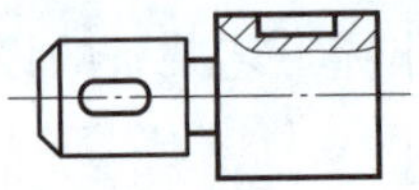	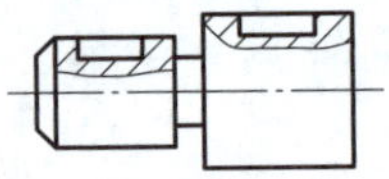	改后两键槽方位相同，可在一次装夹中加工出来
2	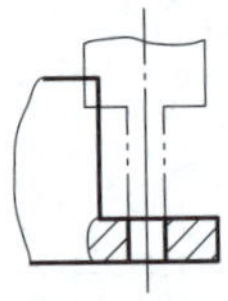	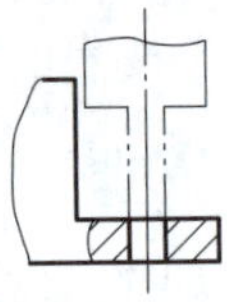	便于引进刀具，方便加工
3	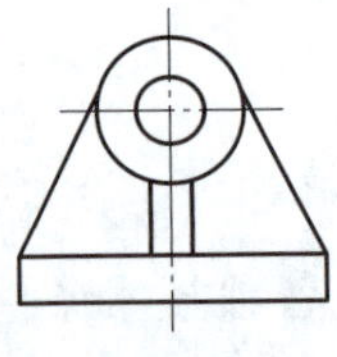	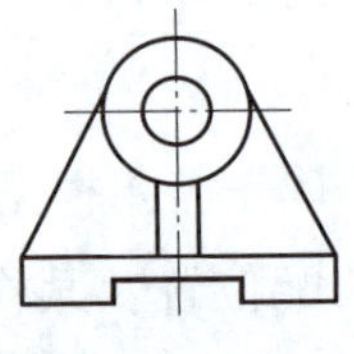	底面积减小，稳定性好，加工量小
4	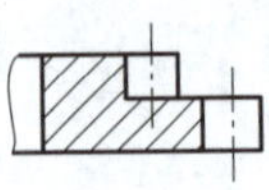	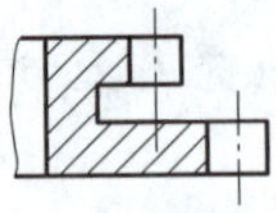	设计退刀槽，保证加工
5	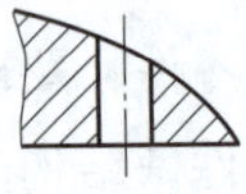	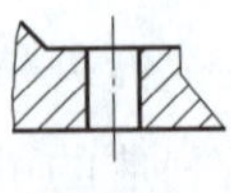	钻头不易钻偏和折断
6	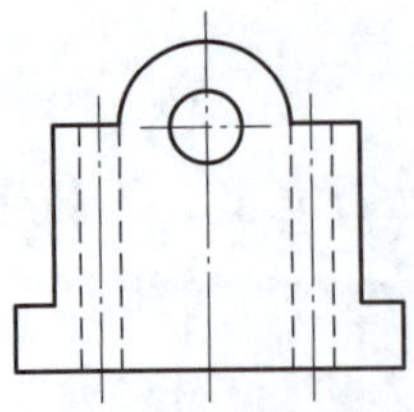	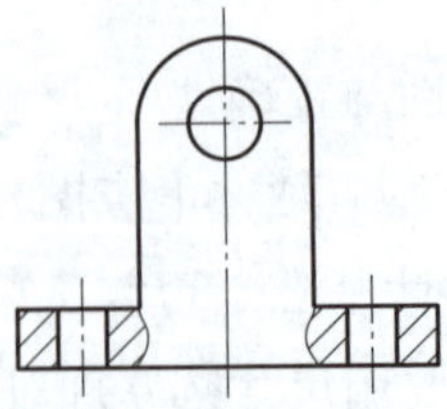	避免深孔加工，节省了材料，紧固件连接可靠

续表

序号	改进前	改进后	说明
7	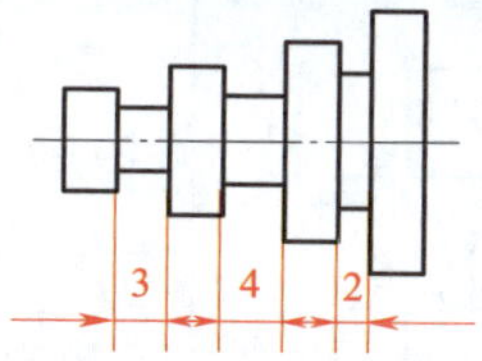 3　4　2	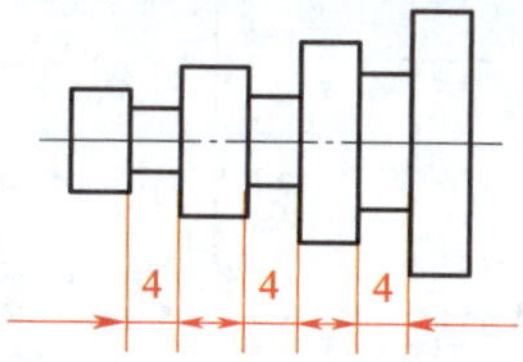 4　4　4	退刀槽尺寸相同，节省换刀时间
8	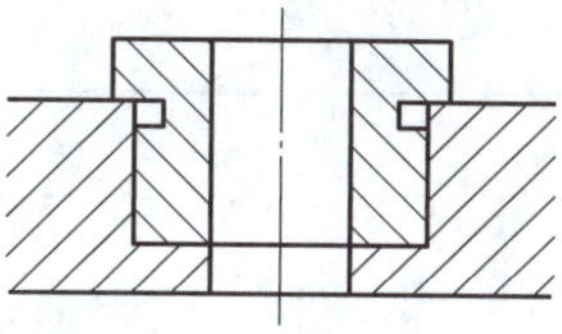	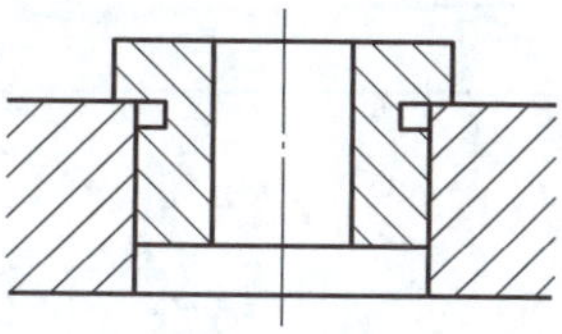	通孔、直孔容易加工
9	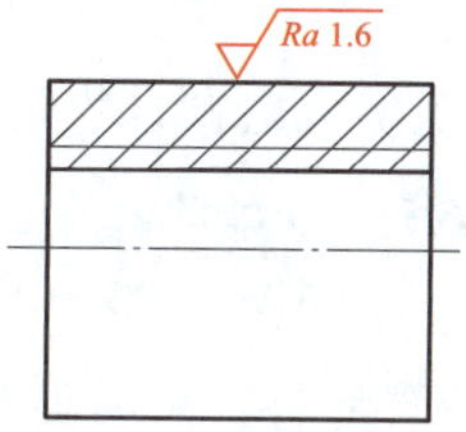 Ra 1.6	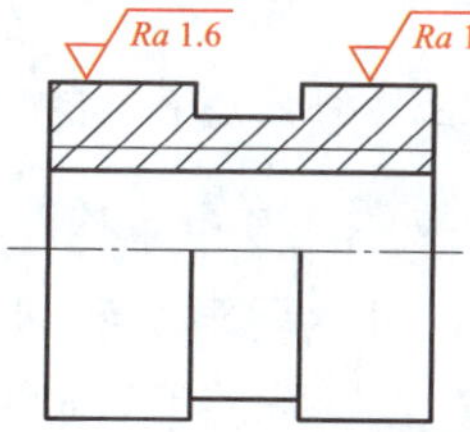 Ra 1.6　Ra 1.6	减少零件的加工表面面积，可减少刀具消耗，保证配合表面接触良好
10	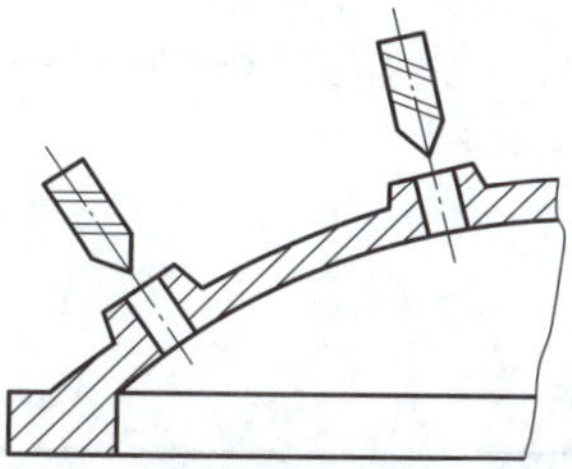	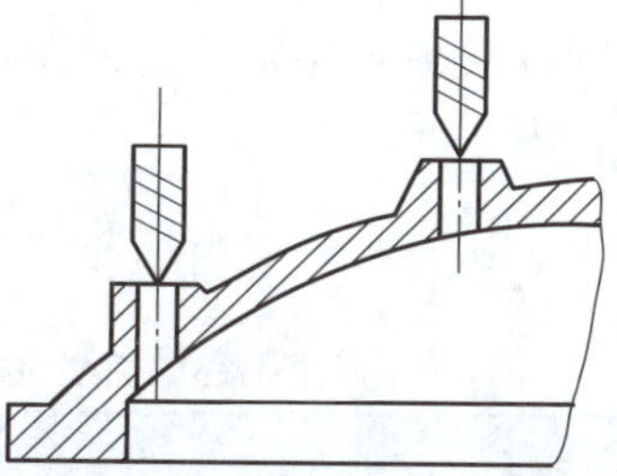	孔端圆形凸台平行，可在一次装夹中加工各孔
11	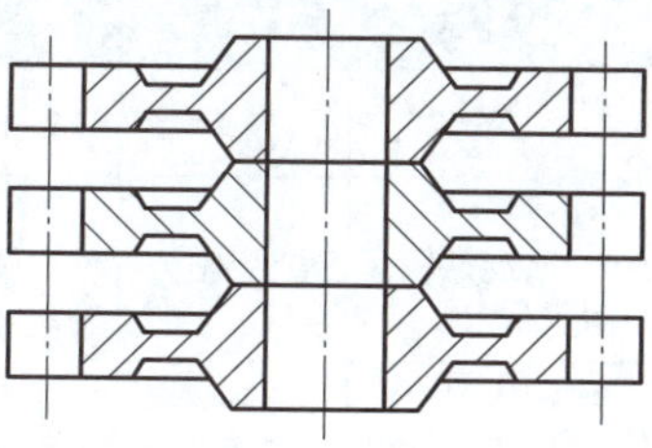	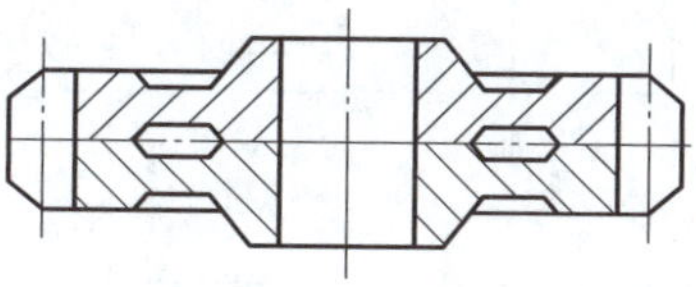	提高安装刚度，减少空程损失，生产率高
12	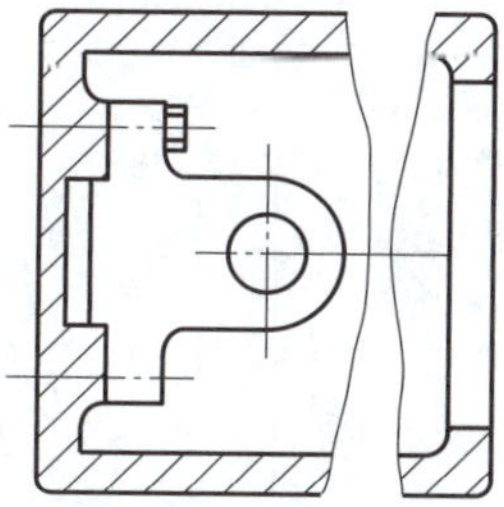	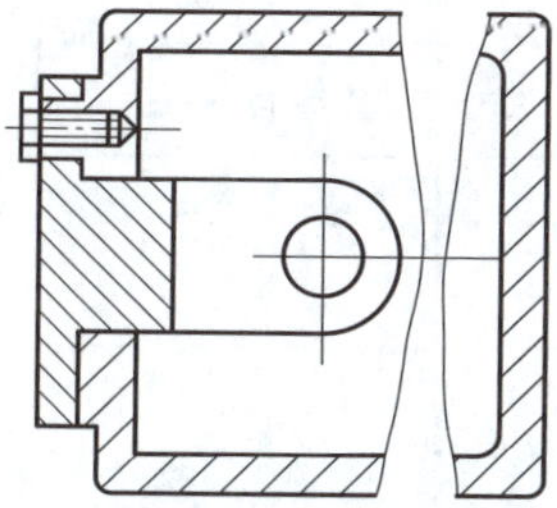	尽量将加工表面放在零件外部

续表

序号	改进前	改进后	说明
13			尽量将加工表面放在零件的外圆表面

3．确定毛坯种类及其制造方法

汽车常用机械零件的毛坯来自铸件、型材、模锻件、冲压件、焊接件以及粉末冶金件、成形轧制件等。

零件的材料和毛坯种类一般从零件图样上可以得到明确信息，有的则随着零件材料的选定而确定，如选用铸铁、铸钢、铸铜、铝镁铸造合金等，此时毛坯必为铸件。对于材料为结构钢的零件，可根据生产纲领、结构形状、尺寸大小、技术要求和所起的作用来确定毛坯种类。对于货车前梁、曲轴、连杆等重要零件，可明确毛坯是锻件；对于一般的阶梯轴类零件，若各阶梯的直径差别较小，则可用圆棒料作为毛坯；而对于重要的轴或直径差别较大的阶梯轴，宜采用锻制毛坯，以完善材料的力学性能、减少材料消耗和切削加工量。

常用毛坯的特点及适用范围见表 6–1–5。

表 6–1–5　　常用毛坯的特点及适用范围

毛坯种类	制造精度（IT）	加工余量	原材料	工件尺寸	适用工件形状	力学性能	适用生产类型
型材	—	大	钢、有色金属	小型	简单	较好	各种类型
型材焊接件	—	一般	钢	大、中型	较复杂	有内应力	单件
砂型铸件	14 以下	大	铸铁、铸钢、青铜	各种尺寸	复杂	差	单件小批
自由锻件	14 以下	大	钢材为主	各种尺寸	较简单	好	单件小批
模锻件	11 ~ 14	一般	钢、锻铝、铜等	中、小型	一般	好	中、大批量
金属型铸造	10 ~ 12	较小	铸铝为主	中、小型	较复杂	较好	中、大批量

续表

毛坯种类	制造精度（IT）	加工余量	原材料	工件尺寸	适用工件形状	力学性能	适用生产类型
精密模锻	8 ~ 11	较小	钢、锻铝等	小型	较复杂	较好	大批量
压力铸造	8 ~ 11	小	铸铁、铸钢、青铜	中小型	复杂	较好	中、大批量
熔模铸造	7 ~ 10	很小	铸铁、铸钢、青铜	小型为主	复杂	较好	中、大批量
冲压件	8 ~ 10	小	钢	各种尺寸	复杂	好	大批量
粉末冶金件	7 ~ 9	很小	铁、铜、铝基材料	中、小尺寸	较复杂	一般	中、大批量
工程塑料件	9 ~ 11	较小	工程塑料	中、小尺寸	复杂	一般	中、大批量

4. 制定机械加工工艺路线

机械加工工艺路线是机械加工工艺规程的核心，其主要内容包括选择定位基准、确定加工方法、安排加工顺序以及热处理、检验和其他工序。拟定工艺路线是制定工艺规程的关键性一步，必须在充分调查研究的基础上提出工艺方案，并加以分析比较，最终确定一个最佳经济合理的方案。

5. 确定各工序加工余量、工序尺寸和公差（略）

6. 确定各工序设备、刀具、夹具、量具和辅助工具

设备的选择应在满足零件加工工艺的需要和可靠地保证零件加工质量的前提下，必须与生产批量和生产节拍相适应。首先应优先考虑采用标准化的工艺装备和充分利用现有条件，以降低生产准备费用。对改装或重新设计的专用机床、专用或成组工艺装备，应在进行经济性分析和论证的基础上提出设计任务书。

7. 确定各工序的切削用量及时间定额（略）

8. 确定各主要工序的技术要求及检验方法（略）

9. 填写工艺文件（略）

10. 审批发放（略）

课题二　零件的工艺路线分析与设计

学习目标

- 掌握粗基准、精基准的选择原则。
- 了解加工方法选择时应考虑的因素。
- 掌握典型表面的加工路线。
- 掌握加工顺序的安排原则。

拟定机械加工工艺路线的第一步是选择被加工零件的定位基准。定位基准选择合理与否，将直接影响零件加工质量。定位基准选择不当，往往会增加工序，致使工艺路线不合理、夹具设计困难，达不到零件加工的精度要求，特别是位置精度。

定位基准的合理选择是制定工艺规程过程中的一个非常重要的问题，它将直接影响零件的加工质量，特别是零件相关表面之间的相对位置精度，以及专用机床夹具结构的复杂程度。所以，定位基准的选择要从技术与经济两方面综合考虑，权衡利弊。

一、粗基准的选择原则

机械加工中，粗基准的选择应遵循以下几个原则。

1. 选择主要非加工表面的原则

为了保证工件上加工表面与非加工表面之间的相互位置关系，提高其位置精度，应以非加工表面作为粗基准；当工件上有多个非加工表面时，应选用其中主要或具有较高精度的非加工表面作为粗基准。而对于次要非加工表面则不宜作为粗基准，一般只检查轮廓尺寸。

如图 6-2-1 所示的壳体零件，外圆柱面为非加工表面，选择它作为加工内圆柱面时的粗基准，以保证内圆柱面与外圆柱面之间具有足够的同轴度要求。

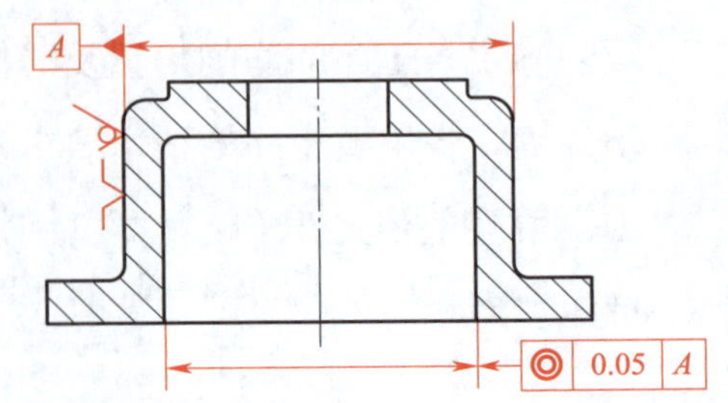

图 6-2-1　选择主要非加工面作为粗基准

2. 余量均匀分配且最少的原则

当工件某加工表面很重要，要求保证它具

有均匀的加工余量，应选择该表面的毛坯面作为粗基准。如图 6–2–2a 所示，加工时若以非加工外圆表面 1 作为粗基准定位，则加工后内孔 2 与外圆 1 同轴，可以保证零件壁厚均匀，但加工内孔 2 的余量不均匀。如图 6–2–2b 所示，若以零件毛坯孔 3 作为粗基准定位，则加工内孔 2 与毛坯孔 3 同轴，可以保证加工余量均匀，但内孔 2 与非加工外圆表面 1 不同轴，加工后壁厚会不均匀，上厚下薄。

3．选择重要或精度要求高的加工面的原则

如图 6–2–3 所示的机床床身零件，要求导轨面应有较好的耐磨性，以保持其导向精度。由于铸造时浇注位置（床身导轨面朝下）决定了导轨面处的金属组织均匀而致密，在机械加工中，为了保留这样良好的金属组织，应使导轨面上的加工余量尽量小且均匀。为此，应选择导轨面作为粗基准，先加工床腿底面（见图 6–2–3a），然后再以床腿底面为精基准加工导轨面（见图 6–2–3b），这样就能确保导轨面的加工余量小且均匀。当零件上有多个重要加工表面时，应选择加工余量要求最严格的那个表面作为粗基准。

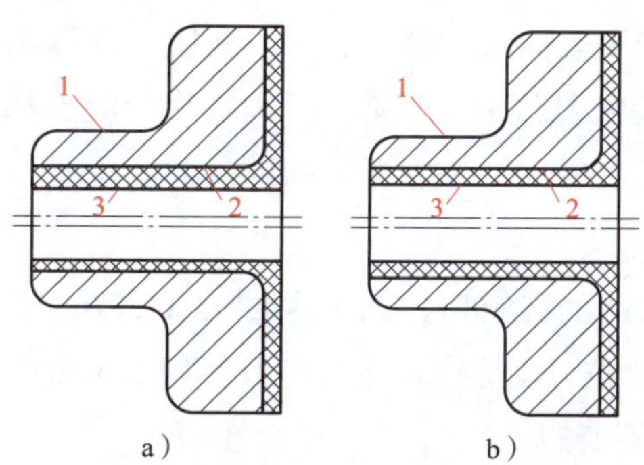

图 6–2–2　余量均匀分配且最少的原则

a）外圆为粗基准　b）内孔为粗基准

1—外圆　2—内孔　3—毛坯内孔

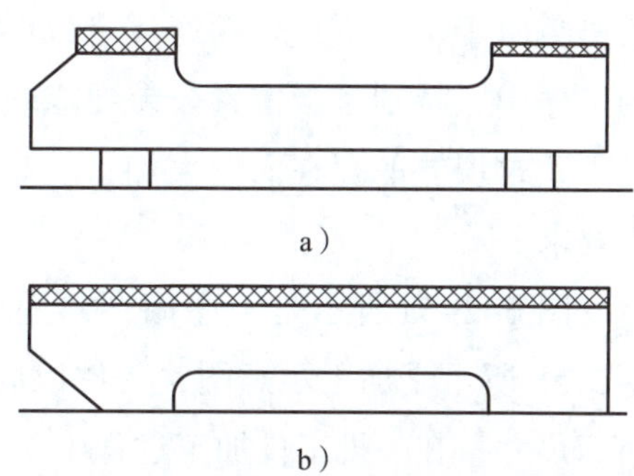

图 6–2–3　床身加工的粗基准选择

a）先以导轨面为粗基准加工床腿底面

b）后以床腿底面为精基准加工导轨面

4．同一尺寸方向上不重复使用的原则

因为粗基准本身是毛坯表面，精度和表面粗糙度均较差。如在同一尺寸方向上重复使用，就不能保证每次装夹的定位位置一致，所以每次装夹时产生的定位误差很大，影响工件有关加工表面之间的位置精度要求。

对于如图 6–2–4 所示的小轴，如重复使用毛坯面 *B* 定位加工表面 *A* 和表面 *C*，必然会使表面 *A* 和表面 *C* 的轴线产生较大的同轴度误差。

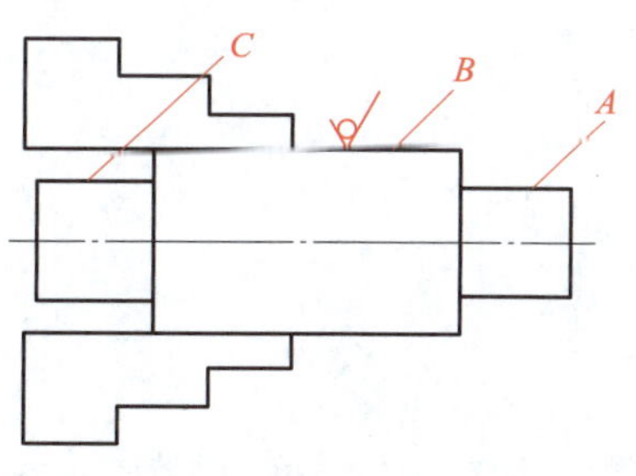

图 6–2–4　不重复使用粗基准

A、*C*—加工面　*B*—毛坯面

5．便于工件装夹的原则

选用的粗基准尽可能要求平整、光洁，且有足够大的尺寸和面积，不允许有锻造飞边，铸造浇、冒口等，也不宜选用铸造分型面作为粗基准。

对缸体类零件进行加工时，通常选取两端主轴承座孔和气缸内孔的毛坯孔作为粗基准。如果毛坯铸造精度较高，能保证缸体侧面对气缸孔轴线的尺寸精度，也可选用侧面上的几个工艺凸台作为粗基准，这样便于定位和装夹。

以上粗基准的选择原则，有时会出现相互矛盾的情况，需要根据具体情况综合考虑确定其主次关系，以主要原则优先确定粗基准。

二、精基准的选择原则

选择精基准时，应重点考虑如何减小工件的定位误差，保证工件的加工精度。同时也要考虑装夹工件要方便，夹具结构要简单。具体选择原则如下：

1．基准重合原则

基准重合原则是指应尽可能地选用加工表面的设计基准或工序基准作为定位基准，以避免由于基准不重合而产生定位误差。在对加工表面尺寸和位置关系有决定性影响的工序中，特别是当位置公差要求较严时，一般应遵循这一原则。否则，将会由于基准不重合误差的存在而增大加工的难度，甚至无法保证加工表面之间的尺寸、位置精度要求。

图 6-2-5a 所示是工序简图，用调整法在工件上铣缺口，加工尺寸为 A 和 B。图 6-2-5b 所示是加工示意图，工件以底面和 E 面定位。C 是确定夹具与刀具相互位置的对刀尺寸，在一批工件加工过程中，C 的大小是不变的。

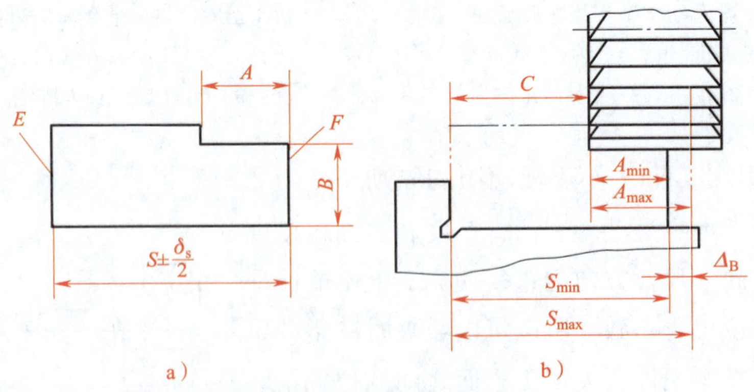

图 6-2-5 基准不重合误差

a）工序简图 b）加工示意图

加工尺寸 A 的工序基准是 F，定位基准是 E，两者不重合。当一批工件逐个在夹具上定位时，受尺寸 S 变化的影响，工序基准 F 的位置将随 S 的变化而变化，而 F 的变化直接影响工序尺寸 A 的大小，造成加工尺寸 A 的误差，这个误差就是基准不重合误差。

应用本规律时需要注意，定位过程中的基准不重合误差是在采用调整法加工一批工件时产生的。若用试切法加工，每个工件都可以直接保证尺寸 A，就不存在基准不重合误差。

2．基准统一原则

基准统一原则是在各工序中，用同一组定位基准定位加工零件上尽可能多的表面。基准统一原则的意义在于：既减少了基准转换引起的误差，有利于保证各加工表面的相互位置精度，又减少了夹具的种类、数量（或简化夹具结构），减少工作量，缩短生产准备周期和降低制造成本。

如图 6-2-6 所示，箱体类零件加工过程中采用一面（底面）两孔（轴承孔）作为统一定位基准；如图 6-2-7 所示，轴类零件加工中采用两中心孔作为统一定位基准；盘套类零件常使用止口面作为统一定位基准；齿轮加工时多采用齿轮的内孔及一端面作为统一的定位基准。

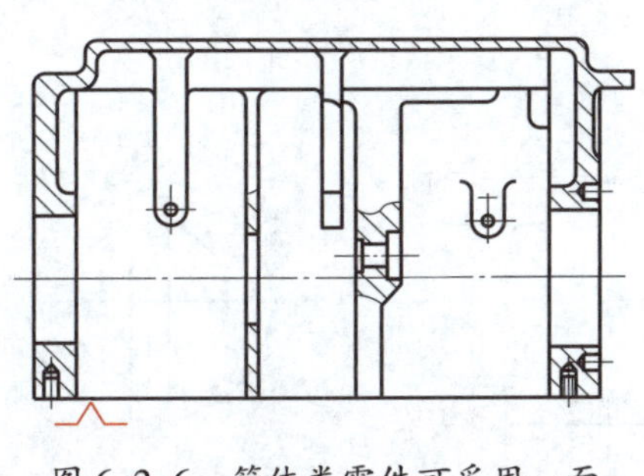

图 6-2-6　箱体类零件可采用一面两孔定位

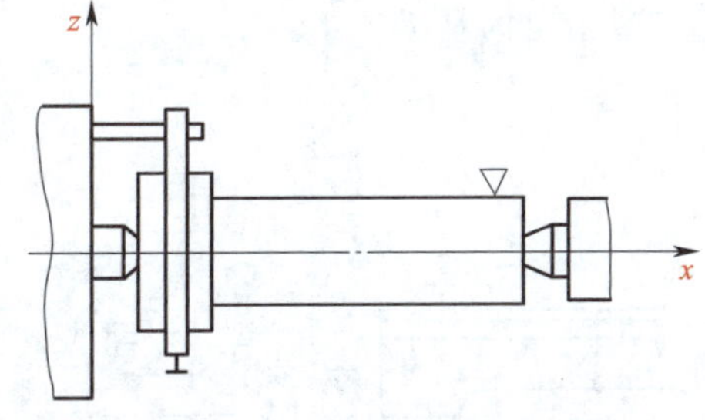

图 6-2-7　轴类零件可采用两中心孔定位

基准重合原则和基准统一原则是选择精基准的两个重要原则。但有时两者互相矛盾，必须处理好。当遇到要求尺寸精度较高的表面，应以基准重合为主，以免给加工带来困难，这时不易做到基准统一。除此之外，均应考虑基准统一原则。

3．互为基准原则

互为基准是指对工件上两个相互位置、形状及尺寸精度要求很高的表面进行加工时，可分别反复利用对方作为基准完成自身表面的加工，以达到规定的设计技术要求。

例如，在加工齿轮时，为了保证精密齿轮的齿圈跳动精度，在齿面淬硬后，先以齿面定位磨削内孔，再反过来以内孔定位磨削齿面，从而有效地保证位置精度。如图 6-2-8 所示，车床主轴的前锥孔与主轴支承轴颈间有严格的同轴度要求，加工时可先以轴颈外圆为定位基准来加工锥孔，然后以锥孔作为定位基准来加工外圆，如此反复多次，最终达到加工要求。

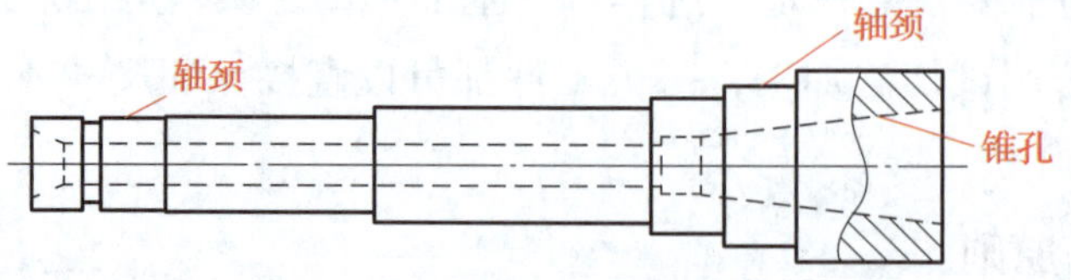

图 6-2-8 车床主轴加工时采用互为基准

4. 自为基准原则

自为基准是指某些要求加工余量小而均匀的精加工工序，选择加工表面自身作为定位基准完成加工，以达到规定的设计技术要求。

图 6-2-9 所示为磨削车床导轨面，用可调支承支撑床身零件。在导轨磨床上，用百分表找正导轨面相对机床运动方向的正确位置，然后按百分表所找正的导轨面的运动轨迹来加工导轨面，保证余量均匀，以满足对导轨面的质量要求。又如采用浮动镗刀镗孔（见图 6-2-10）、珩磨发动机气缸孔、拉孔及无心磨外圆等，都能实现自动对中，均属于自为基准加工。

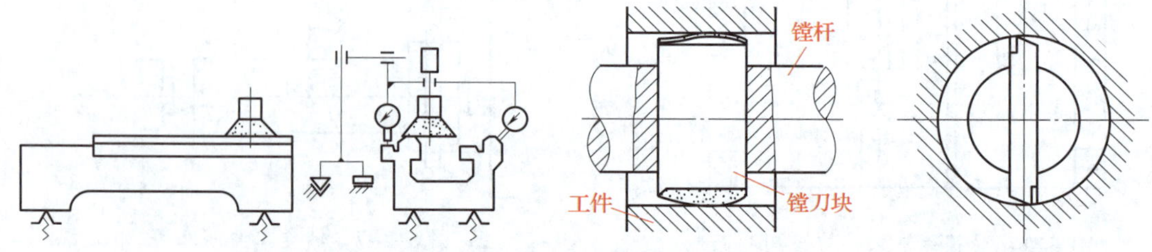

图 6-2-9 采用加工表面自身作为定位基准

图 6-2-10 采用浮动镗刀镗孔（自动对中）

5. 便于装夹原则

所选精基准应能保证工件定位准确、稳定，夹紧方便可靠。精基准应该是精度较高、表面粗糙度值较小、支撑面积较大的表面。

无论是粗基准还是精基准的选择，上述原则都不能同时满足，有时甚至互相矛盾，因此选择基准时，必须具体情况具体分析，权衡利弊，保证零件的主要设计要求。

三、经济加工精度与加工方法的选择

选择表面加工方法时，一般应先根据表面的加工精度和表面粗糙度要求，选定最终加工方法，然后再确定精加工前的准备工序的加工方法，即确定加工方案。由于获得同一精度和同一表面粗糙度的方案有好几种，选择时还要考虑生产率和经济性，考虑零件的结构形状、尺寸大小、材料和热处理要求及工厂的生产条件等。加工方法选择时主要考虑以下几个因素。

1. 经济加工精度

任何一种加工方法的加工精度与加工成本之间都有如图 6-2-11 所示的关系。图中，δ 为加工误差，表示加工精度，S 表示加工成本。由曲线可知，两者关系的总趋势是加工成本随着加工误差的减小而上升，但在不同的误差范围内成本上升的比率却不同。如位于 A 点左侧的曲线，加工误差每减小一点时，其加工成本上升幅度会较大；当加工误差减小到一定程度时，所投入的成本即使再大，加工误差的下降也微乎其微，这说明无论哪一种加工方法加工误差的减小都是有极限的（见图中的 δ_0）。位于 B 点右侧，即使加工误差放大许多，成本也下降很少，这说明对于任何一种加工方法，成本下降也有一个极限，即最低成本（见图中的 S_0）。只有在曲线的 AB 段，加工成本随着加工误差的减小而上升的比率相对稳定，采用相应的加工方法加工才算经济合理。AB 段所对应的误差值或所对应的精度即为该加工方法的经济加工精度。因此，经济加工精度是指一个精度范围而不是一个数值。

各种加工方法的经济加工精度随年代增长和技术进步而不断提高，如图 6-2-12 所示。

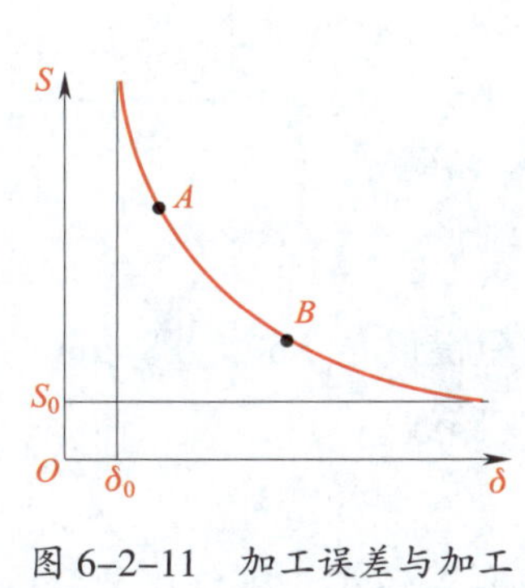

图 6-2-11　加工误差与加工成本之间的关系

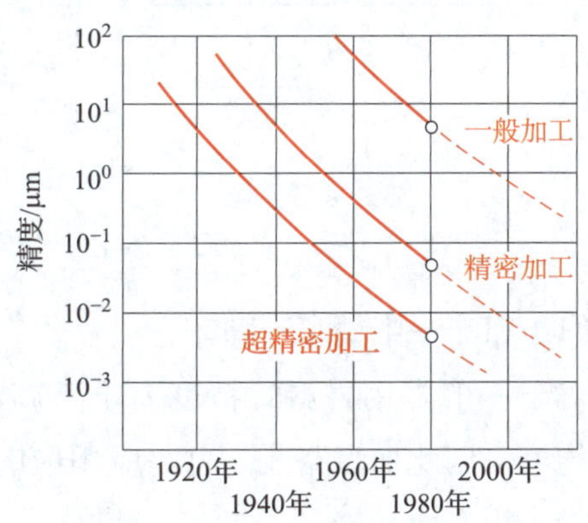

图 6-2-12　加工精度与年代的关系

2. 零件结构形状和尺寸大小

零件的形状和尺寸影响加工方法的选择。例如，小孔一般用铰削加工，大孔用镗削加工；箱体上的孔采用镗削或铰削；对于非圆的通孔，批量大时考虑用拉削，批量较小时用插削加工；对于难磨削的小孔，可采用研磨加工。

3. 零件的材料及热处理要求

经淬火后的表面，一般采用磨削加工；未淬硬的精密零件的配合表面，可采用刮研加工；硬度低而韧性较大的金属，如铜、铝、镁合金等有色金属，因磨削时砂轮会嵌塞，一般不采用磨削加工，而采用高速精车、精镗、精铣等加工方法。

4．生产率和经济性

对于较大的平面，铣削加工生产率较高，而对于窄、长的工件宜采用刨削加工；对于大量生产的低精度孔系，可采用多轴钻；对于批量较大的曲面加工，可采用机械靠模加工、数控加工和特种加工等方法。

四、典型表面的加工路线

1．外圆表面的加工路线

图 6-2-13 所示为外圆表面的典型加工路线，以及所能达到的精度和表面粗糙度，可概括为四条基本路线。

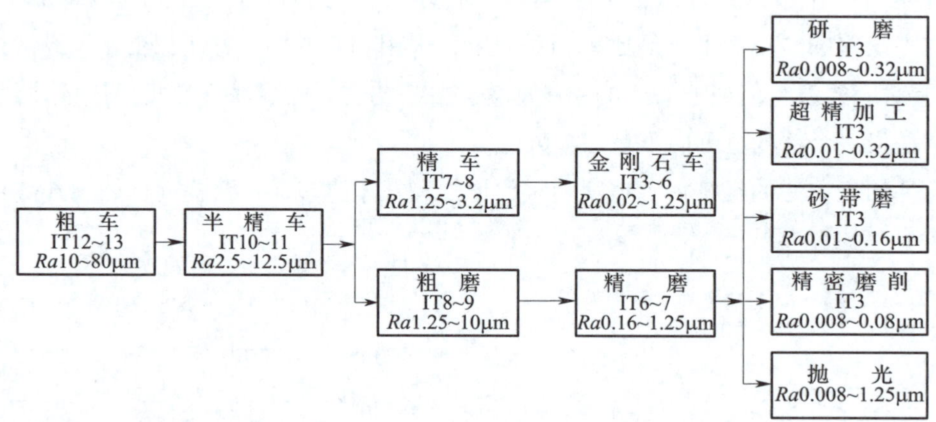

图 6-2-13 外圆表面的典型加工路线

（1）粗车—半精车—精车

对于一般常用材料，精度要求不高于 IT7、表面粗糙度值 $Ra \geqslant 0.8$ μm 的零件表面，均可采用此加工路线。这是应用最广泛的一条加工路线。

（2）粗车—半精车—粗磨—精磨

对于黑色金属材料，精度要求高和表面粗糙度值要求较小、零件需要淬硬时，后续工序只能用磨削，可采用此加工路线。

（3）粗车—半精车—粗磨—精磨—光整加工

对于黑色金属材料，零件需要淬硬，精度要求较高且表面粗糙度值要求很小，常用此加工路线，如发动机曲轴的加工。

（4）粗车—半精车—精车—金刚石车

对于有色金属，因为有色金属比较软，容易堵塞砂轮磨粒间的空隙，用磨削加工通常不易得到所要求的表面粗糙度，最终工序多用精车和金刚石车。

表 6-2-1 为上述外圆表面典型加工路线特点的比较。

表 6-2-1　外圆表面典型加工路线特点的比较

加工路线＼特点	适用材料	尺寸精度	表面粗糙度值	生产类型
(1) 粗车—半精车—精车	常用材料	中	中	大批量
(2) 粗车—半精车—粗磨—精磨	淬硬黑色金属	较高	小	小批量
(3) 粗车—半精车—粗磨—精磨—光整加工	淬硬黑色金属	高	小	各种
(4) 粗车—半精车—精车—金刚石车	未淬火黑色金属及有色金属	高	较小	各种

2. 圆孔的加工路线

图 6-2-14 所示为圆孔的典型加工路线，以及所能达到的精度和表面粗糙度，可概括为四条基本路线。

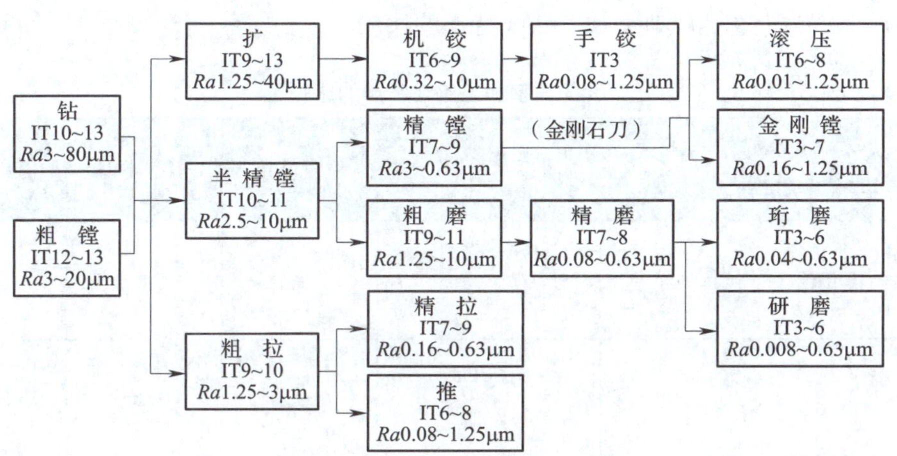

图 6-2-14　圆孔的典型加工路线

（1）钻（粗镗）—粗拉—精拉（或推）

多用于大批量生产中加工盘套类零件的圆孔、单键孔和花键孔。加工出的孔的尺寸精度可达 IT7，且加工质量稳定，生产效率高。当工件上无铸出或锻出的毛坯孔时，第一道工序安排钻孔；若有毛坯孔，则安排粗镗孔；如毛坯孔的精度好，可直接拉孔。

（2）钻（粗镗）—扩—机铰—手铰

主要用于直径 $D < 50$ mm 的中、小孔加工，是一条应用最为广泛的加工路线，应用在各种生产类型中。加工后孔的尺寸精度通常可达 IT6 ~ IT8，表面粗糙度值 Ra 为

0.08 ~ 1.25 μm。若尺寸、形状精度和表面粗糙度要求还要高，可在铰后安排一次手铰。铰削加工对孔的位置误差的纠正能力差，因此，孔的位置精度主要由钻—扩来保证。位置精度要求高的孔不宜采用此加工方案。

（3）钻（粗镗）—半精镗—粗磨—精磨—研磨（或珩磨）

此工艺路线常用于黑色金属特别是淬硬零件的高精度孔加工。研磨孔的原理和工艺与外圆研磨相同，此时研具是一圆棒。如发动机气缸体活塞孔的加工就是采用这条加工路线。

（4）钻（粗镗）—半精镗—精镗—滚压（或金刚镗）

此加工路线应用在各种生产类型中，用于加工未经淬火的黑色金属及有色金属等材料的高精度孔和孔系（IT5 ~ IT7，*Ra* 为 0.16 ~ 1.25 μm）。与钻—扩—铰加工路线不同的是：所能加工的孔径范围大，一般孔径 $D \geqslant 18$ mm 即可采用装夹式镗刀镗孔；加工出的孔位置精度高，如金刚镗多轴镗孔，孔距精度可控制在 ±0.005 ~ ±0.01 mm。常用于加工位置精度要求高的孔或孔系，如连杆大、小头孔和发动机箱体孔系等。

表 6-2-2 为上述孔的典型加工路线特点的比较。

表 6-2-2　　孔的典型加工路线特点的比较

加工路线 \ 特点	适用材料	位置精度	生产类型	孔径范围
（1）钻（粗镗）—粗拉—精拉	未淬火黑色金属及有色金属	高	大批量	大
（2）钻（粗镗）—扩—铰—手铰	未淬火黑色金属及有色金属	低	小批量	$D < 50$ mm
（3）钻（粗镗）—半精镗—粗磨—精磨—研磨（或珩磨）	淬硬黑色金属	高	各种	大
（4）钻（粗镗）—半精镗—精镗—滚压（或金刚镗）	未淬火黑色金属及有色金属	高	各种	$D \geqslant 18$ mm

3. 平面加工路线

图 6-2-15 所示为平面的典型加工路线，以及所能达到的精度和表面粗糙度，可概括为五条基本路线。

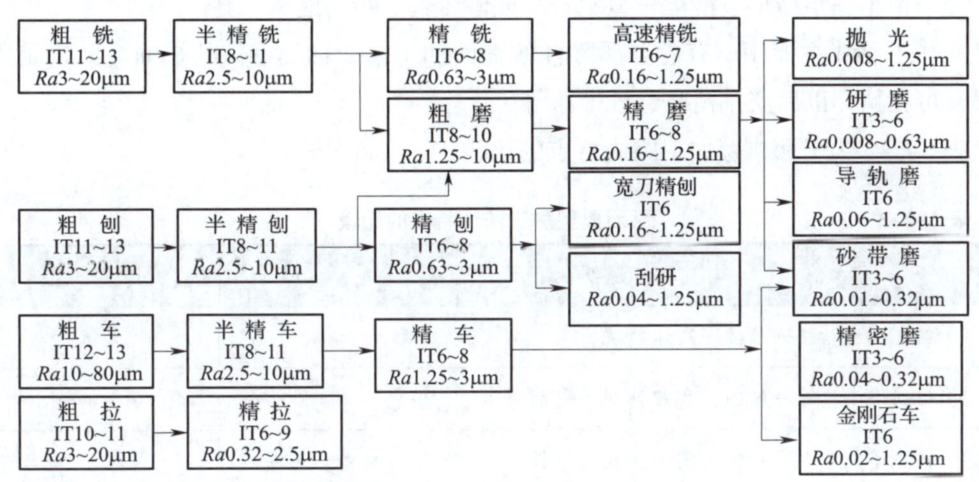

图 6-2-15　平面的典型加工路线

（1）粗铣—半精铣—精铣—高速精铣

铣削是平面加工中用得最多的方法。若采用高速精铣作为终加工，不但可获得较高的精度，而且可获得较高的生产效率。高速精铣的工艺特点是：高速（v=200 ~ 400 m/s）、小进给（f=0.04 ~ 0.10 mm/z）、小吃深（a_p < 2 mm）。精度和效率主要取决于铣床的精度，铣刀的材料、结构和精度以及工艺系统的刚度。其在大规模生产中应用较多，如发动机气缸体平面加工。

（2）粗刨—半精刨—精刨—宽刀精刨（或刮研）

此工艺路线以刨削加工为主。刨削的生产率较铣削低，但机床运动精度易于保证，刨刀的刃磨和调整也较方便，故在单件小批生产中应用较多。

宽刀精刨可达到较高的精度和较小的表面粗糙度值，在大平面精加工中用以代替刮研。

刮研是获得精密平面的传统加工方法，但生产率低、劳动强度大，已逐渐被其他机械加工方法代替，但在单件小批生产中仍普遍采用。

（3）粗铣（刨）—半精铣（刨）—粗磨—精磨—研磨、导轨磨、砂带磨或抛光

此工艺路线主要用于淬硬表面或高精度表面的加工，淬火工序可安排在半精铣（刨）之后。

（4）粗拉—精拉

此加工路线适合于大批量生产，主要特点是生产率高，特别是对台阶面或有沟槽的表面，优点更为突出。例如，发动机气缸体的底平面、曲轴轴承座的半圆孔及分界面，都可以一次拉削完成。但拉削设备和拉刀价格昂贵，因此只有在大批量生产中使用才经济。由于拉床有空程损失、耗能高，故此工艺已趋于淘汰。

（5）粗车—半精车—精车—金刚石车或砂带磨、精密磨

此加工路线主要用于有色金属零件的平面加工，如轴类零件的端面。如果是黑色金属，可在精车以后安排精磨、砂带磨等工序。

表 6–2–3 为平面典型加工路线特点的比较。

表 6–2–3　平面典型加工路线特点的比较

加工路线	生产类型
（1）粗铣—半精铣—精铣—高速精铣	大批量
（2）粗刨—半精刨—精刨—宽刀精刨（或刮研）	小批量
（3）粗铣（刨）—半精铣（刨）—粗磨—精磨—研磨、导轨磨、砂带磨或抛光	小批量
（4）粗拉—精拉	大批量
（5）粗车—半精车—精车—金刚石车或砂带磨、精密磨	各种

五、机械加工顺序的安排

1．机械切削加工顺序的安排原则

零件上的各点、线、面几何要素之间存在尺寸位置关系。为了使零件各表面通过一系列加工过程后最终满足各个几何要素之间的尺寸、位置关系等技术要求，需要对各个表面之间的这些预加工和终加工方法进行合理的排序。安排机械加工顺序的原则有以下几个方面。

（1）先基准后其他

定位基准是安装的依据，所以为了后续表面加工的需要，应先安排定位精基准的加工，然后以精基准面来定位加工其他表面。例如，直列六缸发动机的曲轴第一道工序就是加工第四主轴颈，最后以其为精基准来加工其他轴颈。

（2）先粗后精

对于零件每个表面，一般要经历预加工和终加工，这个加工过程是由粗到精的过程。即先进行粗加工，然后进行半精加工，最后进行精加工和光整加工。

（3）先主后次

主要表面是指工件上加工精度和表面质量要求较高的表面。先考虑主要表面的加工，后考虑次要表面的加工。因为主要表面加工容易出废品，应放在前阶段进行，以减少工时的浪费。应该指出，先主后次原则不是绝对的，并不是把所有次要表面的加工放在主要表面之后，而是把次要表面的加工穿插在各主要表面的加工过程中。可使

加工阶段的任务进展更加明显和顺利，还能延长加工阶段的时间间隔，并有足够的时间让残余应力重新分布以使其引起的变形充分体现，便于在后续工序中能够及时修正。

（4）先面后孔

对于工件上同时存在孔和平面的加工，且孔与平面有位置精度要求时，应先安排平面的加工，再以平面作为定位基准加工孔。这样，便于加工孔时的定位安装，有利于保证孔与平面的位置精度，同时也能给孔的加工带来方便。另外，在已加工好的平面上钻孔，改善了刀具的初始加工条件，便于加工过程顺利进行。

2. 热处理工序的安排原则

汽车零件机械加工过程中，应根据其作用和目的，在机械加工工序之间合理穿插安排退火、正火、淬火、调质与表面处理等热处理工序，其执行原则是：

（1）为改善材料切削性能而进行的热处理工序（如退火、正火等），需安排在切削加工之前。

（2）为消除内应力而进行的热处理工序（如退火、人工时效等），最好安排在粗加工之后、精加工之前进行，有时也可安排在切削加工之前。

（3）为改善工件材料的力学性能而进行的热处理工序（如调质、淬火或表面淬火等）通常安排在粗加工之后、精加工之前。其中，渗碳淬火一般安排在切削加工之后、磨削加工之前；表面淬火、渗碳和离子氮化等变形小的热处理工序，可安排在精加工之后进行。

（4）为了提高零件表面耐磨性或耐腐蚀性而进行的热处理工序，以及以装饰为目的的热处理工序或表面处理工序（如镀铬、镀锌、氧化、磷化等），一般安排在工艺过程的最后。

3. 辅助工序的安排原则

辅助工序一般包括去毛刺、倒棱、清洗、探伤、校直、防锈、退磁、检验、称重、平衡等。其中，检验工序是主要的辅助工序，它对保障产品质量有极其重要的作用。检验工序的安排原则是：

（1）安排在关键工序或较长的工序前后。

（2）在零件换车间加工前后，特别是在热处理工艺前后，一般都要进行形状、尺寸和表面硬度的检查，甚至是 X 光透视或金相组织的检查。

（3）在粗加工后、精加工前的中间检查。

（4）零件全部加工完毕的最终检测等。

课题三　工序设计

◆ 掌握加工余量、工序尺寸及公差的确定方法。

◆ 熟悉时间定额的确定方法。

◆ 了解机床和工艺装备的选择方法。

工艺路线拟定后，需要对每道工序进行详细设计，包括加工余量的确定、工序尺寸和公差的计算、切削用量与时间定额的确定等。工序尺寸和公差的计算需要应用尺寸链原理，过程比较复杂，已在模块四中详细讲述。

一、加工余量的确定

1．加工余量的概念

加工余量是指在加工中从加工表面切除的材料层厚度。

工序余量是指同一被加工表面相邻两工序尺寸之差。

（1）平面的加工余量是单边余量，它等于实际切除的材料层厚度。

对于外平面，如图 6-3-1a 所示。

$$Z=a-b \tag{6-1}$$

对于内平面，如图 6-3-1b 所示。

$$Z=b-a \tag{6-2}$$

式中，Z——本工序的加工余量；

a——前工序的工序尺寸；

b——本工序的工序尺寸。

（2）回转表面（外圆和内孔）的加工余量是在直径方向上对称分布的，称为双边余量，其实际切除的材料层厚度是加工余量的一半。

对于外圆表面，如图 6-3-1c 所示。

$$Z=d_a-d_b \tag{6-3}$$

对于内圆表面，如图 6-3-1d 所示。

$$Z=d_b-d_a \tag{6-4}$$

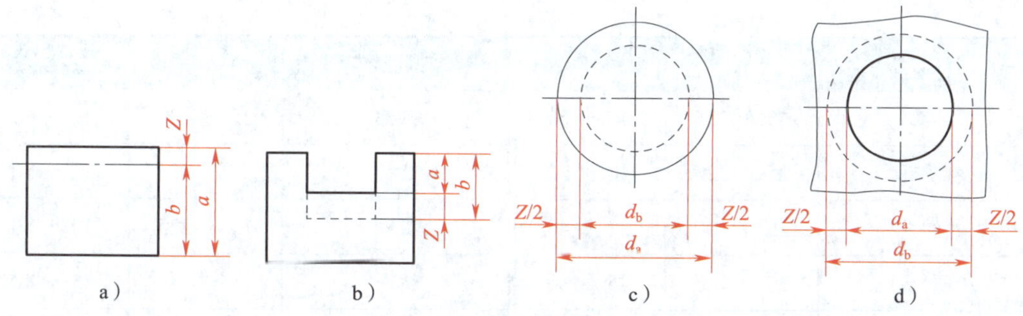

图 6-3-1　加工余量

a）外平面加工　b）内平面的加工　c）轴的加工　d）孔的加工

式中，Z——本工序直径上的加工余量；

d_a——前工序的加工直径；

d_b——本工序的加工直径。

2．最小加工余量

为了保证加工质量和生产效率，需要合理确定加工余量的大小，并保证其均匀性。最小加工余量应确保能切除加工表面金属层的各种误差和缺陷，从而最大限度地满足加工要求，避免增加废品率。同时，加工余量太大又会引起费工费时，增加刀具、电力的损耗，浪费材料，从而增加成本。所以，合理的加工余量既不能太小又不能太大。

为正确确定加工余量，必须对影响加工余量的各种因素进行分析统计，并加以修正。加工余量主要取决于前一工序加工面（或毛坯面）的状态，其影响因素如图 6-3-2 所示，主要有以下几个方面。

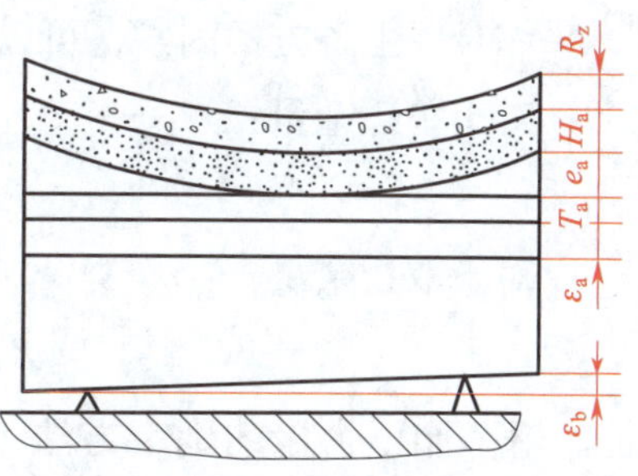

图 6-3-2　最小加工余量的构成

（1）前工序加工表面（或毛坯表面）的表面质量：本工序必须把前工序留下的表面粗糙度和缺陷层全部切除。即表面粗糙度高度 R_z 和表面缺陷层深度 H_a（见表 6-3-1）。

表 6-3-1　各种加工方法的表面粗糙度高度 R_z 和表面缺陷层 H_a 的数值　μm

加工方法	R_z	H_a	加工方法	R_z	H_a
粗车内、外圆	15 ~ 100	40 ~ 60	磨端面	1.7 ~ 15	15 ~ 35
精车内、外圆	5 ~ 40	30 ~ 40	磨平面	1.5 ~ 15	20 ~ 30
粗车端面	15 ~ 225	40 ~ 60	粗刨	15 ~ 100	40 ~ 50
精车端面	5 ~ 54	30 ~ 40	精刨	5 ~ 45	25 ~ 40

续表

加工方法	R_z	H_a	加工方法	R_z	H_a
钻孔	45 ~ 225	40 ~ 60	粗插	25 ~ 100	50 ~ 60
粗扩孔	25 ~ 225	40 ~ 60	精插	5 ~ 45	35 ~ 50
精扩孔	25 ~ 100	30 ~ 40	粗铣	15 ~ 225	40 ~ 60
粗铰	25 ~ 100	25 ~ 30	精铣	5 ~ 45	25 ~ 40
精铰	8.5 ~ 25	10 ~ 20	拉	1.7 ~ 45	10 ~ 20
粗镗	25 ~ 225	30 ~ 50	切断	45 ~ 225	60
精镗	5 ~ 25	25 ~ 40	研磨	0 ~ 1.6	3 ~ 5
磨外圆	1.7 ~ 15	15 ~ 25	超精加工	0 ~ 0.8	0.2 ~ 0.3
磨内圆	1.7 ~ 15	20 ~ 30	抛光	0.06 ~ 1.6	2 ~ 5

（2）前工序的尺寸公差 T_a：本工序的加工余量值应比前工序的尺寸公差值大。

（3）前工序的几何公差 e_a：本工序应纠正前工序留下的几何误差，这里的几何误差是指不由尺寸公差所控制的几何误差。

（4）本工序加工时的装夹误差 ε_b：包括定位误差、夹紧误差和夹具在机床上的装夹误差，它将直接影响被加工表面与切削刀具的相对位置。

综合以上各方面因素，可以确定最小加工余量的大小。

对于单边余量：

$$Z_{i\min} \geqslant T_a+R_z+H_a+e_a+\varepsilon_b \qquad (6\text{–}5)$$

对于双边余量：

$$Z_{i\min} \geqslant T_a+2（R_z+H_a+e_a+\varepsilon_b） \qquad (6\text{–}6)$$

3. 加工余量的确定方法

确定加工余量的原则是在保证加工质量的前提下，越小越好。在生产实践中，加工余量的确定方法有三种，分别是分析计算法、查表修正法和经验估算法。

（1）分析计算法

分析计算法是对影响加工余量的各种因素进行分析，然后根据一定的计算公式来计算加工余量的方法。此法确定的加工余量较合理，但需要全面的试验资料，计算也较复杂，实际很少应用，见表 6–3–2。

分析计算法多用于大批量生产或贵重材料零件的加工。对于成批单件生产，目前大部分工厂都采用查表修正法或经验估算法来确定工序余量和总余量。

表 6–3–2 几种加工方式的加工余量计算法

加工方式	加工余量	说明
用浮动镗刀、铰刀、拉刀加工孔	$T_a+2（R_z+H_a）$	不能纠正位置误差
用无心磨床磨外圆	$2（R_z+H_a+e_a）$	无装夹误差
研磨、珩磨、抛光	$2R_z$（孔加工） R_z（平面加工）	仅去掉前工序表面痕迹

（2）查表修正法

查表修正法是借助于在无数次科学实验基础上总结出来的有关技术手册，查出各表面的总余量和工序余量，并根据实际情况加以修正。这种方法既方便迅速，确定出的余量又比较可靠，所以应用广泛。

（3）经验估算法

经验估算法是根据工艺人员的经验来确定加工余量。为避免产生废品，所确定的加工余量一般偏大。所以，这种方法仅适用于单件小批生产。

二、工序尺寸及公差的确定

在加工过程中，多数情况属于基准重合。此时，可按以下方法确定各工序尺寸和公差。

1. 先确定各工序加工余量。

2. 从最终加工工序开始，即从设计尺寸开始，依次根据各工序加工余量计算出各工序的公称尺寸，直到毛坯尺寸为止。

3. 除最终加工工序取设计尺寸公差外，其余各工序按各自采用的加工方法所对应的经济加工精度确定工序尺寸公差。

4. 除最终加工工序按图样标注公差外，其余各工序按“入体原则”标注工序尺寸公差。

5. 一般毛坯余量已事先确定，故第 1 道工序的余量由毛坯余量减去后续各半精加工和精加工的工序余量之和而求得。

例如，某主轴箱体主轴孔的设计要求为 $\phi100H7(^{+0.035}_{0})$，Ra=0.8 μm。其加工工艺路线为：毛坯→粗镗→半精镗→精镗→浮动镗。试确定各工序尺寸及其公差。

从机械工艺手册中查得该孔各工序的加工余量和所能达到的精度，具体数值见表 6–3–3 中的第二、第三列，计算结果见表 6–3–3 中的第四、第五列。

表 6–3–3　　主轴孔工序尺寸及公差的计算

工序名称	工序余量 /mm	所能达到的精度	工序公称尺寸 / mm	工序尺寸及公差
浮动镗	0.1	H7（$^{+0.035}_{0}$）	100	$\phi 100^{+0.035}_{0}$，Ra=0.8 μm
精镗	0.5	H7（$^{+0.087}_{0}$）	100–0.1=99.9	$\phi 99.9^{+0.087}_{0}$，Ra=1.6 μm
半精镗	2.4	H11（$^{+0.22}_{0}$）	99.9–0.5=99.4	$\phi 99.4^{+0.22}_{0}$，Ra=6.3 μm
粗镗	5	H13（$^{+0.54}_{0}$）	99.4–2.4=97	$\phi 97^{+0.54}_{0}$，Ra=12.5 μm
毛坯孔	8	± 1.2	97–5=92	$\phi 92 \pm 1.2$

三、时间定额的确定

1．时间定额的概念和作用

时间定额是在一定生产条件下，规定生产一件产品或完成一道工序所需消耗的时间。时间定额是企业安排生产作业计划，进行成本核算，确定设备数量、人员编制及规划生产面积的重要依据，是工艺规程的重要组成部分。

合理确定时间定额能促进工人生产技能和技术熟练程度的不断提高，发挥他们的积极性和创造性，进而推动生产的发展。时间定额首先应该按照工人的平均先进水平确定，并随着生产技术水平的提高而不断进行修正，防止出现过紧或过松现象。在生产实践中，一般通过实测与计算相结合的方法来确定时间定额。

2．时间定额的组成

时间定额由基本时间和辅助时间组成。

（1）基本时间 t_A：直接用于改变工件的尺寸、形状或表面质量等消耗的时间。对于切削加工，它是指切除加工余量所消耗的时间，在数值上等于切削工作行程跟进给速度之比，包括切入、切削和切出时间。基本时间又称机动时间，一般可用计算方法确定。

（2）辅助时间 t_B：在一道工序中为实现工艺过程所必须进行的各种辅助动作所消耗的时间，包括装卸工件、开停机床、改变切削用量、进退刀具、测量工件等。

基本时间和辅助时间之和称为工序作业时间。辅助时间的确定与生产类型有关。例如，在大批量生产中，将各辅助动作分解，然后采用实测或查表的方法确定各分解动作所需消耗的时间，最后综合计算得到辅助时间。在中小批生产中，可按基本时间的百分比估算，并在实际生产过程中对它进行修正，使之趋于合理。

（3）布置工作地时间 t_S：为使加工正常进行，工人用于照管工作地所消耗的时间，如更换修磨刀具、检查润滑机床、清理切屑、收拾工具等。

（4）休息和生理需要时间 t_R：工人在工作班内为恢复体力和满足生理上的需要所消耗的时间。

上述四部分的时间之和称为单件工时定额，即大量生产时的单件工时定额。成批生产还要考虑准备与终结时间。

（5）准备与终结时间 t_E：在大批量生产时，工人为生产一批工件而进行的准备和结束工作所消耗的时间，包括借还和熟悉工艺文件；借还刃具、夹具、量具，领取毛坯；安装刀具和夹具；调整机床；拆下和归还工艺装备；送检、清点和发送成品或半成品等。准备与终结时间对一批工件只消耗一次，工件批量越大，分摊到每个工件上的准备与终结时间就越少。

3．单件时间定额 T_S 的计算

各类时间中，基本时间 t_A 和辅助时间 t_B 之和称为工序作业时间 t_W；布置工作地时间 t_S 一般按工序作业时间的百分比 α 来估算（一般取 α=2%～7%）；休息和生理需要时间 t_R 一般按工序作业时间的百分比 β 来估算（一般取 β=2%～4%）。

所以，单件时间定额 T_S 的计算公式为

$$T_S=t_W(1+\alpha+\beta)+t_E/N \tag{6-7}$$

式中，N——批量。在大批量生产中，由于 t_E/N 数值很小，常常忽略不计。

四、机床和工艺装备的选择

机床和工艺装备的选择是工艺规程制定中的重要环节之一，它是保证工件加工质量、生产效率和生产成本的重要因素。正确、合理、恰当地选择机床和工艺装备，对满足零件加工的技术性和经济性两方面的要求都具有重要意义。为了合理选择机床和工艺装备，工艺人员应详细了解各种机床的规格、性能、精度和工艺装备的种类、规格，然后综合考虑零件的结构、加工精度、生产规模等因素，合理选用。

1．机床的选择

在拟定工艺路线时，当工件加工表面的加工方法确定以后，各工序所用机床类型就已基本确定。在合理选用机床时，除对机床的技术性能有充分了解之外，还要考虑以下几点。

（1）机床的主要尺寸、行程和规格应该与工件的轮廓尺寸或其他相关尺寸相适应，即满足工件的尺寸加工要求。在加工小尺寸的工件时选用较小规格的机床，而在加工

较大尺寸的工件时选用较大规格的机床，避免盲目选用大规格的机床。

（2）机床的加工精度、功率、刚度及切削用量范围应与所加工零件的加工性质和要求相适应。粗加工时，选择刚度大、有一定功率储备的普通精度机床；精加工时，选择主轴转速较高的高精度或精密机床。

（3）机床（设备）的生产效率应该与被加工零件的生产规模和类型相适应。单件小批量生产时选择工艺范围较广的通用机床，而大批大量生产时选用生产率和自动化程度较高的专门化或专用机床。

（4）机床的选择应与现有生产条件相适应。尽量采用现有机床或对现有机床进行简单的技术改造以满足使用要求。

（5）合理选用数控机床、加工中心等先进设备。在出现下列情况时可考虑选用数控机床或加工中心。

1）采用普通机床，需要设计制造复杂的专用机床夹具，或加工效率低、手工操作劳动强度大的加工。

2）轮廓形状复杂、加工精度要求较高的复杂曲线或曲面的加工。

3）准备以后多次改型设计的零件加工。

4）当工序集中程度较高，如需在一次装夹中完成钻、镗、铰、锪、攻螺纹、铣削平面等加工内容的箱体类零件的加工时，可采用加工中心。

2. 工艺装备的选择

工艺装备是指零件加工时所用的刀具、夹具、量具、检具、模具等各种工具的总称。工艺装备选择合理与否，将直接影响工件的加工精度、生产效率和经济效益。

（1）机床夹具的选择

夹具的选择主要考虑生产类型。对于单件小批量生产，应尽量选用通用夹具、组合夹具；在大批量生产时，应按加工工序内容要求设计、制造和使用专用夹具。

汽车生产属于成批、大量生产，各工序所使用的机床夹具，除车床、外圆磨床等少数机床使用通用机床夹具外，大多数采用高效专用机床夹具。为了满足多品种、小批量的柔性化生产要求，应采用可调夹具或成组夹具。

（2）刀具的选择

刀具的选择（种类、规格、材料、精度）主要取决于零件材料、加工方法、尺寸大小、精度、表面粗糙度以及切削用量、生产效率、经济性等要素。

一般条件下，尽量采用标准刀具，这样可以直接降低生产成本。在组合机床及其自动线上加工时，由于需要工序集中，可采用专用复合刀具，如相同工艺的复合刀具（复合扩孔钻等）和不同工艺的复合刀具（钻—扩—铰复合刀具等)。这样不仅可以提高加工精度和生产率，而且经济效果也很明显。

（3）量具的选择

量具的选择应根据生产类型和要求的检验项目及其精度而定。单件、小批生产应广泛采用通用量具，如游标卡尺、百分表和千分尺等；大批、大量生产时应尽量选用效率较高的专用量具，如各种极限量块、专用检验量具和测量仪器等。

课题四　工艺方案的经济性分析及提高生产率的措施

◆ 掌握工艺成本的概念及构成。

◆ 了解工艺方案的经济性评价方法。

◆ 了解提高生产率的措施。

任何产品的工艺过程，通常应制定出几套不同的、能够满足加工质量和生产率要求的工艺方案，用经济性评价来决定最终工艺方案。经济性评价既可针对整个工艺过程来进行，也可针对某个或几个工序进行。如果两个工艺过程截然不同，则进行全面的分析比较；如果只是部分工序不同，则对不同的工序进行分析比较，最后选择较为经济的方案。

一、工艺方案的经济性分析

工艺方案经济性分析的目的是通过对不同工艺方案的经济性分析与评比，选定一个最经济合理的工艺方案。工艺方案的经济性分析与评价可按技术经济指标和工艺成本两种方法进行。

1．技术经济指标的分析评价

可用规定的一些技术经济指标来分析和评价几种工艺方案，确定经济效果较好的工艺方案。技术经济指标主要有以下几个方面：

（1）每一产品（零件或工件）所需的劳动工作量（工时或台时）。

（2）每一工人的年产量（t/ 人或件 / 人）。

（3）每平方米生产面积的年产量（t/m^2 或件 /m^2）等。

2．工艺成本的分析评价

工艺成本是制造一台产品或一个工件所需要的一切费用总和，包括与工艺过程直接有关的费用和与工艺过程无关的费用。前者称为可变费用；后者称为不变费用。同一生产条件下，不同工艺方案与工艺过程无关的费用基本相等，所以生产成本的分析评价可以只分析评价与工艺过程直接有关的费用（可变费用）。

（1）可变费用

可变费用 V（元 / 件）是指与零件产量直接有关的费用，如毛坯材料和制造的费用、操作工人的工资和奖金、机床和夹具的折旧费和维修费、刀具的折旧费及维持费、加工消耗的电费等。

（2）不变费用

不变费用 S（元）是指与零件年产量无直接关系的费用，如行政人员工资、厂房折旧维修费、照明费、取暖费和通风费等。

若零件的全年产量为 N（件），则全年工艺成本 C 可由式（6–8）确定。

$$C=VN+S \tag{6-8}$$

单个零件的工艺成本 C_d 为

$$C_d=V+S/N \tag{6-9}$$

二、工艺方案的经济性评价

设有两套可行的工艺方案，方案 1 的全年工艺成本为 C_1，方案 2 的全年工艺成本为 C_2，那么

$$C_1=V_1N+S_1 \quad C_2=V_2N+S_2$$

1．两套工艺方案的基本投资接近

设 K 为工艺方案的基本投资费用，若两套工艺方案的基本投资接近，即 $K_1 \approx K_2$，则可直接以工艺成本进行比较。

如图 6–4–1 所示为两套工艺方案中工艺成本与年产量的关系。在图中，两直线交于 C_K 点，此处所对应的年产量为 N_K。当年产量 $N < N_K$ 时，应选方案 2；当年产量 $N > N_K$ 时，应选方案 1。

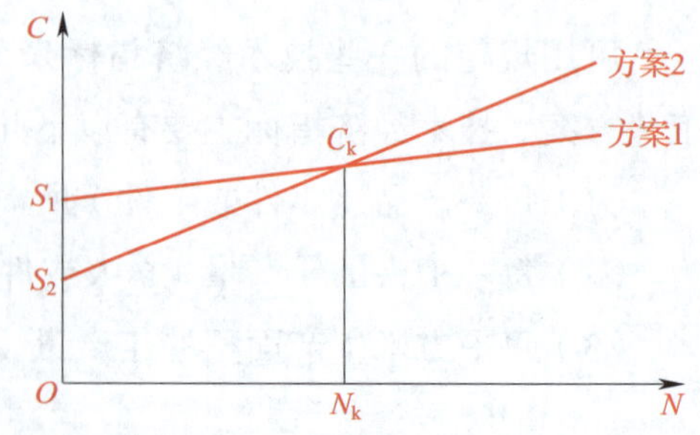

图 6–4–1　工艺成本与年产量的关系

2．两套工艺方案的基本投资差额较大

当两套工艺方案的基本投资差额较大时，必须考虑两套方案的基本投资差额及工艺成本差额的大小。

例如，方案 1 采用昂贵的高效机床及工艺

装备，基本投资 K_1 大，但工艺成本 C_1 较低；方案 2 采用便宜的设备，基本投资 K_2 小，但工艺成本 C_2 高，即 $K_1 > K_2$，$C_1 < C_2$，在这种情况下进行经济性评价，就不能只考虑工艺成本，而要同时考虑基本投资差额，可通过回收期来进行判别。

回收期是指采用基本投资大的工艺方案时，由于其工艺成本的降低，而将多投资的费用收回来的时间。回收期计算公式如下。

$$T=\frac{K_1-K_2}{C_1-C_2} \tag{6-10}$$

当回收期 T 满足下列三个条件时，可采用方案 1（基本投资大、工艺成本低的方案）。

（1）回收期 T 应小于基本投资设备的使用年限。

（2）回收期 T 应小于该产品预期生产的年限。

（3）回收期 T 应小于国家规定的标准。例如，新夹具的回收期限为 2 ~ 3 年，新机床的回收期限为 4 ~ 6 年。

若不满足上述条件，则应选择方案 2（基本投资少、工艺成本高的方案）。

三、提高生产率的措施

1．缩短基本时间

（1）提高切削用量

提高切削速度 v_c、进给量 f 和背吃刀量 a_p，可达到缩短单件时间定额的目的。随着加工技术的发展，硬质合金车、铣普通钢件的切削速度可达 8.3 ~ 11.7 m/s，陶瓷刀具车削灰铸铁的速度可达 16.7 ~ 25 m/s，高速磨削速度超过 120 m/s。切削速度的大幅提高，使基本时间的压缩成为现实。另外，使用精铸、精锻毛坯，可减少加工余量，也为缩短基本时间提供了保证。

（2）减少切削行程长度

减少切削行程长度也可以缩减基本时间。如图 6-4-2 所示采用排刀装置，用几把车刀加工同一工件可有效减小切削行程长度。

（3）采用合并工步加工

用几把刀具或复合刀具对同一工件的几个不同表面或同一表面同时进行加工，减少工序的基本时间。图 6-4-3a、b 所示分别为多刀车削零件外圆和多刀镗孔加工，在这种情况下，原本需要多次进给才能完成的加工，只要一次进给即可完成，从而大大缩短了加工时间，提高了生产效率。

图 6-4-2 车床排刀装置

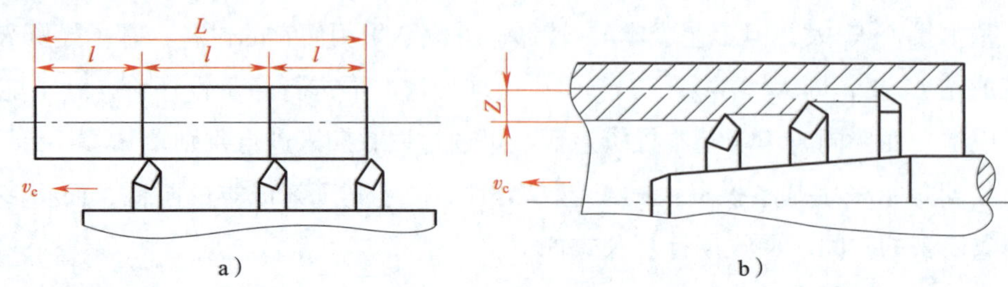

图 6-4-3　多刀切削加工

a）多刀车削零件外圆　b）多刀镗孔加工

（4）采用多件加工

顺序多件加工即工件顺着走刀方向一个接着一个装夹，如图 6-4-4a 所示。这种方法减少了刀具切入和切出的时间，也减少了分摊到每一个工件上的辅助时间。平行多件加工即在一次走刀中同时加工多个平行排列的工件，如图 6-4-4b 所示。平行顺序多件加工为上述两种方法的综合应用，如图 6-4-4c 所示，这种方法适用于工件较小、批量较大的情况。

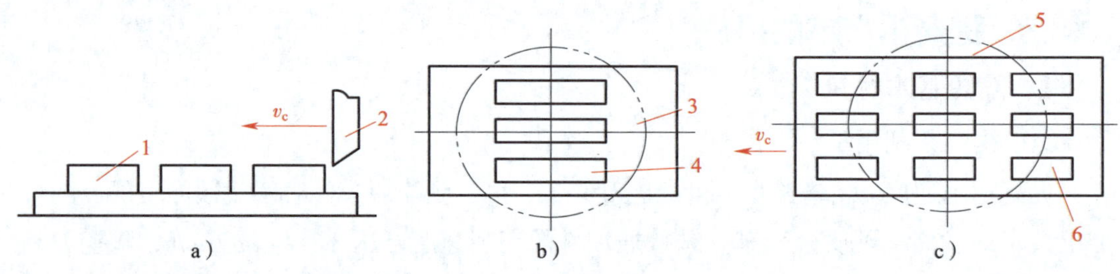

图 6-4-4　多件加工

a）顺序多件加工　b）平行多件加工　c）平行顺序多件加工

1、4、6—工件　2—刨刀　3—铣刀　5—砂轮

2. 缩短辅助时间

辅助时间主要受加工设备、工艺装备的影响。使用高度自动化的设备及工艺设备，可使辅助时间与基本时间部分重合或全部重合。

（1）在大批量生产中，采用气动、液压、电磁控制等快速、高效自动化专用夹具；在中小批生产中，特别是多品种小批量生产条件下，采用成组工艺、成组夹具、组合夹具等工艺装备来缩短零件加工的辅助时间。

（2）使辅助时间与基本时间重合。图 6-4-5 所示为采用辅助时间与基本时间重合来提高生产率的例子。图 6-4-5a 所示为直线往复移动式加工，图 6-4-5b 所示为连续式回转加工。在加工过程中无须停机，从而极大地减少了作业时间，使生产效率得以大大提高。

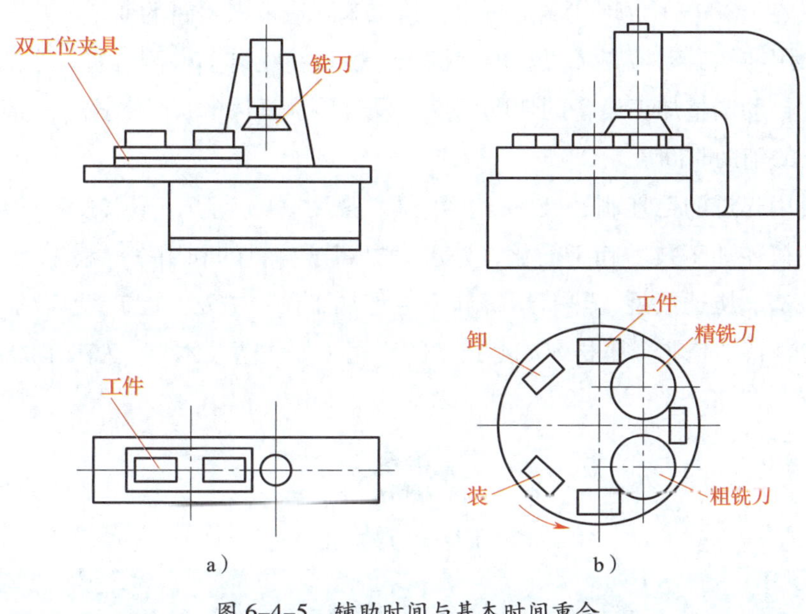

图 6-4-5　辅助时间与基本时间重合

a）直线往复移动式加工　b）连续式回转加工

3. 缩短技术性服务时间

缩短技术性服务时间主要是指耗费在更换刀具、修磨砂轮、调整刀具位置的时间。通常可以采用快速换刀、快速对刀、机夹式不刃磨刀具等措施来减少技术性服务时间。

4. 缩短准备与终结时间

实践证明，采用成组技术，把结构形状、技术条件和工艺过程都比较接近的工件归为一类，制定出典型的工艺规程并为之选择、设计好一套工具和夹具，可以缩短准备与终结时间。这样，在更换下一批同类工件时就不必更换工具和夹具或经过少许调整就能投入生产。

5. 采用先进的制造工艺

在生产过程中采用先进的制造工艺方法，不仅可以降低加工成本，而且可以在提高效率的前提下提高产品的质量。对于批量较大的产品生产而言，常用的方法有以下几种。

（1）采用效率高的自动化生产技术和装备。大批量、少品种的汽车生产，一直以来都是采用生产效率较高的自动化流水线生产方式进行生产。但是随着科学技术的飞跃发展，社会需求的多样性，以及汽车市场竞争的日益白热化，迫使汽车生产日趋个性化，就需要采用更为灵活并更具有竞争能力的自动化生产技术和装备。成组技术（GT）、计算机辅助制造（CAM）、数控加工（NC）、柔性制造系统（FMS）与计算机集成制造系统（CIMS）等现代制造技术，给汽车制造带来了新的变革。

（2）采用在线自动检测装置。加工机床上装备在线自动检测装置，在加工过程中，自动检测、自动调整加工设备的切削用量，及时显示具体的尺寸数据，节省停机调整、测量所花费的辅助时间。

（3）使用先进的毛坯制造技术。精度好、强度高的毛坯，不仅使零件加工更加精密，而且使机械加工技术趋于简化，并大大提高了材料的利用率。粉末冶金、精密铸造、精密锻造、快速成型、热挤压等新型毛坯加工制造方法，已广泛应用于汽车零件的加工制造，特别是非金属材料成型技术的应用（如注塑技术），为汽车的轻量化提供了新途径。

思考与练习

1. 制定机械加工工艺规程的主要依据有哪些？
2. 简述机械加工工艺规程的制定步骤。
3. 简述粗基准、精基准的选择原则。
4. 机械切削加工顺序的安排有哪些原则？
5. 时间定额的组成有哪些？
6. 选用机床时要考虑哪些内容？
7. 简述提高生产率的措施。

汽车典型零件的制造工艺

分析汽车中常见的典型零部件的机械加工工艺，整体思路是从结构特点及结构工艺性分析出发，依次介绍材料、毛坯及主要技术要求、结构工艺特点、定位基准选择、机械加工工艺过程、加工方法等，以定性分析为主、定量分析为辅，重在提高分析问题和解决问题的能力。

本模块介绍汽车齿轮、发动机连杆、发动机曲轴和箱体零件的制造工艺。

课题一　汽车齿轮的制造工艺

- 了解齿轮的结构特点。
- 掌握齿轮的结构工艺性分析和机械加工工艺过程。
- 熟悉齿轮主要表面的机械加工方法和典型齿轮的机械加工工艺过程。

汽车齿轮（见图 7-1-1）广泛应用于传动系统（变速器、驱动桥）中，其作用是改变传动比，扩大驱动轮扭矩和转速的变化范围，以适应各种变化的复杂行驶条件。

图 7-1-1　汽车常用齿轮实物图

a）变速器齿轮　b）差速器齿轮　c）主减速器齿轮

一、齿轮的结构特点

汽车中的各种齿轮，按照结构工艺特点可分为五类，如图 7–1–2 所示。

1. 单联齿轮：如图 7–1–2a 所示，孔的长径比 $L/D>1$。

2. 多联齿轮：如图 7–1–2b 所示，孔的长径比 $L/D>1$。

单联齿轮和多联齿轮也称筒形齿轮，内孔为光孔、键槽孔或花键孔。

3. 盘形齿轮：如图 7–1–2c 所示，具有轮毂，孔的长径比 $L/D<1$。

4. 齿圈：如图 7–1–2d 所示，具有轮毂，孔的长径比 $L/D<1$。

a）

b）

c）

d）

e）

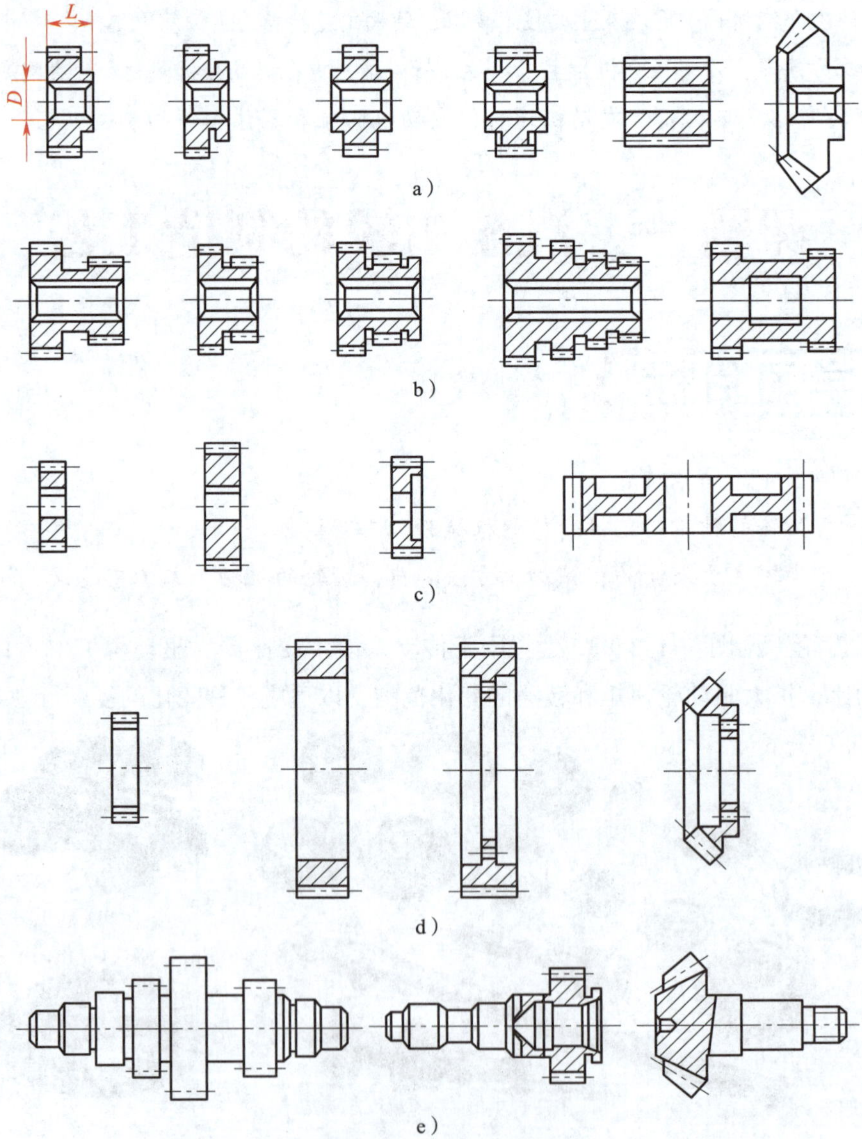

图 7–1–2　汽车齿轮的结构类型

a）单联齿轮　b）多联齿轮　c）盘形齿轮　d）齿圈　e）轴齿轮

盘形齿轮和齿圈的内孔一般为光孔或键槽孔。

5. 轴齿轮：如图 7–1–2e 所示。

由图 7–1–2 可知，齿轮一般分为齿圈和轮体两部分，在齿圈上可切出直齿、螺旋齿等齿形，而在轮体上有内孔（光孔、键槽孔、花键孔）或带有轴。

二、齿轮结构的工艺性分析

齿轮的结构形状直接影响齿轮加工工艺的制定。对齿轮类零件机械加工工艺的分析，除了应进行结构工艺分析外，还应考虑以下几个方面。

1. 双联齿轮

用滚刀加工双联齿轮的小齿轮时，大、小齿轮之间的距离 B 要足够大，以免加工时滚刀碰到大齿轮的端面。如图 7–1–3 所示，B 的大小与滚刀直径 D_0、滚刀切削部分长度及滚刀安装角度等有关。

2. 盘形齿轮

当齿轮较宽时，盘形齿轮的端面形状常做成有凹槽的形式（见图 7–1–4a），这样可减轻齿轮的重量和减少机械加工量。但当齿轮尺寸较小或齿轮强度不足时，可采用图 7–1–4b 所示的形式。

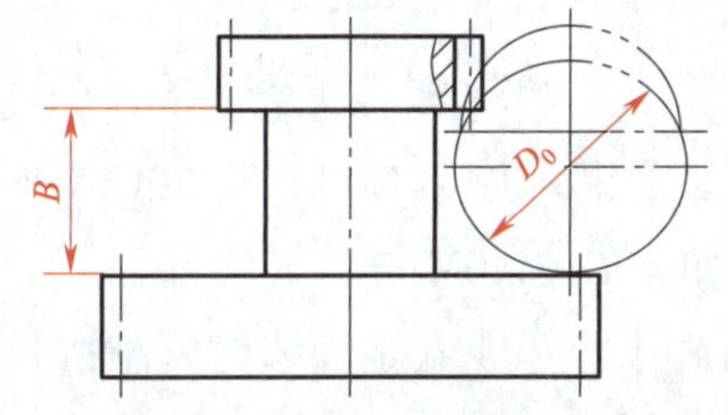

图 7–1–3　用滚刀加工双联齿轮小齿轮时两齿轮之间应有足够的距离

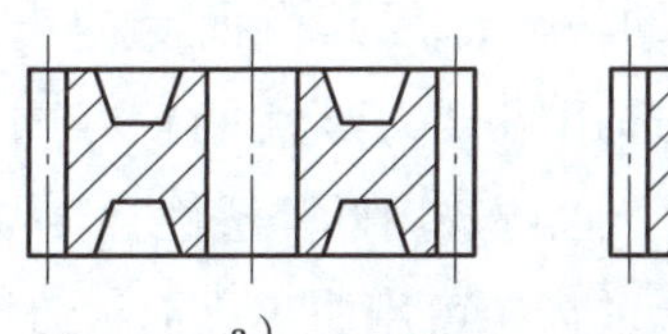

a）

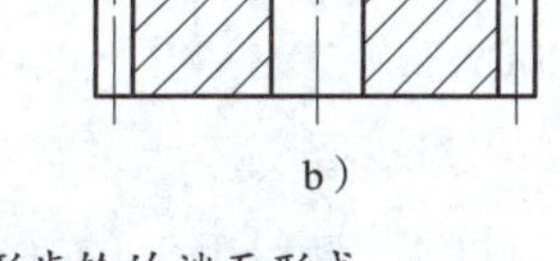

b）

图 7–1–4　盘形齿轮的端面形式
a）凹槽形式　b）齿轮尺寸较小或强度不足时采用的形式

3. 盘形齿轮多采用多件顺序加工

在滚齿机上加工盘形齿轮时，为了提高生产率，常采用多件顺序加工，如图 7–1–5 所示。采用如图 7–1–5a 所示的齿轮结构，不仅滚齿生产率高，而且增强了工件在机床上的安装刚度。而图 7–1–5b 所示的齿轮结构，在加工时工件支承刚度较差，且增加了滚刀的空行程长度，影响生产率的提高和齿轮加工质量。

4. 锥齿轮的锥度应合理

汽车主减速器主动锥齿轮结构有悬臂式和骑马式两种。悬臂式主动锥齿轮的两个支承轴颈位于齿轮的同一侧，如图 7–1–6a 所示。骑马式主动锥齿轮的两个支承轴颈位于齿轮的两侧。在设计骑马式主动锥齿轮时，应考虑铣齿或刨齿时切削刃不应碰到小头一侧的轴颈部分，如图 7–1–6b 所示。

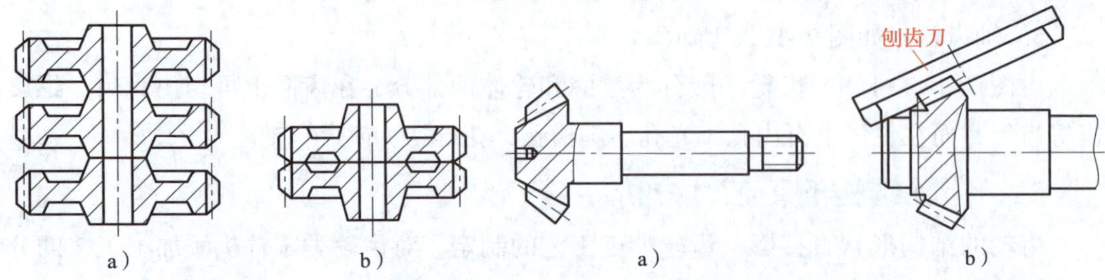

图 7-1-5　改变齿轮结构形式提高加工时的安装刚度和生产率

a）多件顺序加工　b）支承刚度较差

图 7-1-6　主减速器主动锥齿轮的结构工艺性

a）悬臂式工艺性较好　b）骑马式工艺性较差

三、齿轮的机械加工工艺过程

根据齿轮材料、毛坯与热处理要求、齿轮的结构形式与尺寸大小、齿轮的精度要求和生产批量、车间现有设备条件等来制定齿轮的机械加工工艺。

1．齿轮的材料、毛坯与热处理

（1）齿轮材料的选择

齿轮的材料对齿轮的加工性能和使用寿命有直接影响。

对于汽车中的齿轮，因其齿面受冲击交变载荷作用产生塑性变形或磨损，且轮齿易折断，应选用综合力学性能较好的低合金渗碳钢，如 20CrMnTi、20CrNiMo、20CrMo、20MnVB，也可选用低淬透性合金调质钢，如 40Cr、40MnB。

对于受力不大的齿轮可用非淬火钢、铸铁、夹布胶木、尼龙和工程塑料等制造。

（2）齿轮毛坯的制造

汽车齿轮通常采用锻造毛坯。中小批量生产时采用胎模锻工艺成型；产量大时采用模锻工艺成形。模锻后，内部纤维对称于轴线，可提高材料强度，如图 7-1-7 所示。

采用精锻等工艺制造齿坯，成形后的齿面不需要机械加工，只是内孔和端面留有适当精加工余量，这不仅大大提高了劳动生产率，降低了生产成本，也节约了大量钢材，可实现少（或无）切削加工。

粉末冶金齿轮（见图 7-1-8）是少（或无）切削先进工艺之一。如果采用粉末冶金生产行星齿轮的毛坯，只要模具有足够的精度（不低于 IT11），除了油孔、精磨内孔和球形端面之外，齿面不需加工就能满足公差和表面粗糙度的要求。为了满足内孔、球面和齿面的耐磨性，齿轮在精磨前须经热处理。粉末冶金齿轮能大大缩短机械加工工时，节省原材料和降低成本。

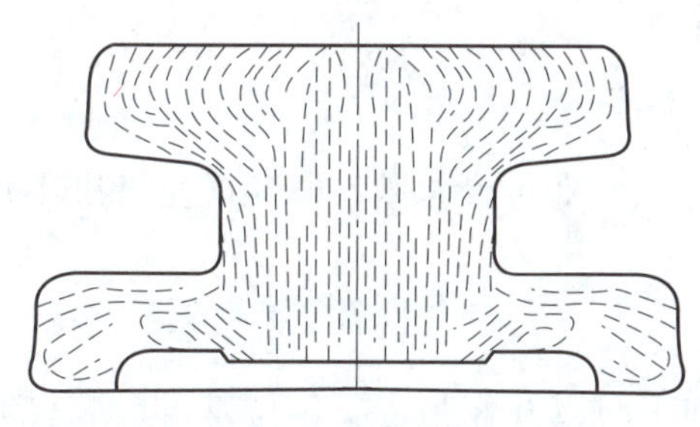
图 7-1-7　模锻齿轮坯料纤维分布情况

图 7-1-8　粉末冶金齿轮

（3）齿轮的热处理

齿轮常安排两种热处理工序：

1）齿轮毛坯热处理。齿轮毛坯在加工前常采用正火或等温退火，以消除内应力并改善切削加工性能。

2）齿轮齿面热处理。齿形加工后，为提高齿面的硬度和耐磨性，对中碳钢或中碳合金钢采用高频淬火和低温回火，齿面淬火硬度不低于 53HRC；对低碳合金渗碳钢采用渗碳淬火热处理。齿面渗碳淬火硬度为 58 ~ 63HRC，心部淬火硬度为 32 ~ 48HRC。当齿轮模数大于 3 ~ 5 mm 时，要求渗碳层深度为 0.8 ~ 1.3 mm。

2. 齿轮的主要技术要求

齿轮传动精度的高低直接影响整台汽车的工作性能、承载能力和使用寿命。对汽车上传动齿轮的主要技术要求有以下几个方面：

（1）齿轮精度和表面粗糙度

载货汽车变速器齿轮的精度不低于 IT8 级；表面粗糙度 *Ra* 值不大于 3.2 μm。轿车齿轮的精度不低于 IT7 级，表面粗糙度 *Ra* 值不大于 1.6 μm。

（2）齿轮内孔或齿轮轴轴颈尺寸公差和表面粗糙度

齿轮孔或齿轮轴轴颈是加工、测量和装配时的基面，它们对齿轮的加工精度有很大的影响，所以要有较高的加工精度和较小的表面粗糙度值。6 级精度的齿轮孔精度为 IT6，轴径精度为 IT5；7 级精度的齿轮孔精度为 IT7，轴径精度为 IT6。两者表面粗糙度 *Ra* 值均为 0.4 ~ 0.8 μm。

（3）端面跳动

带孔齿轮端面是切齿时的定位基准，端面对内孔在分度圆上的跳动对齿轮的加工精度有很大影响。端面跳动量视齿轮精度和分度圆直径不同而异，对于精度等级为 6 ~ 7 级的齿轮，规定为 0.011 ~ 0.022 mm。基准端面的表面粗糙度 *Ra* 值为 0.40 ~ 0.80 μm，非定位和非工作端面的表面粗糙度 *Ra* 值为 6.3 ~ 25 μm。

（4）齿轮外圆尺寸公差

当齿轮外圆作为加工、测量的基准时，其尺寸公差要求较严，一般为 IT8。当不作为加工、测量的基准时，其尺寸公差一般为 IT11。

3. 定位基准的选择

加工齿轮时，定位基准与设计基准应尽量遵循基准重合原则，避免产生基准不重合误差。

（1）加工带孔齿轮的齿面（长径比 $L/D > 1$）

对于长径比 $L/D > 1$ 的单联或多联齿轮，加工时以孔作为主要定位基准，装在心轴上限制 4 个自由度，端面只限制 1 个自由度，如图 7–1–9 所示。此时孔和心轴之间的间隙是引起加工误差的主要因素，故作为定位基准的孔尺寸公差要求较严格，一般按 H7 加工。

为了消除孔和心轴之间的间隙影响，精车齿坯时，常采用过盈心轴或小锥度心轴（锥度为 1/6 000 ~ 1/4 000）；预加工齿面时，可采用能够自动定心的可胀心轴或可分组的小间隙心轴装夹。

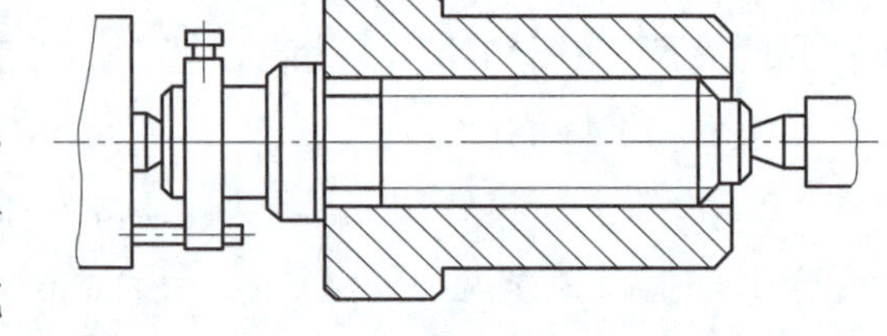

图 7–1–9　以孔作为主要定位基准

（2）加工长径比 $L/D < 1$ 的齿圈或盘形齿轮

当齿轮孔的长径比 $L/D < 1$ 时，如图 7–1–10a 所示，应以端面作为主要的定位基准，限制 3 个自由度，内孔限制 2 个自由度。为使作为定位基准的孔和端面具有较高的垂直度，在加工这两个表面时，可装在三爪自定心卡盘内，在一次安装中车出，如图 7–1–10b 所示。

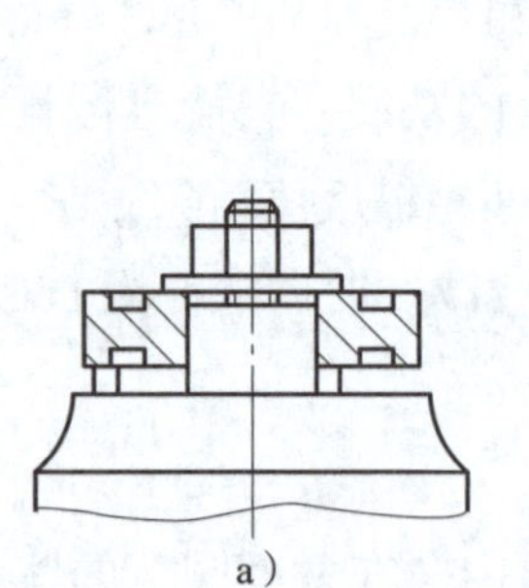

a）

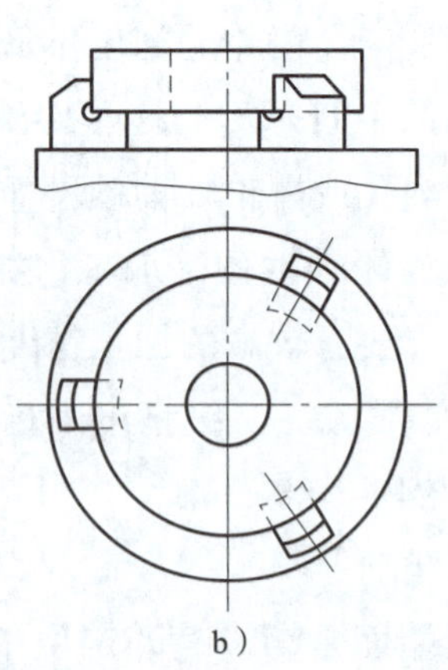

b）

图 7–1–10　加工齿圈或盘形齿轮（$L/D < 1$）的定位基准

a）齿圈加工　b）装在三爪自定心卡盘内一次车出

（3）加工轴齿轮或齿轮轴

当加工轴的外圆表面、外螺纹、圆柱齿轮齿面和花键时，常选择轴两端的中心孔作为定位基准，把工件安装在机床的前、后（或上、下）两顶尖之间进行加工。

如果工件两端中心孔定位不方便或安装刚度不足，常采用磨削过的两轴颈定位。如某汽车主动锥齿轮，加工轴端锥齿轮齿面时，用两轴颈定位，装夹在精密的弹性夹头中进行加工。若在轴上钻径向孔、铣键槽等，则常以两轴颈在两个V形块上定位夹紧进行加工。

用中心孔在机床两顶尖定位时，定心精度高；用两轴颈在弹性夹头内定位时，受夹头结构精度的影响，定心精度比用中心孔在机床两顶尖间定位低些，但夹紧力较大，安装刚度高。

4．齿轮主要加工表面的加工

在大批大量生产条件下生产齿轮，分为粗加工和精加工两个阶段。齿轮机械加工工序安排为：齿坯加工→齿形加工→齿面热处理（略）→热处理后的精加工（略）。

（1）齿坯加工

齿坯加工主要是为齿面加工准备好定位基准面，主要内容包括：齿坯的内孔与端面的加工、轴齿轮的端面和中心孔的加工、轴颈外圆和端面的加工。此外，还要加工外圆的一些次要表面，如凹槽、倒角、螺纹以及其他非定位用端面。

成批大量生产中，加工中等尺寸的盘形齿轮齿坯时，多采用“车（或钻）—拉—多刀车削”的工艺方案。首先以毛坯外圆及端面作为粗基准定位进行车（钻）孔、扩孔，再在拉床上以端面定位拉孔，然后以内孔定位在多刀半自动车床上粗、精加工外圆、端面、车槽及倒角。这种加工工艺方案由于采用高效机床组成流水线或自动线，故生产效率高。

（2）齿形加工

齿形加工是整个齿轮加工的关键工序。虽然齿轮的机械加工有许多工序，但都是为最终获得符合精度要求的齿形加工服务的。齿形加工方案的选择，主要取决于齿轮精度等级、结构特点、生产类型及热处理方案等。常用的齿形加工方案如下：

1）对于8级精度以下的软齿面传动齿轮（调质后直接加工使用）通常采用插齿或滚齿方法就能直接满足使用要求；对于硬齿面传动齿轮，则可采用滚（或插）齿→剃齿或冷挤→齿端加工→淬火（或表面渗碳+淬火）→校正孔的加工方案。

2）对于6～7级精度的硬齿面传力齿轮的加工，其齿面淬硬者可采用滚（或插）齿→齿端加工→表面淬火→校正基准→磨齿（用蜗杆砂轮磨齿），也可采用滚（或插）齿→剃齿或冷挤→表面淬火→校正基准→珩齿的加工方案。

3）对于5级以上的高精度齿轮，一般采用粗滚齿→精滚齿→表面淬火→校正基准→粗磨齿→精磨齿的加工方案。在大批量生产时可采用滚齿→粗磨齿→精磨齿→表面淬火→校正基准→珩齿的加工方案。

四、齿轮的加工方法

齿轮加工方法可分为两大类，即切削加工和无屑加工。

1．齿轮的切削加工

齿轮加工机床的种类繁多，加工方式各异，其加工原理不外乎有两种：成形法和展成法。

（1）成形法

齿轮的成形法加工是指采用与被加工齿轮齿槽形状相同的成形刀具完成的齿轮加工。成形法加工齿轮所用的刀具有盘形齿轮铣刀和指形齿轮铣刀两种，如图 7–1–11 所示。

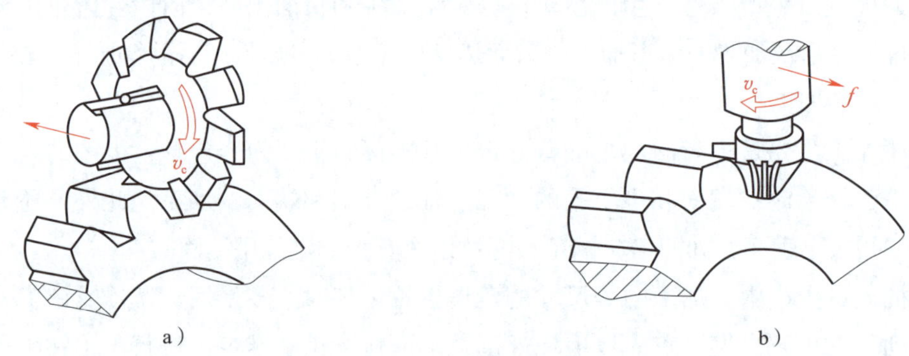

图 7–1–11　成形法加工齿轮

a）用盘形齿轮铣刀铣削　b）用指形齿轮铣刀铣削

成形法加工齿轮通常在普通铣床上进行。铣削齿槽时，工件安装在分度头上，铣刀旋转对工件进行切削加工，工作台直线进给运动，加工完一个齿槽，分度头将工件转过一个齿，再加工另一个齿槽，依次加工出所有齿槽。

当齿轮的模数和齿形角都相同、齿数不同时，齿轮轮齿和齿槽的形状各不相同。由此，用成形法加工相同模数和齿形角的齿轮应该是每一种齿数就配一种刀具，刀具的数量较多。

（2）展成法

利用齿轮啮合原理完成齿轮加工的方法称为展成法，也称范成法，即把齿轮啮合副中的一个制作成刀具，另一个作为工件，强制刀具和工件做严格的啮合运动而展成切出齿廓，如图 7–1–12 所示。

展成法加工齿轮所用的刀具不像成形法那么复杂，一种模数的任意齿数的齿轮只需一把刀具，且加工的齿形比成形法加工的齿形更准确，加工精度更高。

1）滚齿。滚齿是应用最广的齿轮加工方法，可加工渐开线齿轮、圆弧齿轮、摆线齿轮、链轮、棘轮、蜗轮和包络蜗杆。滚齿加工的过程相当于一对交错轴斜齿轮互相啮合运动的过程，如图 7–1–13 所示。只是其中一个斜齿轮的齿数极少，且分度圆上的

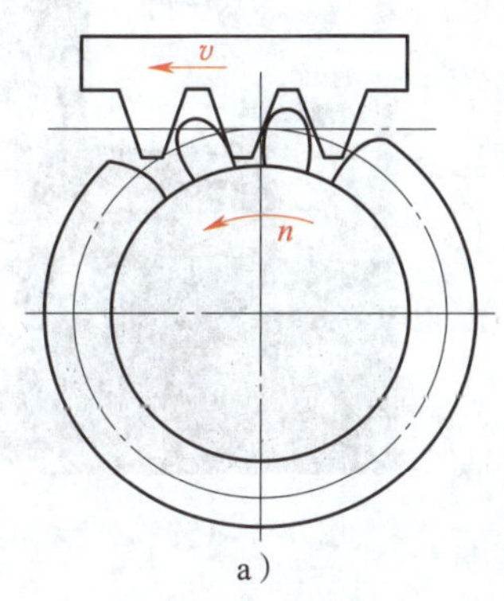

a）

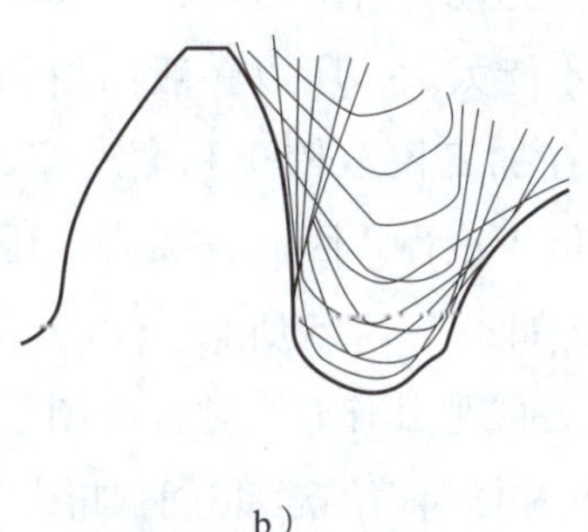
b）

图 7-1-12　展成法加工齿轮

a）展成法加工齿轮的示意图　b）齿轮刀具的切削轨迹

v—假想齿条的移动速度　n—被切齿轮的转动速度

螺旋升角也很小，所以它便成为蜗杆。再将蜗杆开槽并铲背、淬火、刃磨，便成为齿轮滚刀，如图 7-1-14a 所示。

图 7-1-13　滚刀与被加工齿轮

滚齿加工过程中的运动关系：滚齿加工是按包络法加工齿轮的一种方法，滚切齿轮的过程与一对螺旋齿轮的啮合过程相似，齿圈或盘形圆柱齿轮的齿形加工所得到的是若干包络线形成的渐开线齿廓，如图 7-1-14b 所示。

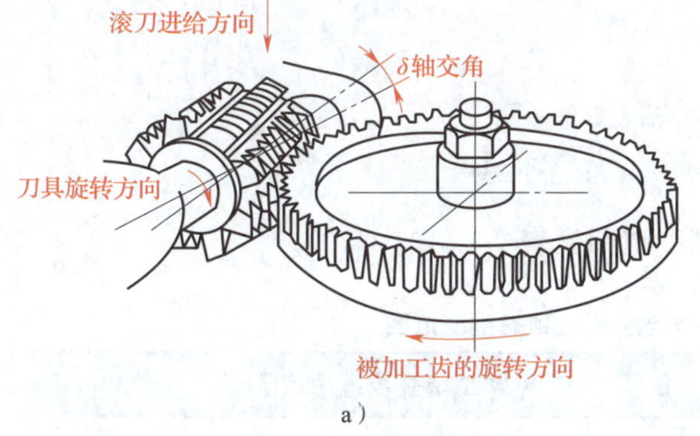

a）

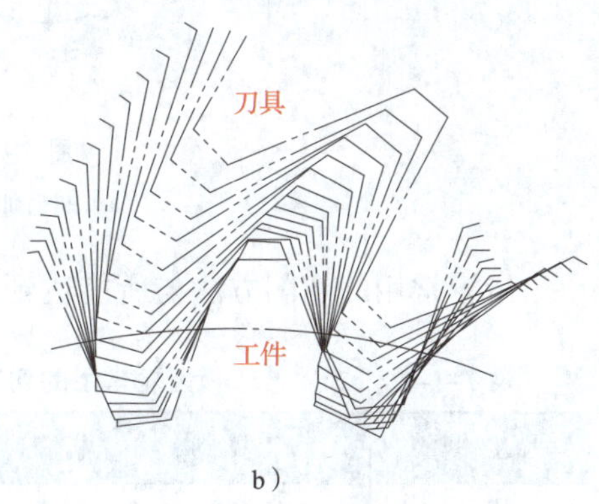

b）

图 7-1-14　齿轮滚刀滚切圆柱齿轮示意图

a）齿轮滚刀滚切齿轮及其运动　b）包络线形成的渐开线齿廓

2）插齿。插齿也是齿轮加工中较为常用的一种方法，能加工直齿圆柱齿轮，更适合加工多联齿轮、内齿轮、扇形齿轮和齿条等。插齿既可用于齿形的粗加工，也可用于精加工。其加工精度范围为 7 ~ 9 级，最高可达 6 级。插齿过程为往复运动，有空行程；插齿系统刚度较差，切削用量不能太大，所以一般插齿的生产率比滚齿低，只有在加工模数较小和宽度窄的齿轮时，其生产率才不低于滚齿。因此，插齿多用于中小模数齿轮的加工，如图 7–1–15 所示。

图 7–1–15　插齿机与被加工齿轮

插齿的加工原理相当于一对直齿圆柱齿轮的啮合。被加工齿轮和插齿刀的运动过程如图 7–1–16a 所示。插齿刀相当于一个在齿轮上磨出前角和后角形成切削刃的齿轮，被加工齿轮齿坯则是齿轮啮合运动的另一个齿轮。插齿加工时，刀具沿工件轴线方向作高速往复直线运动（切削运动），这是切削加工的主运动，同时还与工件作无间隙的啮合运动，在工件上加工出全部轮齿齿廓。在加工过程中，刀具每往复一次仅切出工件齿槽的很小一部分，工件齿槽的齿面曲线是由插齿刀切削刃多次切削的包络线所组成的，如图 7–1–16b 所示。

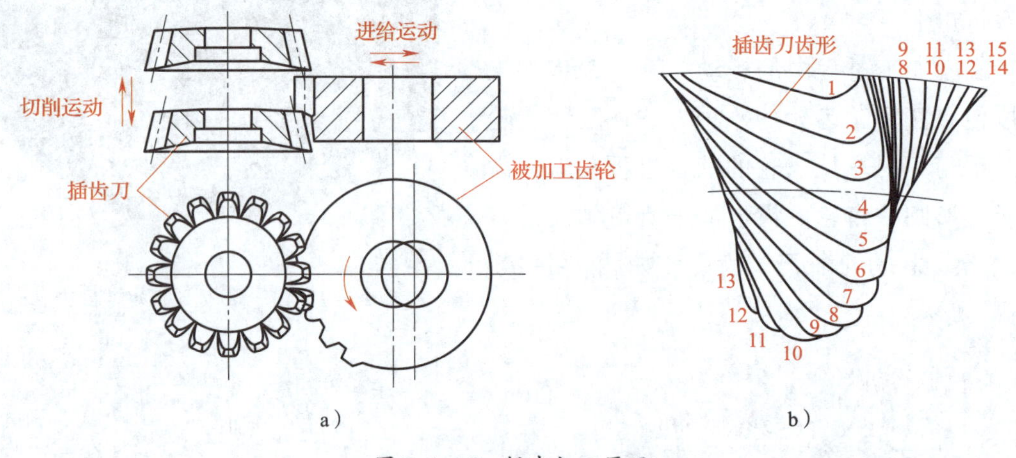

图 7–1–16　插齿加工原理

a）插齿加工过程　b）齿形形成过程

齿轮常用的切削方法与所能达到的精度范围见表 7–1–1。

表 7–1–1　　齿轮常用的切削方法与所能达到的精度范围

加工方法		刀具	机床	加工精度及适用范围
成形法	成形铣	盘形齿轮铣刀	铣床	加工精度和生产率都较低
		指形齿轮铣刀	铣床	加工精度和生产率都较低，是大型无槽人字齿轮的主要加工方法
	拉齿	齿轮拉刀	拉床	加工精度为 7 ~ 9 级，生产率较高，拉刀专用，适用于大批生产，尤其是内齿轮加工

续表

加工方法		刀具	机床	加工精度及适用范围
展成法	滚齿	齿轮滚刀	滚齿机	加工精度为 6 ~ 10 级，*Ra* 值为 1.6 ~ 6.3 μm，常用于加工直齿轮、斜齿轮及蜗轮
	插齿	插齿刀	插齿机	加工精度为 7 ~ 9 级，*Ra* 值为 3.2 ~ 6.3 μm，适用于加工内、外啮合的圆柱齿轮、双联齿轮、三联齿轮、齿条和锥齿轮等
	刨齿	刨齿刀	刨齿机	
	剃齿	剃齿刀	剃齿机	加工精度为 6 ~ 7 级，常用于滚齿、插齿后，淬火前的精加工
	珩齿	珩磨轮	珩齿机	加工精度为 6 ~ 7 级，常用于剃齿后或高频淬火后的齿形精加工
	磨齿	砂轮	磨齿机	加工精度为 3 ~ 6 级，*Ra* 值为 0.8 ~ 1.6 μm，常用于齿轮淬火后的精加工

汽车用齿轮通常比其他通用机械的齿轮要高 1 ~ 2 个精度等级。由于成形法的加工精度和生产效率远低于展成法，因此汽车齿轮大多采用展成法加工。

2．齿轮的无屑加工

齿轮的无屑加工方法有热轧、冷摆辗、模锻、精密铸造和粉末冶金等。

3．齿轮的齿端加工

对于齿端加工，其内容有倒圆、倒棱和去毛刺等（见图 7-1-17）。经过倒圆、倒尖与倒棱后的齿轮，沿轴向移动时容易进入啮合状态，一般在齿轮倒角机上进行加工。

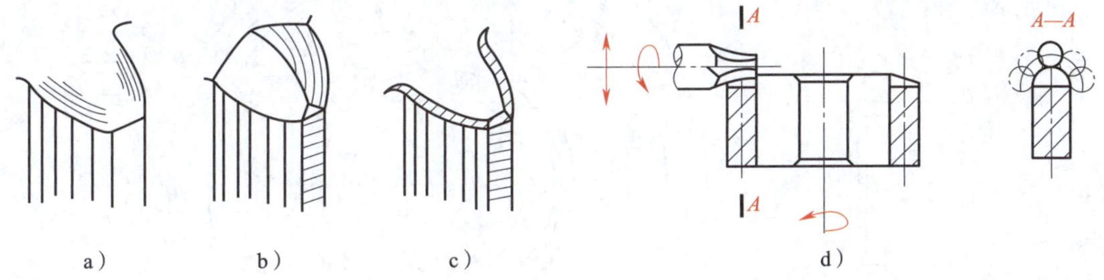

图 7-1-17　齿端形状及加工内容

a）倒尖角　b）倒棱　c）倒圆角　d）齿端倒圆加工

4．齿轮的热处理与加工工艺的配合

齿轮齿面的热处理主要采用中频或高频感应加热局部淬火后再低温回火，且通常在轮齿粗加工之后、精磨之前进行。齿轮在热处理后会产生变形，故在精磨前需对定位基准和装配基准（内孔、基准端面、轴齿轮的中心孔、轴颈等）进行修整。

弧齿锥齿轮齿面的最后加工，先采用主、从动锥齿轮在研齿机（见图 7–1–18）上成对地进行对研，然后打上记号，装配时进行成对装配。目前，弧齿锥齿轮轮齿齿面热处理后的精加工多使用数控磨齿机进行磨齿，如图 7–1–19 所示。

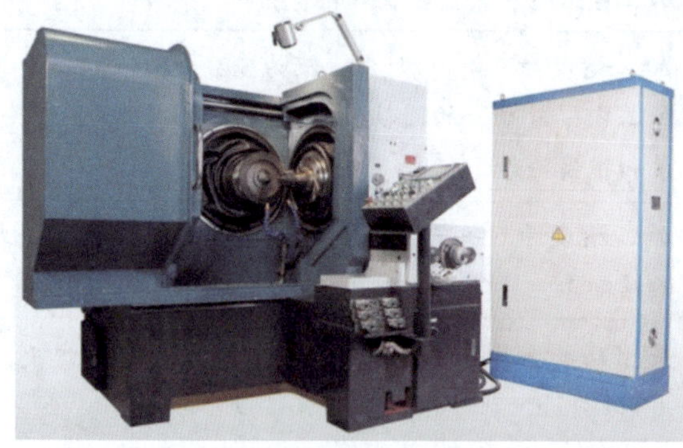

图 7–1–18　研齿机

图 7–1–19　数控磨齿机

五、汽车典型齿轮的机械加工工艺过程

1. 汽车变速器第一速及倒挡齿轮零件的加工工艺过程

某汽车变速器第一轴及倒挡齿轮零件简图如图 7–1–20 所示，其工艺过程见表 7–1–2。

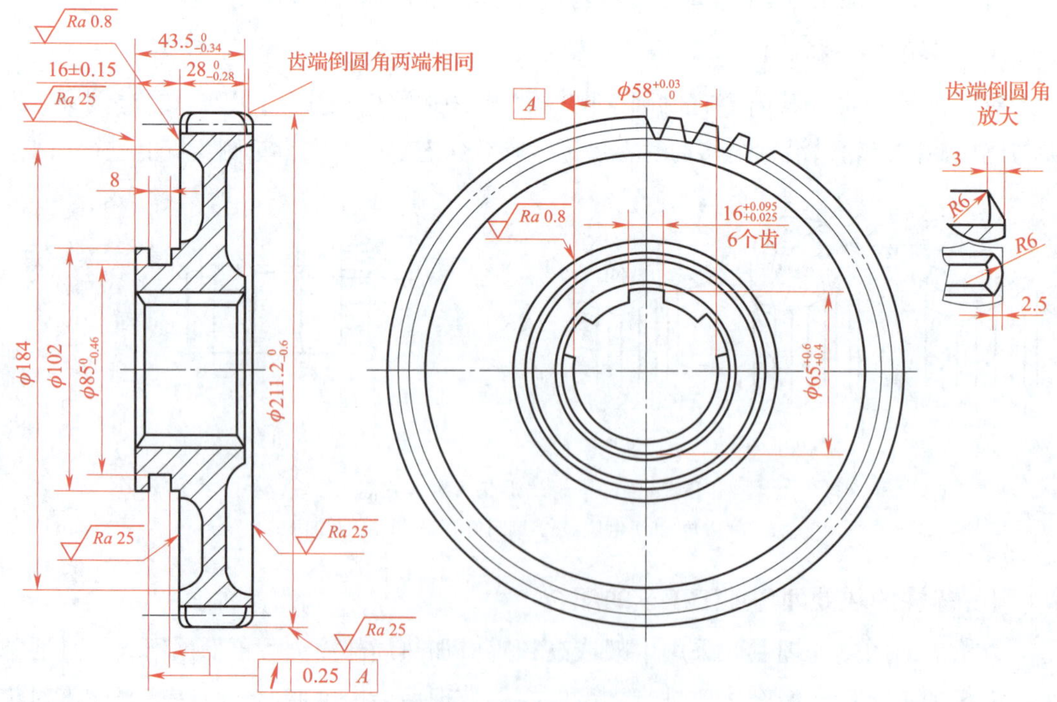

图 7–1–20　某汽车变速器第一轴及倒挡齿轮零件简图

表 7-1-2　　汽车变速器第一轴及倒挡齿轮加工工艺过程

工序号	工序内容	设备	工序号	工序内容	设备
1	粗车小端外圆、端面、倒角	车床	8	倒齿端圆角	齿轮倒角机
2	粗车大端外圆、端面、内孔	车床	9	剃齿或冷挤齿	剃齿机或挤齿机
2J	中间检验		10	修花键槽宽	压床
3	半精车大端面、内孔	车床	11	清洗	清洗机
4	拉花键孔	拉床	11J	中间检验	
4J	中间检验		12	热处理	
5	精车两端面及外圆	多刀半自动车床	13	磨内孔	内圆磨床
5J	中间检验		14	珩磨齿	蜗杆式珩齿机
6	滚齿	滚齿机	15	清洗	清洗机
7	清洗	清洗机	15J	最终检验	

2．汽车后桥主减速器主动锥齿轮加工工艺过程（大量生产）

某汽车后桥主减速器主动锥齿轮零件简图如图 7-1-21 所示，其工艺过程见表 7-1-3。

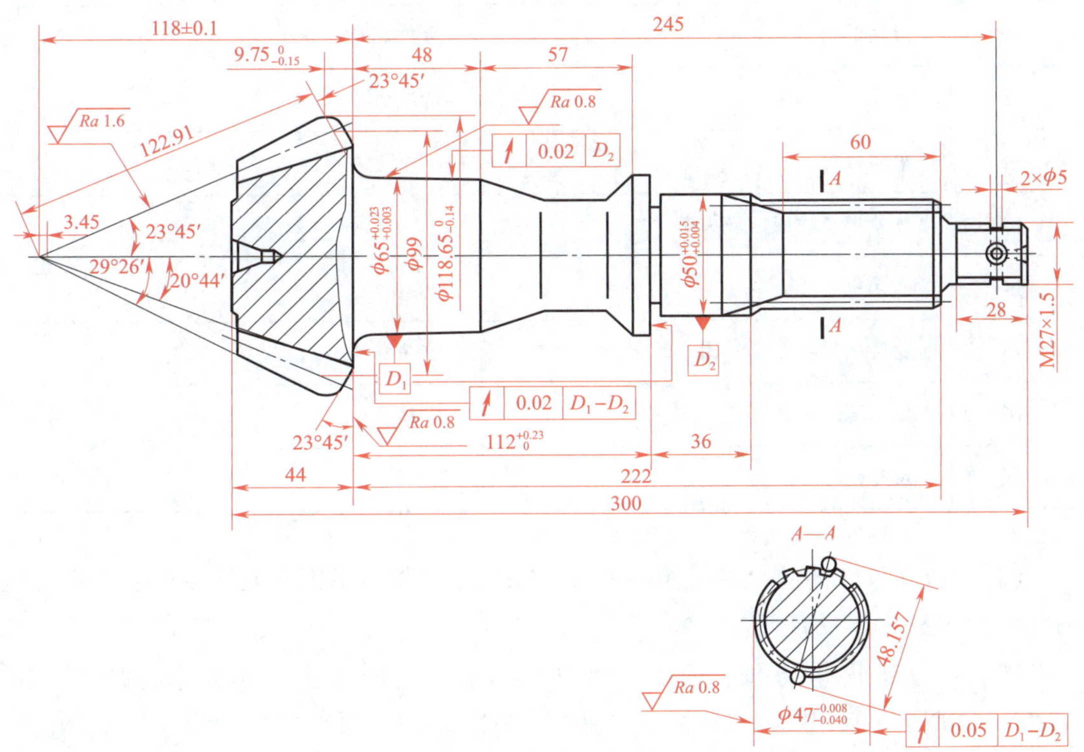

图 7-1-21　某汽车后桥主减速器主动锥齿轮零件简图

表 7-1-3　　某汽车后桥主减速器主动锥齿轮（大量生产）工艺过程

工序号	工序内容	设备
1	铣两端面、钻两端中心孔	双面铣、钻削专用机床及夹具
2	粗、精车轴颈外圆和前、背锥及端面	液压仿形车床（或数控车床）
3	铣花键	花键铣床
4	粗磨轴颈外圆、花键外圆及端面	端面外圆磨床
5	钻十字孔 ϕ5 mm	台钻
6	锪孔 ϕ5 mm、孔口 90°	台钻
7	车（或铣）螺纹	车床或螺纹铣床
7J	中间检查	
8	粗切齿	弧齿锥齿轮铣齿机
9	精切齿凸面	弧齿锥齿轮铣齿机
9J	精切齿凹面	弧齿锥齿轮铣齿机
10	齿端倒角	齿轮倒角机
11	清洗	清洗机
12	中间检验	
13	热处理（渗碳、淬火）	
14	修复中心孔	
15	精磨轴颈、花键外圆及端面	端面外圆磨床
16	校正螺纹	螺纹样板
16J	最终检验	

（1）两端面及定位基准中心孔的加工。采用双工位专用机床夹具在专用机床上先加工好，如图 7-1-22 所示。

（2）主动锥齿轮外圆表面的车削加工。常采用液压仿形车床进行加工，如图 7-1-23 所示。采用数控或程控车床加工可显著缩短基本时间和辅助时间，提高生产效率。

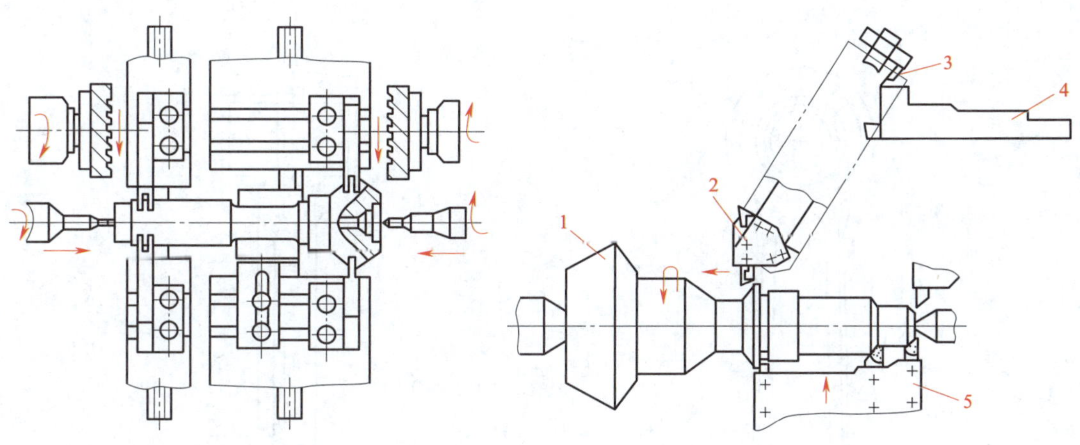

图 7-1-22　双面铣端面、钻中心孔

图 7-1-23　用液压仿形车床加工汽车主动锥齿轮

1—工件　2—液压仿形刀架　3—触销

4—样板　5—下刀架

课题二　发动机连杆的制造工艺

学习目标

- 了解发动机连杆的结构特点。
- 掌握发动机连杆的结构工艺性分析和机械加工工艺过程。
- 熟悉发动机连杆主要表面的机械加工方法。

汽车发动机中的连杆是重要的传动部件。在发动机曲柄连杆机构中，连杆大头孔与曲轴连接，小头孔通过活塞销与活塞连接，其作用是将活塞的直线往复运动转变为曲轴的旋转运动并输出动力。连杆承受冲击动态载荷，因此要求连杆质量小、强度高、刚度好。

一、发动机连杆的结构特点

汽车发动机连杆结构简图如图 7-2-1 所示，连杆由大头、小头和杆身等部分组成。大头为分开式结构，连杆体与连杆盖用螺栓连接。大头孔和小头孔内分别安装轴瓦和衬套。为了减轻质量并保证连杆体具有足够的强度和刚度，连杆的杆身截面多为工字形，其外表面不需要机械加工。有些连杆在结构上设计有工艺凸台、中心孔等，作为机械加工时的辅助基准。

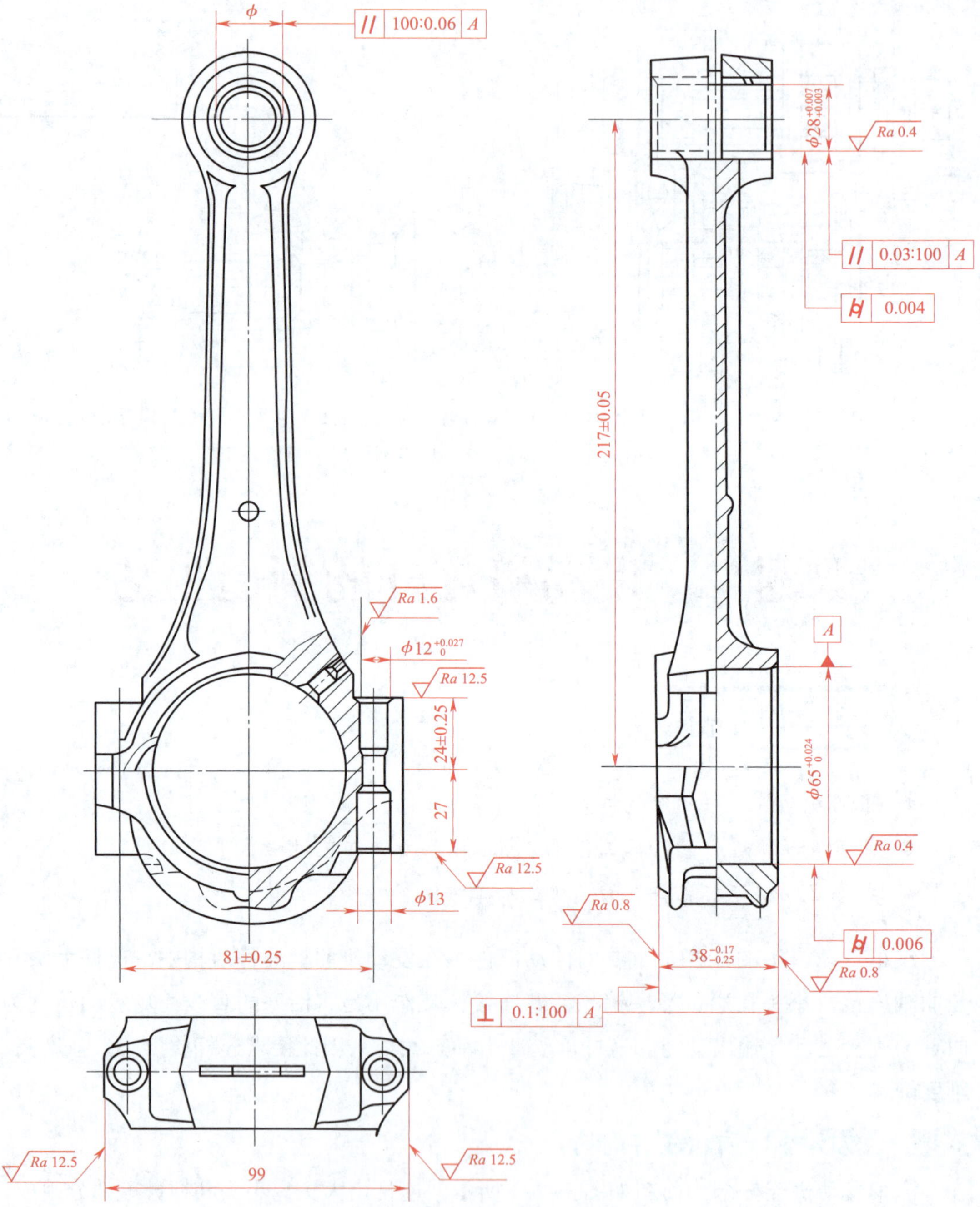

图 7-2-1　汽车发动机连杆结构简图

二、发动机连杆的结构工艺性分析

发动机连杆的结构形式直接影响机械加工工艺的可靠性和经济性。影响连杆结构工艺性的因素主要有以下几个方面。

1．连杆盖和连杆体的定位连接方式

连杆盖和连杆体的定位连接方式有连杆螺栓定位、套筒定位、齿形定位和凸肩定位四种，如图 7–2–2 所示。平切口连杆在用连杆螺栓定位时，螺栓和螺栓孔的尺寸公差值都较小；用套筒定位时，对连杆体、连杆盖与套筒配合的孔的尺寸公差和孔中心距公差要求较高；用齿形或凸肩定位，定位精度高，接合稳定性好，制造工艺也较简单。连杆螺栓孔为自由尺寸，接合面上的齿形或凸肩可采用拉削方法加工，适用于大批大量生产。在成批生产时，可用铣削方法加工。

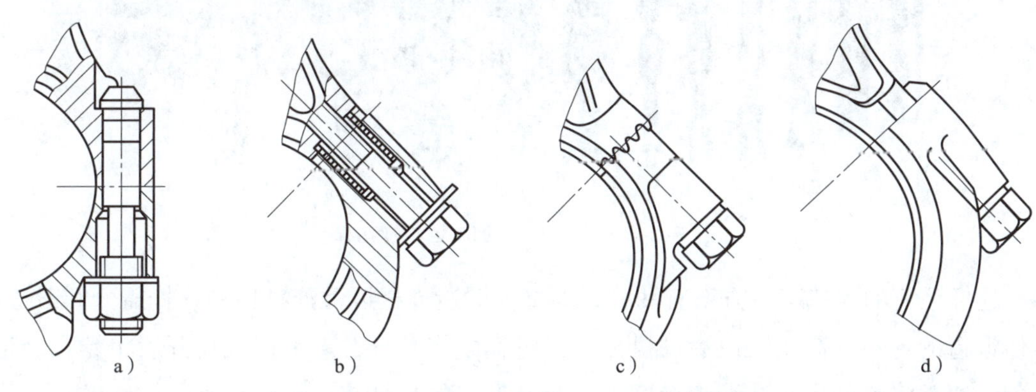

图 7–2–2　连杆盖和连杆体的定位连接方式

a）用连杆螺栓定位连接　b）用套筒定位连接　c）用齿形定位连接　d）用凸肩定位连接

2．连杆大、小头的厚度

在确定连杆大、小头厚度时，考虑到加工时的定位、加工中的输送等要求，连杆大、小头一般采用相等厚度。对于不等厚度的连杆，为了加工定位和夹紧方便，也可在工艺过程中先按相等厚度加工，最后再将连杆小头加工至所需尺寸。

3．连杆杆身油孔的大小和深度

活塞销与连杆小头衬套孔之间需进行润滑，很多发动机连杆采用压力润滑。为此，在连杆的杆身中钻有油孔，润滑油从连杆大头沿油孔通向小头衬套。油孔一般为 $\phi4\sim\phi8$ mm 的深孔。由于深孔加工困难，大多数发动机连杆以阶梯孔代替小直径通孔，从而改善了工艺性。也可以改变润滑方式，避免深孔加工。将汽车发动机连杆小头衬套改为重力润滑，则只在连杆小头铣槽或钻孔（见图 7–2–1）即可。当发动机工作时，飞溅在活塞内腔顶部上的润滑油，由于自重落到连杆小头油孔或开口内，再经过衬套上的小孔流到活塞销的摩擦表面，这种结构不需要加工深油孔，所以便于生产加工。

三、发动机连杆的机械加工工艺过程

1．发动机连杆的材料与毛坯

发动机连杆的材料一般采用 45 钢或 40Cr、35CrMo，并经调质处理，以提高其强

度及抗冲击能力。钢制连杆一般采用锻造，在大批大量生产中采用模锻。图 7–2–3 所示为一种连杆的锻造工艺流程。模锻一般分为两个工序进行，即初锻和终锻，通常在切边后进行热校正。中、小型的连杆，其大、小头的端面常进行精压，以提高毛坯精度。模锻生产率高，但需要较大的锻造设备。

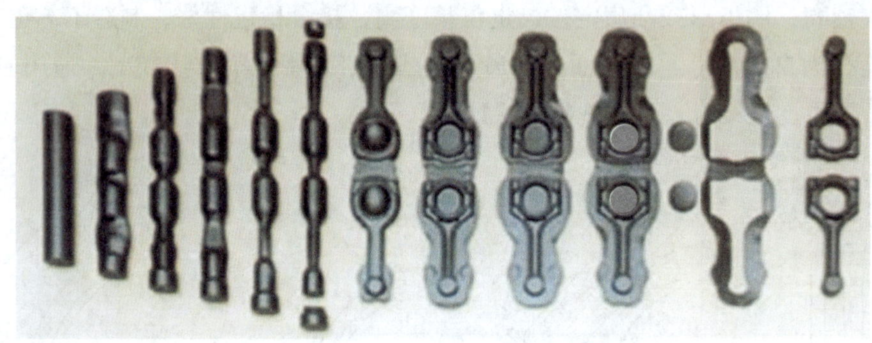

图 7–2–3 一种连杆的锻造工艺流程

连杆毛坯的锻造工艺方案有两种，即整体锻造连杆以及连杆体和连杆盖分开锻造。整体锻造的毛坯，需要在以后的机械加工过程中将其分开。为保证切开后粗镗孔余量均匀，通常将连杆大头孔锻成椭圆形。分开锻造的连杆盖，金属纤维是连续的，在强度方面优于整体锻造的连杆盖。整体锻造的连杆盖，增加了切开连杆盖的工序，但减小了毛坯制造的劳动量且降低了材料的损耗，又可与连杆体的端面同时加工，减少加工工序，所以采用整体锻造的毛坯较多。

2. 发动机连杆的主要技术要求

连杆的主要技术要求见表 7–2–1。

表 7–2–1 连杆的主要技术要求

技术要求项目	具体要求或数值	满足的主要性能
大、小孔精度	尺寸公差等级为 IT6，圆度、圆柱度为 0.004 ~ 0.006 mm	保证与轴瓦的良好配合
两孔中心距	±0.03 ~ ±0.05 mm	气缸的压缩比
两孔轴线在两个互相垂直方向上的平行度	在连杆大、小头孔轴线所在平面内的平行度为（0.02 ~ 0.05）: 100；在垂直于连杆大、小头孔轴线所在平面内的平行度为（0.04 ~ 0.09）: 100	使气缸壁磨损均匀，使曲轴颈边缘减少磨损
大头孔两端面对其轴线的垂直度	0.1 : 100	减少曲轴颈边缘的磨损

续表

技术要求项目	具体要求或数值	满足的主要性能
两螺孔（定位孔）的位置精度	在两个垂直方向上的平行度为（0.02 ~ 0.04）∶100；对结合面的垂直度为（0.1 ~ 0.2）∶100	保证正常承载能力和大头孔轴瓦与曲轴颈的良好配合
连杆组内各连杆的质量差	±2%	保证运转平稳

3. 发动机连杆机械加工定位基准的选择

发动机连杆的工艺特点是：连杆本身外形较复杂，不易定位；大、小头由细长的杆身连接，刚度差，容易变形；尺寸公差、形状和位置公差要求很严，内孔的表面粗糙度值小。这些都给连杆的机械加工带来了许多困难。因此，锻件的精整与定位基准的选择对保证连杆的加工精度是很重要的。

连杆加工工艺过程的大部分工序都采用统一的定位精基准：一个端面、小头孔及工艺凸台。这样既可以保证加工精度，而且因端面的面积大，定位也较稳定。以端面、小头孔作为定位基准，也符合基准重合原则。

根据连杆加工工艺要求，可设置工艺凸台，如图 7-2-4 所示，连杆大、小头侧面均有工艺凸台，并且是用端面、大头孔和小头工艺凸台为定位基准加工小头孔。

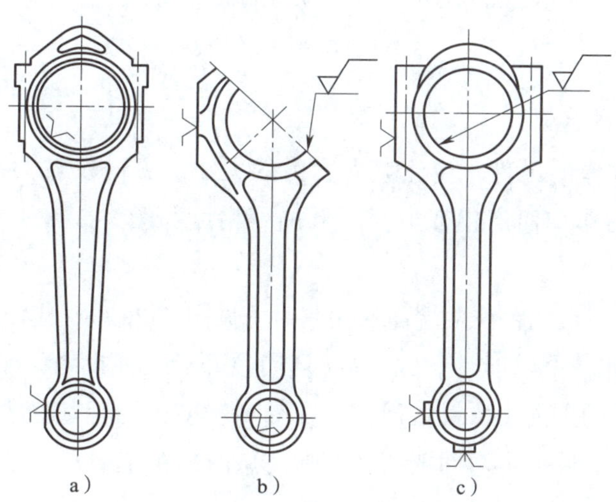

图 7-2-4　不同工艺凸台的连杆结构

a）大、小头侧面有工艺凸台　b）大头侧面有工艺凸台

c）大、小头侧面和小头顶面有工艺凸台

（1）图 7-2-4a 所示为大、小头侧面都有工艺凸台的连杆，图示是用端面、大头孔和小头工艺凸台为定位基准加工小头孔的工序图。

（2）图 7-2-4b 所示为大头侧面有工艺凸台的连杆，图示是用端面、小头孔和大头工艺凸台为基准加工接合面的工序图。

（3）图 7–2–4c 所示为大、小头侧面和小头顶面有工艺凸台的连杆，图示是用端面和工艺凸台为定位基准加工大头孔或小头孔，也可以同时加工大、小头孔的工序图。

这三种定位方式适用于产量较大时的结构形式，可使加工时的定位基准不变，不仅用于加工时的定位，也便于在自动化生产中作为输送基面。

此外，有的连杆在大、小头侧面有 3 个或 4 个中心孔作为辅助基准，如图 7–2–5 所示。采用 3 个或 4 个中心孔的定位方法，不仅可以使加工过程中基准不变，而且还可以实现大、小头孔同时加工。

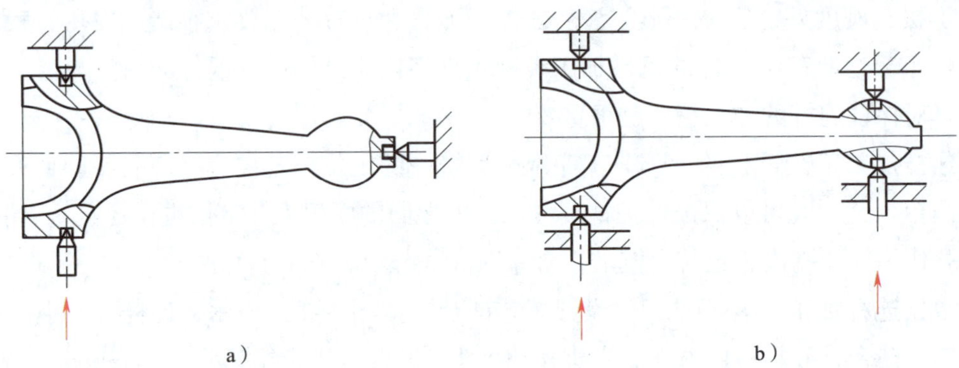

图 7–2–5　以中心孔作为辅助基准的连杆

a）3 个中心孔　b）4 个中心孔

4．连杆的夹紧方法

连杆是刚度较差的工件，应注意夹紧力的大小、方向及着力点位置的选择，以免其因受夹紧力的作用而产生变形，降低加工精度。图 7–2–6 所示为不正确的夹紧方法。

在实际生产中，设计粗铣两端面的夹具时（见图 7–2–7），应使夹紧力主方向与端面平行。在夹紧力作用的方向上，大头端部与小头端部的刚度大，即使有一点变形，也产生在平行于端面的方向上，对端面平行度影响较小。夹紧力通过工件直接作用在定位元件上，可避免工件产生弯曲或扭转变形。从前述粗基准选择可知，这样还有利于对称。

四、发动机连杆主要表面的加工方法

1．连杆两端面的加工

连杆两端面是连杆加工过程中主要的定位基准面，在后续的许多工序中反复使用，所以应先加工它们。随着工艺过程的进行要逐渐精化，以提高其定位精度。在大批量生产中，连杆两端面多采用磨削和拉削加工，成批生产多采用铣削加工。

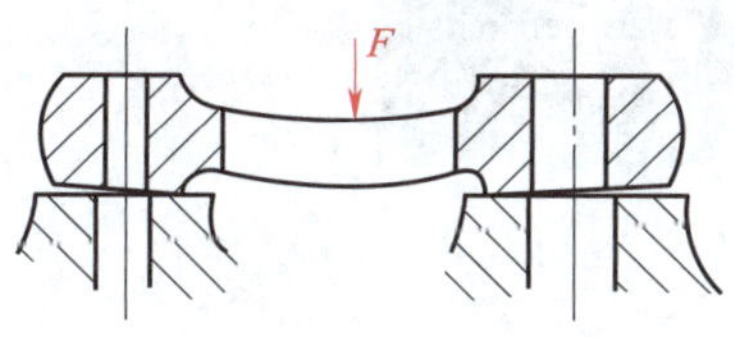

图 7-2-6　连杆的夹紧变形

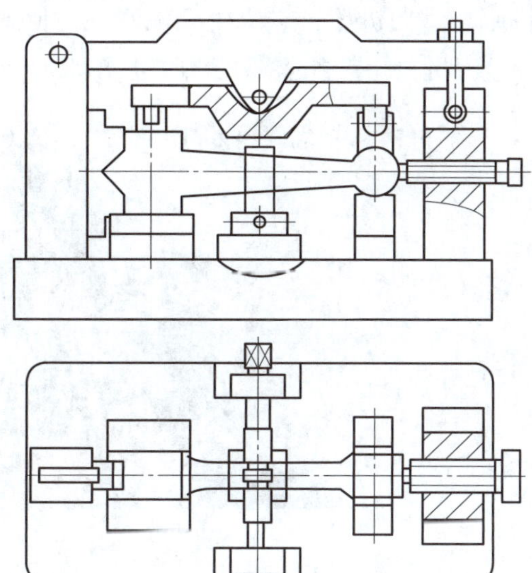
图 7-2-7　连杆两端面的粗铣夹具

2. 连杆大、小头孔的加工

连杆大、小头孔的加工是连杆加工中的关键工序，尤其是大头孔的加工是连杆各部位加工中要求最高的部位，直接影响连杆的成品质量。连杆大、小头孔的加工可分为粗加工与半精加工、精加工、光整加工三个阶段。

（1）大、小头孔的粗加工与半精加工

连杆的端面加工后，接着进行小头孔的粗加工与半精加工。在大量生产中多采用钻→拉方案进行小头孔的粗加工与半精加工：先钻（扩）小头孔，将小头孔两端倒角后，在立式拉床上拉孔。该方案生产率高，且加工精度易于保证。

对于大头孔的加工，通常是在切开连杆盖后与连杆体合装在一起进行加工。大量生产时，可在连杆盖切开（铣削或拉削）后，在连续式拉床上将大头的侧面、半圆孔和结合面一起进行拉削。

（2）大、小头孔的精加工

连杆大头孔的半精加工、精加工和光整加工都是在连杆盖和连杆体合件后进行的。由于小头孔在合件前已经加工到一定尺寸公差，故合件后直接进行大头孔的精加工。精镗一般是在专用的双轴镗床上同时进行，多采用双面、双轴金刚镗床，有利于提高加工精度和生产率。

（3）大、小头孔的光整加工

大、小头孔的光整加工是保证孔的形状精度和表面粗糙度不可缺少的加工工序。一般有三种方案：珩磨、金刚镗和脉冲式滚压。

连杆机械加工多属于大批量生产，其加工工序较多，大部分工序采用高生产率的组合机床和专用机床，构成生产流水线，同时广泛使用气动、液压夹具，以提高生产率，满足大批量生产的需要。图 7–2–8 所示为连杆生产流水线。

图 7–2–8 连杆生产流水线

3. 大批量生产时连杆机械加工的工艺过程

在汽车发动机的制造中，连杆的加工多属于大批量生产，广泛采用先进工艺和高生产率专用机床，实现机械加工、连杆盖和连杆体装配、称重、检验、清洗和包装等工序自动化。成批生产整体锻造的连杆机械加工工艺过程见表 7–2–2。

表 7–2–2 成批生产整体锻造的连杆机械加工工艺过程

工序号	工序内容	设备	工序号	工序内容	设备
1	粗、精铣大小头端面	立式铣床	15	磨连杆大头两端面	平面磨床
2	钻、扩小头孔	立式钻床	16	半精镗大头孔	专用镗床
3	半精镗小头孔	专用镗床	17	车连杆大头侧面	卧式车床
4	铣定位凸台	立式铣床	18	拆开和装配连杆盖	钳工台
5	自连杆上切下连杆盖	卧式铣床	19	精镗大头孔	专用镗床
6	锪连杆盖螺栓头贴合面	立式钻床	20	精镗小头孔	专用镗床
7	精铣接合面	立式铣床	21	小头孔压入衬套	油压机
8	粗镗大头孔	专用镗床	22	精镗小头衬套孔	专用镗床
9	磨接合面	平面磨床	23	拆开连杆盖	钳工台
10	钻、扩、铰螺栓孔	立式钻床	24	铣锁口槽	卧式铣床
11	锪连杆体螺栓头贴合面	立式钻床	25	清洗、去毛刺	钳工台
12	钻阶梯油孔	立式钻床	26	装配连杆盖和连杆体	钳工台
13	去毛刺、清洗	钳工台	27	称重、去重	钳工台
13J	中间检验		27J	最终检验	
14	装配连杆盖和连杆体、打字头	钳工台			

4．整体精锻新工艺

连杆盖、连杆体整体精锻在生产中已被广泛采用。在半精加工后，采用连杆盖与连杆体撑断的方法，产生的接合断面凹凸不平，连杆盖与连杆体再组装时的装配位置具有唯一性。因此，连杆盖与连杆体之间只需用螺栓连接，可保证相互之间的位置精度。这样既简化了连杆的加工工艺，保证了连杆盖与连杆体的装配精度，又因为连杆盖与连杆体之间没有去掉金属，金属纤维是连续的，从而保证了连杆的强度。为了将撑断面控制在一定范围内，撑断时连杆盖与连杆体不发生塑性变形，设计连杆时应注意适当减小接合面面积，并在撑断前在连杆盖与连杆体接合处拉出引断槽形成应力集中，如图 7–2–9 所示。此加工方法已在轿车发动机连杆生产中采用，是连杆加工的新工艺。

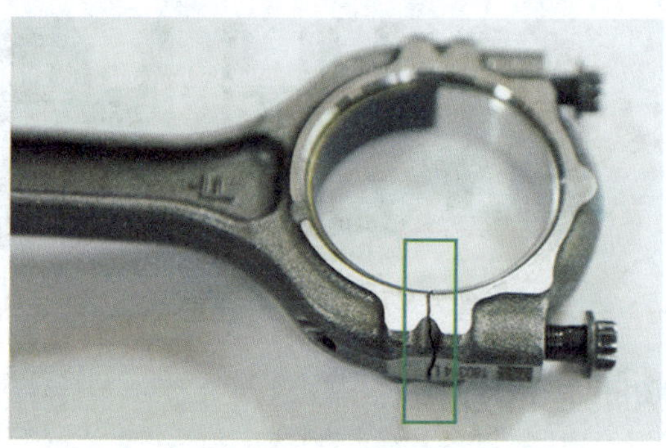

图 7–2–9　采用撑断工艺的连杆

课题三　发动机曲轴的制造工艺

- 了解曲轴的结构特点。
- 掌握曲轴的结构工艺性分析和机械加工工艺过程。
- 熟悉曲轴主要表面的机械加工方法。

曲轴是发动机最重要的机件之一。其与连杆配合将作用在活塞上的气体压力转变为旋转的动力。工作时，曲轴承受气体压力、惯性力及惯性力矩的作用，受力大且受力复杂，并且承受交变载荷的冲击作用。曲轴的转速很高，它与轴承之间的相对滑动速度很大。为了保证其工作的可靠性，要求曲轴具有足够的刚度和强度，良好的承受冲击载荷的能力。为了提高其使用寿命，需对其进行特殊处理，如淬火、滚压强化等。

一、曲轴的结构特点

曲轴的结构如图 7–3–1 所示，它由若干组单位曲柄和自由端及飞轮端所组成。单位曲柄是曲轴的基本组成部分，由主轴颈、连杆轴颈和曲柄所组成。曲轴的强度和刚度主要由单位曲柄的构造所决定。在曲柄的下部，有时装有平衡重块，用以平衡发动机旋转质量所产生的惯性力和力矩。

根据单位曲柄的构造特点，发动机的曲轴有整体式、组合式、圆盘式几种。其中，整体式曲轴最常见，其特点是主轴颈、连杆轴颈和曲柄三者是一个整体，如图 7–3–1 所示。大多数高速和中速发动机都采用整体式曲轴。

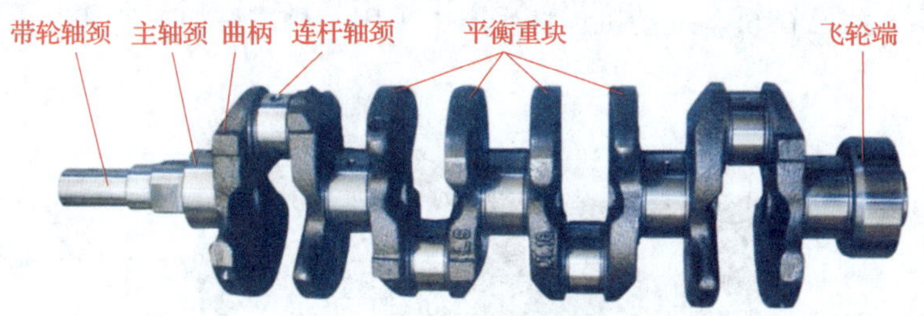

图 7–3–1　整体式曲轴

二、曲轴的结构工艺性分析

1. 曲轴的形状复杂

曲轴的曲柄、连杆轴颈和主轴颈不在同一轴线上，各曲柄又不在同一平面内，而是在空间呈某一夹角分布。图 7–3–2 所示为 6 缸发动机曲轴，其包括 7 个主轴颈和 6 个连杆轴颈，连杆轴颈分别位于 3 个互成 120° 的平面内。因此，加工连杆轴颈时往往存在不平衡回转，所以必须采取平衡措施，造成工艺过程的复杂性。在加工大型整体曲轴的连杆轴颈时，因不让曲轴回转，而采用回转刀架机床加工，由刀具旋转来完成切削运动，避免出现不平衡回转。

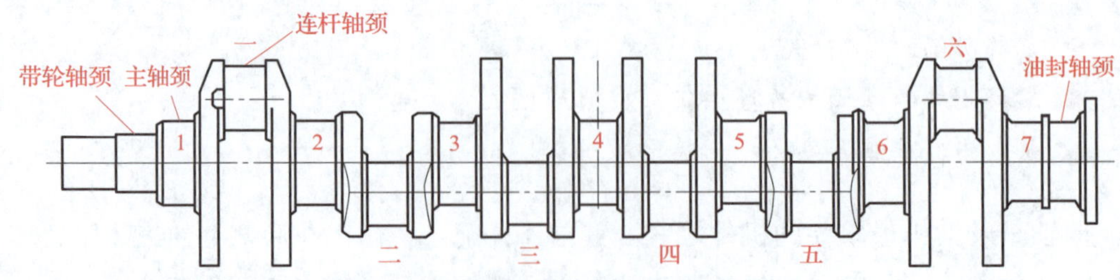

图 7–3–2　6 缸发动机曲轴轴颈的分布

1 ~ 7—主轴颈　一 ~ 六—连杆轴颈

2. 曲轴的刚度差

曲轴类似细长轴，其长度与直径之比很大，一般 L/D=10 ~ 20，所以刚度很差。为防止其在加工过程中变形，需要选用较高刚度的机床、刀具及夹具，并用托轮来增强刚度；也可用两端传动和中间传动的方式联合驱动曲轴，增加辅助支承，改善曲轴的支承方式并缩短支承距离，以减小曲轴在加工中的弯曲、扭转变形和振动；同时，还可以在加工中尽可能使切削力相互抵消或合理安排定位支承基准使其靠近被加工表面，以减小切削力所引起的变形。还可以在加工中间增设校直工序，减小前道工序的弯曲变形对后道工序的影响。

3．曲轴的技术要求高

曲轴的尺寸精度、几何精度及表面粗糙度都有较高的要求，必须采取一系列措施才能达到加工要求。例如，为了达到轴颈的高精度和低表面粗糙度的要求，必须严格划分加工阶段和采用必要的光整加工工序。在不影响精加工的前提下，热处理后的精加工工序余量应尽量减小，以免在精加工时由于切削力的影响造成曲轴的变形等。

三、曲轴的机械加工工艺过程

1．曲轴的材料、毛坯与热处理

（1）曲轴材料的选用

曲轴材料的选用，应在保证具有足够强度的前提下，尽可能采用普通材料。除考虑机械性能、疲劳强度外，还要考虑耐磨性、抗冲击韧性，以及制造加工的工艺性、设备能力和热处理性能等。曲轴主要采用的材料有优质碳素钢、合金钢、球墨铸铁等。目前大量生产的小型车用发动机，其曲轴材料一般采用球墨铸铁和优质碳素钢，如QT700–2 球墨铸铁和 35 钢、40 钢和 45 钢等。

（2）曲轴毛坯的制造

曲轴毛坯的制造方法取决于所选用的材料、生产批量和工厂具体情况。当选用钢材时，常用锻造法制造毛坯，小型曲轴、生产批量又大时采用模锻；中、大型整体曲轴采用自由锻或墩锻；大型半组合曲轴，其曲柄用铸钢件。当选用球墨铸铁时，则以铸造方法获得曲轴毛坯。

近年来，广泛采用特殊制造法制造曲轴毛坯，其中较成功的是镦锻弯曲法。目前，曲轴的弯曲镦锻技术主要有两种方法：RR 锻造法（见图 7–3–3a）和 TR 锻造法（见图 7–3–3b）。这两种方法的不同之处在于采用的工装传力机构不同：RR 锻造法是用工装斜面将设备压力转化为水平镦粗力；而 TR 锻造法则是利用肘杆将设备压力转化为水平镦粗力。无论使用哪种方法，在进行曲拐成形时，均是垂直弯曲曲柄和水平镦粗成形曲柄两个方向变形的结合，是一种多向模锻技术。此方法的最大优点是能使锻件纤维沿曲轴的形状连续分布、扭曲少、材料利用率高、机械加工工时少、成本低。

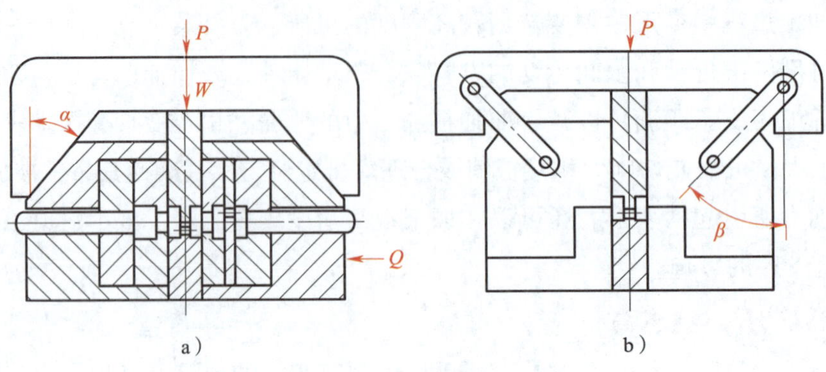

图 7-3-3　镦锻弯曲法

a）RR 锻造法　b）TR 锻造法

（3）曲轴的热处理

对于锻钢曲轴毛坯一般在锻成后预先做正火或退火热处理，以消除锻造应力，改善坯件材料组织的均匀性，并有利于机械加工及为最终热处理做好准备。

对于性能要求不高的碳素钢曲轴，可通过锻件的正火或退火作为最终热处理，在机械加工中不再进行热处理。对于大型或中型碳钢曲轴，在加工过程中进行的中间热处理（650℃正火），只是作为大量金属切削后消除内应力之用，不改变金相组织，正火后曲轴的硬度一般为 170 ~ 241 HB。

对于性能要求高的碳钢或合金钢曲轴，除了对毛坯做预先正火处理或退火处理外，在机械加工过程中，常常还要进行调质处理作为最终热处理。调质可以提高曲轴的疲劳强度、韧性和耐磨性，但往往引起淬火不均匀而造成曲轴的变形。热处理变形可通过校直的方法来消除。调质后的硬度，碳钢为 207 ~ 269 HB，合金钢为 214 ~ 352 HB。

对球墨铸铁曲轴一般采用正火处理，正火后硬度为 240 ~ 320 HB。精加工前，应进行退火处理，硬度为 220 ~ 290 HB。

对铸钢曲轴应经过两次正火和回火处理，或高温扩散退火、正火及回火处理，粗加工后应进行退火处理。

对工件表面要求硬化处理的合金钢曲轴，轴颈表面可采用表面淬火或氮化处理，硬度达 50 HRC 以上，淬硬层深度大于 2 ~ 3 mm，氮化层深度大于 0.3 mm。必须注意：各轴颈圆角处不能淬硬。

对表面要求淬硬的轴颈部分，推荐采用高频表面淬火，淬硬层深度为 2.5 ~ 4 mm。

2．曲轴的主要技术要求

（1）尺寸精度和形状精度要求

由于曲轴是高速旋转体零件，各主轴颈和连杆轴颈与轴瓦要在高单位面积压力和高速滑动摩擦条件下工作，为了减少磨损，对各轴颈的尺寸和形状精度均有较高的要求。

1）主轴颈和连杆轴颈的直径尺寸：低速发动机按 IT7 级公差加工；中速发动机按 IT6 级公差加工；高速发动机按 IT6 级或更高一级的公差加工。

2）各轴颈长度尺寸和曲柄臂厚度：均按 IT9 级公差加工。

3）曲柄半径的偏差：在每 100 mm 长度上不超过 ±0.15 mm。

4）凸缘外圆直径（与飞轮或联轴节连接）：按 IT7 级公差加工。

5）其余自由尺寸均按 IT14 级公差加工。

6）轴颈的形状公差（圆度和圆柱度）要求，根据不同的情况而定。低速发动机的形状公差约为尺寸精度 IT9 级公差的 1/4；中、高速发动机则为 IT7 级公差的 1/4。其具体数值不得超过表 7–3–1 的规定。

表 7–3–1　曲轴各轴颈圆度和圆柱度公差值　mm

轴颈直径 / 公差值	~ 75	＞ 75 ~ 100	＞ 100 ~ 150	＞ 150 ~ 250	＞ 250 ~ 350	＞ 350 ~ 500	＞ 500 ~ 600
主轴颈	0.005	0.007 5	0.01	0.013	0.015	0.02	0.025
连杆轴颈	0.005	0.01	0.012 5	0.015	0.02	0.025	0.03

7）曲轴轴颈的过渡圆弧须用样板检验，样板与过渡圆弧之间的间隙不得超过 0.2 mm。

（2）几何精度要求

为使活塞连杆运动部件运行正常，减少曲轴的附加应力，避免轴颈与轴瓦产生不均匀磨损，保证发动机正时准确、运动平衡和工作可靠，对曲轴位置公差提出以下要求。

1）主轴颈对曲轴轴线的径向圆跳动量。一般高速发动机为 0.02 ~ 0.04 mm；中、大型发动机为 0.04 ~ 0.08 mm。主轴颈对曲轴轴线的径向圆跳动公差，在每个主轴颈两端（即首尾两端），每转动 45°，用千分表测量一次，其值不得超过表 7–3–2 的规定。

表 7–3–2　主轴颈径向圆跳动公差值　mm

曲柄数目	轴颈支承数目	主轴颈直径						
		~ 75	＞ 75 ~ 100	＞ 100 ~ 150	＞ 150 ~ 250	＞ 250 ~ 350	＞ 350 ~ 500	＞ 500 ~ 600
3	1	0.015	0.02	0.025	0.03	0.04	—	—
4	2 ~ 3	0.02	0.025	0.030	0.04	0.05	—	—
5 ~ 8	3 ~ 4	0.025	0.03	0.035	0.05	0.06	0.07	0.08
9 ~ 12	5 ~ 6		0.04	0.055	0.065	0.075	0.085	—

2）连杆轴颈轴线与主轴颈轴线的平行度误差。在每 100 mm 长度上不大于 0.01 mm；对于手工修刮的连杆轴颈，在每 100 mm 长度上不大于 0.015 mm。

3）曲轴各曲柄间的夹角误差应不大于 ±15′。

4）曲轴凸缘端面应与曲轴轴线垂直。其轴向圆跳动公差，对凸缘直径在 300 mm 以下的应不大于 0.03 mm；对凸缘直径在 300 mm 以上的应不大于 0.05 mm。

5）曲轴凸缘外圆对曲轴轴线的径向圆跳动公差，不得超过表 7–3–3 的规定。

表 7–3–3　凸缘外圆对曲轴轴线的径向圆跳动公差值　mm

曲轴凸缘直径	~ 100	＞100 ~ 250	＞250 ~ 500	＞500
径向圆跳动公差值	0.02	0.03	0.04	0.05

6）曲轴的臂距差。曲轴的臂距是指相邻两曲柄臂间的距离，测量点取距连杆轴颈中心线 $S+D/2$（S 为活塞行程，D 为主轴颈直径）处，分别测量连杆轴颈位于上、下两止点时的臂距，取其差值为曲轴的臂距差。要求每米活塞行程的曲轴臂距差不大于 0.3 mm。

（3）表面粗糙度要求

主轴颈和连杆轴颈的表面粗糙度为：低速发动机 $Ra<0.8$ μm；中速发动机 $Ra<0.4$ μm；高速发动机 Ra=0.2 ~ 0.1 μm。

油孔孔口和轴颈过渡圆弧表面粗糙度 $Ra<0.8$ μm；曲轴凸缘外圆和端面的表面粗糙度 $Ra<1.6$ μm；曲柄臂侧面的表面粗糙度 Ra=3.2 ~ 12.5 μm；曲轴减轻孔（钢曲轴）的表面粗糙度 Ra=1.6 ~ 6.3μm。必须指出：如果曲轴材料是合金钢，因它对应力集中非常敏感，故表面粗糙度要求需相应减小一级，即使是非配合表面，其表面粗糙度值也应满足 $Ra<0.8$ μm。

（4）其他方面的要求

曲轴所有加工表面不允许有裂纹、麻点、凹陷、毛刺和碰伤等缺陷；非加工表面不允许有氧化皮、分层、裂纹、折叠及过烧等缺陷。

3. 曲轴加工基准的选择

在曲轴加工中，需要选择曲轴的径向基准、轴向基准及圆周方向上的角向基准，如图 7–3–4 所示。

（1）径向基准

曲轴在加工中，选择毛坯两端主轴颈作为粗基准铣两端面并钻两端中心孔，再以两端中心孔作径向定位基准，该基准也是曲轴的设计基准。曲轴加工中所有主轴颈及其他同轴线轴颈的粗加工、半精加工、精加工都用两端中心孔定位。加工连杆轴颈时一般采用两个主轴颈外圆表面作定位基准，以提高支承刚度。

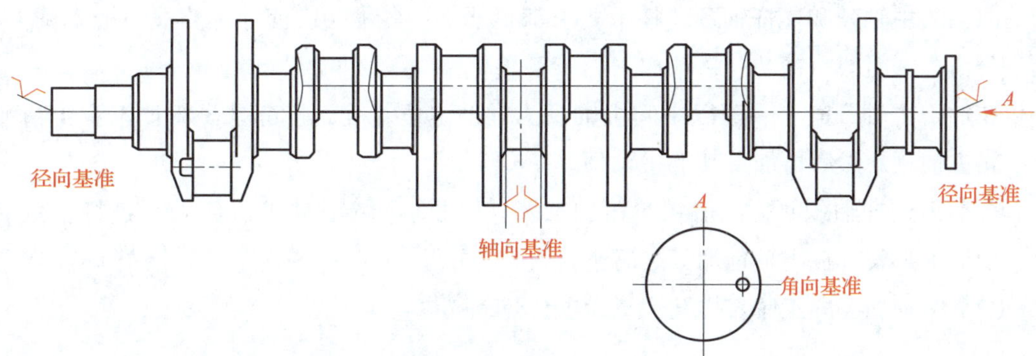

图 7-3-4　曲轴基准示意图

（2）轴向基准

选择第 4 主轴颈的两侧端面作为曲轴轴向的设计基准和安装基准。加工连杆轴颈时选用该轴颈的止推轴肩端面作轴向定位基准。曲轴本身不需要精确的轴向定位，在磨削加工工序中采用中心孔作轴向基准，用定宽砂轮磨削加工轴颈侧端面，轴向尺寸精度取决于磨削前的加工精度和磨削中的自动测量系统。

（3）角向基准

曲轴的角向定位可采用在曲柄臂上铣定位面和在法兰盘端面钻定位工艺孔的方法来实现。曲柄臂上工艺定位面的周向定位精度低，只用于粗加工工序；法兰盘上的工艺孔定位精度高，可用于磨削、动平衡和抛光等精加工工序。

4．曲轴加工阶段的划分

曲轴的主要加工部位是主轴颈和连杆轴颈；次要加工部位是油孔、法兰、曲柄、螺孔、键槽等。曲轴在加工过程中除了机械加工之外，还要安排轴颈表面中频淬火、探伤、动平衡、校直、检验、清洗等工序。

（1）曲轴加工阶段的划分

曲轴的加工一般分为粗加工、半精加工、精加工和光整加工四个阶段。

粗加工的主要目的是去除工件上多余的金属。由于粗加工阶段从毛坯上切下最外一层金属时，内应力的重新分布比较严重，工件变形较大。为了不影响精加工所要达到的规定精度，在粗、精加工两阶段之间一般插入中间热处理（如回火），以消除粗加工时产生的内应力。

半精加工的主要目的是为精加工阶段做好准备。有时为了减少工件的装夹次数，将半精加工和精加工阶段合并进行，用多次走刀和控制切深来达到加工精度要求。

曲轴的机械加工工艺过程大致可分为：加工定位基准面；粗加工主轴颈和连杆轴颈；加工润滑油道等次要表面；主轴颈和连杆轴颈中频表面淬火；精加工主轴颈和连杆轴颈；加工键槽和轴承孔等；动平衡；光整加工主轴颈和连杆轴颈。

曲轴的主轴颈和连杆轴颈的技术要求都很严格。各轴颈表面加工路线一般安排为：粗车→精车→粗磨→精磨→超精加工。

在加工主轴颈时，一般以中间主轴颈为辅助定位基准，且都是先粗加工和半精加工中间主轴颈，然后再加工其他主轴颈。

在加工连杆轴颈时，一般粗、精加工统一以曲轴两端面中心孔定位。连杆轴颈的粗、精加工都安排在主轴颈加工之后进行。

（2）曲轴加工的工序安排及注意事项（见表 7–3–4）

表 7–3–4　　曲轴加工的工序安排及注意事项

序号	工序名称	工序简图	设备名称	注意事项
1	铣端面、打中心孔	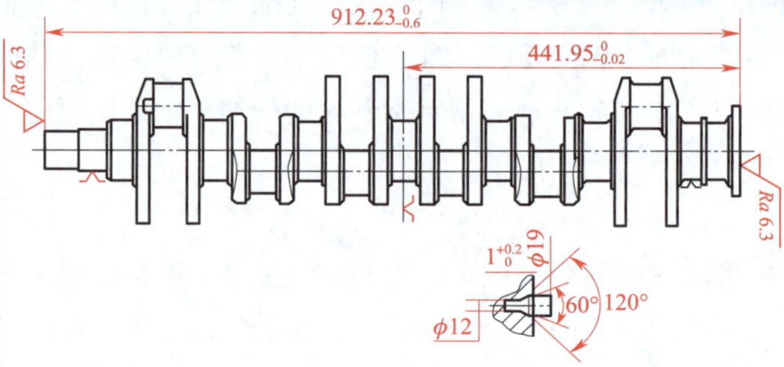	铣钻组合机床	主轴颈是连杆轴颈的设计基准，应先加工主轴颈，后加工连杆轴颈
2	粗车第 4 主轴颈	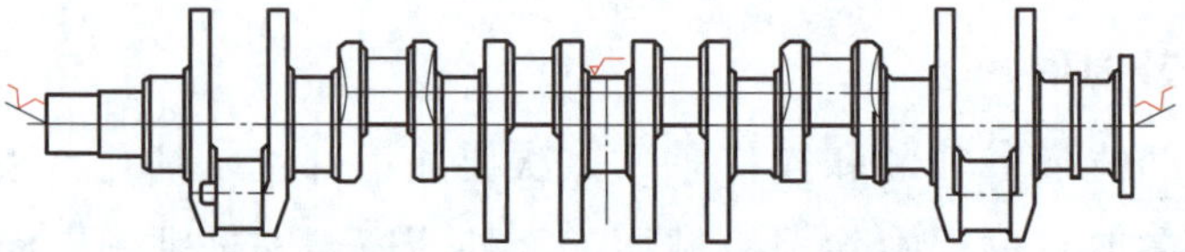	曲轴的主轴颈车床	第 4 主轴颈是曲轴轴向的设计基准和安装基准
3	铣定位面（第 4 主轴颈两侧）	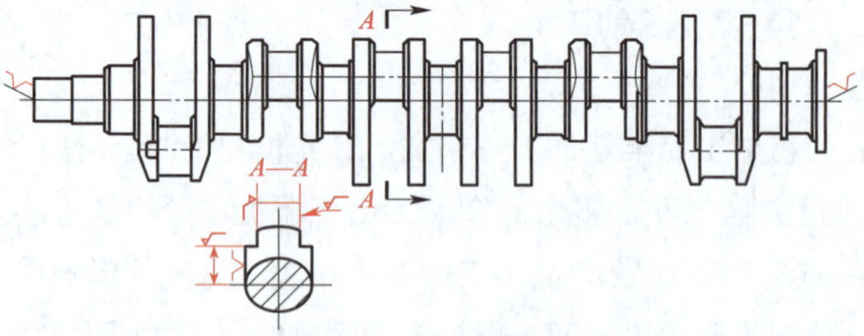	铣床	
4	粗、精车第 1、2、3、5、6、7 主轴颈及法兰端面	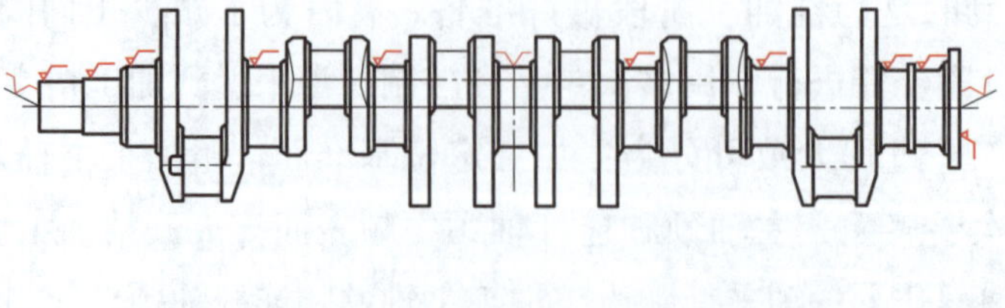	曲轴的主轴颈车床	主轴颈是连杆轴颈的设计基准，应先加工主轴颈，后加工连杆轴颈

续表

序号	工序名称	工序简图	设备名称	注意事项
5	铣1、12曲柄臂角向定位面	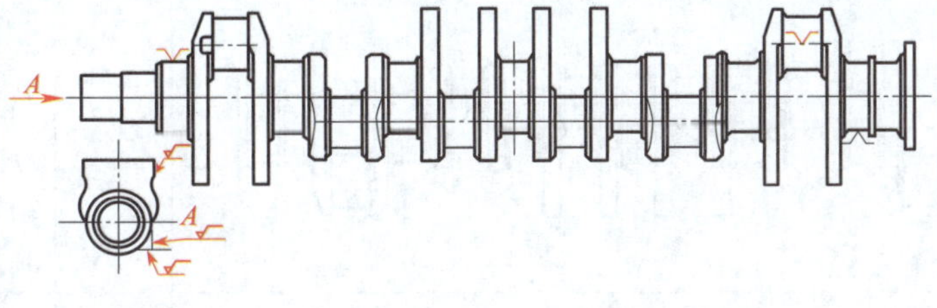 A	曲轴定位面铣床	周向定位的粗基准
6	车连杆轴颈	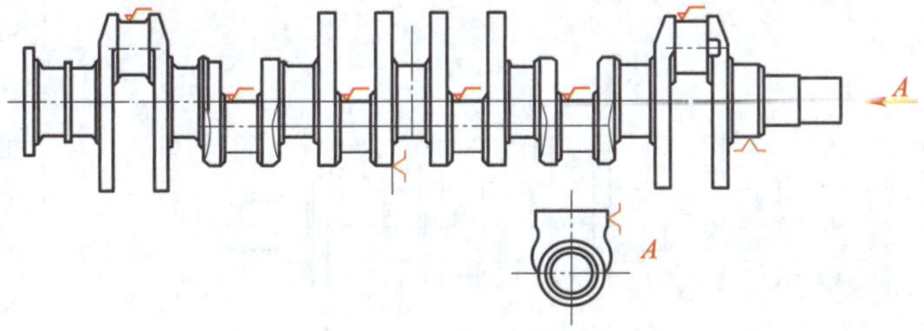 A	曲轴连杆轴颈车床	以第4主轴颈为辅助支承，降低曲轴加工中的弯曲变形。精磨时也是如此
7	钻、铰法兰盘工艺孔	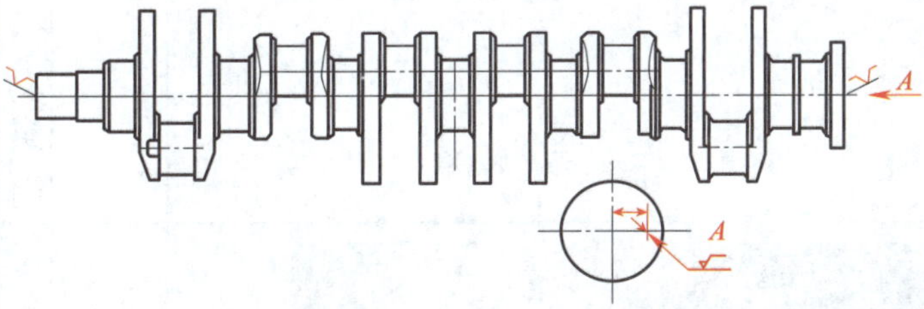 A	钻床	周向定位的精基准
8	钻油孔	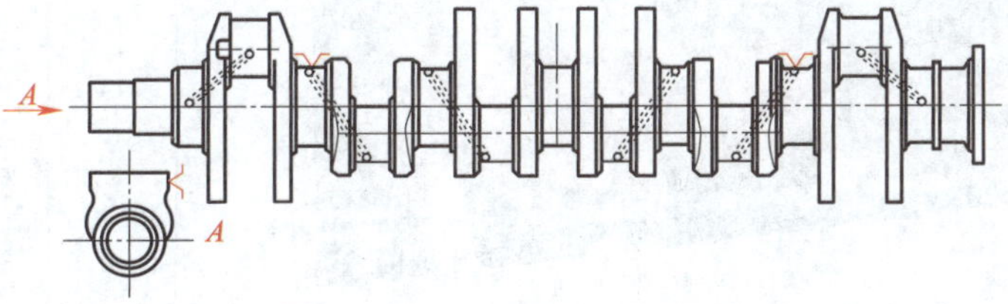 A	深孔组合钻床	油道孔的进出口都在曲轴轴颈上，应安排在轴颈淬火前加工，以粗加工过的轴颈定位
9	轴颈中频淬火		曲轴半圆中频淬火机	主轴颈、连杆轴颈表面淬火硬度为47HRC，深度为2～4.8 mm

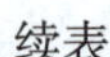
续表

序号	工序名称	工序简图	设备名称	注意事项
10	粗、精磨主轴颈		主轴颈磨床	先精磨第4主轴颈，再精磨其他主轴颈和带轮轴颈、油封轴颈等
11	磨连杆轴颈		连杆轴颈磨床	以曲轴两端的主轴颈为测量基准，测量其他轴颈的径向跳动量。可以通过校直进行纠正 把各轴颈的超精加工放在最后进行
12	曲轴动平衡		动平衡机	
13	抛光		曲轴油石、砂带抛光机	

（3）检查与校直

在检查曲轴时，以曲轴两端的主轴颈为测量基准，测量其他轴颈的径向跳动量。主轴颈的径向跳动量超过要求时，可通过校直进行纠正。由于校直对曲轴的疲劳强度有不利影响，在制定曲轴的机械加工工艺过程中，应尽量减少曲轴的校直次数。为保证余量均匀、减少变形的影响，在关键工序上，如第 4 主轴颈加工前、淬火后和动平衡去重后等，应安排校直工序。

四、曲轴主要表面的机械加工

1．曲轴中心孔的加工

铣端面钻中心孔是曲轴加工的第一道工序。中心孔是后续加工工序的主要定位基准，它的精度对后续工序影响很大，特别是对动平衡和各加工表面余量分布影响更大。此外，工序的变动和各加工表面余量分布对动平衡的影响更大。

曲轴有几何轴线和质量轴线两根轴线。如在普通铣端面、钻中心孔机床上以曲轴两端主轴颈外圆定位，钻出的中心孔是几何中心孔，所形成的轴线是几何中心轴线，被广泛采用。由于曲轴常用几何中心孔定位加工，而几何中心轴线又往往偏离质量中心轴线，所以在曲轴加工工艺过程中必须安排曲轴动平衡工序。

曲轴的质量中心轴线是自然存在的。如果在动平衡—钻中心孔机床上钻出的孔称为质量中心孔，所形成的轴线则称为质量中心轴线。用质量中心孔定位加工曲轴，可以大大减少机械加工后平衡和去重所需的工作量，也有利于减少机械加工中机床的磨损。但目前使用较少，原因是机床价格太高。

在小批量生产中，曲轴的几何中心孔一般在卧式车床上加工。在大批量生产中，曲轴几何中心孔一般在专用的铣端面—钻中心孔组合机床上进行，如图 7–3–5 所示。

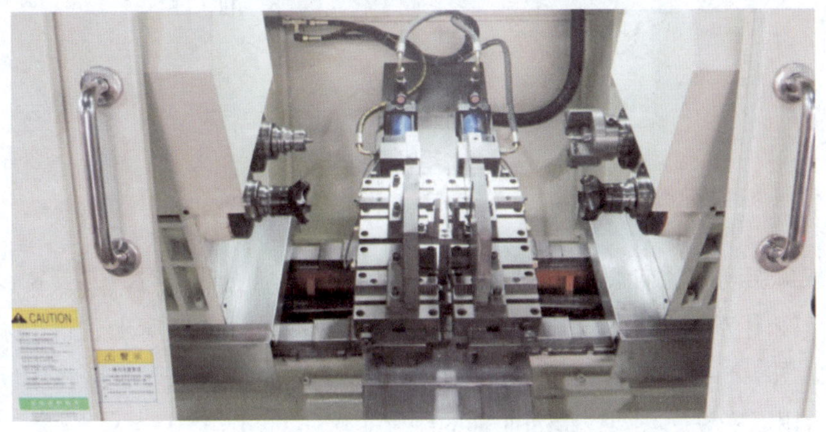

图 7–3–5　铣端面—钻中心孔机床

2. 曲轴主轴颈的粗、精加工

（1）主轴颈的粗加工

小批量生产时，一般在卧式车床上粗加工主轴颈；大批量生产时，通常在多刀半自动车床上采用成形车刀车削曲轴主轴颈。由于这种车削属于多刀车削，切削条件较差。为了提高主轴颈的相对位置精度，一般采用两次车削工艺。第二次车削时，主要保证主轴颈的宽度和主轴颈的相对位置。

为了减小曲轴加工时的扭曲，通常机床采用两端驱动或中间驱动的驱动方式，如图 7–3–6 所示。

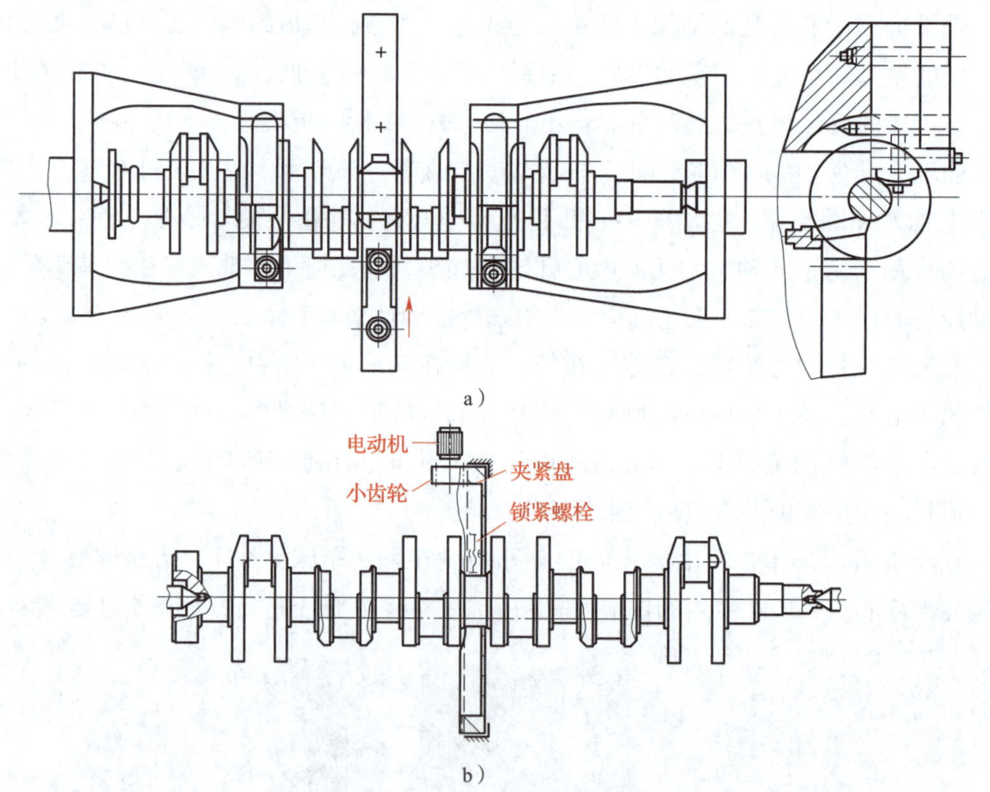

图 7–3–6 机床的两种驱动方式

a）两端驱动 b）中间驱动

为了减少切削时径向切削力引起的曲轴变形，车削主轴颈时，刀具宽度的关系为 $a=2b$，刀具按图 7–3–7 所示位置布置。也可以在专门设计的铣床上进行，采用大直径盘铣刀（见图 7–3–8）或立铣刀铣削曲轴主轴颈。当曲轴很长时，需将中间主轴颈事先加工好，用以安放中心架，提高曲轴的刚度。

（2）主轴颈的精加工

曲轴主轴颈及其曲柄端面的精加工可在外圆磨床上完成，如图 7–3–9 所示。

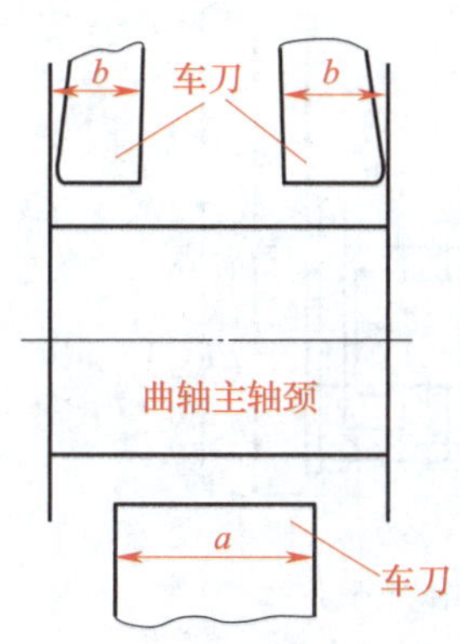

图 7–3–7　主轴颈车削刀具的布置

图 7–3–8　用大直径盘铣刀铣削曲轴主轴颈

图 7–3–9　精磨 4 缸发动机曲轴的主轴颈（外圆磨床）

3．连杆轴颈的粗、精加工

连杆轴颈加工是曲轴加工中较难的工序，它比主轴颈加工多了两个问题，即角度定位和曲轴旋转时的不平衡。连杆轴颈的粗加工可采用多种工艺方法，主要有车削、铣削、车拉等。

（1）连杆轴颈的粗加工

1）小批量生产时连杆轴颈的粗加工

一般采用车削法，在卧式车床上安装专用偏心卡盘分度夹具，利用已粗加工过的主轴颈在偏心卡盘分度夹具中定位，使连杆轴颈的轴线与机床主轴转动轴线重合。连杆轴颈之间的角度位置精度靠夹具上的分度装置保证。加工多拐曲轴时，依次加工同一轴线上的连杆轴颈及曲柄端面，工件通过在夹具体 2 上的分度板 5 与分度定位销 4 分度，如图 7–3–10 所示。

2）大批量生产时连杆轴颈的粗加工

成批大量生产时连杆轴颈的粗加工有车削和铣削两种方法。

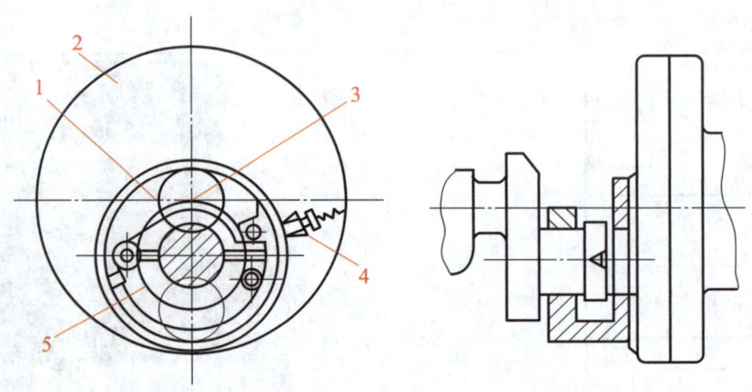

图 7-3-10　用偏心卡盘分度夹具车削连杆轴颈

1—工件　2—夹具体　3—转动轴线　4—分度定位销　5—分度板

①车削法加工。为了提高生产效率，常采用专用半自动曲轴车床，工件能在一次装夹下（仍以主轴颈定位）同时车削所有连杆轴颈，该车床的刀架数与被加工的连杆轴颈数相等。这种机床生产率很高，适用于单一品种的大批量生产。因切削力很大，车削时应将曲轴的主轴颈支承在机床的中心架上；为减小曲轴扭转变形，机床采用两端驱动。

②铣削法加工。连杆轴颈的铣削加工分为内铣和外铣，两种方法都用于多品种大批量生产。内铣和外铣连杆轴颈和主轴颈的刀具如图 7-3-11 所示。

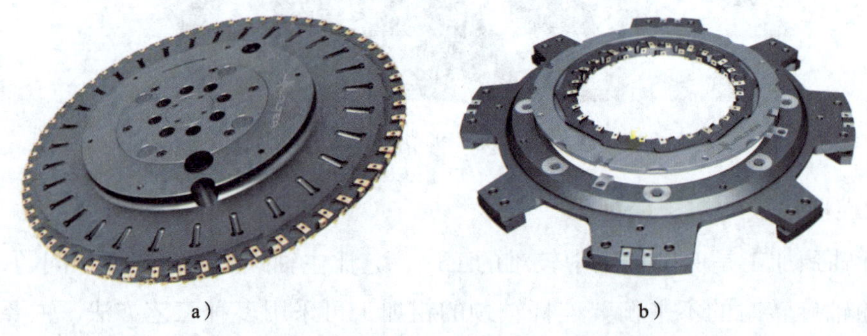

a）　　b）

图 7-3-11　内铣和外铣连杆轴颈和主轴颈的刀具

a）内铣刀具　b）外铣刀具

连杆轴颈内铣有曲轴旋转和曲轴不旋转两种。曲轴旋转时，定位夹紧与车削大致相同，其加工原理如图 7-3-12a 所示。高速旋转的内铣刀径向进给到连杆轴颈规定的尺寸后，曲轴低速绕主轴颈轴线旋转一周，铣刀跟踪连杆轴颈作切向进给运动，完成一个连杆轴颈的加工。曲轴不旋转时，内铣加工所用铣刀不仅绕自身轴线自转，还绕连杆轴颈公转一周。

连杆轴颈外铣法是以曲轴两端主轴颈径向定位，轴向定位用止推面。高速旋转的铣刀径向进给到连杆轴颈规定的直径尺寸后，曲轴低速绕主轴颈轴线旋转一周，铣刀跟踪连杆轴颈铣削即可完成连杆轴颈的加工，加工原理及现场如图 7-3-13 所示。

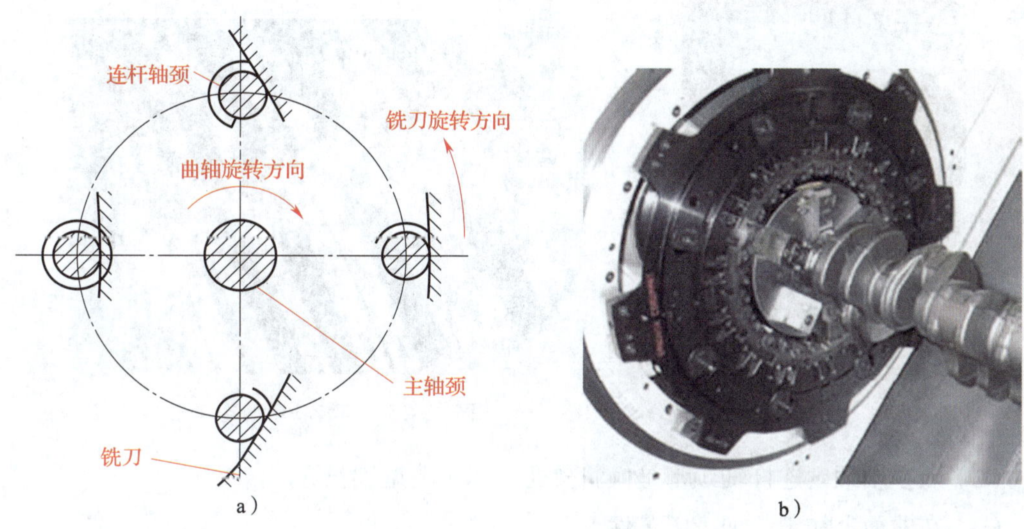

图 7-3-12　用内铣法铣削加工连杆轴颈

a）内铣法加工原理　b）内铣法铣削加工现场

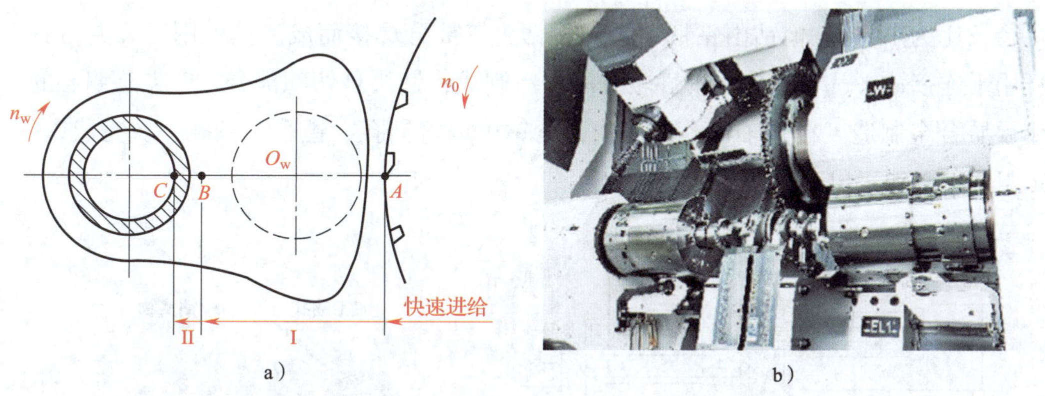

图 7-3-13　用外铣法铣削加工连杆轴颈

a）外铣法加工原理　b）外铣法铣削加工现场

（2）连杆轴颈的精加工

连杆轴颈的精加工可在专用曲轴磨床上完成。对于大批量生产，为了提高生产效率，常采用专用自动曲轴磨床，能同时完成所有连杆轴颈的磨削加工。

连杆轴颈的光整加工与主轴颈一样，可在精车后采用细砂布抛光，如图 7-3-14 所示；也可采用冷压光加工方法，如图 7-3-15 所示，以进一步提高连杆轴颈表面硬度和降低连杆轴颈表面粗糙度，提高轴颈的疲劳强度。

4. 曲轴油孔的加工

曲轴油孔的加工是曲轴尤其是锻钢曲轴加工中的一个难题。其主要原因为：

（1）曲轴油孔的直径小，一般只有 5 ~ 8 mm。

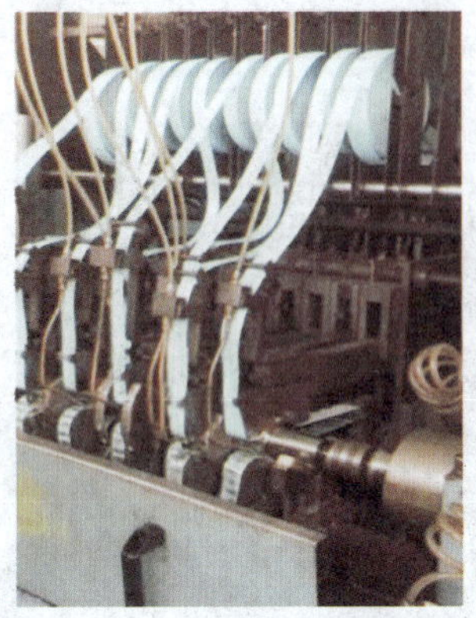

图 7-3-14　连杆轴颈的抛光

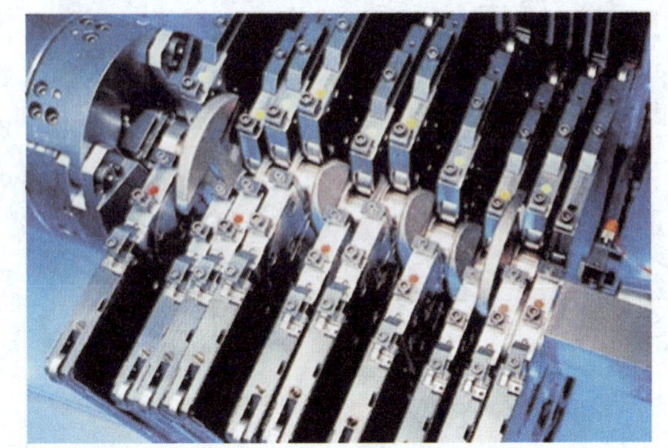

图 7-3-15　连杆轴颈的冷压光

（2）从主轴颈到连杆轴颈都是倾斜贯通，属于典型细长孔。

（3）在曲面上加工，加工工艺性差。

当前，加工油孔的先进工艺是采用枪钻工艺。枪钻也叫深孔钻，其工作原理如图 7-3-16 所示。枪钻不但可以用来加工深孔（径长比可达 1∶250），也可用来加工浅孔（径长比为 1∶1）。枪钻由钻柄、钻杆和钻头三部分焊接而成。钻柄用于装夹刀具；钻杆用于连接钻头，其常采用韧性较好的材料制成；钻头是切削部分，刀尖是偏心的，采用硬质合金制造。在曲轴油孔加工中，枪钻可以将钻孔、镗孔、铰孔一次完成，一次走刀便可以加工出高精度的油孔。

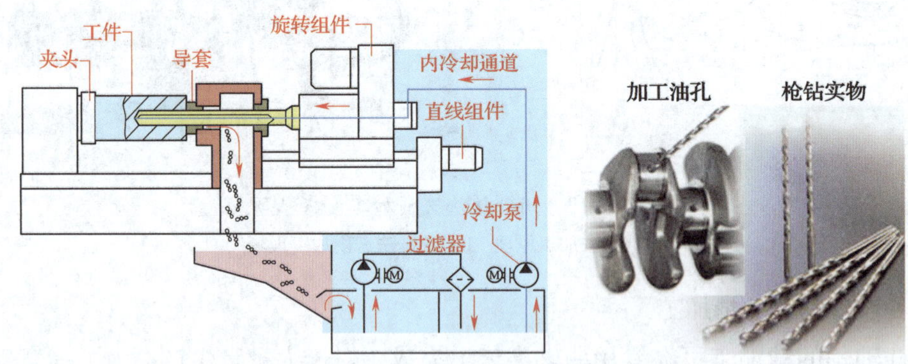

图 7-3-16　枪钻的工作原理及实物

曲轴油孔钻孔所使用的是专用钻床，要求保证油孔角度和孔的进出口位置。油道的作用是在轴颈与轴瓦相对运动时提供润滑油。如果油孔口偏移，则进入轴瓦油道的润滑油减少，造成发动机的整体燃油经济效能下降，有可能造成早期磨损，甚至出现轴瓦抱死等严重事故。因此，在曲轴油孔加工时首先要保证直油道与斜油道交接口足够大；其次要保证直油道在轴颈方向不偏移。加工时，要求经常对油孔钻头进行检查。钻头进入到与直油孔口交接处时需要减慢进刀速度，以免折断钻头。

课题四 箱体零件的制造工艺

学习目标

- 了解箱体零件的结构特点及分类。
- 掌握箱体零件的结构工艺性分析和机械加工工艺过程。
- 熟悉箱体零件主要表面的机械加工方法。

箱体零件是机器或部件的基础零件，它将机器和部件中的轴、套、轴承及齿轮等有关零件连接成一个整体，并使这些零件保证正确的相对位置，达到彼此协调地工作。因此，箱体零件的加工精度直接影响机器或部件的装配质量，进而影响整机的使用性能和寿命。

在汽车上使用了多种不同的箱体零件，如发动机气缸体、变速器壳体、驱动桥壳、转向器壳等。它们是机械设备和许多总成的安装基体，基于汽车轻量化和便于总体布置的原则，汽车上箱体零件的结构、形状十分复杂，如图 7–4–1 和图 7–4–2 所示。零件的结构和形状越复杂，加工起来就越麻烦。

图 7–4–1 发动机气缸体和气缸盖

图 7–4–2 变速器壳体

一、箱体零件的结构特点及分类

1. 箱体零件的结构特点

汽车上的箱体零件的结构一般比较复杂，尺寸较大，壁薄且壁厚不均匀；有一个或数个基准面及一些支承面，有若干精度要求较高的孔系。此外，还有较多供连接用的螺纹孔。

2. 箱体零件的分类

汽车上的箱体零件，按其结构形状可分为两大类：一类是回转体型箱体零件，如水泵壳体、差速器壳体及汽车后桥壳体等；另一类是平面型箱体零件，如发动机气缸体（机体）、变速器壳体等。本课题将着重讨论平面型箱体零件的机械加工工艺。

从图 7–4–1 和图 7–4–2 中不难看出，发动机气缸体与变速器壳体的结构相差非常悬殊，尽管如此，两者的加工工艺却有许多相似之处，主要表现在一般加工内容都是平面和孔的加工。因此，只需了解其中一种零件的加工工艺，就知道如何去完成其他各种不同箱体的加工。

二、箱体零件的结构工艺性分析

箱体零件的机械加工质量要求高，劳动量大。对于成批大量生产的汽车箱体，要特别注意其结构工艺性，使之能采用既简单又合理的机械加工工艺。作为机器或部件装配基础件的箱体零件，其上有若干供装配和连接用的加工精度与位置精度较高的平面与孔系。这些平面与孔的结构是影响箱体零件结构工艺性的重要因素。

1. 箱体零件主要孔的形式及其工艺性

箱体零件主要孔的形式如图 7–4–3 所示，可概括为通孔（图 a ~ f）、阶梯孔（图 g）及盲孔（图 h）三大类。

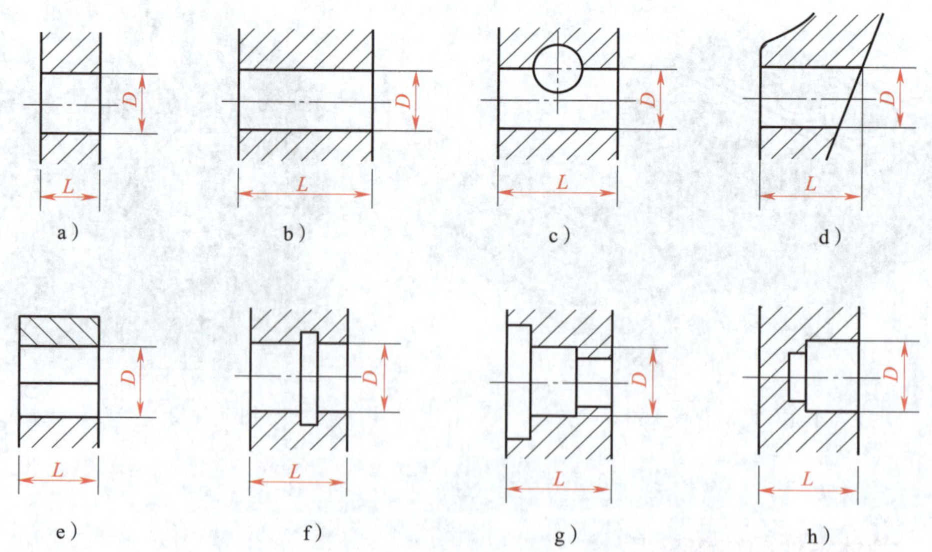

图 7–4–3 箱体零件主要孔的形式

a）短圆柱孔 b）深孔 c）交叉孔 d）轴线与端面不垂直的孔

e）剖分孔 f）具有环形槽的孔 g）阶梯孔 h）盲孔

（1）通孔最为常见。当孔的长径比 $L/D=1\sim1.5$ 时，为短圆柱孔（见图 7–4–3a），此种孔的工艺性最好；而当 $L/D>5$ 时为深孔（见图 7–4–3b），孔的工艺性较差。具有环形槽的通孔（见图 7–4–3f），因加工时需要具有径向进刀的镗杆，所以工艺性也较差。

（2）阶梯孔（见图 7–4–3g）的工艺性与孔径比有关，其孔径相差越小，工艺性越好；若孔径相差甚大，而且其中最小的孔径又很小，如接近于盲孔，工艺性就很差。

（3）盲孔（见图 7–4–3h）比较少见，其工艺性最差。而相贯通的交叉孔（见图 7–4–3c）、轴线与端面不垂直的孔（见图 7–4–3d）以及剖分孔（见图 7–4–3e）的工艺性都不好。

此外，在箱体零件上还有许多螺纹孔，这些螺纹孔的尺寸规格繁多，会给加工带来不少困难。在产品设计时，应尽可能减少螺纹孔的规格，可减少刀具规格和提高汽车零件的标准化程度。

2. 箱体上同轴孔的工艺性

箱体上同轴孔的孔径排列方式有四种，如图 7–4–4 所示。

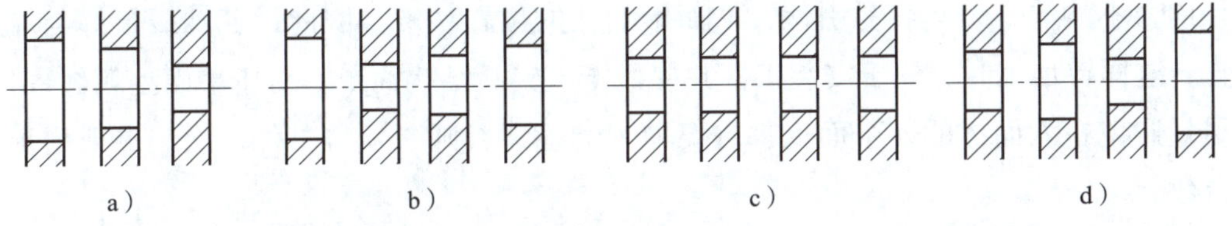

图 7–4–4 同轴孔的孔径排列方式

a）孔径大小向一个方向递减 b）孔径大小从两边向中间递减

c）各孔直径相同 d）孔径大小排列不规则

（1）图 7–4–4a 所示为孔径大小向一个方向递减，且相邻两孔直径之差大于孔的毛坯加工余量，这种排列方式便于镗杆和刀具从一端伸入，同时加工同轴线上各孔。对于单件小批量生产，这种结构加工最为方便。

（2）图 7–4–4b 所示为孔径大小从两边向中间递减，加工时可使刀杆从两边进入，这样不仅缩短了镗杆长度，提高了镗杆刚度，而且为双面同时加工创造了条件，所以大批量生产箱体时，常采用此种孔径分布。

（3）图 7–4–4c 所示的各孔直径相同，在成批生产加工时，为提高生产率，夹具要采用工件抬起机构和主轴定向机构。

（4）图 7–4–4d 所示为孔径大小排列不规则，工艺性差，应尽量避免。

3. 箱体上孔中心距大小的工艺性

在单件小批生产中，箱体上各孔是用一把镗刀逐个进行加工的，因此，孔中心距大小不受限制。但在大批量生产时，孔中心距就不能太小。因为在大批量生产时，通常采用组合镗床进行加工，在同一面上的许多孔，多为在一个多轴主轴箱上安装多把刀具，在一次工作行程中加工出来。由于布置主轴轴承的需要，中心距不应太小。如在箱体上同时钻两个直径 10 mm 以下的孔，则两孔最小中心距应不小于 24 mm。

若相邻两孔允许在两个工位或两道工序加工，其孔中心距大小可不受限制。但有时为了保证孔的几何公差，孔中心距大小也要给予足够重视。图 7–4–5 所示为汽车变速器壳体上的一个要求较高的轴承座孔，其周围分布一些连接用的螺纹孔。由于螺纹孔距轴承座孔边缘太近，所以攻螺纹后会导致轴承座孔产生表面形状误差。

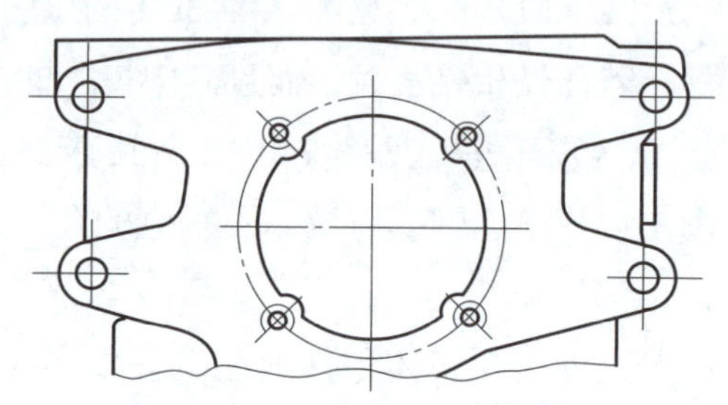

图 7–4–5　加工螺纹孔影响轴承座孔表面形状误差

4．箱体上孔与平面布置的工艺性

当孔与端面不垂直（见图 7–4–3d）时，用定尺寸刀具进行加工，由于刀具上所受的径向力不均匀，刀具容易引偏，从而影响孔的位置精度。因此，孔轴线最好与端面垂直，这样在加工时，便于安装工件并使机床、夹具结构简单。对于平面型箱体零件，应尽量避免在六面体的各个面上都有要加工的孔，否则必须将工件多次装夹或增加机床台数。

对箱体零件整个结构形状而言，应具有足够的刚度和稳定的定位基面，使之易于保证加工精度，也适合于在自动线上进行加工。另外，箱体装配基面的尺寸应尽可能大，形状应尽量简单，以利于加工、装配和检验。箱体上的固定用孔的尺寸规格应尽可能一致，以减少加工中的换刀次数。

三、箱体零件的机械加工工艺过程

1．箱体零件的材料、毛坯与热处理

对于汽车上的箱体零件，由于形状较为复杂，通常采用铸造方法制造毛坯。由于灰铸铁具有成形容易、可加工性好，同时具有减振性好、成本低等优点，所以常采用灰铸铁毛坯。有些承受载荷较大的箱体，有时采用可锻铸铁件和铸钢件。近年来随着轻量化技术的成熟，轿车上的一些箱体件及变速器壳体多采用铝合金压铸。

毛坯的铸造方法取决于生产类型和毛坯的尺寸。在单件小批生产中，多采用木模手工造型；在成批大量生产中，广泛采用金属模机器造型，毛坯的尺寸误差和表面粗糙度值较小。

由于箱体结构复杂，毛坯中常有较大的铸造内应力，为了减小铸件内应力对以后机械加工质量的影响和改善切削性能，毛坯在机械加工前需经过时效处理和退火处理。

2．箱体零件的主要技术要求

汽车箱体零件的技术要求，除了对毛坯规定一些技术要求（如铸件硬度、拔模斜度、圆角半径以及铸件毛坯缺陷的限制等）外，对于一些主要孔与平面均有较高的技术要求，归纳起来有：主要孔的尺寸公差、几何公差和表面粗糙度。具体是指主要孔与孔、孔与平面的位置公差，包括孔与孔间的尺寸公差，平行度、同轴度、垂直度以及孔与平面的垂直度等；主要平面的尺寸公差、平面度和表面粗糙度。

以图 7-4-6 所示的某汽车变速器壳体为例，其主要有以下技术要求。

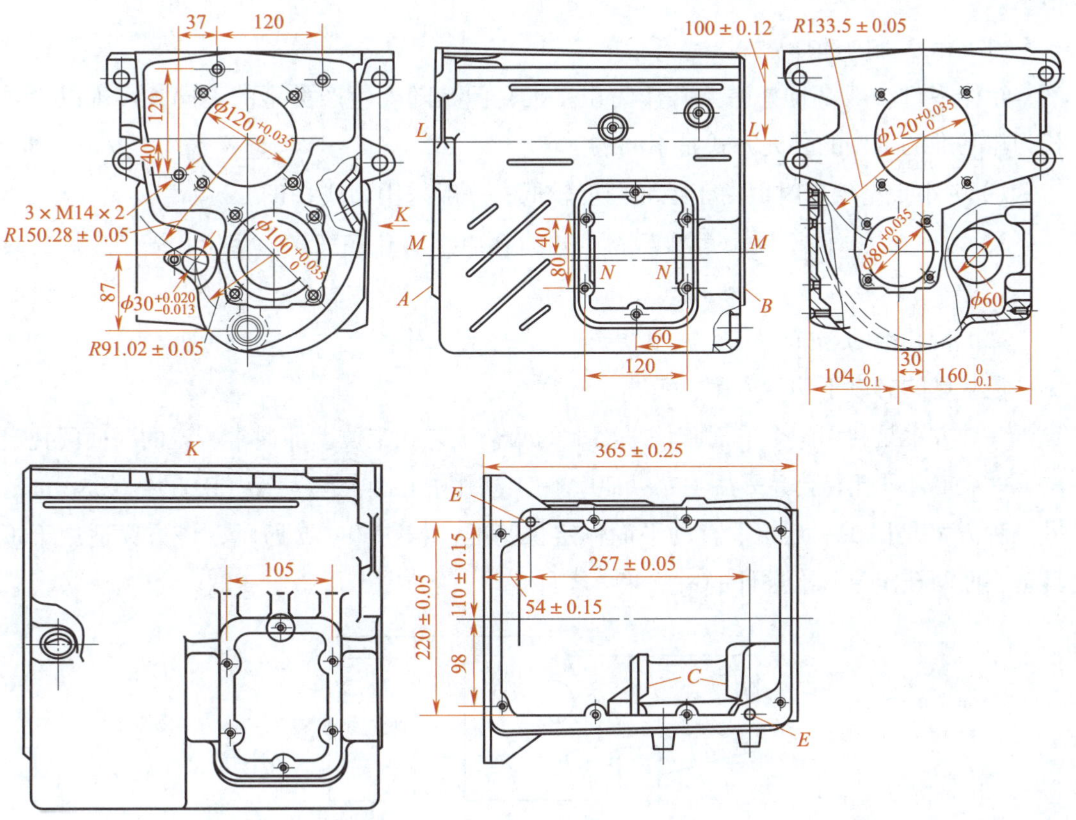

图 7-4-6 某汽车变速器壳体简图

（1）主要孔（轴承座孔）的尺寸公差不低于 IT7 级。

（2）孔与孔、孔与平面的位置公差。

1）前、后端面 *A* 和 *B* 相对于 *L*–*L* 轴线的跳动量，在 100 mm 长度上分别不大于 0.08 mm 和 0.12 mm。

2）轴线 $L-L$ 和轴线 $M-M$ 在同一平面内的平行度，在变速器壳体整个长度 365 mm 上不大于 0.07 mm。

3）端面 C 相对于轴线 $N-N$ 的跳动量，在半径为 18 mm 的长度上不大于 0.15 mm。

4）主要孔的中心距极限偏差为 ±0.05 mm。

（3）主要孔的表面粗糙度值为 Ra1.6 μm。前、后端面和两侧面的表面粗糙度值为 Ra6.3 μm。

3．箱体零件机械加工定位基准的选择

加工箱体零件时，各轴承座孔的加工余量应均匀；装入箱体内的全部零件（轴、齿轮等）与不加工的箱体内壁要有足够的间隙。要尽可能使基准重合以及基准统一，以减少定位误差和避免加工过程中的误差积累，从而保证箱体零件的加工精度。

（1）粗基准的选择

箱体零件一般都选择主要孔作为粗基准，但是随着生产类型的不同，实现以主要孔为粗基准的工件的装夹方式是不同的。

1）中小批量生产时，由于毛坯精度较低，一般采用划线找正。

2）大批量生产时，毛坯精度较高，可直接以主要孔在夹具上定位，采用专用夹具装夹。

（2）精基准的选择

最常见的有以下两种方案：

一种方案是利用一个平面和该平面上的两个工艺孔定位，即通常所说的一面两孔定位。一般工艺孔孔径公差采用 H7 ~ H9，两工艺孔中心距公差为 ±（0.03 ~ 0.05）mm；另一种方案是用 3 个互相垂直的平面作定位基准，如图 7–4–7 所示，该方案适用于不具备一面两孔定位基准条件的一些箱体零件。

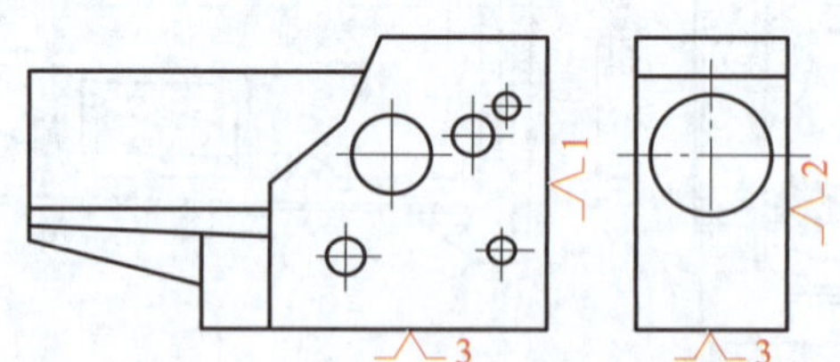

图 7–4–7　用三个互相垂直的平面作定位基准

生产批量大时常采用第一种方案。如图 7–4–6 所示的汽车变速器壳体，在加工中可用前、后端面上两个同轴线轴承座孔和另一个轴承座孔为粗基准，加工出顶面（见图 7–4–8）。然后再用变速器壳体内壁作粗基准和以顶面作精基准加工出顶面上的两个工艺孔 E（见图 7–4–9）。之后再利用顶面和这两个工艺孔作精基准进行其他表面的加

工。这样就可以保证轴承座孔的加工余量均匀，装入变速器壳体的零件与内壁有足够的间隙。

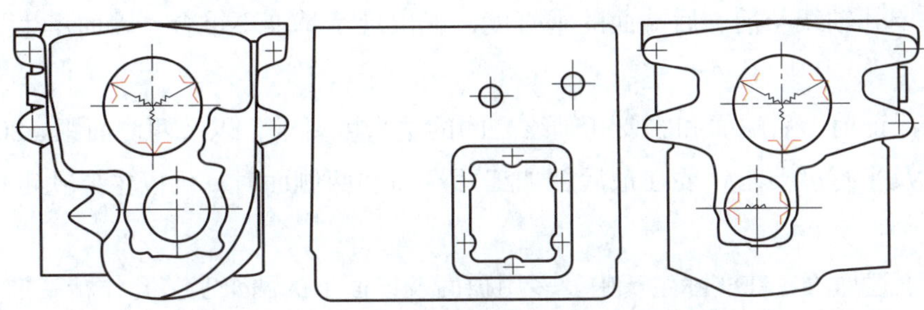

图 7-4-8　加工变速器壳体顶面的粗基准

选用顶面及其上的两个工艺孔作精基准，具有以下特点：

由图 7-4-6 可知，变速器壳体的设计基准和装配基准是前端面（A）和该面上的两个主要孔 ϕ120 mm 和 ϕ80 mm。根据基准重合原则，加工时应选择前端面和该面上的两个主要孔作定位基准，这样才能使定位误差最小（即保证主要孔轴线与前、后端面的垂直度公差，以及与左右侧面和顶面的位置误差最小）。但变速器壳体上需要加工的主要部分大多位于前、后端面上，根据对主要孔所提出的技术要求，最好在同一工作行程中能把前、后端面上的同轴线孔加工出来。如果采用前端面及其主要孔作为定位基准，则难以做到这一点。此外，用前端面和该面上两个主要孔作定位基准，还会使夹具结构复杂，定位稳定性差，使用不方便，而且难以实现基准统一和自动化生产。

实际加工时，一般用顶面及其上的两个工艺孔作定位基准。如图 7-4-10 所示，加工时箱体口朝下，中间导向支承架紧固在夹具体上，提高了夹具的刚度，有利于保证各支承孔加工的位置精度，而且工件装卸方便，能减少辅助工时并提高生产效率。

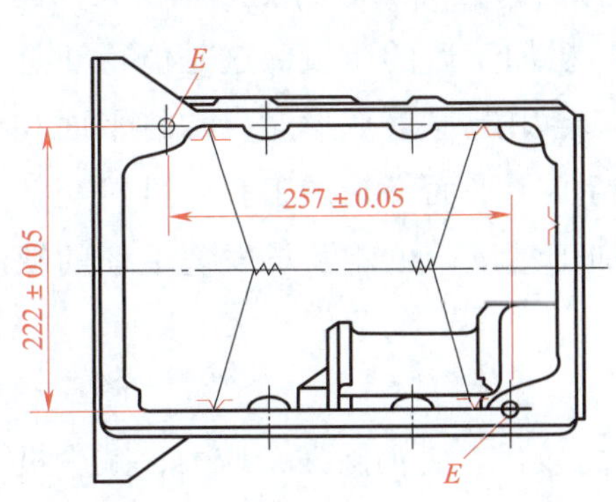

图 7-4-9　以变速器壳体内壁作粗基准加工顶面上两个工艺孔

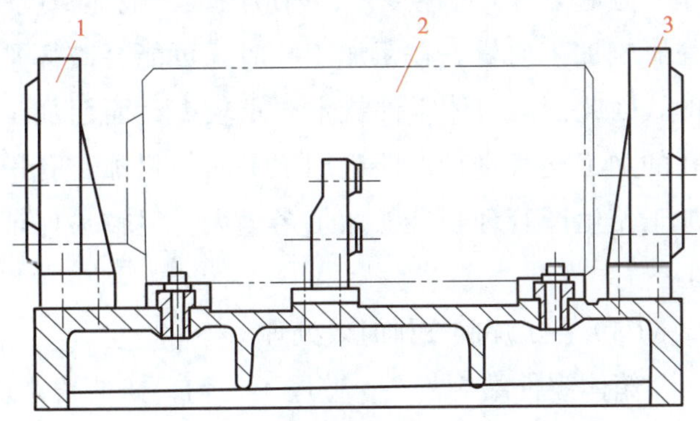

图 7-4-10　用箱体顶面及两销定位的镗模

1、3—镗模板　2—中间导向支承架

这样可以做到基准统一，能加工较多的表面，也避免了由于基准转换而引起的定位误差，容易保证各表面间的位置公差。同时，夹具结构基本相同且结构简单，但对于保证主要孔轴线与前、后端面的垂直度，就出现了基准不重合，因而产生了定位误差。

为了保证前、后端面和主要孔轴线之间的垂直度要求，以及两侧面距 $\phi80^{+0.035}_{0}$ mm 孔的尺寸及平行度要求，要在最后精加工两端面和两侧面时，仍以主要孔定位，使基准重合。

基于上述原因，在实际生产中，多用顶面及该面上的两个工艺孔作精基准。

4．箱体零件主要加工表面的工艺过程

在加工箱体零件的主要表面时，一般遵循以下原则：

（1）先面后孔

加工平面型箱体零件时，一般先加工平面，然后以平面定位再加工其他表面。这是由于平面面积较大，定位稳固可靠，可减小装夹变形，有利于提高加工精度，而且箱体零件的平面多为装配和设计基准，这样可以使装配和设计基准与定位基准、测量基准重合，以减少积累误差，提高加工精度。

（2）粗、精加工阶段分开

粗、精加工阶段的划分，对箱体零件机械加工的质量影响很大。当工件刚度好、内应力小、毛坯精度高时，粗加工后的变形很小。这时可以在基准平面及其他平面粗、精加工后，再粗、精加工主要孔。这样，既可减少工序数量和零件的安装次数，又可减少加工余量。因此，这种方案的生产率高，而且经济性好。当零件结构合理时，无论是成批大量生产（使用刚度高的粗、精加工机床）或是单件小批生产，都比较合适。

但是，当工件刚度差、内应力大、毛坯精度较低时，粗加工后的变形就很大，往往影响加工质量。在粗加工孔时，可能会破坏平面粗加工后的质量，这是值得注意的。因此，当箱体零件技术要求较高，而粗加工又会引起显著变形时，常将平面和孔的加工交替进行，即粗加工平面→粗加工孔→精加工平面→精加工孔。虽然交替加工使生产管理复杂，加工余量大，但较易保证加工精度，也能及早发现毛坯的缺陷。

（3）在工序间安排时效处理

箱体零件结构复杂，壁厚不均匀，铸造残余应力较大。为消除残余应力，减少机械加工后的变形，保证精度的稳定，毛坯铸造之后应安排时效处理。时效的规范为：加热到 500 ~ 550℃，保温 4 ~ 6 h，冷却速度小于或等于 30℃ /h，出炉温度低于 200℃。

对于精度要求较高或形状很复杂的箱体零件，除在铸造之后安排一次时效处理外，在粗加工之后还要安排一次时效处理，以消除粗加工所产生的残余应力。对精度要求不太高的箱体零件，可利用粗、精加工工序间的停放和运输时间，达到自然时效处理的目的。

（4）工序集中安排

在成批大量生产箱体零件的流水线上，广泛采用组合机床或专用机床，如多轴龙门铣床、组合磨床等。各主要孔的加工则采用多工位组合机床、专用镗床等，专用夹具也用得很多。同时在生产安排上以工序集中方式进行加工，将一些相关的表面加工集中于同一工位或同一台机床上进行。这样，既能有效地保证各表面之间的尺寸和位置公差，又能显著提高生产率。

近年来，随着自动换刀的数控机床的出现，有时一台机床就相当于一条生产线，工件在一次装夹中，可以利用更换刀具的方法，对工件完成平面和孔的铣、镗、钻、扩、铰等多种工序内容，有利于提高加工精度和机床利用率。图 7-4-11 所示为一台自动更换刀具数控机床，该机床可以利用更换刀具的方法对工件进行多种工序内容的顺序加工。这类机床适合于中小批量箱体零件的加工。

图 7-4-11　自动更换刀具数控机床

综上所述，箱体零件主要加工工序的顺序一般为：加工定位用的平面及其上的两个工艺孔→粗、精加工其他平面→钻各面上的螺纹底孔→粗镗主要孔→钻、铰其余孔→精镗主要孔→攻螺纹。

四、箱体零件主要表面的机械加工

1．箱体零件平面的加工方法

对于平面加工的技术要求，主要有平面本身的尺寸公差、平面度公差及与其他表面的位置公差。箱体平面加工常用的方法为刨、铣、磨三种。刨削和铣削常作为平面的粗加工和半精加工，而磨削则作为平面的精加工。无论采用哪种加工方法，应视零件结构形状、尺寸、材料、技术要求、刚度、生产类型及工厂现有设备等条件决定。下面介绍箱体平面的刨、铣加工方法。

（1）箱体平面的刨削加工

根据箱体结构尺寸大小，刨削可以在牛头刨床或龙门刨床上进行。其工艺特点是：刀具结构简单、机床调整方便、通用性强，刨刀结构简单、刃磨容易、成本低；但由于刨削速度低，有空回程损失，同时参加工作的刀具数目少，所以生产率低，只适用于单件小批生产。

（2）箱体平面的铣削加工

铣削生产率高于刨削，故在汽车制造业中的发动机气缸体、气缸盖的加工中，常采用多轴龙门铣床，用几把铣刀同时加工几个平面。这样既能保证平面间的位置精度，又能提高生产率。近年来由于端铣刀在结构、刀具材料等方面都有了很大的改进，如不重磨刃端铣刀、密齿硬质合金可转位端铣刀等高速刀具获得了广泛的应用。图 7–4–12 所示为铣削组合机床。

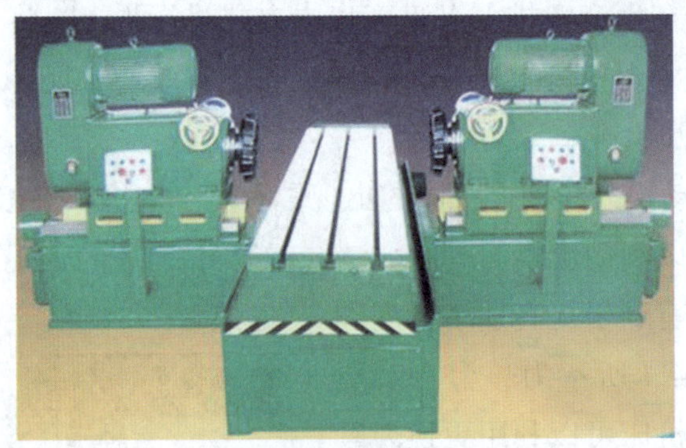

图 7–4–12　铣削组合机床

2．箱体零件的孔和孔系的加工

孔系是指箱体零件上一系列有位置精度要求的孔的组合。孔系可分为平行孔系、同轴孔系和交叉孔系（见图 7–4–13）。孔系加工是箱体零件加工的关键。箱体零件孔加工的技术要求主要有两个方面：孔本身的尺寸公差及与其他表面和孔间的位置公差（如平行度、垂直度等）。

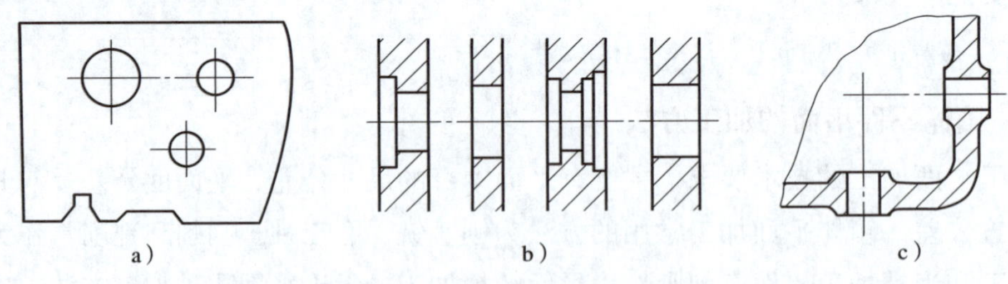

图 7–4–13　孔系的分类

a）平行孔系　b）同轴孔系　c）交叉孔系

箱体零件上孔的加工方法很多，主要有钻、扩、铰、镗、磨、珩等。加工方法的选择，应根据毛坯的材料及其制造方法、零件结构特点、孔径大小、加工精度要求、生产类型和生产条件等因素决定。

汽车箱体零件上的孔，按其工作性质和加工精度的要求，可以分为主要孔和次要孔。

主要孔如差速器壳体、减速器壳体以及变速器壳体等零件上的轴承座孔。这类孔的公差要求较严，一般为 IT7 ~ IT9。例如，对于差速器壳体、水泵壳体等回转体零件上的孔，因其一般都与端面有一定的垂直度要求，可在车床类机床（如普通车床、转塔车床、立式车床或镗孔车端面组合机床）上加工。在一次安装中加工出孔及端面以保证孔与端面的垂直度等要求；而对于变速器等平面型箱体上的轴承座孔，则多在镗床类机床（如卧式镗床、组合镗床）上加工。

次要孔如螺纹底孔及油孔等，这类孔公差较大，一般为 IT11 ~ IT12，可在普通立式钻床、摇臂钻床或多轴组合钻床上加工。

此外，在箱体零件上可能有深孔，如气缸体上的油孔。深孔加工比较困难，影响生产率的提高。在大批大量生产时，常使用特殊的刀具和分级进给机构，以改善排屑和刀具冷却的条件。目前，在组合机床上开始采用枪钻加工深孔，可获得良好的效果。

箱体零件上多个轴承座孔形成孔系，它们不仅本身的尺寸公差要求较小，而且各个轴承座孔之间的位置公差要求也较小。要保证各个孔之间的位置公差是比较困难的。箱体零件孔系的加工，可在普通镗床或专用组合镗床上进行。获得孔系各孔之间的位置公差的方法，主要有以下几种。

（1）划线找正法和试镗法

按划线找正法加工孔系是最简单的方法。加工前按照零件图在箱体毛坯上划出各孔的加工位置线，然后按划出的线逐一找正进行加工。这种方法的缺点是找正花费时间长、生产率低、加工误差大，如在卧式镗床上加工，一般孔距误差为 ±（0.2 ~ 0.3）mm。因此，这种方法仅适用于单件小批生产，或对孔距公差要求不高的零件进行加工或粗加工。

为了提高划线找正的加工精度可采用试镗法加工孔系，如图 7–4–14 所示。

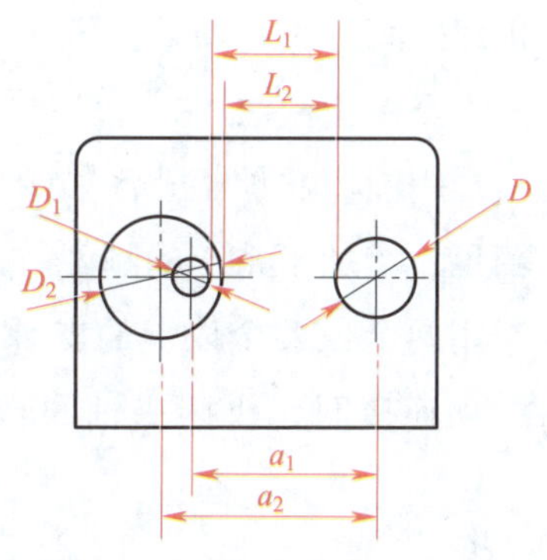

图 7–4–14　采用试镗法加工孔系

试镗法就是按照划线先将较小的第一个孔镗到规定直径尺寸 D，然后按照划线将机床主轴调整到第二孔的中心处，把第二孔镗到略小于规定直径 D_1，并只镗出一小段深度。量出此两孔之间的距离 L_1，则两孔的中心距为

$$a_1 = \frac{D}{2} + L_1 + \frac{D_1}{2} \qquad (7\text{–}1)$$

根据 a_1 和规定孔中心距的尺寸差，再校正机床主轴（或工件）的位置，重新镗一段直径为 D_2 的孔（仍略小于规定的孔径），用同样的方法可计算出孔中心距 a_2。这样依次试镗，直至达到规定的孔中心距后，再将第二孔孔径镗至规定尺寸。用试镗法镗

孔，孔中心距误差可达 ±0.02 mm。

试镗法的优点是不需要专门的辅助设备；其缺点是试镗和测量花费时间较多，生产率较低，而且对工人的技术水平要求较高。

（2）坐标法

坐标法镗孔是先把被加工孔系的位置尺寸转换为两个相互垂直的坐标尺寸，然后在机床上利用坐标尺寸的测量装置，确定主轴与工件之间的相互位置，从而保证孔系的加工精度。这样不但省去多次测量和找正主轴的麻烦，操作技术也不需要很高，还不需要专用的工艺装备。坐标法镗孔主要用于小批生产，有时也可用于成批生产。

坐标法镗孔的孔距精度取决于坐标的移动精度，也就是坐标测量装置的精度。坐标测量装置的形式很多，有普通刻线尺与游标尺加放大镜的测量装置（精度为 0.1 ~ 0.3 mm）、精密刻线尺与光学读数头测量装置（读数精度为 0.01 mm），还有光栅数字显示装置、感应同步器测量装置（精度可达 0.002 5 ~ 0.01 mm）、磁栅和激光干涉仪等。

采用坐标法加工孔系时，要特别注意选择基准孔和镗孔顺序，否则坐标尺寸的累积误差将影响孔距精度。基准孔应尽量选择本身尺寸精度高、表面粗糙度值小的孔，以便加工过程中检验其坐标尺寸。

现代化的汽车制造厂，在中小批量生产箱体零件时，还可使用自动换刀数控程序控制镗铣床。这种机床通用性很高，又具有生产率高的特点，是介于万能机床和专用机床之间的一种新型机床。

（3）镗模法

用镗模法加工孔系如图 7-4-15 所示。工件装夹在镗模上，镗杆被支承在镗模的导套里，增加了系统的刚度。这样，镗刀便通过模板上的孔将工件上相应的孔加工出来。当用两个或两个以上的支承来引导镗杆时，镗杆与机床主轴必须采用浮动连接。采用浮动连接时，机床主轴回转误差对孔系加工精度影响很小，因而可以在精度较低的

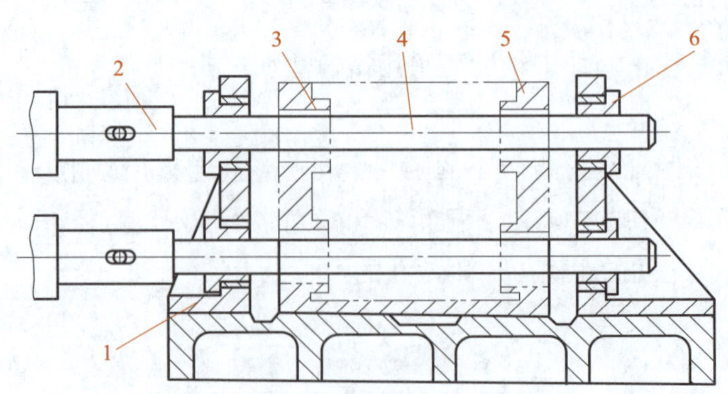

图 7-4-15　采用镗模法加工孔系

1—镗架支承　2—镗床主轴　3—镗刀　4—镗杆　5—工件　6—导套

机床上加工出精度较高的平行孔系。在车床、卧式镗床或其他机床上均可安装镗模加工孔系。当从一端加工、镗杆两端均有导向支承时，孔与孔之间的同轴度和平行度可达 0.02 ~ 0.03 mm。

用镗模法加工孔系，既可在通用机床上加工，也可在专用机床或组合机床上加工，图 7-4-16 所示为在组合机床上用镗模加工孔系的示意图。

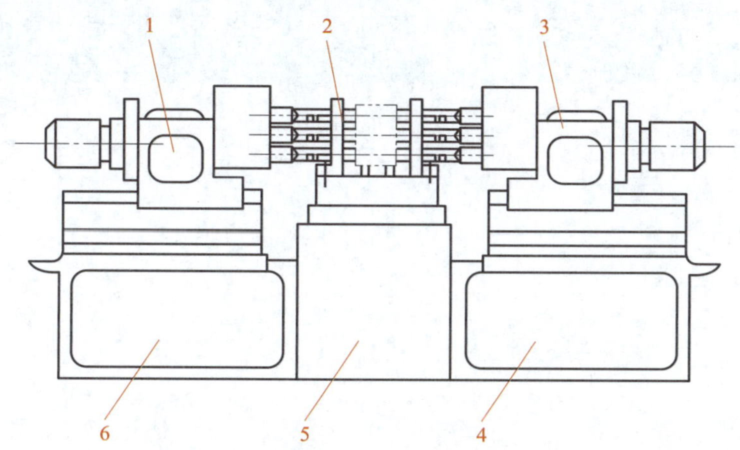

图 7-4-16　在组合机床上用镗模加工孔系

1—左动力头　2—镗模　3—右动力头　4、6—侧底座　5—中间底座

思考与练习

1. 汽车齿轮分为哪几类？有何加工技术要求？
2. 如何确定齿轮加工的定位基准？
3. 说明齿轮主要加工表面的工序安排。
4. 齿轮主要表面的机械加工常采用哪些方法？
5. 分析连杆的结构特点与技术要求。
6. 如何确定连杆加工的粗基准和主要加工表面的精基准？
7. 连杆主要表面的机械加工采用哪些方法？加工工序顺序如何安排？
8. 根据发动机曲轴工况与技术要求，说明曲轴的结构工艺特点。
9. 试分析曲轴的结构工艺性。
10. 汽车发动机曲轴有哪几类加工定位基准？分别说明其应用。
11. 曲轴的机械加工工艺过程划分为哪几个阶段？说明曲轴机械加工的主要工序内容。

12. 什么是枪钻？说明枪钻的工作原理。
13. 结合箱体零件加工进行结构工艺性分析，说明箱体零件基准选择的基本要求。
14. 如何确定箱体零件加工的粗基准和主要加工表面的精基准？
15. 简述箱体零件主要加工表面的加工原则。
16. 说明箱体零件上主要平面与孔及孔系的加工方法和加工工艺特点。